KB162811

주르날 제국주의

주르날 제국주의

프랑스 화보가 본 중국 그리고 아시아

1판 1쇄 2019년 4월 30일

엮은이 자오성웨이 리샤오위
옮긴이 이성현
펴낸이 김수기
편집 김주원
디자인 워크룸
마케팅 김재은 / 제작 이명혜

펴낸곳 현실문화연구
등록 1999년 4월 23일 / 제25100-2015-000091호
주소 서울시 은평구 통일로 684 서울혁신파크 1동 403호
전화 02-393-1125 / 팩스 02-393-1128
전자우편 hyunsilbook@daum.net
홈페이지 hyunsilbook.blog.me
페이스북 hyunsilbook / 트위터 hyunsilbook

ISBN 978-89-6564-227-5 (03910)

이 도서의 국립중앙도서관 출판예정도서목록(CIP)은
서지정보유통지원시스템 홈페이지(http://seoji.nl.go.kr)와
국가자료공동목록시스템(http://www.nl.go.kr/kolisnet)에서
이용하실 수 있습니다.
(CIP제어번호: CIP2019001737)

주르날 제국주의

프랑스 화보가 본 중국 그리고 아시아

자오성웨이 · 리샤오위 엮음

이성현 옮김

현실문화

차례

일러두기

1. 이 책은 遺失在西方的中国史: 法国彩色画报记录的中国 1850–1937 (北京: 中国计划出版社, 2015)을 번역한 것이다. 책에서 «르 프티 주르날» 등 19~20세기 프랑스 신문의 화보와 기사를 실은 관계로, 입수 가능한 프랑스어 기사를 중문판과 대조하고 누락된 기사를 일부 보충했다. 그 외 기사가 없는 부분이나 각각의 캡션은 중문판에 따른 것이다. 기사 게재일이 잘못된 부분 또한 찾아 순서를 가능한 한 바로잡았다. 이를 통해 19세기 말~20세기 초 중국을 비롯해 아시아를 바라보던 프랑스와 유럽의 시선을 보다 선명히 드러내고자 했다.

2. 중국어 고유명사의 표기는 한국 한자음을 기준으로 삼되, 필요한 경우 중국어 표기를 병기했다. 단, 마카오, 홍콩, 하얼빈 등 한자음과 거리가 있지만 이미 익숙해진 고유명사는 예외로 했다. 프랑스어 고유명사의 표기는 문교부 외래어 표기 원칙을 따랐다. 또한 기사 중 글쓴이의 이름이 기재된 경우에는 확인 가능한 프랑스어 인명을 병기했다.

3. 주석은 모두 옮긴이 주이며, 독자의 이해를 돕기 위해 옮긴이가 본문에 추가한 설명은 '옮긴이 해설'로 표기하고 부록으로 수록했다. 또한 번역문에서 옮긴이가 덧붙인 부분은 [ ]로 표기했다.

4. 국내 저작물 중 단행본은 『 』로, 논문은 「 」로 표기했으며, 해외 저작물 중 단행본은 이탤릭체로, 논문은 " "로 표기했다. 신문 기사명 또한 " "로 표기했다. 그리고 미술 작품과 노래 제목은 ‹ ›로, 잡지는 « »로 표기하되 병기된 원제는 이탤릭체로 표기했다.

출판 설명

«르 프티 파리지앵»이나 «르 프티 주르날»이 세계적인 명성을 떨친 신문이긴 하지만 그 삽화 부록은 2000부밖에 발행하지 않았고, 지금까지 보존되어 유통되는 양 또한 극히 적어 상당히 비싼 가격에 거래되고 있는 실정이다. 이 진귀한 삽화들은 근대 중국의 풍부하고 다채로운 역사를 형상적으로 재현했으며, 예술적 수단을 통해 중요한 역사적 사건과 민중의 사소하고 눈에 띄지 않는 자질구레한 일상을 기록해 근대 중국의 초창기 이미지의 공백을 상당 부분 메우고 있다. 이는 중국 정치사와 예술사의 참고자료일 뿐 아니라 근대 중국의 일상의 변천에 관한 가장 실질적이고 구체적인 기록이다.

1. 이 책은 «르 프티 파리지앵»과 «르 프티 주르날»의 삽화 부록에서 게재된 컬러 석인화(彩色石印畫)를 중심으로 하되, 프랑스·영국·독일 등의 컬러 삽화를 일부 추가해 총 400여 점의 삽화를 선정한 것이다. 또한 필요한 경우 관련 기사를 함께 수록했다.

2. 연도별로 챕터를 나눴으며, 장과 절은 외서 게재 순서에 따라 배열했다. 신문의 원래 모습을 잘 보여주기 위해, 그 신문이 처음 소개될 때 해당 날짜의 신문 타이틀을 같이 편성했다. 또한 그림 캡션에는 중국어와 프랑스어 원문을 병기했다.(그러나 독일, 영국 등의 신문은 원어를 병기하지 않았다.) 모든 캡션과 타이틀은 원래 게재된 대로 기입하거나 번역했다.

3. 입장이나 관점의 차이 때문에, 역사적 사건에 대한 원 기사의 해석 중 일부는 우리에게 익숙한 견해와 다른 경우가 많다. 심지어 중국에 대한 서구의 침략을 원조나 복음화로 단순화시키기도 했다. 역사적 교훈을 기억하고 비극이 반복되지 않게 하기 위해 원래의 기사와 삽화를 그대로 보존했다. 그렇다고 해서 이 책이 그 기사의 관점에 동의하는 것은 아니다. 독자들이 잘 판단해서 읽어주기 바란다.

4. 제반 조건과 편자의 학술적 수준의 한계로 인해, 원래는 우아했을 중국어 명칭 중 일부는 번역을 제대로 살리지 못했으며 검토가 필요한 표현도 많다. 독자들의 비판과 질정을 구한다.

이 책을 위해 서문을 써주고 핵심을 찌르는 수정 의견을 제기해 준 마융(馬勇), 선훙(沈弘) 두 분 선생께 감사를 표한다. 수집가 스지하오(史濟豪), 저푸주(哲夫諸) 선생의 지지와 가르침에 감사한다. 펑쉰(彭勳), 류촨밍(劉傳銘) 등의 자금 찬조, 류단(劉丹), 위샹융(于向勇), 마잔궈(馬占國)의 도움과 인내에 감사한다. 이 책을 빌려 더 많은 역사애호가, 예술애호가들과 인연을 맺게 되기를 기대한다.

편역자
자오성웨이(趙省偉)
2015년 11월 15일

들어가며
:주변의 시선으로 알게 된 우리의 모습

얼마 전 자오성웨이가 『주르날 제국주의: 프랑스 화보가 본 중국 그리고 아시아』(원제: 『서양에 남겨진 중국사: 프랑스 컬러 화보에 기록된 중국 1850~1937』)의 원고를 보내며 독후감을 몇 마디 적어달라고 부탁했다.

자오성웨이는 최근 몇 년간 '서양에 남겨진 중국사'라는 주제로 여러 권의 책을 출간했다. 『서양에 남겨진 중국사: «일러스트레이티드 런던 뉴스»에 기록된 만청(晩清) 1842~1873』 『서양 거울: 해외 사료로 본 청일전쟁』[1] 등은 모두 두드러진 성과를 거두었다. 일반 독자들에게 환영받았을 뿐 아니라 전문 연구자들 또한 중요하게 취급했다. 그가 출간한 책들은 글과 그림이 어우러져 독자들에게 일찍이 보지 못한 정교한 역사 이미지를 가져다주었으며, 당시 서양인의 특수한 시각을 통해 오늘날 우리가 중국의 근대 역사를 재구성하는 데 필요한 참고용 좌표를 제공했다. 최소한 새로운 자료의 축적이라는 측면에서 이러한 책은 푸쓰녠(傅斯年)이 "위로는 푸른 하늘에서 아래로 황천에 이르기까지(上窮碧落下黃泉)" 되찾아오고 싶어 했던 것에 속한다. 근대 중국의 많은 사료들, 특히 서양인이 남긴 사료들은 역사적 이유로 인해 거의 축적하지 못했고, 번역되어 소개된 사료 또한 극소수에 불과하다. 바로 이것이 '서양에 남겨진 중국사' 시리즈가 크게 성공한 근본적인 이유다.

이 책의 원고는 앞선 시리즈의 장점을 더 개선했다. 프랑스의 «르 프티 파리지앵»과 «르 프티 주르날»에서 컬러 석인판화와 컬러 사진 등 400여 점을 선정한 후 삽화와 함께 실린 기사를 편역해 1884년 청불전쟁 이후 중국에 대한 프랑스인의 관찰과 기록, 상상을 비교적 온전하고 구체적으로 펼쳐 보였다.

이 책에 수록된 그림은 아주 정교하다. 사진 기술이 이미 있는 상황에서 종군기자들은 여전히 전통적인 수법으로 역사적 사건을 스케치했던 것이다. 이 진귀한 삽화들은 근대 중국의 풍부하고 다채로운 역사를 형상적으로 재현했으며, 예술적 수단을 통해 중요한 역사적 사건과 민중의 사소하고 눈에 띄지 않는 자질구레한 일상을 기록해 근대 중국의 초창기

1. '서양경(西洋鏡)'은 원래 '요지경' 혹은 '만화경'을 뜻한다. 제목의 취지를 살리기 위해 '서양이라는 거울'이라는 표면적인 의미를 취했다.

이미지의 공백을 메우고 있다. 이는 중국 정치사와 예술사의 참고자료일 뿐 아니라 근대 중국의 일상의 변천에 관한 가장 실질적이고 구체적인 기록이다.

이 책에 수록된 판화의 작가들은 독특한 발상으로 청말의 인물들을 생생하게 그려냈다. 이들이 펼쳐 보인 중국 하층민의 삶의 모습은 우리가 지금껏 잘 보지 못하던 것들이며, 고증하기도 쉽지 않았다. 나는 청말 정치인의 사진이나 초상을 적지 않게 보아왔다. 그러나 이 책에서 선보인 정치인의 초상과 비교하자면, 과연 예술은 예술이라는 사실을 인정할 수밖에 없다. 예술적 과장은 틀에 박힌 이미지에 비해 흥미진진한 요소로 넘쳤고 삶의 숨결이 농후했다. 예를 들어 서태후, 광서제, 단군왕, 이홍장 등의 이미지는 중국에 남아 있는 도상 자료와 상당히 달랐다. 그것만 봐도 프랑스인들이 가지고 있는 심미안의 독특함과 스타일을 느낄 수 있다. 이홍장을 그린 몇몇 만화 이미지는 서양인의 눈을 통해 지혜롭고 음모에 능한 동양의 정치인을 거침없이 있는 그대로 표현했다. 서태후를 그린 만화에서도 동방의 여성 통치자에 대한 프랑스인의 상상과 심미 취향을 확인할 수 있다.

근대 중국의 100년 역사는 중국 역사상 유래를 찾기 힘든 대변혁기였다. 100여 년 전의 중국 문명은 완전히 농업 문명이었다. 도시도 없었고 공업도 없었으며, 사농공상을 제외한 새로운 계급이나 계층도 없었다. 중국은 두 차례의 아편전쟁을 거친 후 서양을 학습하기 시작했지만, 연이은 좌절과 고난을 겪어야만 했다. 그로부터 100년 이후 중국은 근본적으로 달라졌다. 중국의 공업은 자체적인 시스템을 완벽히 갖췄을 뿐 아니라 세계의 공장이 되었다. 100여 년 전의 중국인은 자신의 자손이 전 세계에 생필품을 공급하게 되리라는 사실을 꿈에도 상상하지 못했을 것이다. 100여 년 전 중국에 근대적 의미의 도시는 없었다. 북송의 수도인 개봉(開封), 남송의 수도인 항주(杭州)는 비록 소비형 도시이기는 하나 근대적인 느낌은 부족했다. 서구 열강의 세력 확장에 따라 외국 자본 및 철도와 함께 근대 도시는 서서히 성장해갔다. 오늘날 중국의 도시 인구는 급속도로 증가하고 있다. 향후 몇 년 안에 중국의 도농 인구 비율이 세계 평균에 근접하게 되면 중국의 활력과 능력은 또 완전히 달라져 있을 것이다.

근대 중국의 역사는 중국이 세계쪽으로 향해가고, 세계가 중국으로 진입하는 쌍방향의 운동 과정이었다. 이 과정에서 중국은 득도 봤고 손해도 봤지만, 이것저것 따져보면 그래도 흑자였다. 우리가 근대 중국의 역사를 돌아볼 때 마땅히 세계에 감사해야 할 이유다.

물론 중국이 세계쪽으로 향해가고, 세계가 중국에 진입하는 운동의 와중에 충돌, 충격, 전쟁과 희생도 있었다. 이러한 역사적 교훈을 반드시 기억해 비극이 재연되지 않게 해야 한다. 교훈을 기억하고 역사의 진상을 똑똑히 밝히고 대체 어느 부분에 문제가 있었는지 분명히 알아야 한다.

근대 중국이 쌍방향 운동인 이상 역사 기록은 여러 판본으로 쓰일 수밖에 없다. 그러나 과거 상당 기간 동안 중국 자체의 특수성으로 인해 우리는 하나의 판본만 보아왔다. 상대의 관점 혹은 제3자의 관점이 담긴 판본은 보지 못했고, 보려고 하지도 않았다. 역사를 복원하고 진상을 밝히려면 이러한 상황에서 조금은 벗어날 필요가 있다. 초월적인 입장에서 과거에 일어난 분쟁을 살피고, 그 속에서 길어낼 가치가 있는 교훈을 깨달아야 한다. 만약 그런 시각으로 이 책을 읽는다면, 근대 중국과 세계의 여러 충돌이 우리에게 꽤 많은 사색을 불러일으킬 수 있음을 깨닫게 될 것이다.

예를 들어 의화단 운동에 대해 이 책은 아주 다른 시각을 제공한다. 프랑스는 중국에 체류 중인 선교사가 가장 많았고, 선교 시작 시점도 가장 빨랐다. 의화단 운동의 기원 또한 프랑스인인 알퐁스 파비에 주교[2]의 보고와 밀접히 연관된다. 팔국연합군의 중국 침공 또한 프랑스 공사가 재촉한 것이다. 따라서 이 책에 수록된 기록을 중국에서 유통되는 관련 기록과 대조해보면 여러 면에서 재검토할 만한 문제를 발견할 수 있을 것이다.

역사는 이미 지나간 과거다. 역사에 대한 시각은 인류가 대동단결하기 전까지는 특정 민족이나 국가의 입장이 끼어들 수밖에 없다. 이 점은 의심의 여지가 없다. 그러나 진실은 결국 진실이다. 진실이 말 때문에 바뀌거나 존재하지 않게 되지는 않는다. 민족이나 국가의 입장에서 보면 역사는 마치 풍경처럼 입장에 따라 다르게 보인다. "내다보면 산줄기이되 올려보면 봉우리니, 서 있는 자리의 원근고저에 따라 각기 다른 모습이다. 여산의 진면목을 알지 못함은 이 몸이 산 속에 있기 때문이라"[3]라는 소동파(蘇軾)의 시구가 입장에 따른 시각의 차이를 잘 환기시켜준다. 장님 코끼리 만지는 격인 것이다. 모든 사람이 진실을 만졌다고 생각하지만, 사실 우리는 코끼리의 한 부위만 더듬을 수 있을 뿐이다. 역사적 진실을 재구성하려면 초월적인 입장도 요구되지만, 그보다 더 직접 발로 뛰어다니며 자료를 뒤져야 한다. 구할 수 있는 사료를 충분히 장악한 후에야 자신의 말과 글이 진실에 한 걸음 다가갔다고 말할 수 있다.

이 책이 추천할 가치가 충분한 것은 바로 이 때문이다.

마융(馬勇)
2015년 9월 북경에서

2\. 본문의 "중국의 천주교 선교사와 수녀" 기사(92쪽) 참고.

3\. 橫看成嶺側成峰, 遠近高低各不同. 不識廬山真面目, 只緣身在此山中. 「제서림벽(題西林壁)」

들어가며
:유럽은 화보를 통해 중국을 더 잘 이해하게 되었다

이 책은 «르 프티 파리지앵»과 «르 프티 주르날» 등 프랑스의 신문·잡지에 게재된 중국을 소재로 한 컬러 표지나 삽화를 수집한 것이다. 또한 영국이나 독일에서 제작한 컬러 삽화도 일부 포함되어 있다. 방대한 수량의 그림 중 상당수는 중국에서 쉽게 보기 힘든 것이라 꽤 깊은 인상을 받았다. 화려하고 아름다우며 방대한 양의 삽화는 가히 눈이 번쩍 뜨이는 장관이라 아니할 수 없었다.

내용적 측면에서 볼 때 서양의 신문·잡지에 실린 컬러 삽화는 굉장히 넓은 범위의 소재를 다루고 있으며, 그중 일부는 다른 곳에서 찾기 힘든 사료적 가치가 있으니 아주 진귀한 자료라 하겠다. 이 책의 도판 중 가장 이른 것은 1850년의 것이다. 그 이후 중국에서 발생한 여러 중요한 역사적 사건을 그림으로 잘 구현하고 있다. 대표적인 사건으로 1884년 청불전쟁, 1892년 장강 유역의 반기독교 사건(教案), 청일전쟁, 의화단 운동, 팔국연합군의 중국 침공, 1902년 서태후와 광서제의 북경 회궁, 러일전쟁, 1908년 서태후와 광서제의 동시 사망, 1910년 동북 지역의 페스트 발병, 1911년 중국 최초의 비행 시연, 신해혁명의 발발 등이 포함된다.

이 책을 전체적으로 살펴보고 나니, 세 가지 지점이 인상적이었다.

첫째, 나는 프랑스어로 된 신문과 잡지에 별로 익숙하지 않다. 따라서 이 책의 삽화는 상당히 신선했다. 내가 알기로 중국 내 출간된 비슷한 유형의 중국어 사료에서 이들 도상 자료는 거의 인용된 적이 없다.

둘째, 1911년 이후의 사진을 포함한 이 책의 모든 도상이 컬러로 제작되었다. 이는 결코 간단한 문제가 아니다. 주지하다시피 컬러로 제작하는 것은 까다롭고 시간이 많이 들며 인쇄 비용도 높아진다. 인쇄 품질에 대한 요구가 높아짐은 말할 필요도 없다. 그러나 컬러는 시각적인 효과의 측면에서 더 자연스럽고 보기 좋으며, 사료적 측면에서도 더 많은 역사적, 문화적 정보를 담을 수 있다. 예를 들어 황제의 곤룡포, 이홍장의 황마괘, 그리고 의화단원이나 청군의 복장, 외국 군대의 제복 등 다양한 인물의 복식이 만약 컬러가 아니라면 그들에게 받게 되는 인상 또한 대폭 감소했을 것이다. 같은 이유로 삽화에 등장한 온갖 종류의 깃발과 건축물이 컬러가 아니었다면 이상적인 효과를 발휘하기 어려웠을 것이다. 나는 영국의 «일러스트레이티드 런던 뉴스»의 내용에 대해서는 비교적 잘 알고 있다.[1] 이 책에 인용된 «일러스트레이티드 런던 뉴스» 삽화 4점은 원래 흑백으로 제작된 평범한 이미지다. 그런데 누군가 그 삽화에 컬러를 입혔더니 분위기가 완전히 달라졌다. 푸른 대나무밭과 빛나는 햇빛으로 인해 단숨에 생동감이 깃들었다. 나는 런던과 파리를 방문한 적이 있는데, 프랑스 사람들이 영국인보다 더 예술적인 기질을 타고났고 색채에도 더 민감하다는 인상을 받았다. 예를 들어, 루브르궁과 베르사이유궁의 장식 스타일은 대영박물관이나 버킹엄궁에 비해 훨씬 호화스럽고 화려했다. 원래 나는 영국 교회의 스테인드글라스와 내부 장식에 아주 깊은 인상을 받았는데, 파리의 성당 몇 곳을 참관한 뒤에야 알게 되었다. 깊은 인상을 받았던 영국의 교회들을 프랑스의 성당과 견주었을 때 예술적 품격에 있어 비교가 되지 않았다. 혹시 이런 이유 때문에 프랑스 매체에서 이렇게 많은 컬러 도상이 제작된 것일까?

셋째, 프랑스인의 중국에 대한 편견이 영국인보다 더 심한 것 같다. 대부분 중국에서 일어난 사건을 그리고 기록한 것인데도 전반적으로 봤을 때 이 책에 등장하는 중국인의 이미지는 상당히 누추하고 쩨쩨하며, 얼굴도 너무 혐오스럽게 그려져 있다. 이 점에 주목할 필요가 있겠다. 손중산 초상화나 여원홍 초상화 등 극소수의 그림만이 예외적이다.

그렇다고 해서 19세기 중엽 이래로 프랑스인이 중국을 진지하게 관찰하고 연구해왔다는 사실을 도외시할 수는 없다. «르 프티 파리지앵»이나 «르 프티 주르날» 같은 프랑스 매체가 보여주는 중국에 대한 이해와 인식의 정도는 중국인이 지금껏 의식하지 못하던 것들로, 동시기 중국의 서양에 대한 이해를 훨씬 넘어선 것이었다. 요컨대, 이러한 화보를 통해 유럽은 중국을 더 잘 이해하게 되었다.

선홍(沈弘)
2015년 9월 항주(杭州)에서

1. 선홍은 『서양에 남겨진 중국사: «일러스트레이티드 런던 뉴스»에 기록된 만청 1842~1873』의 편역자다.

중국의 황제, 도광제

일뤼스트라시옹 제378호
세계판
1850년 5월 25일

L'ILLUSTRATION N°378
JOURNAL UNIVERSEL
25 MAI 1850

영문 이름 람쿠아(Lam-Qua; 林官 혹은 啉呱)[1]로 더 잘 알려진 유화가(油畵家) 관교창(關喬昌, 1801~1860)은 광동성 남해(南海) 출신으로, 특히 초상화에 능했다. 그의 그림은 영국에서 유행하던 새로운 화풍의 영향을 받아 자유분방한 필치와 밝은 색채, 그리고 선명한 대비를 특징으로 한다. 당시 마카오에 거주하고 있던 영국 출신 화가 조지 치너리[2]의 지도를 받았다.[3] 아편전쟁 직전까지 유일하게 서양에 개방된 무역항인 광주 13행 상관에 화실을 열고 서양인과 중국인에게 그림을 판매했다. 그의 화실은 청말 중국 화가들이 서양화 기법으로 그린 수출용 그림인 '수출회화'[4]의 주요한 제작 창구였다. 아편전쟁 이후 무역의 중심이 광주에서 홍콩으로 넘어가자, 1845년 9월에 화실을 홍콩으로 옮겼다.

1841년 유화작품인 ‹차 상인 모승(毛升) 초상›을 뉴욕에서 전시했고, 1851년 ‹호쿠아(浩官) 초상› ‹기영(耆英) 초상› ‹임칙서(林则徐) 초상›을 보스턴에서 전시했다(‹임칙서 초상›은 이후 런던에서도 전시). 구미에서 작품을 전시한 최초의 중국 화가로 알려져 있다.

1. 여기서 '쿠아(qua; 呱)'는 중국 남방에서 남성에 대한 존칭으로 이름에 덧붙이던 '관(官)'의 광동어 발음이다. 중국인의 이름이 서양인에게 생소하므로, 서양과의 교역이 잦은 행상이나 수출화가들은 부르기 편하고 기억하기 쉬운 영문 별칭을 비즈니스 네임(商名)처럼 사용했다.

2. George Chinnery, 1774~1852. 영국 화가. 1825년 마카오로 이주해 평생을 살았다. 당시 중국 연안에 거주하는 유일한 정통 서양화가로 명성이 높았으며, 중국인과 서구인의 초상화와 풍경화를 다수 제작했다. 관교창에게 서양화법을 가르쳤다.

3. 치너리와 관교창의 관계에 대해서는 자료에 따라 이견이 있지만, 당시 기록들은 관교창을 치너리의 제자로 언급하고 있다. C. Toogood Downing, *The Fan-qui in China 1836–37 vol. 1*(London: Henry Colburn Publisher, 1838), p. 39, pp. 90–91.

4. 外銷畫; Chinese export painting. 광주, 마카오 등 중국의 개항장을 중심으로 서양인에게 판매하기 위해 제작된 그림을 말한다. 선박, 인물 초상, 풍경 파노라마, 풍속 등 다양한 테마를 분업 형태로 제작했다. 서양인의 취향에 맞추기 위해 명암법, 투시법 등 서양화법을 도입했지만, 재료나 운필(運筆) 등은 중국화법을 유지했다. 수출회화는 대부분 예술적 창의성보다는 판매용 상품으로서의 측면이 더 컸다. 수출회화는 동서양 문화교류의 산물이라 할 수 있으며, 당시 서양인들이 중국을 이해하고 수용하는 방식에 영향을 끼쳤다.

L'ILLUSTRATION,

JOURNAL UNIVERSEL.

중국의 황제, 도광제(道光帝, 재위 1820~1850년): 람쿠아가 중국식으로 미지(米紙; papier de riz)에 수채화로 그린 초상을 바탕으로 제작했다. (라그레네 씨의 소장품)

L'EMPEREUR DE LA CHINE: Tao-Kwang, empereur de la Chine, d'apres un portrait peint a l'aquarelle sur papier de riz dans le systeme chinois, par Lam-Qua (tire de la collection de M. de Lagrenée)

중국의 황제, 함풍제

르몽드 일뤼스트레 제199호 주간 신문 1861년 2월 2일	**LE MONDE ILLUSTRÉ** N°199 JOURNAL HEBDOMADAIRE 2 FÉVRIER 1861	¶ 옮긴이 해설 592쪽

LE MONDE ILLUSTRÉ
JOURNAL HEBDOMADAIRE

중국의 황제, 함풍제(咸豊帝, 재위 1850~1861년): 현임 중국 황제인 함풍제의 초상으로,
밀라노 선교단의 볼론트리 씨의 크로키에 근거해 제작했다.
HIEN-FOUNG, EMPEREUR DE CHINE (Hien-Foung, empereur actuel de Chine.
D'après un croquis du R. P. Volontri, de la mission de Milan)

중국의 황후: 함풍제의 황후

르몽드 일뤼스트레 제199호	**LE MONDE ILLUSTRÉ** N°199
주간 신문	JOURNAL HEBDOMADAIRE
1861년 2월 2일	2 FÉVRIER 1861

LE MONDE ILLUSTRÉ

JOURNAL HEBDOMADAIRE

중국의 황후: 함풍제의 황후

L'IMPÉRATRICE DE CHINE (La femme de l'Empereur Hien-Foung)

파리의 중국 사절단: 1월 4일에 파리에 도착한 중국 사절단

르몽드 일뤼스트레 제614호
13주년
1869년 1월 16일

LE MONDE ILLUSTRÉ N°614
13E ANNEÉ
16 JANVIER 1869

¶ 옮긴이 해설
592쪽

파리의 중국 사절단: 1월 4일에 파리에 도착한 중국 사절단
L'AMBASSADE CHINOISE A PARIS (PARIS — Le personnel de l'ambassade chinoise, arrivée le 4 janvier)

중국과의 화해

알제리 제46호
1884년 6월 29일 일요일

L'ALGÉRIE N°46
DIMANCHE 29 JUIN 1884

¶ 옮긴이 해설 593쪽

1.
도판의 서명으로는 화가의 이름을 정확히 파악하지 못해 부득이하게 중국어 표기를 음차했다.

화가 아이파크[1]가 첫 면의 이 삽화를 보내왔을 때, 우리는 오해로 인해 초래된 여러 아군 병사의 사망 소식을 접하지 못한 상태였다. 예상하지 못한 이 비참한 사건이 벌어지면서 우리는 농담을 할 생각을 거두어들였다. 파란이 있긴 했지만 이 일로 인해 너무 큰 파장이 일지 않기를, 또한 통킹에서의 전쟁이 승리하기를 바란다.

Première Année. — N° 46. **15 CENTIMES** Dimanche, 29 Juin 1884.

ABONNEMENT **3 MOIS** 2 Fr ADMINISTRATION & REDACTION PLACE de la RÉPUBLIQUE (Palais Consulaire) ORAN	**L'ALGERIE** **COMIQUE & PITTORESQUE**	INSERTIONS S'ADRESSER AU BUREAU DU JOURNAL PLACE de la RÉPUBLIQUE (Palais Consulaire) BUREAU DU PETIT FANAL ORAN

LA PAIX AVEC LA CHINE

중국과의 화해: 인민은 우리들의 형제! 저명한 가곡
LA PAIX AVEC LA CHINE (Les peuples sont pour nous des frèèèères! air connu)

1884년 8월 프랑스 화보에 게재된 마미해전

¶ 옮긴이 해설 593쪽

1884년 8월 프랑스 화보에 게재된 마미해전(馬尾海戰)

대만의 한족과 원주민이 함께 축제를 즐기는 장면(1890년 2월 영국 «일러스트레이티드 런던 뉴스»에 게재)

대만의 한족과 원주민이 함께 축제를 즐기는 장면(1890년 2월 영국 «일러스트레이티드 런던 뉴스(*The Illustrated London News*)»에 게재)

대만 원주민이 서양인과 접촉하는 장면(1890년 3월 영국 «일러스트레이티드 런던 뉴스»에 게재)

대만 원주민이 서양인과 접촉하는 장면(1890년 3월 영국 «일러스트레이티드 런던 뉴스»에 게재)

대만을 탐험하는 영국 여행가(1890년 3월 영국 «일러스트레이티드 런던 뉴스»에 게재)

대만을 탐험하는 영국 여행가(1890년 3월 영국 «일러스트레이티드 런던 뉴스»에 게재)

중국의 대학살

르 프티 주르날 제56호
삽화 부록
1891년 12월 19일 토요일

LE PETIT JOURNAL N°56
SUPPLÉMENT ILLUSTRÉ
SAMEDI 19 DÉCEMBRE 1891

지금 중국에서는 아주 엄중한 사건이 벌어지고 있다. 중국에서 일어난 이 무시무시한 폭동으로 인해 유럽인, 특히 선교사들이 목숨을 위협받을 뿐 아니라 중국 황제의 옥좌도 흔들리고 있다.

모두가 보았듯이 사태는 굉장히 엄중하다. 연금술사와 몇몇 철인들은 일찍이 수많은 몽골인, 만주인 그리고 중국인이 유럽을 침략해 전 유럽을 멸망시킬 것이라고 단언한 바 있다.

프랑스의 아이들은 그 수가 보잘 것 없지만, 중국의 아이들은 부양하기 힘들 정도로 많다. 만약 언젠가 천자의 신민들이 자기 나라 어디에서도 먹을거리를 구하지 못하게 되었을 때, 그들은 먹을거리를 구하기 위해 다른 곳으로 가야만 할 것이다. 그때가 되면 이들 중국인이 알제리의 메뚜기 떼처럼 유럽 전역을 뒤덮은 채 모든 것을 집어 삼키고 멸망시킬 것이라고 사람들은 단언한다.

제아무리 우리가 가장 선진적인 무기로 화약을 발명한 이 민족에 대항한다 해도 아무 도움이 되지 않을 것이다. 우리가 그들 중 적지 않은 수를 소멸시킬 수도 있다. 그러나 그들의 수는 여전히 우리의 10배이므로 우리는 결국 실패할 것이다. 우리 유럽 국가들에게로 원정오기 전에, 그들은 먼저 낫과 쇠스랑으로 그들끼리 군사 훈련을 하고 그들끼리 살육을 벌였다. 관례에 따라 그들은 먼저 기독교 신자부터 손을 대었다. 우리의 삽화는 그 무시무시한 장면을 보여주고 있다. 삽화에 등장하고 있는 중국인들은 이 악랄한 학살을 벌인 자들이다. 그러나 그들은 또한 자기들끼리 살육을 벌여 조국의 과중한 인구 부담을 줄여주고 있다.

그렇다면 그들의 동기는 무엇인가?

우리는 이것을 단순한 정치 운동이라고 믿기는 어렵다. 방화, 살육, 약탈을 감행한 후안무치한 이들 무리는 자기 황제의 이름도 제대로 대지 못할 것이다. 아마도 그저 살길을 모색하는 와중에 짐승 같은 면모를 드러낸 것이리라.

미국인들은 중국 노동자를 너무 많이 수입하다 이제 수입하기를 멈췄다. 이 결정은 일부 중국인이 다른 나라의 모든 사람들에게 복수를 다짐하게 만들었다. 이 일은 대규모 충돌을 바라는 자의 기획이었을 가능성이 있다. 그들은 미국 해군의 강력함을 알고 기꺼이 미국인을 개입시키려 했을 것이다.

앞으로 어떤 일이 벌어질까? 미래가 우리에게 알려줄 것이다.

이와 같은 폭력을 직면하면 진정 수수방관하고 있기가 곤란하다. 그 때문에 사람들은 또 한 차례의 새로운 원정을 준비하고 있다. 그 대가를 잘 알면서도 말이다. 어찌되었건 이러한 형세에서는 정말로 재정 지출에 인색할 수가 없다. 결국 언젠가 우리는 중국인에게 먹혀버릴 것이다. 그렇다면 가능한 한 그날의 도래를 늦추도록 하자!

Le Petit Journal

TOUS LES VENDREDIS
Le Supplément illustré
5 Centimes

SUPPLÉMENT ILLUSTRÉ
Huit pages : CINQ centimes

TOUS LES JOURS
Le Petit Journal
5 Centimes

Deuxième Année | SAMEDI 19 DÉCEMBRE 1891 | Numéro 56

중국의 대학살: 화형
LES MASSACRES EN CHINE (Incendies)

1891년 4~5월 사이, 구강(九江), 의창(宜昌), 양주(揚州), 무호(蕪湖), 무석(無錫) 등지에서 연이어 교회를 불태우고 선교사를 살해하는 사건이 일어났다. 이를 '장강의 교안(長江教案)'이라고 부른다.[1] 중국에 체류 중인 선교사들이 다방면으로 알아본 결과 대부분의 반서양 기독교 관련 서적은 장사(長沙)의 서적판매상 주한(周漢)이 편찬했다.[2]

주한은 1841년 호남성(湖南) 영향(寧鄉) 출신으로, 군공을 세워 산서성 보용도(補用道) 직책에 천거되어 이품정대(二品頂戴)를 하사받았으며, 1884년 이후에는 장사로 이주해 살았다.

각국의 대사들은 청 정부와 호광총독(湖廣總督) 장지동(張之洞)을 압박해 주한을 엄벌할 것을 요구했다. 이홍장은 주한을 경제 문제 핑계로 조사해 처벌할 것을 건의했다. 그런 식으로 처리하면 민중과 서양인 모두에게 만족스러울 것이다. 장지동은 호남성에서의 주한의 영향력을 고려해 그를 신강성이나 감숙성 등 변방으로 발령할 것을 건의했다. 비록 총리아문(總理衙門)은 장지동의 건의를 수용하지 않았지만, 해당 지역에서 '주한은 정신병 환자'라는 결론을 이끌어낼 수 있었다.

1897년, 제국주의 열강에 의한 중국 분할의 광풍이 휘몰아치자 주한은 또다시 장사 지역에서 반서양 공고문을 발표했다. 호남순무 진보잠(陳寶箴)은 주한이 다시 사달을 일으킬까 염려해 그를 고향인 영향에서 장사로 끌고 와 감시했다. 그러나 영향의 생원들이 과거 시험을 거부하고 장사의 선비들까지 동조하자, 진보잠은 주한을 호광총독이 있는 무한으로 압송해 처리해줄 것을 요청했지만, 장지동은 해결하기 힘든 이 난제를 떠맡으려 하지 않았다. 진보잠은 어쩔 수 없이 예전 방식대로 주한을 '정신병'으로 몰아 특수 감옥에 수감시켜 장기간 관리했다.

1\. 근대 중국에서 일어난 반기독교 사건을 '교안'이라고 한다. 1891년 장강 유역의 여러 지역에서 동시다발로 진행된 '장강의 교안'은 '의화단의 난' 이전에 일어난 최대 규모의 반기독교 사건이다. 제국주의 열강에 대한 반발과 함께 기독교인들이 부녀를 홀리고 아동을 유괴하며, 심지어 눈을 파내고 심장을 도려낸다는 소문이 기독교에 대한 공격으로 나타났다.

2\. 주한이 편찬한 책에 대해서는 116쪽의 "중국의 민족주의"와 해당 기사의 옮긴이 해설을 참고하라.

Le Petit Journal

TOUS LES VENDREDIS
Le Supplément illustré
5 Centimes

SUPPLÉMENT ILLUSTRÉ
Huit pages : CINQ centimes

TOUS LES JOURS
Le Petit Journal
5 Centimes

Deuxième Année | SAMEDI 19 DÉCEMBRE 1891 | Numéro 56

중국의 대학살: 혹형
LES MASSACRES EN CHINE (Supplices)

최근에 벌어진 중국의 기독교도 학살

삽도판 일요일의 태양 제41호
1893년 10월 8일 일요일

L'ILLUSTRÉ SOLEIL DU DIMANCHE N°41
DIMANCHE 8 OCTOBRE 1893

Sixième année N° 41 EDITION D'AMATEUR Dimanche 8 octobre 1893

L'Illustré
SOLEIL DU DIMANCHE

최근에 벌어진 중국의 기독교도 학살 (파리스 선생의 수채화)
LES DERNIERS MASSACRES DE CHRÉTIENS EN CHINE (Aquarelle de M. de PARYS)

청일전쟁: 서울에서의 동요

르 프티 주르날 제195호
삽화 부록
1894년 8월 13일 월요일

LE PETIT JOURNAL N°195
SUPPLÉMENT ILLUSTRÉ
LUNDI 13 AOÛT 1894

Le Petit Journal

TOUS LES JOURS
Le Petit Journal
5 Centimes

SUPPLÉMENT ILLUSTRÉ
Huit pages : CINQ centimes

TOUS LES DIMANCHES
Le Supplément illustré
5 Centimes

Cinquième année — LUNDI 13 AOUT 1894 — Numéro 195

청일전쟁: 서울에서의 동요
LES ÉVÉNEMENTS DE CORÉE (Agitation à Séoul)

청일전쟁: 청 군함이 일본군에 의해 격침되다

르 프티 주르날 제195호	**LE PETIT JOURNAL** N°195
삽화 부록	SUPPLÉMENT ILLUSTRÉ
1894년 8월 13일 월요일	LUNDI 13 AOÛT 1894

Le Petit Journal

Le Petit Journal

SUPPLÉMENT ILLUSTRÉ

Huit pages : CINQ centimes

TOUS LES DIMANCHES
Le Supplément illustré
5 Centimes

LUNDI 13 AOUT 1894

청일전쟁: 청 군함이 일본군에 의해 격침되다
LES ÉVÉNEMENTS DE CORÉE (Un vaisseau chinois coulé par les Japonais)

프랑스 세관 검사원이 중국인에게 살해되다

르 프티 주르날 제200호
삽화 부록
1894년 9월 17일 월요일

LE PETIT JOURNAL N°200
SUPPLÉMENT ILLUSTRÉ
LUNDI 17 SEPTEMBRE 1894

중국인은 정말로 대담하기 그지없다. 그들에게 반드시 강력한 타격을 줄 필요가 있다. 최근 한 무리의 무뢰배가 몽까이[1]에 있는 샤이예 씨의 집을 침입해, 우리의 불행한 동포가 저항하는 와중에 살해당했다. 중국인들은 그의 아내와 6세 딸을 납치하기까지 했다. 우리는 이 범죄자들을 잡아서, 중국 정부가 법에 따라 처벌하기를 바란다. 현재 중국은 위기를 겪고 있는 와중이니, 또 다른 문제가 파생되지 않기를 바람이 마땅하다.

1. Moncay. 중국과의 국경에 위치한 베트남 북동부 도시.

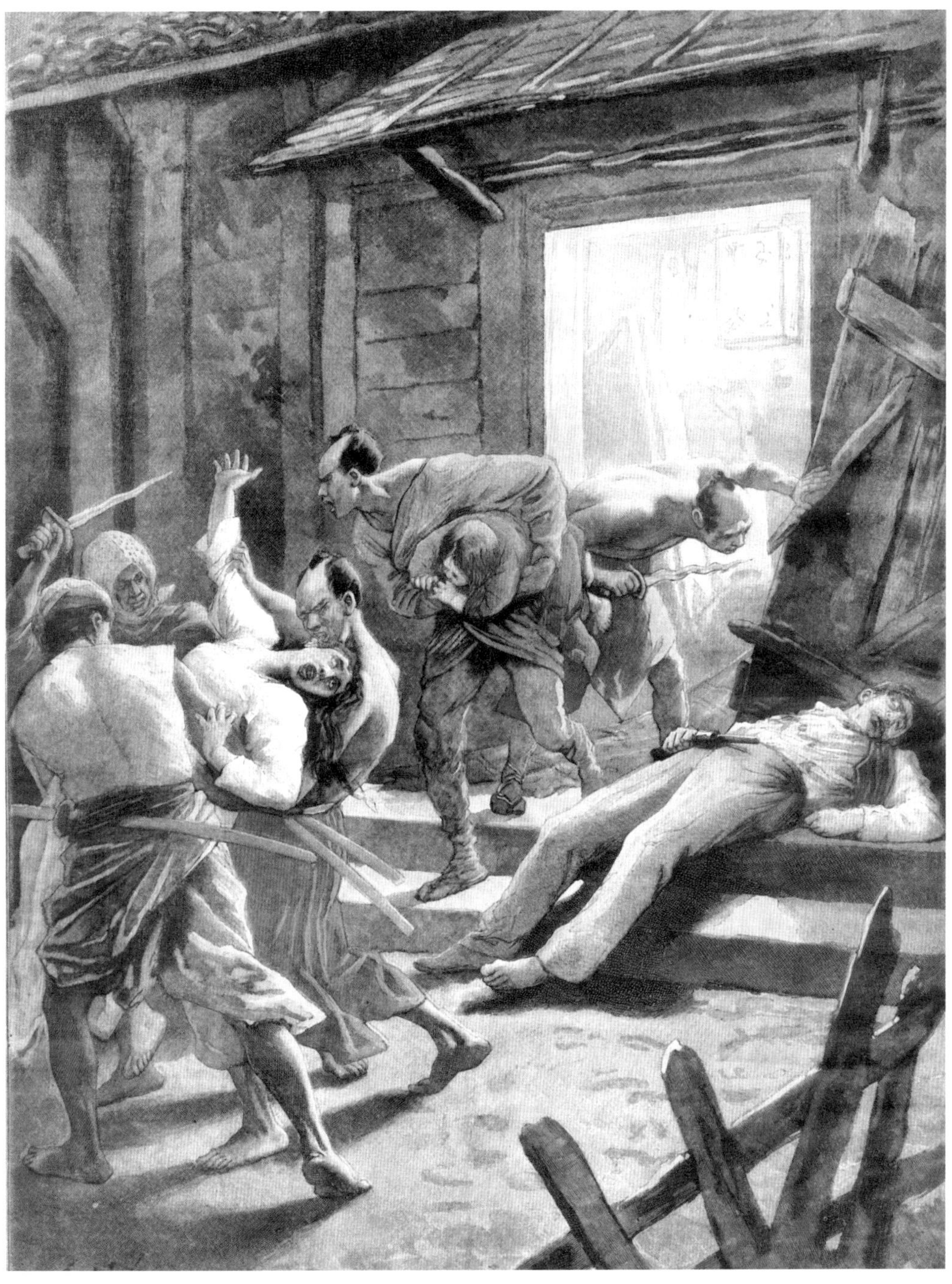

프랑스 세관 검사원이 중국인에게 살해되다
ASSASSINAT PAR LES CHINOIS D'UN CONTRÔLEUR DES DOUANES FRANÇAISES

일본 회화: 일본 장교가 청의 깃발을 탈취하는 장면

르 프티 주르날 제206호
삽화 부록
1894년 10월 29일 월요일

LE PETIT JOURNAL N°206
SUPPLÉMENT ILLUSTRÉ
LUNDI 29 OCTOBRE 1894

프랑스인은 오랫동안 외국에서 만들어진 모든 것들을 무시해왔다. 그래서 우리는 여러 세기가 지나서야 일본 예술을 이해할 수 있게 되었다.

예전에는 소수의 박식한 인사들만 일본인이 창작한 작품을 이해했다. 이제 이 왜소한 황인종은 그들의 이웃나라를 경악시켰을 뿐 아니라 전 세계 사람들을 놀라게 했다.

예전 사람들은 기껏해야 벽난로 난간 위에 일본산 대자화병(大瓷花瓶)을 올려놓거나, 창틀이나 식기 진열대에 일본산 자기 접시를 늘어놓는 정도였다. 어느 날 몇몇 학자들이 이렇게 외치기 시작했다. “당신들은 이게 얼마나 아름다운지 알아야만 해!” 사람들은 그들의 말을 신뢰했고, 정말로 그것들을 제대로 다시 살펴보게 되었다. 그리고 눈앞에 펼쳐진 정교한 청동기와, 전문가들의 눈에나 상당히 진기했던 두루마리 그림들에 감탄을 금치 못하게 되었다.

지금까지 우리가 접해왔던 일본 회화에서 묘사된 내용들은 모두 우리가 알지 못하는 이야기들이어서 그것에 깊은 흥미를 느끼기가 힘들었다. 그런데 이번에 소개하게 된 이 일본 회화는 시사와 관련된 내용을 그리고 있다.

최근에 우리가 수령한 우편물 중에 현재 벌어지고 있는 전쟁 장면을 그린 그림이 들어 있었다. 우리는 복제 과정에서 원작의 귀엽지만 유치한 붓 터치를 최대한 온전하게 보존해 독자들에게 제공하려 했다. 그림에서 묘사하고 있는 것은 유럽식 군복을 입은 일본 장교가 중국 깃발을 탈취하는 장면이다. 지금 도쿄의 거리에서 팔리고 있는 이 그림의 복제품을 보여준 것에 대해 독자들이 감사해할 것을 확신한다.

일본 회화: 일본 장교가 청의 깃발을 탈취하는 장면
UN DESSIN JAPONAIS (Prise d'Un drapeau chinois par un officier Japonais)

청일전쟁: 상해 성문

르 프티 주르날 제216호
삽화 부록
1895년 1월 6일 일요일

LE PETIT JOURNAL N°216
SUPPLÉMENT ILLUSTRÉ
DIMANCHE 6 JANVIER 1895

일본이 중국을 상대로 일으킨 이 전쟁은 현재 굉장히 치열하게 진행되고 있다. 얼마 지나지 않아 이 전쟁은 유럽의 많은 동맹 관계를 깨뜨리거나, 최소한 동맹국 간의 균형을 깰 것이다. 현재 상태에서 과도하게 사건의 디테일을 이야기하는 것은 시기상조다. 그러나 단정할 수 있는 것은, 오랜 제국의 외교관들이 전쟁의 최종 결산 시기가 되면 신흥 제국에게 한 자리를 비워줄 것이라는 점이다.

이미 러시아, 프랑스, 영국이 중국을 분할했으므로 자연히 일본에게 남은 것은 얼마 되지 않는다. 각국의 행동이 제법 민첩했다. 프로이센이 독일을 통일한 것처럼 일본이 중국을 병합해 극동의 프로이센이 될 것이라 확신하는 사람도 일부 있다. 일본은 자신만만했지만 상황이 그들의 예상대로 흘러가지는 않았다. 중국은 너무 커 집어삼키기가 어려웠다.

그렇지만 일본의 이번 행동은 세계를 놀라게 했다. 우리는 일본의 진보에 대해 익히 알고 있다. 프랑스의 실패를 확인했지만, 그럼에도 일본은 전후에 일본군 한 개 부대의 훈련을 프랑스군 장교에게 요청했다. 그러나 우리는 일본의 현재 병력 규모를 제대로 알지 못한다. 사람들의 추측에 의하면, 일본은 일단 전반전을 승리하면 다른 나라의 개입에 동의하지 않겠느냐는 것이다. 그들 또한 중국 인구의 거대함을 잘 알고 있기 때문이다. 다리만 살짝 삐끗해도 적에게 깔려 죽기 십상이었다.

그러나 상황은 결코 사람들의 예상처럼 흘러가지 않았다. 일본은 중국에 연이어 승리했다. 일본과 중국의 이번 전쟁은 흥미로운 장면들이 많기에 우리는 특별히 이번 호에 상해 성문 그림을 게재해 독자들에게 제공하려 한다. 바로 이곳에서 중국과 일본은 격렬하게 충돌한 바 있다.

Le Petit Journal

Le Petit Journal
CHAQUE JOUR 5 CENTIMES
Le Supplément illustré
CHAQUE SEMAINE 5 CENTIMES

SUPPLÉMENT ILLUSTRÉ
Huit pages : CINQ centimes

ABONNEMENTS

	TROIS MOIS	SIX MOIS	UN AN
PARIS	1 fr.	2 fr.	3 fr 50
DÉPARTEMENTS	1 fr.	2 fr.	4 fr.
ÉTRANGER	1 50	2 50	5 fr.

Sixième année — DIMANCHE 6 JANVIER 1895 — Numero 216

청일전쟁: 상해 성문
LA GUERRE SINO-JAPONAISE (Porte de Shang-Hai)

중국 황제가 프랑스 대사 제라르를 접견하다

르 프티 주르날 제218호
삽화 부록
1895년 1월 20일 일요일

LE PETIT JOURNAL N°218
SUPPLÉMENT ILLUSTRÉ
DIMANCHE 20 JANVIER 1895

최근 북경에서는 극동의 풍습을 조금이라도 이해하고 있는 사람들이 보기에 상당히 중요한 사건이 일어났다. 중국의 황제가 자신의 궁궐에서 정식으로 유럽의 외교관을 접견한 것이다. 우리 프랑스 대사도 그 속에 포함되어 있었다. 본지가 직접 이 방문에 참여하지는 못했으므로, 우리는 스웨덴과 노르웨이의 대리공사가 상해의 한 신문에 제공한 기사를 참고해 독자들에게 이 사건을 소개하고자 한다.

이번 접견의 주요 목적은 각국의 사절단이 서태후(西太后)의 60세 생일을 전후해 중국 황제와 서태후에게 각국 원수의 문안 인사를 전하는 것이었다. 자금성으로 걸어 들어갈 때, 각국 대사들의 눈에 가장 먼저 들어온 것은 예사롭지 않은 청결함이었다. 그것은 그들이 지금까지 방문했던 중국의 다른 도시와 너무나도 대비되는 광경이었다. 황궁 안에는 곳곳에 쉬거나 즐길 수 있는 장소가 마련돼 있었다.

궁전에 들어선 대사들은 독특한 모습의 정자로 안내되었다. 거기에는 여러 태감과 군관이 기다리고 있었으며 시원한 음료가 준비되어 있었다. 이어서 대사들은 궁전에서 50미터가량 떨어진 또 다른 정자로 안내되었다. 그리고 그곳에서 한 사람씩 접견을 기다려야 했다. 황제가 그들을 개별적으로 만나고 싶어 했기 때문이다. 이번 접견은 정식으로 진행되었지만 시간은 길지 않았다. 접견에 사용된 홀에는 아무런 장식도 없었고 더할 나위 없이 넓었다. 황제는 종종 이곳에서 유학에 대한 강론을 듣곤 했다.

황제는 두 다리를 꼰 채로 왕좌에 앉아 있었고, 양 옆에서 친왕과 대신이 그를 빼곡히 둘러싸고 있었다. 황제의 발치에는 황색 비단으로 덮인 작은 탁자가 놓여 있어 하반신을 가려주었다. 대사들이 출입할 때 황제는 한 번도 일어나지 않았다. 알현하러 들어온 대사는 황제에게서 3미터 정도 떨어진 곳에 서야 했다. 이 짧은 접견에서는 공친왕(恭親王)과 경친왕(慶親王)이 번갈아가며 통역과 전례를 주관했고, 황제는 만주어로만 이야기했다.

스웨덴 외교관은 예지로 번뜩이면서도 온화한 황제의 얼굴을 굉장히 흥미로운 시선으로 관찰했다. 황제의 신체는 매우 허약해 보였지만, 그는 우아한 이마와 표현력이 풍부한 갈색 눈동자를 가졌으며 안색도 나쁘지 않았다. 궁정의 고관대작들 사이에서 황제는 근엄한 태도를 유지하고 있었다. 비록 가까이서 봤을 때는 열예닐곱 먹은 아이 같았지만 말이다. 황제는 예방한 대사들과 일상적인 일에 대해서는 대화를 나누지 않았다. 그는 규정된 법식과 규범에 의거해 관례적인 이야기만 한 것이 분명하다.

중국 황제가 프랑스 대사 제라르를 접견하다
M. GÉRARD, AMBASSADEUR DE FRANCE, REÇU PAR L'EMPEREUR DE CHINE

외국 사신을 접견하는 광서제

1901년 독일에서 출판된 도서
『중국지』에 수록.

외국 사신을 접견하는 광서제(光緖帝)

황제의 새로운 썰매: 북해 공원에서 썰매를 타는 광서제

위니베르 일뤼스트레 제2079호
1895년 1월 26일

L'UNIVERS ILLUSTRÉ N°2079
26 JANVIER 1895

황제의 새로운 썰매: 북해(北海) 공원에서 썰매를 타는 광서제
LE NOUVEAU TRAINEAU DE L'EMPEREUR (L'empereur de chine traversant en traineau les jardins du palais)

흑기군의 포로가 된 프랑스 장군 카레르

르 프티 주르날 제249호 삽화 부록 1895년 8월 25일 일요일	**LE PETIT JOURNAL** N°249 SUPPLÉMENT ILLUSTRÉ DIMANCHE 25 AOÛT 1895	¶ 옮긴이 해설 593쪽

우리는 마침내 카레르 선생이 베트남 통킹에서 포로가 된 상세한 경위를 알게 되었다. 이 프랑스인은 수개월에 걸친 천신만고 끝에 드디어 자유를 되찾았다.

당시 그는 칠계(七溪; That-Khé) 부근의 한 삼판선에서 머물고 있었는데, 갑자기 양쪽 기슭에서 동시에 총성이 울렸다. 얼마 지나지 않아 카레르 선생의 수행원과 선원들 대부분이 사망하거나 전투 능력을 상실하게 되었다. 카레르 자신도 총에 맞았지만 강에 뛰어들어 도주를 시도했다. 그는 휴대하던 라이플총 세 정을 강물에 던진 후 조금의 망설임도 없이 강으로 뛰어들었다. 그러나 그는 또다시 총에 맞아 죽기 일보 직전까지 갔다. 그 순간 해적들이 신속히 그를 구해냈다. 그때부터 카레르에게 고통스러운 나날이 시작되었다.

그를 학대하던 이들은 추격을 피하기 위해 중국 국경을 넘어갔다. 이것만으로도 이 국경선 감시가 얼마나 '잘' 이루어지는지 알 수 있다. 이 과정에서 카레르 선생은 온갖 고초를 겪었으며 피로는 극에 달했다. 그들은 다시 국경을 넘기로 결정했고, 여전히 어떠한 처벌도 없이 순조롭게 그곳을 통과했다.

비록 갖은 학대를 당했지만 카레르 선생의 체력은 조금씩 회복되기 시작했다. 그러자 그들은 새로운 고문을 시도했다. 이 강도들은 그에게 족쇄를 채웠다. 고대의 혹형(酷刑)을 사용하기도 했다. 그의 두 엄지손가락을 말뚝에 묶은 뒤, 엄지손가락 사이에 나무못을 박아 넣는 고문이었다.

이 형벌은 너무나 공포스러운 것이었다. 해적들 중 한 명이 도저히 두고 볼 수 없어 나무못을 빼 줄 정도였다. 그러나 해적 두목은 꿈쩍도 하지 않고 나무못을 다시 박으라고 명령했다. 수하들이 간절히 애원한 끝에야 족쇄만 채우는 정도로 물러섰다. 해적 두목은 우리 동포를 이렇게나 잔인하게 괴롭히면서 그 목적을 조금도 숨기지 않았다. "너의 친구들이 몸값을 보내면 바로 풀어주겠다."

카레르 선생은 희망의 끈을 놓기 시작했다. 그러던 어느 날, 그를 감시하던 자가 숨을 헐떡이며 달려와 빨리 자기들을 따라오라고 명령했다. 그들이 다급하게 몸을 숨긴 이유는 부근 멀지 않은 곳에서 세 무리의 병사들이 격렬하게 교전하고 있었기 때문이었다. 두 시간 가까이 지속된 총성이 잦아들 무렵에는 카레르를 감시하던 자들도 모두 도망치고 없었다.

카레르 선생은 홀로 남겨졌다. 아직 자신이 늑대 무리에서 빠져나와 호랑이 소굴로 뛰어든 건지 어떤지 알 수 없었다. 바로 이때, 그는 자신을 구하러 오는 사람들을 발견했다. 이번 교전의 목적이 자신을 구출하는 것이었다는 사실도 알게 되었다. 자유를 되찾은 카레르 선생은 빠른 속도로 체력과 건강을 회복했다. 그러나 인도차이나는 언제쯤 이러한 강도를 일소할 수 있을까?

흑기군의 포로가 된 프랑스 장군 카레르
UN FRANÇAIS PRISONNIER DES PAVILLONS NOIRS-CAPTIVITÉ DE M. CARRÈRE

프랑스의 손님들: 청의 특명대사 이홍장 총독

르 프티 주르날 제297호
삽화 부록
1896년 7월 26일 일요일

LE PETIT JOURNAL N°297
SUPPLÉMENT ILLUSTRÉ
DIMANCHE 26 JUILLET 1896

¶ 옮긴이 해설 594쪽

시세를 파악하는 데 아주 능한 극동의 한 정치가가 지금 유럽을 방문하고 있다. 직례총독 이홍장(李鴻章)이 언제나 순조로운 길을 걸었던 것은 아니다. 특히 최근 발발한 청일전쟁에서, 청의 황제는 그에게 '황마괘'[1]를 하사해 그의 공덕을 아끼고 치하했다가 곧이어 그것을 회수했다. 유명한 오페레타 ‹제롤스탱 대공비(la Grande duchesse de Gerolstein)›에서 대공비가 붐(Boum) 장군에게 깃털 장식을 주었다가 다시 가져가는 줄거리와 아주 유사했다. 아직도 그는 여전히 황마괘를 걸치고 있는데, 궁궐로 복귀한 후에는 벗게 될 것인가? 지금으로서는 전망하기 힘들다.

그의 사명이 원만하게 완수될 수 있을지를 예측하기 위해서는 먼저 그의 임무가 무엇인지 알아야 한다. 그러나 그것은 정말로 단정하기 힘들다. 청에서 온 이 특사는 사방을 시찰하고 다니지만 입을 다물고 침묵을 지키고 있다.

독일인들은 그를 대접하기 위해 여러 차례 성대한 연회를 준비했다. 연회 동안 독일인들은 노트를 낀 채로 청이 무기와 포탄을 구매하고, 교관을 초청하기를 기다렸다. 이홍장은 독일인들의 대접에 만족스러워했지만 무기 구매 건에 대해서는 냉담한 반응을 보였다.

우리나라를 방문했을 때 이홍장은 먼저 열병식에 참석했다. 관람하는 동안 그는 살짝 조는 듯했다. 이어서 사람들은 그를 에펠탑으로 안내했고, 이후에 그는 파리 오페라극장을 참관했으며, 엘리제궁에서 접견을 받았다. 모두와 함께 저녁 연회에 참석했지만 그는 중국 요리만 먹었다. 식사 자리에서 보여준 그의 이러한 절제는 사실 어떤 상징 같은 것이었다. 그는 방문했을 뿐 개입하지 않았다.

이어서 그는 통역의 도움을 받으며 대통령 각하와 대담을 진행했고, 청의 황제와 자신이 가져온 진귀한 선물을 대통령에게 전했다. 그는 또한 현직 장관과 콩스탕(M. Constans) 선생을 포함한 전임 장관들과도 대화를 나누었다. 모두들 그의 방문에 기쁨을 표시했지만, 아무도 대담 과정에서 중요한 정보를 얻지는 못했다.

이 존귀한 대인은 모두에게 속 시원하게 이야기를 털어놓지 않았다. 그가 프랑스의 거리를 지나갈 때, 호기심 어린 행인들이 연이어 박수와 환호를 보냈다. 눈치가 빠른 그는 사람들이 왜 환호를 보내는지 묻곤 했다. 만약 우리나라가 그에게 보여준 열정적인 환대가 그에게 좋은 인상을 남기지 못했다면, 그는 너무나도 고마움을 모르는 자일 것이다. 프랑스인들은 언제나 손님들을 열정적으로 대했다. 아마 이홍장은 중국에 돌아간 뒤에도 우리가 그에게 보여주었던 환대를 잊지 못할 것이다. 그러나 우리는 그것에 과도한 기대를 해서는 안 된다.

1. 黃馬褂. 공신에게 하사하던 청의 관복.

Le Petit Journal

Le Petit Journal
CHAQUE JOUR 5 CENTIMES
Le Supplément illustré
CHAQUE SEMAINE 5 CENTIMES

SUPPLÉMENT ILLUSTRÉ

Huit pages : CINQ centimes

ABONNEMENTS

	SIX MOIS	UN AN
SEINE ET SEINE-ET-OISE	2 fr.	3 fr. 50
DÉPARTEMENTS	2 fr.	4 fr.
ÉTRANGER	2 50	5 fr.

Septième année — DIMANCHE 26 JUILLET 1896 — Numéro 297

프랑스의 손님들: 청의 특명대사 이홍장 총독
LES HOTES DE LA FRANCE (Le vice-roi Li-Hung-Chang, ambassadeur extraordinaire de Chine)

«베너티 페어»에 게재된 이홍장

1896년 8월 13일, 영국 잡지 «베너티 페어(*Vanity Fair*)»에 게재된 이홍장.

이홍장 담배카드

¶ 옮긴이 해설 594쪽

LI HUNG CHANG

Li Hung Chang, the Chinese statesman, was born in 1823. He was graduated from Hamlin College at Peking in 1847 and a year later was appointed financial commissioner of Su-chau, following which he was generalissimo of the Chinese troops and governor of Kiang-su. He co-operated with General Gordon in putting down the Tai-ping rebellion in 1863. He was viceroy of Nanking in 1865, and two years later was appointed viceroyalty of Canton, and later viceroy of Tientsin. During part of the war with Japan in 1894 he was commander of the Chinese, and negotiated the treaty of peace with Japan in 1895. In 1896 he made his famous tour of Europe and the United States, and in 1900, during the Boxer uprising, was appointed to negotiate with the allies for peace. He died in 1901.

FACTORY No. 2- 5TH DIST. N. J.

이홍장 담배카드

중국에서

라 실루에트 제1135호
1897년 12월 19일 일요일

LA SILHOUETTE N°1135
DIMANCHE 19 DÉCEMBRE 1897

사람들은 프로이센 사람들이 어떤지 알기에 그들을 존경한다!

DIX-HUITIÈME ANNÉE — N° 1135 **Le numéro : 10 centimes, Paris et Départements** DIMANCHE 19 DÉCEMBRE 1897

LA SILHOUETTE

POLITIQUE, SATIRIQUE, ARTISTIQUE ET FINANCIÈRE

ABONNEMENTS	MAURICE LAGARDE	ABONNEMENTS
FRANCE : Un an..... 7 fr. » — Six mois... 4 » — Trois mois.. 2 » ÉTRANGER : Un an.... 10 fr. » — Six mois.. 5 50 — Trois mois 3 »	DIRECTEUR ET RÉDACTEUR EN CHEF	RÉDACTION, ADMINISTRATION et ANNONCES
TÉLÉPHONE : 509 62	LEON VALBERT Secrétaire de la rédaction	70, rue Nollet. — Paris TÉLÉPHONE : 509 62

중국에서 (BOBB의 회화)
EN CHINE (Par BOBB)

중국에서: 왕과…… 황제들의 파이

르 프티 주르날 제374호
삽화 부록
1898년 1월 16일 일요일

LE PETIT JOURNAL N°374
SUPPLÉMENT ILLUSTRÉ
DIMANCHE 16 JANVIER 1898

¶ 옮긴이 해설 594쪽

지금 유럽은 그 이름도 유명한 '황화(黃禍)'를 적극적으로 몰아내고 있는 중이다. 여러분은 이 위협을 이해할 필요가 있다. 전문가들이 말했다시피, 동아시아 국가들은 이기심으로 인해 인구가 쪼그라든 우리의 국토를 어느 날 거대한 메뚜기 떼처럼 습격할 것이다.

중국의 인구는 두려울 정도로 증가하고 있다. 언젠가 그들은 지나치게 많은 인구로 우리를 집어삼킬 것이다. 지난날 벌어졌던 대규모의 침입은 모두 아시아에서 발원하지 않았던가? 아틸라[1]를 생각해보라!

개인적인 이익을 끌어들여보면 그 이치는 더욱 분명해진다. 시국을 이용하는 것에 능한 독일 황제는 그것을 잘 알고 있었다. 그는 독일 선교사의 피살 사건을 구실로, 자신의 동생 하인리히(Henri)로 하여금 친히 군함을 이끌고 중국에 상륙하게 했다. 그리고 중국에서 독일의 파이를 키웠다.

그러나 영국도 그것을 한 입 먹고 싶어 했다. 러시아도 지고 싶지 않아, 시베리아 횡단철도를 위해 블라디보스토크보다 결빙기가 짧은 항구를 차지하려 했다. 극동에서 얻는 거대한 이익으로 봤을 때 프랑스도 수수방관할 수 없다. 일본 또한 최근 몇 차례에 걸친 승리를 근거로 이익을 나눌 권한이 있다고 생각했다. 이리하여 이 모든 나라가 중국이라는 파이를 분할하려는 행보를 더욱 서둘렀다.

그렇다면 이 파티는 어떻게 막을 내릴까? 지금으로선 정말로 말하기가 쉽지 않다. 유럽이 확실히 강하긴 하지만 중국의 외교관 또한 아주 교활하다. 독일은 영국과 식민 패권을 다투겠다고 결의했기 때문에 조만간 그들의 충돌이 격화될 것이다. 그렇다면 중국이라는 파이를 나누는 문제가 폭탄의 도화선이 되지 않을까?

1. Attila, 406~453. 고대 유라시아 대륙을 호령했던 훙노의 황제. 역사학자들은 그를 '신의 채찍'이라고 일컬었다.

Le Petit Journal

Le Petit Journal
CHAQUE JOUR 5 CENTIMES
Le Supplément illustré
CHAQUE SEMAINE 5 CENTIMES

SUPPLÉMENT ILLUSTRÉ
Huit pages : CINQ centimes

ABONNEMENTS

	SIX MOIS	UN AN
SEINE ET SEINE-ET-OISE	2 fr.	3 fr. 50
DÉPARTEMENTS	2 fr.	4 fr.
ÉTRANGER	2 50	5 fr.

Neuvième année — DIMANCHE 16 JANVIER 1898 — Numéro 374

중국에서: 왕과…… 황제들의 파이
EN CHINE (Le gâteau des Rois et......des Empereurs)

일본 만화가가 묘사하는 열강의 중국 분할

¶ 옮긴이 해설 595쪽

일본 만화가가 묘사하는 열강의 중국 분할

중국의 민간 종교 신도들이 영안주에서 프랑스 선교사 베르톨레 신부와 두 교인을 살해하다

삽도판 일요일의 태양 제26호
1898년 6월 26일 일요일

L'ILLUSTRÉ SOLEIL DU DIMANCHE N°26
DIMANCHE 26 JUIN 1898

중국의 민간 종교 신도들이 영안주(永安州)에서 프랑스 선교사 베르톨레 신부와 두 교인을 살해하다. (당블랑의 작품)
MASSACRE D'UN MISSIONNAIRE, LE PÈRE BERTHOLET, ET DE DEUX DE SES CATÉCHUMÈNES, PAR DES CHINOIS FANATIQUES, À TUNG-KIANG-TCHEOU. (Composition de M. DAMBLANS)

흑기군의 오주 반란

일뤼스트레 나쇼날 제25호
발행 1주년
1898년 7월 31일 일요일

L'ILLUSTRÉ NATIONAL N°25
1ER ANNÉE
DIMANCHE 31 JUILLET 1898

청은 프랑스를 포함한 외국 열강이 일부 항구를 조차하는 것과 영토의 일부를 프랑스에 할양하는 데 동의했다. 이 결정으로 인해 또다시 흑기군이 반란을 일으켰다. 이 해적들은 통킹에 위치한 우리의 식민지 변경 지역에서 급속도로 확산되고 있었다. 이들 비정규군은 프랑스에 영토를 할양한다는 결정에 대한 저항으로 일어났다. 그런데 실제로 반란군의 창끝이 겨냥한 목표는 프랑스가 아니라 청 정부였기 때문에 광주(廣州) 접경 지역에 위치한 오주(梧州) 부근에서 청의 군대와 충돌했다. 본지에 게재한 삽화는 바로 그 전투 장면을 묘사한 것이다. 그림 정중앙에 한 흑기군 병사가 이제 막 자른 청군 병사의 목을 든 채로 승리를 외치고 있다.

흑기군의 오주 반란
LA RÉVOLTE DES PAVILLONS-NOIRS WOU-TCHAOU

중국의 반란: 청 정규군과 흑기군의 전투

르 프티 프로방살 제11호
토요판 삽화 부록
1898년 8월 7일 일요일

LE PETIT PROVENÇAL N°11
SUPPLÉMENT ILLUSTRÉ PARAISSANT LE SAMEDI
DIMANCHE 7 AOÛT 1898

중국의 일부 지역, 특히 남방의 여러 성들은 예로부터 해적들이 들끓던 곳이다. 이 지역에 사는 온순하고 부지런한 민중들은 강도떼의 노략질을 시도 때도 없이 겪고 있다. 이 후안무치한 무리들은 수령의 한 마디 명령에 순식간에 모여 온갖 악행을 저지른 후, 흩어져 다음 지령을 기다린다. 아군 부대가 통킹 원정 과정에서 수차례 마주친 것이 바로 '흑기군'이라고 불리는 이들 패거리였다. 그들이 검은 깃발을 표지로 집합하기 때문에 붙은 이름이다. 홍강(紅河) 연안에 주둔하던 우리 측 기구의 요구로 흑기군은 중국 경내로 철수했다. 그들은 기회를 틈타 이미 수많은 인원을 보유한 부대의 몸집을 더 불렸고, 부대원이 늘어나면서 더욱더 대담해지기 시작했다. 지금도 외교 업무와 관련한 곤경에 빠져 헤어 나오지 못하고 있는 중국 정부가 반란까지 맞닥뜨렸으니, 아마도 진압할 여력은 없을 것이다.

사실상 흑기군은 원성으로 가득 찬 민중들을 규합하는 일에 능했고, 그 밖에도 꽤 세력 있는 종교 단체까지 끌어안았다. 이 교파는 일찍이 중국 관병에게 산산조각이 나서 내쫓겼으며, 지금은 복수할 기회만을 노리고 있다. 그 때문에 초반에는 단순한 약탈 행위였던 것이 점차 정치적·종교적 반란으로 변질되어갔으며, 그것이 초래하는 위해도 나날이 커져갔다. 반란을 진압하기 위해 파견된 부대는 소규모 교전과 매복 기습에 익숙한 반란군을 상대로 고전하고 있었다. 지금까지 진행된 교전에서 청의 군대는 시종 승기를 잡지 못하고 있다. 반란군은 섬멸되지 않았을 뿐 아니라 갈수록 기세등등해지고 있다.

본지 8면에 게재된 삽화는 최근 계림(桂林)이라는 중요 지역을 방어하는 청의 군대와 흑기군 사이에 벌어진 전투를 묘사하고 있다.

중국의 반란: 청 정규군과 흑기군의 전투
UNE RÉVOLTE EN CHINE (Combat entre les réguliers chinois et les Pavillons-Noirs)

빅토랭 신부의 순교

르 펠르랭 제1163호
1899년 4월 16일 일요일

LE PÈLERIN N°1163
DIMANCHE 16 AVRIL 1899

빅토랭 신부의 순교: 빅토랭 신부는 두 손이 묶인 채 5일간 나무에 매달렸고,
목이 잘린 후 망나니들이 그의 시수(屍首)를 유린했다.
LE MARTYRE DU P. VICTORIN. (Après que le P. Victorin fut resté suspendu par les mains à un arbre pendant cinq jours, il fut décapité et les bourreaux s'acharnèrent sur son corps.)

두 프랑스 장교가 광주만에서 피살되다

르 프티 주르날 제472호
삽화 부록
1899년 12월 3일 일요일

LE PETIT JOURNAL N°472
SUPPLÉMENT ILLUSTRÉ
DIMANCHE 3 DECEMBRE 1899

청일전쟁이 끝난 후 유럽의 열강들은 '삼국간섭'에 의해 일본이 할양받은 요동반도를 청에게 반환하도록 강제하고, 그 양보를 주선한 공으로 청 정부에 배상을 요구했다. 러시아는 줄곧 부동항을 취득하기를 갈망해왔으므로, 청 정부에 여순[旅順; 현재의 대련(大連)]항을 조차했다. 영국은 보상을 명분으로 위해위(威海衛)라는 중요한 항구를 강제로 조차했다. 독일은 교주만(膠州灣)을 조차했고, 우리나라는 광주만(廣州灣)에 기구를 설치했다.

다른 나라들이 분명하게 세력 범위를 확보한 반면 우리나라의 세력 범위는 굉장히 불명확했다. 그 결과 중국인들은 기회가 날 때마다 은근슬쩍 수작을 부려 광주만에 배치한 우리의 기구에 의문을 제기하고 온갖 위협을 가했다. 우리가 계속해서 양보하자 중국인들은 더욱 대담해져, 결국 이번과 같은 불행한 사건을 일으키고야 만 것이다.

순양함 '데카르트(Descartes)'호의 두 장교는 남교(南橋) 초소에 주둔하고 있었다. 그들은 경솔하게 호위부대도 없이 마사하(麻斜河)를 건넜다. 조제프 쿤(Joseph Koun)과 장 기욤 구를라우엔(Jean-Guillaume Gourlaouen)이란 이름의 이 두 장교는 중국인들에게 발견된 후 살해당했다. 쿤 선생은 이제 고작 22세로, 그의 부친은 브르타뉴 지역의 성실한 소학교 교사였다. 온갖 역경을 딛고 해군중위 직함에 오른 것이기에 사람들은 그의 죽음을 더욱더 애석해했다. 그는 아홉 아이 중 맏이로, 입대 후 받은 월급 140프랑 중 90프랑을 집에 부쳐 손아래 동생이 해군의학교에서 학업을 계속할 수 있게 했다. 정부가 이 젊은 영웅을 대신해 그의 집안의 버팀목이 되어주기를 바란다. 또한 정부가 이 두 장교의 죽음에 복수할 수 있기를 바란다.

두 프랑스 장교가 광주만에서 피살되다.
DEUX OFFICIERS FRANÇAIS ASSASSINÉS À QUANG-TCHÉOU-WAN

프랑스군과 청군의 교전: 광주만 전투

르 프티 파리지앵 제572호
문학 삽화 부록
1900년 1월 21일 일요일

LE PETIT PARISIEN N°572
SUPPLÉMENT LITTÉRAIRE ILLUSTRÉ
DIMANCHE 21 JANVIER 1900

작년 11월 12일, 광주만의 조계 확정을 둘러싸고 담판을 진행하고 있을 당시, 데카르트호의 두 장교가 중국인에게 암살된 사건을 우리는 여전히 기억하고 있다. 남교 포대에 주둔하던 조제프 쿤과 장기욤 구를라우엔은 경솔하게도 산 위에서 지형을 파악하고 싶은 마음에 독자적으로 강의 우측 기슭에 올랐다. 청의 군대는 그들을 발견하고 추격전을 펼쳤으며, 아군의 구원병이 도달하기 전에 그들의 목을 베어버렸다. 이 사건이 발생한 후 우리 정부는 청에 배상을 요구했으며, 모든 배상 요구가 만족스럽게 이뤄졌다.

그러나 광서제독 소원춘(蘇元春)과 조계 확정 문제로 담판을 진행하던 프랑스 극동함대 사령관 쿠르졸(Charles Louis Theobald Courrejolles)은 황략촌(黄略村; Vong-Liok) 공격을 결정했다. 이곳은 중국 군대의 폭동 지원부대의 주요 소재지였으며, 이번 살인 사건을 벌인 주모자들의 거주지였다. 사령관은 마로(Marot) 중령에게 포함 코메트(Comete)호와 쉬르프리즈(Surprise)호의 지원하에 일개 종대를 이끌고 출정하도록 명령했다. 종대는 도중에 굉장히 견고한 참호와 맞닥뜨렸다. 마로 중령은 교묘한 우회 전술을 실시해 바리케이드를 제거하고 몇 개의 마을을 불태운 뒤, 1500명으로 구성된 정규군 부대를 향해 맹렬한 공격을 개시했다. 전투는 굉장히 격렬했다. 청의 부대에서는 240명이 사망했고 약 480명이 부상당했으며, 아군의 사망자는 2명, 부상자는 12명이다.

중국은 이번 일의 교훈을 충분히 무겁게 받아들였을 것이다. 이틀 후 사령관은 이 영토를 탈취했다. 현재 이 지역은 인도차이나 총독의 관할하에 있다.

프랑스군과 청군의 교전: 광주만 전투
ENTRE FRANÇAIS ET CHINOIS (Le combat de Quan-Chau-Wan)

의화단

르 프티 파리지앵 제593호
문학 삽화 부록
1900년 6월 17일 일요일

LE PETIT PARISIEN N°593
SUPPLÉMENT LITTÉRAIRE ILLUSTRÉ
DIMANCHE 17 JUIN 1900

중국에는 예로부터 각종 정치적 비밀결사가 있었다. 최근에 탄생한 의화단의 목적은 단지 하나뿐이다. 그것은 중국에 거주하는 외국인과 전쟁을 벌이는 것이다. 그들은 온갖 종류의 무기를 들고, 고문과 주택 파괴 등의 방식으로 이 광적인 운동을 계속하고 있다. 이에 대해 청 정부는 수수방관하며 그대로 내버려두기를 선택했다.

최근 들어 그들이 끼치는 피해가 점점 커져가고 있다. 의화단 폭도들은 하마터면 벨기에가 건설하던 북경-홍콩 구간 철도의 건설 노동자를 모조리 죽일 뻔했다. 철도는 크게 훼손되었고 건물도 불타 손실이 막대했다. 본지의 삽화는 철도가 훼손되는 장면을 묘사한 것이다. 궤도를 뜯어낸 의화단 병사들은 멀리서 다가오는 기차가 부서지기를 기다리고 있다.

외국 대사들은 최근에야 모습을 드러냈다. 그들은 청 정부가 계속해서 이 반란을 진압하지 않는다면 파병하겠다고 위협했다. 15척의 전함이 대고구(大沽口)에 이미 정박 중이며, 대규모 부대가 상륙 준비를 마친 상태였다. 청 정부는 더 거센 보복이 두려워 유럽 전체를 적대시할 수는 없을 것이다. 그러나 쉴 새 없이 일어나는 반란에 직면해, 아무 조치도 취하지 않고 있던 정부에 이렇게 요구한다고 해서 제대로 된 조치가 이루어질 것인가! 청 정부는 재수 없는 조무래기 몇을 체포해 처형할 것이다. 그러나 진정한 범죄자들은 반격할 최적의 시기를 조용히 기다리고 있다. 게다가 서태후는 의화단의 이러한 모든 행위를 아주 높게 평가하고 있지 않은가.

Douzième année — N° 593. Huit pages : CINQ centimes Dimanche 17 Juin 1900.

Le Petit Parisien

TOUS LES JOURS
Le Petit Parisien
5 CENTIMES.

SUPPLÉMENT LITTÉRAIRE ILLUSTRÉ

DIRECTION : 18, rue d'Enghien, PARIS

TOUS LES JEUDIS
SUPPLÉMENT LITTÉRAIRE
5 CENTIMES.

의화단

LES BOXEURS CHINOIS

의화단 사건: 경자사변

르 프티 주르날 제501호
삽화 부록
1900년 6월 24일 일요일

LE PETIT JOURNAL N°501
SUPPLÉMENT ILLUSTRÉ
DIMANCHE 24 JUIN 1900

현재 중국에서는 굉장히 복잡한 사건이 발생했다. 우리는 이를 간략하게 설명해보고자 한다. 가능하기만 하다면 중국은 문을 닫아걸고 자급자족 상태를 유지한 채 모든 무역을 거부했을 것이고, 또 여전히 제멋대로 선교사와 다른 외국인들을 살해했을 것이다. 40년 전, 영국인들과 우리 프랑스인들은 대포로 그들에게 예의라고 불리는 것이 무엇인지 가르쳐 주었다. 그 결과 몇 개의 항구가 유럽 선박들에게 개방되었다.

몇 달 전, 이러한 판도에 새로운 진전이 있었다. 일본의 승리 후 프랑스, 러시아, 영국, 독일, 미국, 그리고 일본이 중국인의 수중에서 영토를 할양받은 것이다. 다시 말해 우리는 방대한 중국을 조금씩 분할하기 시작했다. 중국인은 가장 교활한 자들이다. 그들의 정부는 약하고 무능해 영토 할양에 저항할 힘이 없었다. 그래서 의화단의 난을 선동하고 지지한 것이다.

이들은 대담하기 그지없으며 특히 약탈에 뛰어나다. 그와 같은 방법을 동원해 외국인을 자기 나라로 내쫓으려 한 것이다. 그들은 북경의 북쪽에서는 물론이고 심지어 북경성 안에서도 방화, 살인, 강도 등 온갖 악행을 서슴지 않았다. 서태후는 대사관 대표들의 면전에서 짐짓 화난 듯한 태도를 연출하며 의화단에 맞설 부대를 파견했지만, 뒤에서는 부대 통솔자에게 비밀스럽게 특수지령을 내렸다. 말과 의도가 다른 그들의 행동에는 유럽의 군사 강대국들이 이러한 국면에 독자적으로 대응하게끔 하려는 의도가 숨겨져 있었다.

이들 군사 강대국들은 물론 쉽게 반란군을 상대할 수 있다. 중국은 중요한 역사적 시점에 놓여 있다. 이후 그들이 이 국면을 타개하려는 마음만 먹는다면 그 어떤 불쾌한 일도 일어나지 않을 것이다.

의화단 사건: 경자사변(庚子事變)
ÉVÉNEMENTS DE CHINE (Les boxers)

의화단 사건: 청의 정규군

르 프티 파리지앵 제595호
문학 삽화 부록
1900년 7월 1일 일요일

LE PETIT PARISIEN N°595
SUPPLÉMENT LITTÉRAIRE ILLUSTRÉ
DIMANCHE 1 JUILLET 1900

중국의 현재 상황은 심각하다. 해군대장 시모어(Seymour)는 2000명으로 구성된 부대를 이끌고 천천히 북경으로 진군하고 있지만 그들이 도착하기도 전에 심각한 사건이 발생했다. 상해, 천진, 북경, 심지어 운남에서 올라온 소식은 심히 두려운 것이었다. 기독교도를 학살하고 대사관을 불태우는 등 온갖 파괴 행동이 곳곳에서 연이어 일어났다. 이 때문에 청의 군대가 의화단과 한패라고 의심한 것이다.

최근 촬영된 사진을 바탕으로 제작한 이번 호의 삽화는 북경에 있는 청의 정규군과 영국대사관을 보여주고 있다. 이 삽화 부록이 인쇄에 들어갈 무렵, 아마 이 독특하고 우아한 건물은 어린애 장난감처럼 불에 휩쓸려 잿더미로 변해 있을 것이다.

의화단 사건: 청의 정규군
LES EVÉNEMENTS DE CHINE (Les troupes régulières Chinoises)

중국의 위기: 근대화에 반대하는 투쟁

르 펠르랭 제1226호
1900년 7월 1일

LE PÈLERIN N°1226
1 JUILLET 1900

중국은 그 어떤 나라보다 전통적이다. 중국어는 너무나 어려우며, 중국인의 사유를 기성의 보수적인 생각에 속박시켜 외국에서 들여온 새로운 사물을 받아들이기 어렵게 만들었다.

그러나 세계는 진보하고 있었고, 중국인도 고집을 피우고 있을 수만은 없었다. 천조입네 상국입네 해도 새로운 변화를 도입해야 했다. 그러나 어쩌다 가해지는 갑작스러운 외부의 충격은 오히려 중국인의 사상이 여전히 예전의 자리에 머물러 있음을 증명해주었다. 대사가 황제를 알현하면 연약한 한 관원을 전근 보낼 수 있지만, 곧 모든 것이 다시 원래대로 돌아가고 비슷한 기회가 올 때까지 그대로 유지된다. 그 밖에도 가련한 선교사들은 이번 위기에서 생명을 대가로 지불해왔는데, 외교관들은 이를 중요하게 생각하지 않았다. 이리저리 동요하고 있는 중국의 긴박한 위기가 오히려 유럽에 끔찍한 충격을 초래하는 형국이다.

1875년에 등극한 광서제는 1889년에 성년이 되었음이 선포되었다. 이 연약한 군주는 유신파가 자신의 정부에서 상당한 권력을 휘두르게 했으며, 그들이 진보당의 명의로 일련의 급작스러운 개혁을 추진하는 것도 윤허했다. 그것은 중국을 동요시켰을 뿐 아니라 몇 백 년간 유지되어온 제도를 교란시켰다. 게다가 중국은 항구를 유럽 열강에게 양도했고, 모든 광산과 철도의 경영권이 유럽 회사의 수중에 떨어졌다.

서태후는 북경 서부의 별원에서 이번 운동을 면밀히 주시하고 있었다. 그녀는 정력이 왕성했으며 중국이 직면하게 될 혼란을 이해하고 있었다. 지난 30여 년 동안, 그녀가 단 한순간도 황권을 손에서 놓지 않았다는 점만으로도 그것을 충분히 알 수 있다. 그녀는 이미 두 차례의 정변을 일으킨 바 있다. 1898년 9월, 서태후는 세 번째 정변을 진행했다. 유신파의 지도자들은 형장의 이슬로 사라지거나 망명을 떠나야 했다. 결국 1900년 1월 서태후는 섭정이 되었다. 서태후는 야심만만하고 정력이 충만했지만, 동시에 나라를 굉장히 사랑하는 인물이었다. 특히 그녀는 영국인의 세력이 계속 팽창하는 것을 두려워했다. 그녀가 개혁을 반대한 것은 아니었다. 그보다는 점진적인 정책을 통해 개혁이 성공하기를 희망했던 것이다.

유신파가 초래한 혼란은 중국인의 민족정신을 불러일으켰다. 중국의 셀 수 없이 많은 비밀단체들이 전통 사상의 수호자가 되었다. 의화단은 바로 이런 비밀단체 중 하나였다. 그들은 이 운동에서 주도적인 역할을 맡아 이제 막 도화선에 불을 댕겼다. 극악무도한 강도떼로 구성된 이 단체는 외국인을 중국의 영토에서 내쫓으려 하고 있다. 의화단의 배후에는 무지하면서도 고집 센 수많은 민중들이 있으며, 서태후 또한 국민의 편에 서 있다.

의화단의 온갖 방화와 약탈 행위로 인해 유럽의 각국들은 어쩔 수 없이 간섭에 나서야 했다. 해군상륙대의 사병들은 극동에 정박 중인 전함에서 상륙해 천진으로 출발했고, 거기에서 북경으로 진주할 것이다. 부대는 영국의 해군대장 시모어가 통솔하고 있다. 이 부대에 관한 소식은 아직 그다지 많지 않다.

이미 의화단에게 대고 포대(大沽炮臺)를

1. 의화단 병사 • 2. 서태후 • 3. 황제의 여름궁전(이화원) • 4. 광서제 • 5. 북경의 길거리 • 6. 선교사의 숙소 • 7. 주중국 프랑스대사 피숑 • 8. 북경대성당 내부 • 9. 선교사 • 10. 대성당의 외부 • 11. 황제가 거주하는 궁전

1. TYPES DE BOXEURS. • 2. L'IMPÉRATRICE DOUAIRIÈRE SY-TAY-HEOU. • 3. PALAIS D'ÉTÉ DE L'EMPEREUR. • 4. L'EMPEREUR KOANG-SU. • 5. UNE RUE DE PÉKIN. • 6. MAISON DES MISSIONNAIRES. • 7. M. PICHON, MINISTRE DE FRANCE. • 8. INTÉRIEUR DE LA CATHÉDRALE DE PÉKIN. • 9. UN MISSIONNAIRE. • 10. EXTÉRIEUR DE LA CATHÉDRALE. • 11. PALAIS DE L'EMPEREUR.

철수하라는 최후통첩을 전달했지만, 상대편은 17일 저녁 연이은 포격으로 응답했다. 연합군 함대는 총동원한 화력으로 반격을 가해 포대의 바리케이드를 가루로 만들었다. 그러나 연합군측은 별다른 손실을 입지 않았다. 그날 이후 중국의 근황을 알리는 각종 전보는 앞뒤가 모순되는 것이었다. 전화선 또한 끊어졌으므로 우리는 중국 곳곳에 흩어져 있는 선교사와 수녀들이 걱정되지 않을 수 없었다.

의화단 사건: 서양 군대의 대고 포대(大沽炮臺) 점령
LES ÉVÉNEMENTS DE CHINE (La prise des forts de Takou par les troupes européennes)

중국의 천주교 선교사와 수녀

1\. Bishop Pierre-Marie-Alphonse Favier, C.M., 1837~1905. 중국어 이름은 번국량(樊國梁)이다.

2\. Bishop Jules Bruguière, C.M., 1851~1906. 중국어 이름은 포유략(包儒略)이다.

3\. Bishop Paul-Marie Reynaud, C.M., 1854~1926. 중국어 이름은 조보록(趙保祿)이다.

4\. Bishop Géraud Bray, C.M., 1825~1905. 중국어 이름은 백진탁(白振鐸)이다.

5\. Bishop Paul-Léon Ferrant, C.M., 1859~1910. 중국어 이름은 범정좌(范廷佐)이다.

6\. Bishop Jules-Auguste Coqset, C.M., 1847~1917. 중국어 이름은 순기형(順其衡)이다.

7\. Bishop Casimir Vic, C.M., 1852~1912. 중국어 이름은 화대목(和代牧)이다.

8\. Bishop Laurent Guillon, M.E.P., 1854~1900. 중국어 이름은 기륭(紀隆)이다.

9\. Bishop Pierre-Marie-François Lalouyer, M.E.P., 1850~1923. 중국어 이름은 남녹엽(藍祿葉)이다.

10\. Bishop Marie-Julien Dunand, M.E.P., 1841~1915. 중국어 이름은 두항(杜杭)이다.

11\. Bishop Célestin-Félix-Joseph Chouvellon, M.E.P., 1849~1924. 중국어 이름은 서복륭(舒福隆)이다.

중국 전역을 휩쓴, 유럽에 저항하는 봉기는 거대한 위험을 응축하고 있다. 예수회 회원과 선교수도회(Congregatio Missionis) 회원은 모두 중국에 거주하는 프랑스의 대표들이다. 강남, 안휘, 직례(현재의 하북성)에 대략 200여 명의 예수회 선교사가 머물고 있다. 알퐁스 파비에 주교[1]가 계신 직례북부 대목구[直隸北境代牧區; 현재 북경총교구(北京總教區)]에는 61인의 선교수도회 선교사와 36명의 자선수녀회 소속 수녀가 머무르고 있다. 브뤼기에르 주교[2]가 계신 직례서남부 대목구[直隸西南代牧區; 현재 하북성 소재 정정교구(正定教區)]에는 30명의 선교사와 8명의 수녀가 있다. 레노 주교[3]가 계신 절강 대목구[浙江代牧區; 현재 영파교구(寧波教區)]에는 35명의 선교사와 38명의 수녀가 있다. 브레이 주교[4]와 페랑 보좌주교[5]가 계신 강서북부 대목구[江西北境代牧區; 현재 남창총교구(南昌總教區)]에는 16명의 선교사와 12명의 수녀가 있다. 콕세 주교[6]가 계신 강서남부 대목구[江西南境代牧區; 현재 길안교구(吉安教區)]에는 16명의 선교사가 있다. 빅 주교[7]가 계신 강서동부 대목구[江西東境代牧區; 현재 여강교구(餘江教區)]에는 22명의 선교사와 8명의 수녀가 있다. 모두 합쳐 180명의 전교 사제회 소속 선교사와 102명의 자선수녀회 소속 수녀가 머물고 있다.

파리외방선교회(M.E.P)의 선교사 상황은 다음과 같다. 기용 주교[8]가 계신 남만주 대목구[南滿代牧區; 현재 심양 소재 봉천총교구(奉天總教區)]에는 25명의 선교사가, 라루이에 주교[9]가 계신 북만주 대목구[北滿代牧區; 현재 길림교구(吉林教區)]에는 16명의 선교사가 있다. 뒤낭 주교[10]가 계신 사천서북 대목구[四川西北代牧區; 현재 성도교구(成都教區)]에는 36명의 선교사가, 슈벨롱 주교[11]가 계신 사천동부 대목구[四川東境代牧區; 현재 중경총교구(重慶總教區)]에는 31명의 선교사가, 샤타뇽 주교[12]가 계신 사천남부 대목구[川南代牧區; 현재 서부교구(敘府教區)]에는 36명의 선교사가 머물고 있다.

비에 주교[13]와 기로도 보좌주교[14]가 계신 티베트 대목구[西藏代牧區; 현재 강정교구(康定教区)]에는 20명의 선교사가, 페누이 주교[15]가 계신 운남 대목구[雲南代牧區; 현재 곤명총교구(昆明總教區)]에는 32명의 선교사가, 기샤르 주교[16]가 계신 귀주 대목구[貴州代牧區; 현재 귀양총교구(貴陽總教區)]에는

41명의 선교사가, 쇼스 주교[17]가 계신 광동 대목구[廣東代牧區; 현재 광주총교구(廣州總教區)]에는 58명의 선교사가, 라베스트 주교[18]가 이끄는 광서 감목구[廣西監牧區; 현재 남녕총교구(南寧總教區)]에는 15명의 선교사가 머물고 있었다. 모두 합쳐 310명의 선교사가 포함된다.

12. Bishop Marc Chatagnon, M.E.P., 1839~1920. 중국어 이름은 사득용(沙得容)이다.

13. Bishop Félix Biet, M.E.P., 1838~1901. 중국어 이름은 필천영(畢天榮)이다.

14. Bishop Pierre-Philippe Giraudeau, M.E.P., 1850~1941. 중국어 이름은 예덕륭(倪德隆)이다.

15. Bishop Jean-Joseph Fenouil, M.E.P., 1821~1907. 중국어 이름은 고약망(古若望)이다.

16. Bishop François-Mathurin Guichard, M.E.P., 1841~1913.

17. Bishop Augustin Chausse, M.E.P., 1838~1900. 중국어 이름은 소사(邵斯)이다.

18. Bishop Joseph-Marie Lavest, M.E.P., 1852~1910. 중국어 이름은 나혜량(羅惠良)이다.

천조(天朝)의 도성

청의 도성에서 도대체 무슨 일이 벌어진 것인가? 그 대답을 듣기 전에 먼저 피비린내 나는 사건이 벌어진 이 도시에 대해 먼저 살펴보자.

북경성은 두 개 구역의 서로 연결된 성으로 구성되어 있다. 북부는 만주족의 거주 구역으로, 황성(皇城) 또한 그 안에 있다. 황성의 중심에는 자금성이 자리 잡고 있다. 남부는 한족의 거주 구역이다. 그 둘레는 대략 40킬로미터 정도다. 남부의 한족 거주 구역은 작금의 사태에 크게 영향을 받지 않았다. 외성(外城)이라고도 부르는 이 남쪽 성은 상업 지역으로, 북쪽 성과 맞닿아 평행사변형을 이루고 있다. 남쪽 성의 성벽만으로 이뤄진 부분의 길이는 16킬로미터다. 북쪽 성의 남쪽 벽은 두 성을 나누는 경계였고, 그 사이에 3개의 성문이 잇달아 있다.

만주족의 거주 구역은 내성(內城)이라고도 하며, 둘레 24킬로미터의 정방형으로 되어 있다. 성벽의 높이는 14미터, 가장 높은 곳의 넓이는 17미터이며, 모두 9개의 성문이 있다.[1] 남부의 중문인 '전문(前門)'으로 진입하면 바로 전방에 황성의 성문이 보이며, 황성의 오른쪽에 대사관 구역이 있다. 외성에 맞닿은 내성 지역은 이미 상당한 상업화가 진행되었으며, 내성의 다른 지역에는 거주지를 둘러싼 여러 정원이 포함되어 있다. 성의 중앙은 황성으로, 그 둘레는 1만 350미터, 성벽의 높이는 6미터다.

황성에서 가장 큰 면적을 차지하는 것이 바로 자금성이다. 천자의 궁전과 일부 고위 귀족들의 거주지가 황성에 자리 잡고 있다. 줄지어 늘어선 높은 정자와 누각들은 마치 사원처럼 장식되어 있고 예술 작품처럼 조각되어 있다.

15세기 이래 중국 예술이 보여줄 수 있는 온갖 기묘한 착상이 이 거주지에 장식으로 표현되어 있었다. 또한 그 건물들은 중국 시인들의 상상력으로 충만한 문구 중에서도 가장 특별한 이름을 부여받았다. 화려하고 위풍당당한 이들 건축물 한가운데에 오만방자한 서태후가 앉아 있다. 섭정은 황성의 서남쪽에 거주한다. 그 건물은 1887년에서 1889년 사이에 특별히 그녀를 위해 축조된 궁전이다.

궁전에서 조금 북쪽의, 멀지 않은 곳에 위치한 황성 내부 지역에 세인트 세이비어 성당[2]이 웅장한 자태로 서 있다. 그곳은 원래 한 보탑이 있던 넓은 공터였는데, 지금은 선교회의

1. 본문의 수치는 기사 원문을 그대로 옮긴 것이다. 1950년대의 실측에 따르면, 내성 중 북성의 꼭대기 넓이는 18.5미터, 지반의 넓이는 24.5미터, 높이 12미터로 수치화되었다.

2. Church of the Saint Savior. 중국어 명칭은 서십고성당(西什庫天主堂)이다. 속칭 북당(北堂)이라 불렸다.

3.
St. Joseph's Church. 중국어 명칭은 왕부정천주당(王府井天主堂)이다.

각 기관들이 배치되어 있다. 크고 작은 신학원, 주교의 거소, 도서관, 인쇄소, 자선수녀회 사무실, 고아원, 탁아소, 진료소 등이 모두 들어서 있다. 북경성의 다른 천주교 성당은 모두 내성 안에 있다. 내성의 성당은 다음과 같다. 서북쪽에 서당(西堂)이 있고, 서남쪽 외성 아주 가까이에 남당(南堂)이 있다. 남당은 한때 대성당이었다. 동쪽에 위치한 동당(東堂)은 성 요셉 성당[3]이라고도 불렀다.

한 달 사이, 북경 근교의 고아원을 포함한 이들 모든 기관이 버려졌다. 북경성의 모든 유럽인이 대사관 구역으로 도피했기 때문이다. 대사관 구역은 내성 성곽을 따라 전문(前門)의 오른쪽에 늘어서 있으며, 그 내부에 각국 대사의 거주지가 있다. 각국의 대사관은 기본적으로 한 거리에 세워졌으며, 다음과 같은 순서로 배열되어 있다. 성벽쪽에는 각각 네덜란드, 미국, 독일 대사관이 있다. 그 맞은편에는 러시아, 영국, 스페인, 일본, 프랑스, 오스트리아, 이탈리아 대사관이 있다.

지금으로선 대사관 구역으로 피신한 사람들의 수를 정확히 파악하기 힘들다. 기존에 대사관에서 근무하던 인원과 그 시종, 그곳에서 일하던 상인과 선교사, 수녀, 그리고 아마도 고아원의 고아들과 수백 명의 군인이 포함되어 있을 것이다. 이 군인들은 중국 정부가 외국 부대의 진입을 거부하기 전, 원칙적으로 성 안으로 진주할 수 있었다.

그렇다면 이 사람들은 어떻게 생활할 것인가? 그것이 문제였다. 프랑스, 러시아, 영국 대사관은 건물이 아름답고 공간도 넓어서 원래의 자리에 침대 몇 개만을 추가하면 되었다. 그러나 다른 나라의 대사관들은 공간에 한계가 있었다. 다행히 같은 거리에 거대한 해관본부(Imperial Maritime Customs Service Administration), 홍콩상하이은행(HSBC), 러시아중국은행(Russo-Chinese Bank) 및 프랑스 호텔과 대형 유럽 상점 몇 개가 그 위용을 자랑하고 있다. 그러나 프랑스인, 수녀 및 천주교 관련 기관의 인원들 말고도 이 국제피난소에는 의화단의 추격을 피해 도피한 각국의 수많은 상인, 기술자, 노동자, 개신교 목사와 그들의 가족이 있음을 잊지 말아야 한다.

의화단 사건: 대고 포대의 탈취

르 모니퇴르 뒤 퓌드돔 제27호(제3년)
일요판 삽화 부록
1900년 7월 8일 일요일

LE MONITEUR DU PUY-DE-DOME N°27, TROISIÈME ANNÉE
SUPPLÉMENT ILLUSTRÉ DU DIMANCHE
DIMANCHE 8 JUILLET 1900

몇 주 사이, 중국 전역으로 확장되며 기세등등했던 반란으로 인해 유럽 각국은 부득이하게 강제 수단을 취해야 했다. 그리하여 천진 외항에 위치한 대고성(大沽城)에 독일, 영국, 미국, 러시아, 그리고 프랑스의 군함이 집결했다. 유럽의 소규모 부대가 자유롭게 통행할 수 있는 권리를 청 정부가 거부했으므로, 연합군은 무력을 동원할 수도 있다는 점을 경고했다. 그러나 경고는 아무런 효과도 발휘하지 못했다. 따라서 군함들은 대고 항구의 성곽을 향해 포격을 개시했고, 이어서 쌍방은 격렬한 포격전을 벌였다. 결국 청의 부대는 심각한 타격을 입었으며, 이때 소규모 해병대 병사들이 상륙해 총검으로 포대를 점령했다.

의화단 사건: 대고 포대의 탈취
LES ÉVÉNEMENTS DE CHINE (Prise des forts de Takou)

서태후: 중국의 황태후

르 프티 주르날 제503호
삽화 부록
1900년 7월 8일 일요일

LE PETIT JOURNAL N°503
SUPPLÉMENT ILLUSTRÉ
DIMANCHE 8 JUILLET 1900

이 태후는 정말이지 흥미진진한 인물이다. 그녀는 남자와 같은 기백과 신체 능력을 가지고 있었다. 사람들은 그녀가 은밀한 구중궁궐에서 권법을 연마하는 게 분명하며, 총신들도 때려눕힐 수 있다고 생각할 정도였다. 2년 전, 그녀는 신기하게도 또다시 대권을 장악했으며, 자신의 조카인 광서제에게 호된 치욕을 안겨주었다.

서태후는 이미 66세였다. 소문과 달리 그녀는 예술가의 딸이 아닌 명문가 출신으로 공신의 딸이었다. 그녀는 16세에 입궁해 황제의 비가 되었다. 지금은 동태후(東太后)라는 이름으로 불리는 황후는 결혼한 지 5년이 지났지만 함풍제와의 사이에서 후사를 보지 못했고, 그것이 황제의 권위에까지 영향을 끼쳤다. 중국의 전통적인 습속에 따르면, 이런 경우에 황제는 직접 후계자를 정해야 한다. 이 후계자는 처음부터 온갖 특권을 누릴 수 있었다.

서태후에게 이러한 상황은 행운이었다. 그녀는 함풍제의 첫 아들을 낳아 동태후와 함께 공동으로 양육했다. 이 두 태후는 굉장히 사이좋게 지냈다. 비록 황제는 섭정에 동의하지 않았지만, 그가 죽어 묻히자마자 두 황후는 품계에 따른 모든 섭정 후보의 목을 하나씩 베거나 독살해 권력을 취했다.

서태후의 아들인 동치제(同治帝)는 한창 때 요절했다. 그래서 서태후는 선제의 의지를 받든다고 속여 자신의 조카이자, 자신의 여동생과 순현친왕(醇賢親王) 사이에서 태어난 아들인 광서(光緒)를 황제의 옥좌에 추대했다. 그리고 2년 전, 서태후는 광서의 황위를 전복시켰다. 동태후가 일찌감치 세상을 떠났기 때문에 지금은 서태후가 유일하게 권력을 장악한 인물이 되었다. 그에 앞서 한동안은 공친왕이나 이홍장과 권력을 공유하기도 했다.

유럽을 적대시하는 지금의 운동 또한 두말할 나위 없이 그녀의 작품이다. 그녀는 영국인만을 겨냥한 것이라고 말하고 있지만, 이 또한 틀림없이 적을 분열시키려는 수작으로 보인다. 그러나 연합군은 더 이상 이 '세미라미스'[1]에게 속지 않을 것이다. 어쩌면 그녀에게는 '극동의 아그리피나'[2]라는 칭호가 더 정확할 것이다.

1. Semiramis. 전설 속 아시리아의 여왕이자 바빌론의 건립자로 알려진 인물. 지혜와 미모로 유명하다. 아시리아의 실존했던 여왕, 샴무라마트(Shammu-ramat)가 그 모델로 알려져 있다. 샴무라마트는 아들이 성년이 될 때까지 섭정이 되어 제국을 다스렸다.

2. Agrippina, 15~59. 로마 제국 네로 황제의 어머니.

서태후: 중국의 황태후
SY-TAY-HEOU (Impératrice douairière de Chine)

의화단 사건: 대고 함락

르 프티 파리지앵 제596호
문학 삽화 부록
1900년 7월 8일 일요일

LE PETIT PARISIEN N°596
SUPPLÉMENT LITTÉRAIRE ILLUSTRÉ
DIMANCHE 8 JUILLET 1900

의화단 사건: 대고 함락
LES ÉVÉNEMENTS DE CHINE (La prise de Takou)

프랑스 담배 광고의 서태후와 마지막 황제 부의

프랑스 담배 광고의 서태후와 마지막 황제 부의(溥儀)

청의 태후 전하

르 리르 제297호(제6년)
토요판 유머 잡지
1900년 7월 14일

LE RIRE N°297, 6E ANNÉE
JOURNAL HUMORISTIQUE PARAISSANT LE SAMEDI
14 JUILLET 1900

황성에 거처하며
나는 서태후라는 이름으로 천하를 호령했다.
나는 다른 사람이 나를 성가시게 하는 것을 혐오하고, 나를 놀리는 것도 좋아하지 않는다.
나는 오로지 한 나라만을 사랑한다. 바로 중국이다!
모두들 내 자그마한 얼굴을 보며
황권은 언제나처럼 마땅히 남자들의 소유라고 생각했을 것이다.
어느 날, 하늘이 지난 역사를 내던지고
암탉이 이빨을 키우게 할 때까지.

청의 태후 전하
S.M. L'IMPÉRATRICE DOUAIRIÈRE DE CHINE

의화단 사건: 중국 정규군의 보호를 받는 외국인

르 프티 주르날 제504호
삽화 부록
1900년 7월 15일 일요일

LE PETIT JOURNAL N°504
SUPPLÉMENT ILLUSTRÉ
DIMANCHE 15 JUILLET 1900

최근에는 중국 관련 뉴스가 드물다. 간혹 들어오는 뉴스도 진위를 구분하기가 힘들었다. 그러나 우리는 독일 대사가 북경에서 암살당했으며, 독일 황제가 복수를 맹세한 사실을 알고 있다. 사람들은 또 다른 살육 소식을 듣게 될까 두려워했다. 그런데 중국의 몇몇 총독들은 인성의 발로인지, 신중을 기하기 위함인지 일부 외국인들을 구해냈다. 거기에는 운남 총독도 포함된다. 유럽인들은 이미 중국 정규군의 보호 아래 길을 떠났다. 바라건대 이들 정규군이 어떠한 특별 지시도 받지 않기를! 중국인은 예로부터 온갖 속임수를 부려왔다. 따라서 이들 교민들이 안전하게 이번 여정의 목적지에 도착한 후에야 우리는 완전히 안심할 수 있다.

의화단 사건: 중국 정규군의 보호를 받는 외국인
ÉVÉNEMENTS DE CHINE (Les étrangers sous la garde des réguliers chinois)

의화단 사건: 외국 연합군 사살

르 프티 파리지앵 제597호
문학 삽화 부록
1900년 7월 15일 일요일

LE PETIT PARISIEN N°597
SUPPLÉMENT LITTÉRAIRE ILLUSTRÉ
DIMANCHE 15 JUILLET 1900

북경의 길거리에서 온갖 종류의 조잡한 광고 문구를 더 이상 볼 수 없게 되었다. 그것을 대체한 것은 반란과 살육을 조장하는 표어들이었다. '외국 연합군을 죽여라!'와 비슷한 문구의 표어가 도처에 나붙었다. 사람들이 엄청난 고통에 내몰린 것이 이번 반란의 주요한 원인이었다. 반란을 일으킨 이들은 바로 비참하기 짝이 없는 빈곤한 민중들이다. 그렇지만 예전과 다른 점은 이번 반란이 천자의 지원을 받고 있다는 점이다. 그 때문에 외국 연합군들도 청 정부의 보호를 요구하는 것과 독자적으로 싸우는 것 중에서 어느 쪽이 더 위험한지 알 수가 없었다. 중국인은 줄곧 배외적인 태도를 보였으며, 우리의 문명에도 크게 흥미를 느끼지 못했다. 그들은 우리가 전해준 복음도 들은 체 만 체 했다. 우리가 그들을 아주 친밀하게 대했음에도 그 대가는 선교사, 해군장교, 심지어 전권 대사의 피살이라는 비극이었다.

의화단 사건: 외국 연합군 사살
LES ÉVÉNEMENTS DE CHINE (Mort aux étrangers!)

북경의 외국대사관 피습

르 모니퇴르 뒤 퓌드돔 제29호(제3년)
일요판 삽화 부록
1900년 7월 22일 일요일

LE MONITEUR DU PUY-DE-DOME N°29, TROISIÈME ANNÉE
SUPPLÉMENT ILLUSTRÉ DU DIMANCHE
DIMANCHE 22 JUILLET 1900

북경의 소요 사태가 갈수록 격렬해지자 외국의 대사들은 영국대사관으로 피신했다. 대사들은 얼마 후 한 무리의 의화단원과 청의 정규군으로 구성된 광신도들에게 포위되었다. 대사관을 방어하던 경비대와 대사를 위시한 대사관의 직원들은 목숨을 걸고 저항했다. 결국 총탄과 식량이 떨어졌고, 광신도들은 문을 부수고 들어왔다. 한 차례의 잔혹한 육박전이 끝난 후 대사관 안에 있던 유럽인은 한 명도 살아남지 못했다. 순사한 용사들은 명예롭지 않은 승리를 취한 중국인들에게 이미 막대한 대가를 치르게 했다. 그러나 유럽은 희생자들에 대한 경의와 애도의 뜻을 담아 더욱더 철저히 보복할 것이다.

북경의 외국대사관 피습
MASSACRE DES LÉGATIONS ÉTRANGÈRES À PÉKIN

의화단 사건: 독일 대사 케텔러 남작 피살

르 프티 주르날 제505호
삽화 부록
1900년 7월 22일 일요일

LE PETIT JOURNAL N°505
SUPPLÉMENT ILLUSTRÉ
DIMANCHE 22 JUILLET 1900

중국인은 유럽인을 대량 학살함으로써 다시금 그들의 야만성을 증명했다. 현재 우리는 얼마나 많은 유럽인이 청 정부의 지원을 받은 의화단원의 손에 죽었는지 제대로 파악하지 못하고 있다. 그러나 우리는 굉장히 중요한 피해자 한 명은 알고 있다. 그의 죽음은 유럽 전체를 거대한 충격에 빠뜨렸다. 그는 바로 주(駐)북경 독일 대사 클레멘스 폰 케텔러(Clemens von Ketteler) 남작이다. 일군의 폭도들은 길을 걷고 있는 그를 바닥에 쓰러뜨리고 살해했다. 이 병사들은 심지어 칼로 그의 시신을 조각내기까지 했다. 케텔러 남작은 한때 장교로 복역했으며, 이후 유산을 분배받지 못해 외교계로 진입했다. 그는 언제나 뛰어난 지혜와 기백을 보여주었다. 독일 황제는 그를 위해 복수하겠다고 맹세했다. 그리고 그는 언제나 뱉은 말을 반드시 실천해왔다.

의화단 사건: 독일 대사 케텔러 남작 피살
ÉVÉNEMENTS DE CHINE (Assassinat du Baron de Ketteler, ministre d'Allemagne)

의화단 사건: 독일 해군 병사들이 총리아문을 불태우다

르 프티 주르날 제505호
삽화 부록
1900년 7월 22일 일요일

LE PETIT JOURNAL Nº505
SUPPLÉMENT ILLUSTRÉ
DIMANCHE 22 JUILLET 1900

우리는 앞에서 이미 주북경 독일 대사 케텔러 남작이 어떻게 의화단원에게 살해되었는지와 그의 시신에 가해진 참혹한 모욕에 대해 서술했다. 유럽의 군대가 중국에 도착하게 되면 중국인들은 남작의 죽음에 대한 무거운 대가를 치르게 될 것이다. 그에 앞서 중국에 체류 중인 남작의 동포들이 이미 정당한 복수를 한 바 있다. 남작의 유해를 수습한 후, 분노에 가득 찬 독일 해군들은 총리아문(總理衙門; 청의 외교부)으로 달려가 불을 질렀다. 총리아문 부근에 있던 여러 채의 중국 건물들에까지 불이 옮겨 붙었으며, 사상자도 상당히 많았을 것으로 추정된다.

의화단 사건: 독일 해군 병사들이 총리아문(總理衙門)을 불태우다
ÉVÉNEMENTS DE CHINE (Les marins allemands brulent le Tsung-Li-Yamen)

북경: 중국 반란군에 의해 포위된 유럽 대사관

르 프티 파리지앵 제598호
문학 삽화 부록
1900년 7월 22일 일요일

LE PETIT PARISIEN N°598
SUPPLÉMENT LITTÉRAIRE ILLUSTRÉ
DIMANCHE 22 JUILLET 1900

북경: 중국 반란군에 의해 포위된 유럽 대사관
A PÉKIN: LES LÉGATIONS EUROPÉENNES ASSIÉGÉES PAR LES REBELLES CHINOIS

중국의 민족주의

일뤼스트라시옹 제2996호
세계판
1900년 7월 28일

¶ 옮긴이 해설 595쪽

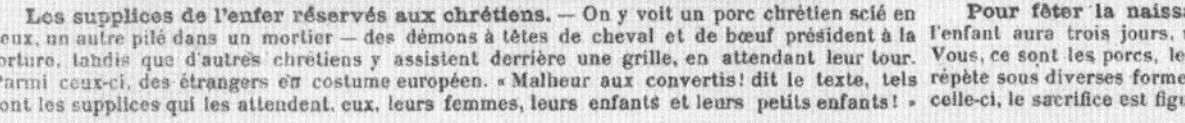

Les supplices de l'enfer réservés aux chrétiens. — On y voit un porc chrétien scié en deux, un autre pilé dans un mortier — des démons à têtes de cheval et de bœuf président à la torture, tandis que d'autres chrétiens y assistent derrière une grille, en attendant leur tour. Parmi ceux-ci, des étrangers en costume européen. « Malheur aux convertis! dit le texte, tels sont les supplices qui les attendent, eux, leurs femmes, leurs enfants et leurs petits enfants! »

Pour fêter la naissance d'un enfant, l'enfant aura trois jours, nous vous tuerons. Vous, ce sont les porcs, les chrétiens; eux, ce répète sous diverses formes en s'appliquant à celle-ci, le sacrifice est figuré au premier plan;

Rendez aux porcs ce qui vient des chèvres. — Des étrangers, en costume européen, apportent une chèvre à la porte d'un temple surmonté de l'inscription *Hing-Tan*, nom d'une école célèbre fondée par Confucius. Leurs présents sont repoussés avec mépris et la morale de cette image, dit le texte, est que les disciples de Confucius ne veulent rien apprendre des chrétiens. A remarquer la couleur verte dont est toujours enluminée la coiffure des étrangers.

A bas les étrangers! Au feu leurs li patriotes contemplent en se bouchant le nez, dépravée qu'ils enseignent ne prêche-t-elle p sages, de Bouddah et des Genies? Au premier de livres chrétiens. Plus haut, des patriotes a

Les pirates étrangers mis en déroute par l'éventail sacré. — Allusion à la légende d'après laquelle Chu-Ko-Liang, ministre de l'empereur Liu-Pei, ayant régné de 181 à 234 de l'ère chrétienne, mit en déroute une flotte ennemie, après avoir obtenu par ses prières un vent favorable. L'image représente le grand patriote monté sur une jonque de guerre et brandissant l'éventail qui souffle l'incendie sur le vaisseau des barbares occidentaux. L'incendie détruit le navire, ajoute le texte chinois, et les pirates meurent tous dans les flammes.

Soumission générale des porcs et d milieu du groupe est le Kilin, roi des quadru des signes *Jésus*, *missionnaire* et *converti*; les étrangers réfractaires, tous les chrétiens manières représentées précédemment. Les su ils se prosternent devant sa gloire et célèbren

Fac-simile d'un album d'imagerie populaire prêchant la guerre contre les Etrangers, publié en 1891 à

La Chine aux Chinois! — Tel pourrait être le titre d'une publication répandue à foison dans toute la Chine et dont nous reproduisons ici quelques images en résumant le texte qui les accompagne. Ce livre a dû puissamment contribuer à la préparation des événements actuels. Il s'ouvre par une image représentant des Chinois prosternés autour d'un porc crucifié, tandis que derrière eux, des chrétiens courtisent leurs femmes.

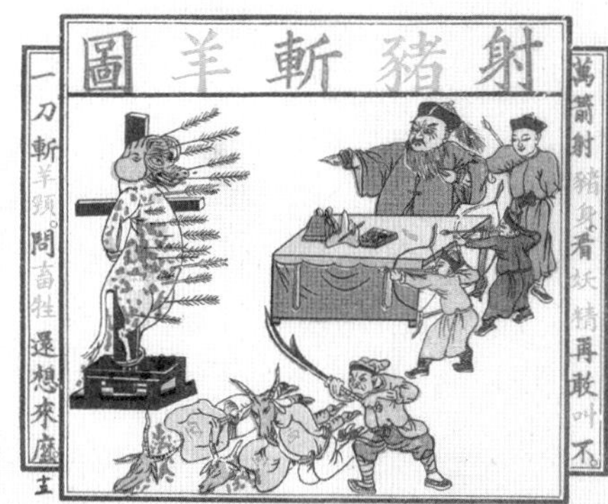

Le supplice du porc et de la chèvre. — Le monstre à figure de porc représente un chrétien; la chèvre un étranger. « Au porc dix mille flèches, et vous écouterez ensuite s'il crie encore. A la chèvre un bon coup de couteau, qui lui tranche la tête et vous verrez si elle a envie de revenir! » Le porc percé de flèches porte l'inscription *Ye-Su* (Jésus). La chèvre décapitée est marquée *Si* (occidental). Un mandarin à bouton rouge préside à l'exécution.

Les prêtres de Bouddah et de Taou exterminant les démons. — « Aux armes, fervents adeptes de Tai Shang et de Shih Kia, fondateurs de votre foi! Unissez-vous pour chasser les diables étrangers; afin que ces affreux démons ne détruisent pas les statues dorées de vos dieux. » Les démons étrangers sont représentés par trois porcs. Celui du milieu porte l'inscription *Ye Su* (Jésus); celui de droite *Kian-Sze* (missionnaire); celui de gauche *Kian-Tu* (disciple-converti).

La Déroute des barbares et le massacre des captifs. — Le Très Saint Empereur a une place forte où il donne asile à ceux du dedans (les Chinois) et d'où il chasse ceux du dehors (les étrangers). « Notre florissante dynastie est toute puissante, sa renommée est glorieuse, son pouvoir est immense. » L'image représente un Mandarin à cheval, précédé d'une chèvre et d'un porc captifs. Sur les remparts, des têtes coupées de porcs étrangers, surmontés d'étendards chinois.

La secte des porcs (chrétiens) aveuglant les Chinois. — Deux étrangers arrachent les yeux à un Chinois couché sur un lit. Au premier plan, deux Chinois rendus aveugles par la même opération, rampent aux pieds des étrangers devenus leurs maîtres. Allusion à une légende d'après laquelle les missionnaires emploient les yeux de Chinois pour la transmutation du plomb en argent. Les yeux enlevés sont remplacés par du plâtre coulé dans les orbites. Cela s'appelle cacheter un Céleste pour le voyage en Occident.

Extermination des chèvres par tous les tigres. — Lutter contre un tigre est difficile, mais quand tous les tigres s'élancent à la fois, qui oserait braver le torrent révolutionnaire? Les chèvres seront donc exterminées. Dans l'image, les tigres représentent, bien entendu, les patriotes chinois et les chèvres sont marquées du signe *Si* (occidental ou étranger.) Comme dans toutes les enluminures analogues, les étrangers, chèvres ou porcs, ont la tête coloriée en vert.

Fac-simile d'un album d'imagerie populaire prêchant la guerre contre les Etrangers, publié en 1891 à Tchang-Cha, province de Hou-nan.

중국의 민족주의: 서구 침략자에게 저항할 것을 선전하는 내용의 인기 있는 그림책의 복사본.
1891년 호남성 장사시에서 출판된 그림책이다.
LE NATIONALISME EN CHINE (Fac-simile d'un album d'imagerie populaire prêchant la guerre contre les Etrangers, publié en 1891 à Tchang-Cha, province de Hou-nan)

만주에서: 러시아군이 청의 포병대를 격파하다

르 프티 파리지앵 제600호
문학 삽화 부록
1900년 8월 5일 일요일

LE PETIT PARISIEN N°600
SUPPLÉMENT LITTÉRAIRE ILLUSTRÉ
DIMANCHE 5 AOÛT 1900

극동에서 러시아에 이르는 광활한 중국의 영토는 모두 유럽인이 탐사하려는 곳이다. 연합군에 의해 천진이 탈취되었다고 하지만, 만주 또한 종종 적대 상태에 있었다. 흑룡강과 시베리아 철도는 북방 지역의 주요한 두 개의 교통 간선이다. 주지하는 바와 같이 이 지역에 먼저 도달할 수 있는 쪽은 지근거리에서 중국을 호시탐탐 노리는 러시아다. 러시아군은 청의 군대와 이미 세 차례 전투를 치른 바 있으며, 역사상 전례 없는 대규모 전투를 벌일 준비를 하고 있다. 삽화는 카자크 기병대가 청의 포병대를 궤멸시키는 장면을 묘사하고 있다. 그림에 등장한 대포는 노회한 이홍장이 2년 전 유럽을 순방하며 사들인 것이다. 유럽은 결국 중국에 팔아치운 전함과 대포를 무력으로 다시 회수한 셈이다. 이렇게 사건을 나열하는 것은 쉽지만, 이 잔혹한 전쟁이 언제 어디에서 끝날지 누구도 단정할 수 없다.

만주에서: 러시아군이 청의 포병대를 격파하다
EN MANDCHOURIE (Capture d'une batterie par les russes)

의화단이 봉천에서 기독교도를 살해하다

르 프티 파리지앵 제600호
문학 삽화 부록
1900년 8월 5일 일요일

LE PETIT PARISIEN N°600
SUPPLÉMENT LITTÉRAIRE ILLUSTRÉ
DIMANCHE 5 AOÛT 1900

이 삽화가 그려내고 있는 것은 현재 중국에서 일어나고 있는 야만적인 장면으로, 가해자와 피해자 모두 중국인이다. 피해를 입은 쪽은 선교사에게 감화되어 이제 막 기독교에 입문한 새 신도들이다. 수천만에 이르는 청의 기독교도들은 이와 같이 동포의 병기에 쓰러져 길거리에 나뒹굴거나 교회에서 죽어갔다. 어떠한 무장 세력도 그들을 보호하지 않았다. 외국 연합군은 현재 병력이 많이 부족하고, 천진에서의 전투에 매달려 있는 상황이다. 가장 빠른 유럽 군대도 1개월 후에나 봉천[1]에 도달할 수 있을 것이다.

1. 奉天. 지금의 심양(瀋陽)으로 만주어 이름 묵덴(Mukden)으로 불리기도 했다.

의화단이 봉천에서 기독교도를 살해하다
LES CHRÉTIENS CHINOIS MASSACRÉS A MOUKDEN PAR LES BOXEURS

의화단 사건: 청의 군대가 러시아 국경을 점령하다

르 프티 주르날 제507호
삽화 부록
1900년 8월 5일 일요일

LE PETIT JOURNAL N°507
SUPPLÉMENT ILLUSTRÉ
DIMANCHE 5 AOÛT 1900

의심의 여지없이, 현재 벌어지고 있는 사건은 청의 군대가 오랫동안 꾸며온 음모다. 어떻게 우리가 이런 사태에 대해 아무런 방비를 하지 않을 수 있었을까? 미리 경고를 접하고도 정부는 그것을 못 들은 척 했던 걸까? 그들에게는 그것이 보이지 않는단 말인가?

청의 군대는 이미 오래전에 무장을 마쳤다. 일부 국가들은 지나치게 무역을 중시해 그들에게 수십만 정의 마우저 소총과 대포를 제공했다. 아아! 게다가 이제는 그들이 그것을 상당히 능숙하게 사용한다. 청의 군대가 흙으로 채워진 포탄으로 일본군을 상대하던 청일전쟁 같은 시대는 다시 오지 않을 것이다. 유럽이 지금 상대해야 하는 것은 수많은 인원과 선진적인 장비를 가진 민족이다. 원정은 확실히 힘든 격전이 될 것이다. 그것은 분명한 사실이다. 분명한 사실을 숨기는 것은 우매한 행동이다. 조직도, 기율도 없는 의화단의 배후에는 청의 정규군이 있다. 청의 모든 관료가 진행하는 담판은 연막일 뿐, 그 목적은 단지 시간을 끌고자 함이다. 어떠한 말도 이미 소용없는 상황이며, 행동만이 '황화'의 위협을 막을 수 있다.

침략은 러시아 국경에서 시작되었다. 청의 군대는 블라고베셴스크(Blagoveshchensk; 海蘭泡)에서 시베리아 군대에 큰 손실을 입혔다. 비록 결론적으로는 청군이 패했지만, 그들은 상대의 상당히 많은 병력을 소모시켰다. 만주에서 발생한 이 모든 사건은 곰곰이 따져볼 만한 가치가 있다. 러시아는 지리적 위치의 우위를 통해 가장 빨리 군대를 파병해 청을 상대할 수 있는 유럽 국가다. 청군이 한사코 러시아군의 전진을 막으려 하는 것을 보면, 그들이 이미 그에 대해 주도면밀하게 대비하고 있음을 알 수 있다. 유럽인이 상대하게 될 것은 더 이상 조직되지 않은 패거리가 아니라 정규군이다. 우리가 그들을 이기는 것은 틀림없겠지만, 우리는 심각한 대가를 치러야 할 것이다.

의화단 사건: 청의 군대가 러시아 국경을 점령하다
ÉVÉNEMENTS DE CHINE (Envahissement de la frontière russe par les Chinois)

만주 봉천의 성당에서 벌어진 학살

르 프티 주르날 제507호
삽화 부록
1900년 8월 5일 일요일

LE PETIT JOURNAL N°507
SUPPLÉMENT ILLUSTRÉ
DIMANCHE 5 AOÛT 1900

중국인이 저지른 수많은 범죄 행위 중에서도 의화단이 봉천에서 벌였다는 무시무시한 학살이 가장 경악스러웠다. 의화단은 현지 민중의 지지를 받았을 뿐 아니라 소요 사태의 진압을 위해 파견된 군대의 도움도 받고 있었다. 기독교도들은 프랑스 선교사의 거처로 피신했지만, 그곳에서 수많은 학살자들의 공격을 받게 되었다. 어쩔 수 없이 성당으로 몸을 숨겼지만, 성당 또한 순식간에 점령당했다.

이 폭도들은 주교, 신부 2명, 수도사 2명 및 200명이 넘는 중국 기독교도를 학살했으며, 후안무치하게도 그들의 시신을 절단했다. 그 후 그들은 거리로 쏟아져 나와 살인, 방화, 약탈을 벌였다. 극소수의 사람들만이 다행히도 이 학살 현장에서 빠져나와 철도 건설을 위해 파견된 러시아인들에게 구조를 요청했다. 이 러시아인들은 모든 수단을 강구해보았지만, 결국에는 이들과 함께 도망칠 수밖에 없었다. 이것이 이번 학살 사건의 경위다. 이에 대해 프랑스, 러시아 그리고 모든 문명 세계의 국가들은 마땅히 배상을 요구해야 한다.

만주 봉천의 성당에서 벌어진 학살
MASSACRE DANS L'ÉGLISE DE MOUKDEN EN MANDCHOURIE

중국으로 파견되는 해군 총사령관 포티에 제독의 고별식

르 프티 파리지앵 제601호
문학 삽화 부록
1900년 8월 12일 일요일

LE PETIT PARISIEN N°601
SUPPLÉMENT LITTÉRAIRE ILLUSTRÉ
DIMANCHE 12 AOÛT 1900

우리는 여러 군사 강국의 전함들이 크레타섬의 해안 도시 하니아(La Canée)를 봉쇄했던 사건을 기억하고 있다. 혹시 발생할지도 모를 불행한 일을 피하고 평화를 쟁취하기 위해 여러 나라들이 모였을 때, 포티에(Pottier) 제독은 중요한 역할을 한 바 있다. 그는 이어서 로슈포르(Rochefort) 시의 해양행정장관으로 임명되었으며, 현재 주중국 프랑스 해군 총사령관이 되었다. 그가 출발지인 로슈포르에서 행한 고별 연설은 영웅의 기개로 충만했다.

"여러분, 저는 진심을 담아 여러분에게 작별을 고합니다. 영원한 이별이 될 수도, 어쩌면 다시 만날 수도 있겠지요. 제 가족을 여러분에게 맡기겠습니다. 이후에 제가 어디에 가 있든 저의 마음은 여러분과 굳게 이어져 있을 것입니다!"

샤스루 로바(le Chasseloup-Laubat)호의 뒤를 군함 르두타블(le Redoutable)호가 따르고 있었다. 이 두 군함은 우리가 보유한 가장 견고한 순양함과 장갑함이다.

중국으로 파견되는 해군 총사령관 포티에 제독의 고별식
LES ADIEUX DE L'AMIRAL POTTIER — COMMANDANT EN CHEF DES FORCES NAVALES EN CHINE

직례총독 이홍장

르 리르 제302호(제6년)
토요판 유머 잡지
1900년 8월 18일

LE RIRE N°302, 6E ANNÉE
JOURNAL HUMORISTIQUE PARAISSANT LE SAMEDI
18 AOÛT 1900

가슴속에 수천수만의 음모를 감춘 채
이홍장은 대사들 앞에서 환하게 웃음 짓는다.
대사들은 기뻐하며 말했다.
“친애하는 이홍장이여, 우리 모두는 그대를 평화의 전도사로 생각합니다.”
그러나 맑은 하늘에서 비바람을 예측할 수는 없는 법!
당신은 평화의 전도사에서 전쟁의 목소리로 화했으며,
산들바람은 순식간에 폭풍으로 변했다네.
(레앙드르 선생의 회화)

직례총독 이홍장
LI-HUNG-CHANG, VICE-ROI DU PETCHILI

지원군을 모집하는 중국인들

르 프티 파리지앵 제602호
문학 삽화 부록
1900년 8월 19일 일요일

LE PETIT PARISIEN N°602
SUPPLÉMENT LITTÉRAIRE ILLUSTRÉ
DIMANCHE 19 AOÛT 1900

중국의 군대는 유럽 국가들과는 다른 편제를 갖추고 있다. 부대마다 각각 다른 권한이 있어, 상호 간에 힘을 하나로 모아 단결하기가 힘들었다. 황실 부대의 임무는 현 왕조를 보호하는 것이었으며, 각 성의 부대는 해당 지역의 질서 유지를 책임졌다. 이외에 새로 만들어진 부대들은 유럽인과 일본인에 대항하기 위해 조직되었다. 전시가 되면 많은 새로운 부대가 거짓으로 만들어지고는 했다. 그러나 그 부대는 단지 공금을 유용하기 위해 만들어진 것에 지나지 않는다. 군대의 인력이 정말로 부족하게 되면 관료들은 지원군을 모집할 것이다. 두툼한 보수를 보고서 수많은 사람이 몰려와 입대한다. 우리가 재현한 이 삽화는 중국에서 지원군을 모집하는 모습이다.

지원군을 모집하는 중국인들
LES ENROLEMENTS VOLONTAIRES EN CHINE

프랑스군 만세!: 마르세유에서 중국으로 출정하는 부대

르 프티 주르날 제510호
삽화 부록
1900년 8월 26일 일요일

LE PETIT JOURNAL N°510
SUPPLÉMENT ILLUSTRÉ
DIMANCHE 26 AOÛT 1900

프랑스군 전사들은 이미 부아롱(Voyron) 장군의 인솔하에 중국으로 출정했다. 그들은 지금 바다에서 전진 중이며, 매일 위험과 피로의 경계선상에 있을 것이다. 그들이 향하고 있는 청은 인구가 많으며, 군대 또한 예전의 우스꽝스러운 모습이 아니다. 그들은 잘 훈련된 병사들과 정밀한 무기, 장비를 갖춘 부대로 변화했다. 게다가 그들은 예전부터 음흉한 간계에 능하기로 유명했다. 그 때문에 이번 전투는 굉장히 참혹한 싸움이 될 것이다. 비록 우리의 부대는 이러한 점들을 잘 알고 있었지만, 기쁜 마음으로 출발했다. 그들의 두 눈은 열정으로 반짝거렸으며, 애국심으로 가득 차 있었다. 이에 프랑스 정부는 죽음을 두려워하지 않는 이 전사들을 환송하기로 결정했다. 그러나 더욱 값진 것은 관료들의 의례보다 '프랑스군 만세!'를 환호하며 거리를 가득 메운 인파의 존경이었다.

프랑스군 만세!: 마르세유에서 중국으로 출정하는 부대
VIVE L'ARMÉE!!! (Départ des troupes de Marseille pour la Chine)

북경으로 진군하는 팔국연합군

르 프티 파리지앵 제604호
문학 삽화 부록
1900년 9월 2일 일요일

LE PETIT PARISIEN N°604
SUPPLÉMENT LITTÉRAIRE ILLUSTRÉ
DIMANCHE 2 SEPTEMBRE 1900

북경으로 진군하는 팔국연합군
MARCHE DES ALLIÉS SUR PÉKIN

북경 교외: 청의 병사들이 호송하는 외국인 기독교도를 막아서는 마을 주민들

주르날 데 보야쥬 제197호
1900년 9월 9일 일요일

JOURNAL DES VOYAGES N°197
DIMANCHE 9 SEPTEMBRE 1900

북경 교외: 청의 병사들이 호송하는 외국인 기독교도를 막아서는 마을 주민들.
병사들이 증빙 문서를 제시한 후에야 그들을 놓아주었다.
SUR LA ROUTE DE PÉKIN (Un courrier venait d'arriver, porteur de papiers importants pour la municipalité. Était-ce un ordre aux habitants de tuer tous les chrétiens et les étrangers)

북경 점령: 연합군의 깃발이 고궁의 성문에 나부끼다

르 모니퇴르 뒤 퓌드돔 제36호(제3년)
일요판 삽화 부록
1900년 9월 9일 일요일

LE MONITEUR DU PUY-DE-DOME N°36, TROISIÈME ANNÉE
SUPPLÉMENT ILLUSTRÉ DU DIMANCHE
DIMANCHE 9 SEPTEMBRE 1900

연합군이 북경에 진주하기 전 확실히 몇 차례의 전투가 벌어졌다. 그러나 청의 군대는 생각만큼 완강하게 저항하지 않았다. 결국 연합군은 다이너마이트를 황성의 성벽에 폭발시켜 구멍을 내었고 자금성을 포격했다. 한 차례 완강한 저항이 이어진 후 청의 군대는 끝내 모두 투항했다. 연합군 사령관들은 자금성에 도착하자마자 즉시 모든 주요 건축물 위에 연합군의 국기들을 게양해 북경 점령 사실을 알리도록 명령했다. 이 삽화는 정확한 문헌자료에 근거해 제작되었으며, 자금성의 주요 성문 위에 연합군의 깃발이 게양된 모습을 묘사하고 있다.

북경 점령: 연합군의 깃발이 고궁의 성문에 나부끼다
LA PRISE DE PÉKIN (Les troupes internationales plantant leurs drapeaux sur la porte du palais impérial, à Pékin)

북경의 연합군

1901년 독일에서 출판된 도서 『중국지』에 수록.

북경의 연합군

의화단 사건: 각국 대사들을 구출하다

르 프티 주르날 제512호
삽화 부록
1900년 9월 9일 일요일

LE PETIT JOURNAL N°512
SUPPLÉMENT ILLUSTRÉ
DIMANCHE 9 SEPTEMBRE 1900

서방세계를 괴롭혔던 걱정거리가 드디어 사라졌다. 연합군이 북경을 점령해, 8월 15일 저녁 대사관에 갇혀 있던 사람들도 풀려났다. 구조대는 제때에 도착해 대사들이 살해되지 않은 것에 안도했다. 가련하게도 당시 대사들이 갇혀 있던 대사관에는 사흘 치 식량만이 남아 있었고, 그들을 포위하고 있던 흉악한 폭도들은 온갖 수단을 동원해 그들을 살해하려 하던 상황이었다. 대사관은 4000발의 포탄 공격을 받았고, 불행히도 65명의 경비대가 화를 입었으며, 160명이 부상당했다. 중국인들은 이 범죄 행위에 대한 대가를 치를 것이다. 우리의 걸출한 대표 피숑(Pishon)[1] 씨와 함께 분노로 일어난 영웅들에게는 보상을 할 것이다. 다른 나라들도 이 기쁜 소식을 유럽으로 전했다. 그들은 자국의 사병들을 찬양하느라 우리 프랑스 사병들의 공적을 잊어버린 듯했다.

그러나 다행인 것은 프레이(Frey) 장군과 피숑 씨의 전보가 이 문제를 어느 정도 바로잡았다는 점이다. 우리가 알고 있기로 프레이 장군은 첫 번째 공동작전에서 러시아-프랑스 부대의 총지휘관으로 영광스러운 북경 점령 전투에 참여했다. 애초부터 우리는 이 점에 대해 조금의 의심도 없었으나, 그럼에도 이 일에 대해 언급해 두는 것이 좋겠다. 연합군은 용감하게 자신의 사명을 다했고, 총사령관 발데르제(Alfred von Waldersee)가 도착했을 때는 임무를 원만하게 완수한 상태였다. 이로써 중국의 비극적인 사건은 완전히 막을 내리게 될 것이다.

1. 당시 주중국 프랑스 대사.

의화단 사건: 각국 대사들을 구출하다
ÉVÉNEMENTS DE CHINE (Les légations délivrées)

북경 점령: 포격 후의 유럽 대사관 구역

르 모니퇴르 뒤 퓌드돔 제37호(제3년)
일요판 삽화 부록
1900년 9월 16일 일요일

LE MONITEUR DU PUY-DE-DOME N°37, TROISIÈME ANNÉE
SUPPLÉMENT ILLUSTRÉ DU DIMANCHE
DIMANCHE 16 SEPTEMBRE 1900

북경은 현재 폐허나 다름없다. 파괴된 도시는 보기만 해도 몸서리쳐질 정도였다. 한때 대사관 구역이었던 곳은 이미 옛 모습을 찾아보기 힘들었다. 몇몇 보호받고 있던 주택을 제외하면 거의 모든 외국인 거주자의 주택이 불타거나 폭파되었다. 포탄에 무너지지 않았다고 해도 곳곳이 탄흔으로 뒤덮여 있었다. 북경성에서 가장 아름다운 건축물 중 하나였던 프랑스 대사관에도 이제는 총탄 자국 가득한 벽 몇 개만 남았을 뿐이다. 멀지 않은 곳의 이탈리아 대사관 또한 바깥쪽의 담장만이 무너지지 않고 남아 있었다. 수백 헥타르에 달하는 현지인의 주택들도 모두 불타 무너졌고, 화재를 피한 주택들도 대부분 탄흔으로 뒤덮여 있었다. 성벽 꼭대기에는 벽돌과 모래주머니로 쌓은 바리케이드가 여기저기에 있었고, 작은 벙커들에는 군복, 총알, 소총, 그리고 중국인이 버리고 간 장창이 널려 있었다. 유럽 병사들은 이 폐허 위에서 방비를 강화했으며, 몇몇 현지인, 걸인, 행상인들만 가끔 이곳을 지나간다.

북경 점령: 포격 후의 유럽 대사관 구역
L'OCCUPATION DE PÉKIN (Le quartier européen après le bombardement)

공식적인 선물

라 데페쉬 第38호
삽화 부록
1900년 9월 23일 일요일

LA DÉPÊCHE N°38
SUPPLÉMENT ILLUSTRÉ
23 SEPTEMBRE 1900

중국의 의화단 운동을 기념하기 위해 단군왕(端郡王) 재의(載漪)에게 아름다운 장신구(목걸이, 팔찌, 차꼬)를 선물했다. (목에 찬 칼에 쓰인 문구는 다음과 같다: 살인범. 학살자.)

공식적인 선물
CADEAUX OFFICIELS

상해에서 프랑스 군대를 사열하는 부아롱 장군

르 프티 주르날 제516호
삽화 부록
1900년 10월 7일 일요일

LE PETIT JOURNAL N°516
SUPPLÉMENT ILLUSTRÉ
DIMANCHE 7 OCTOBRE 1900

중국 주둔 프랑스 부대의 고위 지휘관인 부아롱 장군은 수행 장교 및 예하 부대와 함께 여정을 훌륭히 마친 후 상해에 도착했다. 상륙하자마자 그는 프랑스 주둔부대 및 상해에 있는 프랑스 지원군의 사열을 받았다. 이 열병식은 그에게 아주 좋은 인상을 남겼다. 그는 즉시 해군장관(Ministre de la Marine)에게 전보를 날려 이 일을 통지했다.

"저는 우리 지원군 및 부대의 양호한 상태와 프랑스 조계가 보여준 열정을 확인하게 되어 아주 기쁩니다. 오늘밤 제가 방문했을 때, 총영사관은 저를 위해 환영회를 개최했습니다."

부아롱 장군의 이번 중국행에 어떤 임무가 포함되어 있는지 지금으로선 아직 판단할 수 없다. 그러나 확실한 것은 그가 이 순방을 원만하게 완수할 것이라는 점이다.

상해에서 프랑스 군대를 사열하는 부아롱 장군
A SHANGHAI, LE GÉNÉRAL VOYRON PASSANT EN REVUE LE DÉTACHEMENT FRANÇAIS

천진의 프랑스 여성 영웅

라 루아르 제40호
일요판 삽화 부록
1900년 10월 7일 일요일

LA LOIRE N°40
SUPPLÉMENT ILLUSTRÉ DU DIMANCHE
DIMANCHE 7 OCTOBRE 1900

연합군의 용기를 혹독하게 시험하는 천진 포위 작전에서 한 프랑스 여성 영웅이 출현했다. 그녀의 이름은 뤼시 몽트뢰유(Lucie Montreuil)다. 천진에 도착하고 며칠 지나지 않아 그녀는 자발적으로 러시아군의 숙영지로 보내줄 것을 요구했다. 그녀는 빗발치는 총탄을 조금도 두려워하지 않고 용감하게 부상병을 돌보았다. 당시 러시아 숙영지에는 자선 수녀가 없었는데 몽트뢰유 양이 용감히 그 일에 뛰어든 것이다. 천진에 도착한 첫날 그녀는 약 70명의 부상병을 성공적으로 구했다. 그 후 그녀는 인도주의적 사명을 다해 자선 수녀가 되었다. 프랑스-러시아 병원에 들어와달라는 군 병원 수석의사의 요청에 따라 그녀는 지금도 그곳에서 일을 계속하고 있다.

천진의 프랑스 여성 영웅
SOUS LA MURAILLE·UNE HÉROÏNE FRANÇAISE AU SIÈGE DE TIEN-TSIN

연합군 사령관들이 북경에서 회의를 열다

르 프티 파리지앵 제609호
문학 삽화 부록
1900년 10월 7일 일요일

LE PETIT PARISIEN N°609
SUPPLÉMENT LITTÉRAIRE ILLUSTRÉ
DIMANCHE 7 OCTOBRE 1900

이번 호에서 우리가 독자들에게 보여줄 것은 연합군 사령관들의 회의 장면이다. 이를 통해 전시의 회의 모습이 어떠한지 쉽게 이해할 수 있을 것이다. 중국 저택에 모인 장교들의 임무는 막중했다. 각국 정부가 내린 지령은 모호하고 두루뭉술했지만 그들은 빠른 시간 안에 중대한 결정을 내려야 했기 때문이다. 게다가 그들은 거짓투성이에 신비하고 낯선 나라에서 주요 국가의 사령관들이 다 모이지도 못한 채 회의를 진행해야 했다. 회의에는 프랑스, 러시아, 일본, 미국, 그리고 영국의 사령관들이 참석했다. 그들은 어떤 방식이 모두에게 이익이 될지를 검토했다.

연합군 사령관들이 북경에서 회의를 열다
A PÉKIN, CONSEIL DES CHEFS ALLIÉS

의화단 사건: 러일 부대의 호위를 받는 이홍장

르 프티 주르날 제517호
삽화 부록
1900년 10월 14일 일요일

LE PETIT JOURNAL N°517
SUPPLÉMENT ILLUSTRÉ
DIMANCHE 14 OCTOBRE 1900

중국에서 벌어진 의화단 운동은 여전히 진행 중이다. 연합군은 현재 이 교활한 중국인들이 마음대로 기만하도록 방치할 수밖에 없는 것처럼 보인다. 영악한 중국인들은 어떤 방식으로 협상 일정을 늦출지 사전에 일찌감치 준비해두고 있었다. 얼마 후 다가올 혹독한 계절이 작전 진행을 방해할 것이라는 점을 잘 알고 있었기 때문이다.

혹자는 중국인들을 40년 전과 마찬가지로, 용의 형상으로 유럽인을 놀라게 할 수 있다고 믿다가 대포 소리만 듣고도 줄행랑치는 사람들로 알고 있다. 이런 생각을 가지고 있는 사람들은 인정하기 싫겠지만, 현재 유럽의 병사들이 상대해야 하는 건 수많은 인구를 가진 민족이다. 게다가 그들 중 상당수 병력이 이미 첨단 무기를 갖추고 있다는 점을 부인할 수 없다. 이것은 모두 무역에 정통하신 영국인과 독일인의 업적이다. 그들은 중국인을 위해 정교하게 제작된 대포와 소총을 제공했다. 그리고 이제 그 총구는 그들 자신을 겨냥하고 있다.

우리는 중국인에게 심각한 타격은 줄 수 있지만, 그들을 끝장낼 수는 없다. 그 때문에 러시아인들은 협상을 통한 조건부 철수라는 가장 현명한 제안을 내놓았다. 우리는 반드시 사실을 있는 그대로 파악해야 하며 환상을 품어서는 안 된다. 또한 독일인이 실속을 차리는 것은 우리 프랑스에 조금도 도움이 되지 않는다는 점을 명심해야 한다. 프로이센 황제를 위해 지나치게 희생하는 것은 아둔하고 무지한 행동이다.

우리는 중국인의 진술에 근거해 우리의 체면을 되찾아야 한다. 동시에, 특히 이홍장이라는 음흉하기 짝이 없는 외교가를 경계해야 한다. 그는 일찍이 유럽을 방문했을 때 많은 사람을 속여 넘긴 적이 있는데, 이제 극동에서도 계속해서 농간을 부리려 하고 있다. 그는 유럽 대표들에게 군대의 상륙을 멈추도록 건의했는데, 그렇게 하면 협상을 진행하는 데 도움이 될 것이라고 속인 것이다. 다행히 대표들은 그의 제안을 따르지 않았다. 그는 자신이 협상의 합법적인 대표임을 공언했지만, 협상 상대들은 그것에 의문을 표했다. 최근 그가 북경에 가서 회담을 할 필요가 있다는 의견을 제기했기에, 연합군측은 러시아와 일본 군대로 하여금 그의 북경행 호위를 맡도록 했다. 표면적으로는 존경의 마음에서 그의 안전을 보장하기 위해서라고 말했지만, 사실상 더 중요한 목적은 그의 일거수일투족을 감시하는 것이었다.

의화단 사건: 러일 부대의 호위를 받는 이홍장
ÉVÉNEMENTS DE CHINE (Li-Hung-Chang escorté par les troupes russes et japonaises)

단군왕의 초상

르 모니퇴르 뒤 퓌드돔 제41호(제3년)
일요판 삽화 부록
1900년 10월 14일 일요일

LE MONITEUR DU PUY-DE-DOME N°41, TROISIÈME ANNÉE
SUPPLÉMENT ILLUSTRÉ DU DIMANCHE
DIMANCHE 14 OCTOBRE 1900

단군왕 재의는 수수께끼 같은 얼굴과 그에 대해 전해지는 일련의 피비린내 나는 이야기 때문에 어쩔 수 없이 칭기즈칸처럼 잔인하고 냉혹한 인물로 여겨진다. 단군왕은 지금까지 이렇다 할 활동이 전무한 평범한 황족에 불과했다. 비록 조정에 중용되지는 못했지만, 조정 바깥에서 그는 온 힘을 다해 권력을 모았다. 그중 아주 중요한 활동은 그가 의화단을 지지한 것이다. 그는 끔찍한 오합지졸을 규합함으로써 이 외세 배척 운동에서 논란의 여지가 없는 우두머리가 되었다. 강건한 신체와 기백, 서양의 신문물에 대해 그가 보인 증오로 인해 그는 북경 하층 민중의 우상이 되었다. 올해 6월 그는 봉기를 지시했다. 북경성에서 명령을 내린 사람이 바로 그였던 것이다. 서태후가 이 군중 지도자의 배후에 숨은 것이 형세에 떠밀린 것인지, 아니면 이후의 책임을 회피하기 위해 고의로 그렇게 한 것인지 지금으로선 판단하기 힘들다.

어떠한 경우라도 반격의 시기가 도래했고, 여러 국가들이 관련 책임자의 징벌을 강하게 요구하고 있다. 단군왕은 그중에서도 핵심적인 원흉이다. 청은 지금 그들의 장기인 '어물어물 넘어가기' 전략을 사용하고 있다. 결국 그들이 이 범죄자를 처벌할 것인가? 이것이야말로 우리가 절실하게 알고 싶은 것이다.

단군왕의 초상
PORTRAIT DU PRINCE TUAN

공친왕: 펠리체 베아토의 사진에 근거한 관련창의 그림

¶ 옮긴이 해설 597쪽

공친왕: 펠리체 베아토의 사진에 근거한 관련창(關聯昌)의 그림.

보정부로 가는 길

르 프티 파리지앵 제612호
문학 삽화 부록
1900년 10월 28일 일요일

LE PETIT PARISIEN N°612
SUPPLÉMENT LITTÉRAIRE ILLUSTRÉ
DIMANCHE 28 OCTOBRE 1900

보정부(保定府)로 가는 길
EN ROUTE VERS PAO-TING-FOU

의화단 사건: 담장에 내걸린 14개의 의화단원 머리

르 프티 주르날 제520호
삽화 부록
1900년 11월 4일 일요일

LE PETIT JOURNAL N°520
SUPPLÉMENT ILLUSTRÉ
DIMANCHE 4 NOVEMBRE 1900

외교사절들은 중국에서 협상을 계속하고 있다. 조속한 시일 내에 평화로운 해결 방안을 찾기를 바란다. 그러나 그전에 중국인에게 설명해야 할 것이 있다. 그것은 과거의 원칙에 근거해, 만약 평화를 바란다면 전쟁을 준비해야 한다는 점이다. 중국의 전권대표가 끊임없이 회담을 준비하고 있을 때, 연합군은 이미 중국 각지에 도착해 전심전력으로 의화단을 몰아내고 있었다. 그 결과 연합군은 일부 중국인들에게 우호적인 환영을 받고 있다. 성가신 일을 피하려고 그들은 꽤나 우악스러운 방식으로 연합군에게 적극적인 친근감을 표시하기도 한다. 최근 연합군은 청도(青島)에 접근했을 때 담장 위에 14개의 의화단원 머리가 내걸린 것을 발견했다. 유사한 사례가 북경에서도 있었다. 중국인들은 이런 방식으로 유럽인에게 호의를 보이는 것이다.

의화단 사건: 담장에 내걸린 14개의 의화단원 머리
ÉVÉNEMENTS DE CHINE (Quatorze têtes de boxers aux murs de Tchio-Tchao)

의화단 사건: 프랑스군의 도움으로 보정부에서 구출된 유럽인들

르 프티 주르날 제521호
삽화 부록
1900년 11월 11일 일요일

LE PETIT JOURNAL N°521
SUPPLÉMENT ILLUSTRÉ
DIMANCHE 11 NOVEMBRE 1900

연합군은 중국 깊숙이 들어가 중국인에게 억류된 유럽인을 찾고 있었다. 모두가 이 일에 열정적으로 뛰어들었다. 그런데 우연인지 아니면 하늘의 뜻인지 거의 모든 현장에 프랑스군은 가장 먼저 도착했다. 다른 국가의 부대는 다 된 밥에 숟가락만 얹는 식이었다. 모두들 그저 놀라워할 따름이었다. 일례로 프랑스와 영국의 선교사, 프랑스, 벨기에, 이탈리아의 기술자 및 보정부에 억류된 모든 유럽인이 길고 긴 고생을 끝내고 최근 트뤼드(Trude) 육군 대령이 지휘하는 프랑스 부대에 의해 구출되었다. 그들은 기쁨에 들떠 감격을 금할 수 없었다. 그들은 가벼운 발걸음으로 앞서 달려온 유쾌한 프랑스군 나팔수를 잊을 수 없었을 것이다. 그의 나팔소리는 모두에게 '고난의 끝'으로 인식되었다.

의화단 사건: 프랑스군의 도움으로 보정부에서 구출된 유럽인들
ÉVÉNEMENTS DE CHINE (Européens délivrés par le détachement français à Pao-Ting-Fou)

보정부 원정: 프랑스군 선봉대가 중국의 한 마을에 깃발을 내걸다

르 프티 프로방살 제46호
토요판 삽화 부록
1900년 11월 18일 일요일

LE PETIT PROVENÇAL N°46
SUPPLÉMENT ILLUSTRÉ PARAISSANT LE SAMEDI
DIMANCHE 18 NOVEMBRE 1900

사람들은 (아마 조금 시기상조일 수 있지만) 중국에서의 전쟁이 이미 종결 단계에 있고, 남아 있는 충돌은 외교 사절의 협상에 의해서만 원만하게 해결될 수 있다고 생각하고 있다.

의화단의 새로운 범죄 행위가 즉각적으로 진압되었다. 최근 들어 가장 컸던 군사행동으로는 바이우(Maurice Bailloud) 장군이 이끄는 연합군이 보정부를 점령한 일을 꼽을 수 있다. 그러나 이번 원정은 사실상 단출한 산보와 같았다. 보정부는 대규모 연합군이 도착하기 전에 이미 소수의 프랑스 특공대에 의해 점령되었기 때문이다. 이 특공대는 맹렬한 공격을 감행해 여러 마을을 점령했으며 그 마을에 프랑스의 삼색기를 내걸었다.

보정부 원정: 프랑스군 선봉대가 중국의 한 마을에 깃발을 내걸다
L'EXPÉDITION DE PAO-TING-FOU (La colonne française d'avant-garde hissant le drapeau dans un village chinois)

1900년 만국박람회: 중국관

르 프티 주르날 제523호
삽화 부록
1900년 11월 25일 일요일

LE PETIT JOURNAL N°523
SUPPLÉMENT ILLUSTRÉ
DIMANCHE 25 NOVEMBRE 1900

얼마 후 거행될 만국박람회를 위해 파리 트로카데로 광장에 설치되는 독특한 조형의 건축물들 중 중국관은 유달리 시선을 끈다. 차(茶)에서 아편에 이르기까지 중국의 모든 생산품이 그곳에 진열된다. 그림에서 보듯 순서대로 배치된 6개의 중국관 중 하나인 북경의 황궁은 정확하게 재현되어 있다. 바로 이 북경 황궁 주변에서 최근 학살에 가까운 테러 사건이 여러 차례 발생한 바 있다.

1900년 만국박람회: 중국관
EXPOSITION DE 1900 (Pavillon de la Chine)

황릉 근처에 주둔한 프랑스 군대의 숙영지

르 프티 파리지앵 제620호
문학 삽화 부록
1900년 12월 23일 일요일

LE PETIT PARISIEN N°620
SUPPLÉMENT LITTÉRAIRE ILLUSTRÉ
DIMANCHE 23 DÉCEMBRE 1900

황릉 근처에 주둔한 프랑스 군대의 숙영지
UN CAMPEMENT FRANÇAIS PRÈS DES TOMBEAUX DES EMPEREURS

중국인의 폭행: 고문당하는 유럽인

르 프티 파리지앵 제620호
문학 삽화 부록
1900년 12월 23일 일요일

LE PETIT PARISIEN N°620
SUPPLÉMENT LITTÉRAIRE ILLUSTRÉ
DIMANCHE 23 DÉCEMBRE 1900

중국인의 폭행: 고문당하는 유럽인
ATROCITÉS CHINOISES (Un Européen supplicié)

청의 서태후: 중국 회화에 근거한 스티븐 레이드의 작품

청의 서태후: 중국 회화에 근거한 스티븐 레이드의 작품
THE DOWAGER EMPRESS OF CHINA (Painted by Stephen Reid after a chinese drawing)

미국의 휴버트 보스가 그린 서태후 초상

¶ 옮긴이 해설 597쪽

미국의 휴버트 보스(Hubert Vos)가 그린 서태후 초상

대고에서: 얼음에 발목 잡힌 연합군 함대

르 프티 파리지앵 제621호
문학 삽화 부록
1900년 12월 30일 일요일

LE PETIT PARISIEN N°621
SUPPLÉMENT LITTÉRAIRE ILLUSTRÉ
DIMANCHE 30 DÉCEMBRE 1900

대고에서: 얼음에 발목 잡힌 연합군 함대
A TAKOU (Les navires des alliés pris dans les glaces)

의화단 사건: 한 병원선의 내부 모습

라 상브르 제1호
컬러 삽화 부록
1901년 1월 6일 일요일

LA SAMBRE N°1
SUPPLÉMENT ILLUSTRÉ EN COULEURS
DIMANCHE 6 JANVIER 1901

비록 중국을 상대로 한 이번 전쟁에서는 피비린내 나는 전투가 상대적으로 적었다고 하지만, 불가피하게 전쟁에 참여하게 된 유럽 군대의 입장에서는 고생스럽기 그지없는 것이었다. 원정부대 전체를 통틀어 현지의 기후에 적응할 수 있는 숫자가 많지 않았기 때문이다. 이들 부대에서 상대적으로 가벼운 질병이 발생한 것도 이상할 게 없었다. 기온의 변화가 불안정하고 식수의 질이 나쁜 데다 식량의 질에도 문제가 생기면서 가벼운 유행병이 돌기 시작했다. 그러자 열강이 극동에 파견한 병원선이 중요한 역할을 수행하기 시작했다. 병원선은 부상병뿐 아니라 질병으로 인해 직무를 수행하지 못하는 모든 인원을 받아들였으며, 각국의 의사들이 병사들에게 정확한 진료를 제공할 수 있게 해주었다.

Troisième Année. — N° 1. | 5 Centimes le Numéro. | Dimanche 6 Janvier 1901.

La Sambre

SUPPLÉMENT ILLUSTRÉ EN COULEURS

Imp. Boutée. — Maubeuge.

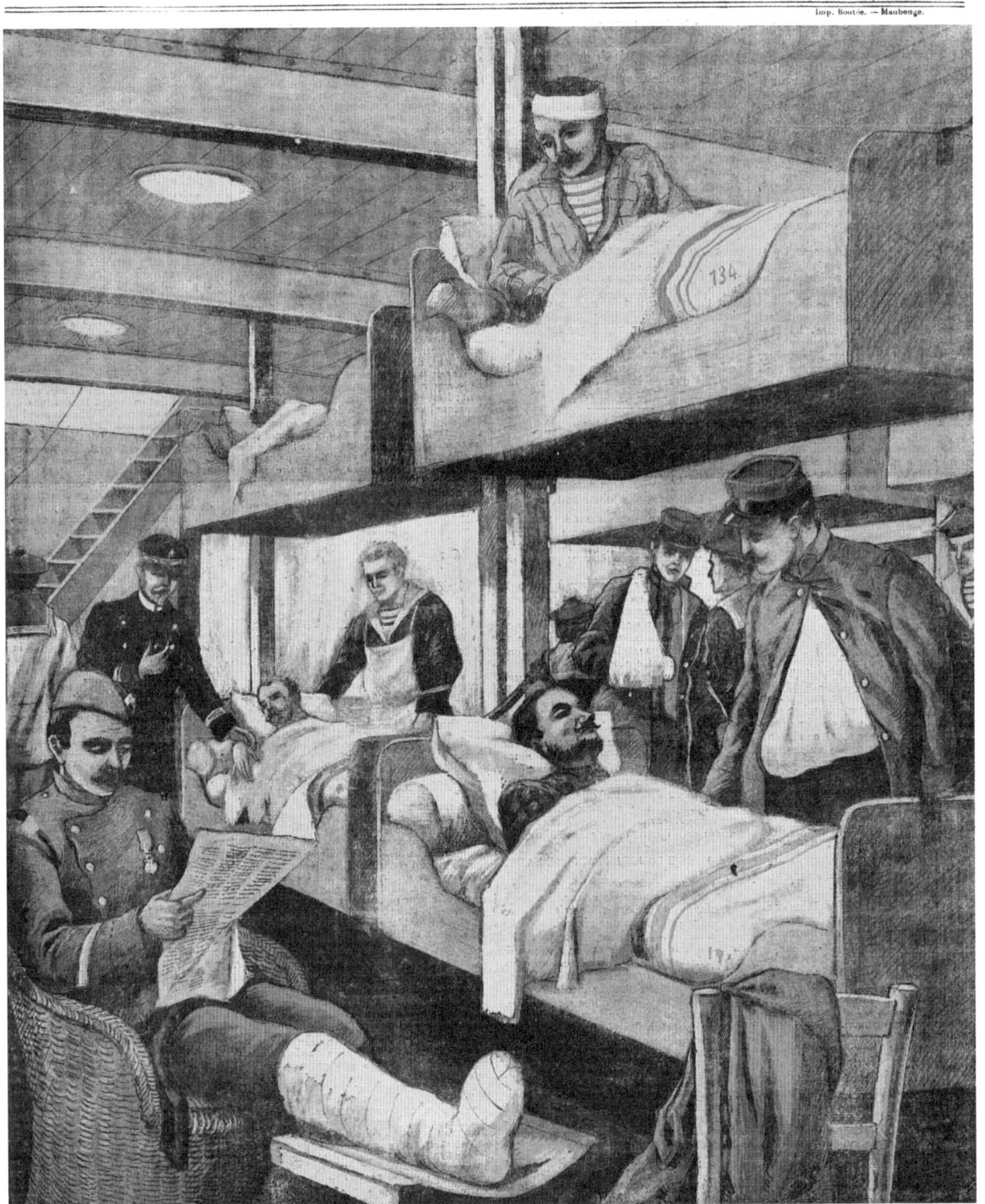

의화단 사건: 한 병원선의 내부 모습

LA GUERRE DE CHINE (L'intérieur d'un navire-hôpital)

의화단 사건: 북경 교구 주교 파비에

르 프티 주르날 제529호
삽화 부록
1901년 1월 6일 일요일

LE PETIT JOURNAL N°529
SUPPLÉMENT ILLUSTRÉ
DIMANCHE 6 JANVIER 1901

프랑스 정부는 최근 알퐁스 파비에 북경 교구 주교에게 레지옹 도뇌르 훈장(chevalier de la Légion d'honneur)을 수여했다. 이 훈장은 지금 이 뛰어난 프랑스인의 가슴에 달려 있다. 선교사들의 명성이야 이미 모두가 아는 바이니, 그들에 대해 과도한 찬양을 늘어놓을 필요는 없으리라. 지금 우리가 칭찬하고자 하는 이는 중국에서 천신만고를 겪으며 우리 동포들을 구출하거나 보호하고, 프랑스의 명예를 수호하는 빛나는 업적을 남긴 애국자다. 오랫동안 파비에 주교는 최상의 협상 기술과 관리 능력을 보여줬다. 그는 수천 명에게 정신적인 위안을 줬을 뿐 아니라 물질적인 부분까지 제공해주었다. 현재 그는 프랑스에 머물며, 자신의 업적은 평범하기 그지없다는 듯 평온하게 이야기하고 있다.

의화단 사건: 북경 교구 주교 파비에
ÉVÉNEMENTS DE CHINE (Mgr Favier, évêque de Pékin)

의화단 사건: 프랑스군의 승리

르 프티 주르날 제530호
삽화 부록
1901년 1월 13일 일요일

LE PETIT JOURNAL N°530
SUPPLÉMENT ILLUSTRÉ
DIMANCHE 13 JANVIER 1901

바이우 장군은 오랫동안 공화국 대통령 호위대장을 맡았다. 그러나 그는 일개 왕실 장교가 아닌, 전투에 뛰어난 군사 지휘관으로서의 모습을 증명하고 싶은 마음을 품고 있었다. 그는 두 차례의 행동으로 이 생각을 증명해냈다. 한 번은 보정부에서, 다른 한 번은 사천성(四川)에서였다. 보정부에서 바이우 장군은 연합군 기동특공대를 이끌고 진지를 떠난 지 얼마 지나지 않아 의화단과 수적으로 우위에 있던 청의 정규군을 물리쳤다. 장군은 청 병사들의 사기가 떨어진 틈을 놓치지 않았다. 단숨에 보정부를 탈취하고 1000여 명의 적을 죽였으며 격렬히 저항하던 주변 마을을 파괴했다. 그가 통솔했던 젊은 부대원들 역시 자신들의 기개와 가치를 증명했다.

의화단 사건: 프랑스군의 승리
ÉVÉNEMENTS DE CHINE (Une victoire française)

의화단 사건: 콩탈 중위의 전사

르 프티 파리지앵 제623호
문학 삽화 부록
1901년 1월 13일 일요일

LE PETIT PARISIEN N°623
SUPPLÉMENT LITTÉRAIRE ILLUSTRÉ
DIMANCHE 13 JANVIER 1901

의화단 사건: 콩탈 중위의 전사
EN CHINE (Mort Du Lieutenant Contal)

케텔러 남작의 살해범을 처형하다

라 루아르 제3호
일요판 삽화 부록
1901년 1월 20일 일요일

LA LOIRE Nº3
SUPPLÉMENT ILLUSTRÉ DU DIMANCHE
DIMANCHE 20 JANVIER 1901

주북경 독일 대사 케텔러 남작 살해범이 독일 군대의 감시하에 북경의 중심가에서 처형되었다. 그는 '은해(恩海)'라는 이름의 중국 병사였다. 파급력이 큰 사건이라 몰려든 구경꾼이 아주 많았다. 처형 장면을 직접 보기를 원한 독일 장교의 도착을 기다리느라 살인범은 거리 한가운데서 반 시간을 꿇어앉아 있었다. 그동안 망나니는 큰 칼을 들고서 조수와 함께 한쪽에서 대기했다. 둘 모두 혈흔이 여기저기 묻은 옷을 입고 있었다. 이제 막 여덟 건의 참수를 집행한 직후였기 때문이다. 살인범은 즐거워 보였다. 그는 몇 차례 크게 웃으며 자신의 이름이 역사에 길이 남을 것이며, 자신은 자기 의무를 다했다고 공언했다.

장교가 도착하자 망나니의 조수는 죄수의 목에 가는 끈을 몇 차례 감았다. 그런 다음, 그 끈과 죄수의 변발을 함께 끌어당겨 죄수의 목이 최대한 노출되도록 했다. 망나니는 몸을 뒤로 젖히며 큰 칼을 휘둘러 죄수의 목을 베었다. 살인범의 머리는 광주리에 담겨 길거리에 내걸렸다.

케텔러 남작의 살해범을 처형하다
EXECUTION DE L'ASSASSIN DU BARON DE KETTELER

의화단 사건: 보정부의 사형 집행

르 프티 주르날 제531호
삽화 부록
1901년 1월 20일 일요일

LE PETIT JOURNAL N°531
SUPPLÉMENT ILLUSTRÉ
DIMANCHE 20 JANVIER 1901

우리는 최근 프랑스군이 보정부 원정에서 펼친 활약에 대해 이미 다룬 바 있다. 성을 함락한 후 바이우 장군은 필요한 처형을 집행했다. 어물쩍거리며 뒤늦게 도착한 영국군의 저지에도 불구하고 바이우 장군은 가장 중요한 세 인물을 체포해 재판을 진행할 것을 명령했다. 그리고 세 인물이 모두 범행을 인정하자 그들에게 사형을 선고했다. 형을 집행할 때, 장군은 일벌백계의 의미로 성에 불을 지르게 했다. 해당 지역의 중국인들은 모두 깜짝 놀랐다. 형 집행 대상이 모두 중요한 거물들이라, 전 세계를 뒤져도 그들을 참수할 망나니를 찾기 어려울 것이라 생각했기 때문이다. 확실히 이 일은 담대하고 영악한 인물만이 할 수 있는 일이었다.

의화단 사건: 보정부의 사형 집행
ÉVÉNEMENTS DE CHINE (Exécution à Pao-Tin-Fou)

중국에서: 보정부에서 참수를 집행하다

르 프티 파리지앵 제624호
문학 삽화 부록
1901년 1월 20일 일요일

LE PETIT PARISIEN N°624
SUPPLÉMENT LITTÉRAIRE ILLUSTRÉ
DIMANCHE 20 JANVIER 1901

보정부 대학살을 획책한 청의 관리 세 명이 얼마 전 처형되었다. 이 일을 진행하는 것은 순조롭지 않았다. 사형을 집행할 망나니를 구하기가 너무나도 어려웠기 때문이다. 마침내 독일인들이 한 명을 구해왔고, 그는 은 1000냥(약 3000프랑에 해당) 가격에 세 명을 참수하는 것에 동의했다. 그러나 집행 당일 아침, 위험 부담이 너무 크다고 생각한 이 망나니는 계약을 이행하지 않기로 결정했다. 그는 결국 살해 협박을 받고서야 마지못해 이 위험한 일에 뛰어들었다.

엄청난 수의 구경꾼이 몰려들었다. 북경에서 피살된 독일 대사의 형제인 독일 장군 케텔러와 연합군의 각 부대를 대표한 장교들도 현장에 모습을 드러냈다. 형 집행 장면은 굉장히 비참했다. 망나니는 남색 옷을 입고서 손에는 큰 칼을 들고 있었다. 그의 두 조수는 사형수를 단단히 잡는 임무를 맡았다. 한 명은 사형수의 상반신을 부여잡고 다른 한 명은 변발을 잡아당겨 목을 길게 늘어뜨리게 했다. 사형수들은 어떠한 저항도 하지 않았다. 망나니가 뒤로 한 발 물러나며 큰 칼을 들어 올려 힘껏 내리치자 머리가 떨어져 나갔다. 그러나 그중 한 사형수를 참수할 때는 두 번을 내리쳐서야 완전히 목을 벨 수 있었다. 집행이 끝난 후 모든 사형수의 머리는 장대에 내걸어 길거리에서 조리돌림을 했다.

중국에서: 보정부에서 참수를 집행하다
EN CHINE (Les exécutions à Pao-Tin-Fou)

천진에서 미리 지뢰를 매설해 동 장군이 유럽 군대를 상대로 크게 승리하다

르몽드 일뤼스트레 제2289호
주간 신문
1901년 2월 9일

LE MONDE ILLUSTRÉ N°2289
JOURNAL HEBDOMADAIRE
9 FEVRIER 1901

천진에서 미리 지뢰를 매설해 동(董) 장군이 유럽 군대를 상대로 크게 승리하다
TABLEAU REPRÉSENTANT: L'EXPLOSION D'UNE MINE PRÉPARÉE PAR EMBÛCHE À TIEN-TSIN.
— LE GÉNÉRAL TONG REMPORTE UNE GRANDE VICTOIRE SUR LES SOLDATS EUROPÉENS.

흑룡강에서 러시아 전함을 포격하는 장면

르몽드 일뤼스트레 제2289호
주간 신문
1901년 2월 9일

LE MONDE ILLUSTRÉ N°2289
JOURNAL HEBDOMADAIRE
9 FEVRIER 1901

흑룡강(黑龍江)에서 러시아 전함을 포격하는 장면. 음력 6월 16일, 러시아 전함 4척이 흑룡강에서 사방을 정찰하고 있었다. 군 지휘관인 수(壽)가 러시아군의 간계를 간파해 군대를 이끌고 공격했다. 러시아군은 크게 패했으며, 러시아 군함 두 척이 포격으로 격침되었다.

TABLEAU REPRÉSENTANT: LES CANONS DE HE-LONG-KIANG BOMBARDANT LES VAISSEAUX DE GUERRE RUSSES. — LE 16 DE LA 6E LUNE, QUATRE VAISSEAUX DE GUERRE RUSSES SE TROUVÈRENT À HE-LONG-KIANG, EXPLORANT DE TOUS CÔTÉS. LE CHEF MILITAIRE TCHÉOU PÉNÉTRA DANS LEUR MAUVAIS DESSIN ET S'AVANÇA POUR S'Y OPPOSER. LES RUSSES ESSUYÈRENT UNE GRANDE DÉFAITE. DEUX DE LEURS VAISSEAUX DE GUERRE FURENT ENGLOUTIS À COUPS DE CANON.

양촌대전

르몽드 일뤼스트레 제2289호
주간 신문
1901년 2월 9일

LE MONDE ILLUSTRÉ N°2289
JOURNAL HEBDOMADAIRE
9 FEVRIER 1901

양촌대전(楊村大戰): 송(宋), 동(董), 이(李) 세 장군은 양촌(楊村)을 지키며 5000명의 의화단원을 선봉대로 삼았다. 유럽 군대는 일본군에게 선봉을 맡겼다. 쌍방이 충돌해 혼전을 벌였으며 양측 모두 사상자가 발생했다. 의화단은 유럽 병사들을 생포한 후 청의 관리에게 논공행상을 청했다.
GRANDE BATAILLE À YANG-TSON: LES TROIS GÉNÉRAUX SONG, TONG, ET LI GARDAIENT LE VILLAGE DE YANG. ILS PLACÈRENT À L'AVANT-GARDE 5000 BOXEURS. LES EUROPÉENS FIRENT MARCHER EN AVANT LES JAPONAIS. LES ARMÉES SE RENCONTRÈRENT, IL Y EUT UN ENGAGEMENT GÉNÉRAL. DE PART ET D'AUTRE, IL Y EUT DES TUÉS ET DES BLESSÉS. LES BOXEURS PRIRENT DES SOLDATS EUROPÉENS, LES AMENÈRENT EN PRÉSENCE DES MANDARINS ET DEMANDÈRENT UNE RÉCOMPENSE.

최근 중국의 사형집행

르 프티 파리지앵 제632호
문학 삽화 부록
1901년 3월 17일 일요일

LE PETIT PARISIEN Nº632
SUPPLÉMENT LITTÉRAIRE ILLUSTRÉ
DIMANCHE 17 MARS 1901

중국에서 또다시 사형이 집행되었다. 관대하게 처리할 가능성은 거의 없었다. 앞서 집행된 사형에서 예상된 결과를 얻지 못했기 때문이다. 의화단의 우두머리들은 항복의 의사 표시를 제대로 하지 않았다. 본지가 게재한 삽화는 그중 범인 호송 마차에 앉은 두 죄수를 묘사하고 있다. 일본 보병연대 한 부대가 범인을 호송하며 잠시 동안 조리돌림 한 후 형장에 도착하는 장면이다. 두 명의 죄수는 모두 고위 관료였는데, 바로 계수(啟秀)와 서승욱(徐承煜)이었다. 현장에는 많은 구경꾼이 몰려들었으며, 독일, 미국, 프랑스 군대가 형장 주변의 감시 책임을 맡았다.

최근 중국의 사형집행
LES DERNIÈRES EXÉCUTIONS EN CHINE

중국에서: 러시아-영국 사건

르 프티 주르날 제542호
삽화 부록
1901년 4월 7일 일요일

LE PETIT JOURNAL N°542
SUPPLÉMENT ILLUSTRÉ
DIMANCHE 7 AVRIL 1901

영국인의 침략으로 인해 상당히 중대한 사건이 발생했다. 자칫하면 세계 평화에 대단한 위협이 될 수도 있는 사건이었다. 천진에서 북경 구간의 철도를 독점 경영하는 영국 회사가 후안무치하게도 러시아에 조차된 영토에 철도 대피선을 만들었다. 게다가 그들은 전혀 신경 쓰지 않고 경계 표지와 러시아 국기를 제거해버렸다. 약소국을 상대로 이러한 수법을 사용했다면 성공했을 수도 있겠지만, 우리의 동맹국인 러시아에게는 전혀 먹혀들지 않았다. 러시아 병사들은 그들의 조차지를 완강하게 지키며 영국 측이 고용한 중국인 노동자를 추방했다. 그리고 수적 열세에도 불구하고 러시아는 강경하게 대응할 준비를 했다. 쌍방은 유혈사태가 벌어지기 직전까지 갔으나 영국인들은 충돌의 위험을 적시에 알아챘다.

영국인들은 트란스발 전쟁(제2차 보어 전쟁)을 수행하느라 역량을 발휘하는 데 제한이 있었다. 따라서 이 시기에 러시아와 같이 용맹하면서도 잘 무장된 국가를 상대하는 것이 적절하지 않다고 판단한 것이다. 영국은 러시아와의 다툼이 그다지 심각하지 않으므로 물리적 충돌을 감수할 지경에 이르지는 않겠지만, 이대로 밀어붙이다간 서로의 이익을 해치게 될 것이라고 공언했다. 그들은 외교적 협상을 통해 이 일을 해결하려 했다. 팔국연합군 총사령관 발데르제 또한 군이 직접 개입하지 않는 것이 적절하다고 생각했다. 앞으로 어떤 일이 발생할지는 알 수 없지만, 최소한 지금은 러시아가 다시 국기를 내걸고 자신들의 진지에 주둔하고 있으며 영국은 이미 철수했다.

중국에서: 러시아-영국 사건
EN CHINE (Incident russo-anglais)

태후궁의 화재: 마르샹 대령의 구조 지휘

르 프티 주르날 제546호
삽화 부록
1901년 5월 5일 일요일

LE PETIT JOURNAL N°546
SUPPLÉMENT ILLUSTRÉ
DIMANCHE 5 MAI 1901

북경에서 발생한 큰 화재는 의란전[1]의 거의 대부분을 집어삼켰다. 발데르제 총사령관이 머물던 곳 일대가 특히 심각한 피해를 입었다. 그러나 총사령관은 창문을 통해 무사히 빠져나왔다. 슈바르츠호프(Schwarzhoff) 장군을 비롯한 독일 장교 세 명은 화마에 휩쓸려 사망했다. 다행히 마르샹(Marchand) 대령이 적극적으로 구조 활동을 벌여 다른 인원들은 화를 피할 수 있었다.

대령은 뛰어난 용기와 지혜로 프랑스와 일본 병사들을 지휘해 구조를 펼쳤다. 그는 거듭되는 생명의 위험을 무릅쓰고 적극적으로 동료들을 이끌며 화재를 진압했다. 우리의 존경스러운 이 동포는 자신의 가치를 또 한 번 보여주었으며, 그와 같은 인물은 어떤 상황에서도 한결같다는 사실을 증명했다. 누군가 그에게 공을 세울 기회를 준 것이 아니었음에도 그는 스스로 나서서 문제를 해결했다. 그의 영웅적인 용기는 여러 외국 신문에 보도되었으며, 관련 기사는 온통 그에 대한 칭찬으로 가득했다.

화재가 인위적으로 일어난 것은 아닌 듯했다. 상급 장교 사무실의 난로에 하자가 있어 화재가 발생한 것이 분명했다. 독일 황제는 희생자들에 대해 깊은 애도를 표했다. 특히 슈바르츠호프 장군의 죽음에는 유감을 표했다. 듣자 하니 장군은 아마도 자신의 개를 구하려다 희생된 것 같다고 한다.

1. 儀鸞殿. 1885년 서태후의 침궁으로 건립되었으며 주로 겨울을 보내던 곳이다. 서태후가 수렴청정을 펼치는 사이 자금성을 대신한 정치의 중심이 되었다. 1900년 북경을 점령한 연합군이 서태후가 떠난 의란전에 사령부를 설치했다. 화재로 소실된 후 자리를 옮겨 새로 지었다[지금은 회인당(懷仁堂)으로 개명]. 지금도 의란전이 위치한 중남해(中南海)는 중국 정치의 중심이다.

태후궁의 화재: 마르샹 대령의 구조 지휘
ÉVÉNEMENTS DE CHINE (Incendie du palais de l'impératrice-Le colonel Marchand dirigeant les secours)

북경 겨울궁전의 화재

르 프티 파리지앵 제639호
문학 삽화 부록
1901년 5월 5일 일요일

LE PETIT PARISIEN N°639
SUPPLÉMENT LITTÉRAIRE ILLUSTRÉ
DIMANCHE 5 MAI 1901

북경의 궁전 중 가장 아름다운 부분을 얼마 전 화재가 집어삼켰다. 화재의 원인은 아직 밝혀지지 않았다. 독일 육군 총사령관이자 연합군 총지휘관인 발데르제와 그의 참모들은 서태후가 겨울을 보내던 이 궁전을 사령부로 삼았다. 당시 발데르제는 창문을 통해 서둘러 빠져나와 화를 피할 수 있었다. 그러나 독일 제1보병여단의 지휘관 슈바르츠호프 장군은 이 화재에서 목숨을 잃었다. 그의 시신은 완전히 타버린 채로 다음날 발견되었다. 프랑스와 일본이 용감하게 구조 활동에 참여했다. 발데르제 총사령관은 관련 보고서를 통해 마르샹 대령의 지휘하에 프랑스군이 구조 과정에서 보여준 용기와 희생정신을 특별히 강조했다.

북경 겨울궁전의 화재
INCENDIE DU PALAIS D'HIVER

북경의 연회

르 펠르랭 제1274호
1901년 6월 2일 일요일

LE PÈLERIN N°1274
DIMANCHE 2 JUIN 1901

5월 12일, 부아롱대로의 건설에 즈음해 주중국 프랑스 대사 피숑 씨와 부아롱 장군은 황실 정원에서 성대한 연회를 개최했다. 또한 만찬이 끝난 후에는 황실 호수 위에서 경축 행사를 펼쳤다. 각국 대사들과 발데르제 총사령관을 비롯한 여러 나라의 고위급 장교들이 모두 이 행사에 참석했다. 경친왕과 이홍장을 비롯한 청의 고위 관료들도 만찬에 참석했다. 부아롱 장군은 축배를 들며 문명국가의 단결을 축하했고, 청 정부가 수도의 질서를 조속히 회복하길 기원했다. 경친왕은 이에 대해 감사를 전하며 화답했다. 그는 연합군이 중국에 취한 적절한 조치에 대해, 그리고 청이 혼란스러운 국면에서 벗어나도록 노력한 점에 대해 감사를 표했다. 그는 감사의 말에서 각국 장군과 외교 사절들을 언급하는 것도 잊지 않았다.

북경의 연회: 부아롱대로의 건설에 즈음해 북경에서 외국 장교들, 각국 주중국 대사들과 함께 연회를 열다
UNE FÊTE À PEKIN (La fête offerte aux officiers étrangers et aux membres du Corps diplomatique, à Pékin, à l'occasion de l'inauguration du boulevard Voyron)

중국으로부터의 귀환: 프랑스 병사들이 툴롱에 도착하다

르 프티 주르날 제553호
삽화 부록
1901년 6월 23일 일요일

LE PETIT JOURNAL N°553
SUPPLÉMENT ILLUSTRÉ
DIMANCHE 23 JUIN 1901

외국 군대가 무기한으로 중국에 체류할 수는 없다. 게다가 연합군이 떠난 후의 새로운 삶만을 고대하는, 엄청난 인구의 이 음험한 민족에게 막대한 인력과 재원은 아무 소용이 없다는 사실을 연합군 국가들의 정부는 너무나 잘 알고 있었다. 따라서 연합군 정부는 중국에 대한 점령을 점차적으로 중지하기로 결정했다. 독일 육군 총사령관 발데르제가 가장 먼저 떠났으며, 이 소식은 널리 알려졌다. 그것은 우리로 하여금 과거의 오판을 잊게 했다. 프랑스 원정부대를 일개 대대와 서너 개의 순찰대로 간단하게 구성한다면 과연 사람들이 프랑스 장군에게 존중을 표할 것인지 확신할 수 없다.

어찌 되었건 프랑스군의 보병, 주아브병(zouave; 알제리 보병) 및 포병 군단은 훌륭한 여정을 마친 후 니브(Nive)호를 타고 중국에서 돌아왔다. 그들은 국가를 위한 임무를 용감히 수행한 후 툴롱(Toulon)에 상륙해 기쁜 마음으로 조국 프랑스의 땅을 밟았으며, 툴롱 시민들의 따뜻한 환영을 받았다. 모두가 앞다퉈 이 용사들에게 푸짐한 요리를 대접하려 했으며, 중국에서 보고 들은 것을 이야기해달라고 요청했다. 부상당한 병사들의 조속한 회복을 축원하기 위해 모두가 잔을 들었다. 이들 병사는 상륙 후 즉시 생망드리에(Saint-Mandrier) 병원으로 호송되었다. 만약 그들이 이 사실을 알게 된다면 많은 위안을 받을 것이다.

중국으로부터의 귀환: 프랑스 병사들이 툴롱에 도착하다
RETOUR DE CHINE (Arrivée des rapatriés à Toulon)

천진에서 철수하는 주아브 부대

르 프티 주르날 제556호
삽화 부록
1901년 7월 14일 일요일

LE PETIT JOURNAL N°556
SUPPLÉMENT ILLUSTRÉ
DIMANCHE 14 JUILLET 1901

중국에 주둔 중이던 프랑스 부대가 귀환하고 있다. 6월 22일, 주아브 병단 제4대대 소속 852명의 사병이 에른스트(Ernst) 사령관을 위시한 장교와 사관들의 통솔하에 천진을 떠나 빈롱(Vinh-Long)호에 승선했다. 철수하기 전, 부대는 천진 시가지를 행진했다. 그들의 늠름한 자태와 씩씩한 발걸음은 그들을 구경하러 몰려온 중국 민중들에게 강한 인상을 남겼다. 그들은 여전히 바다에서 이동 중이며 조국에 도착하려면 아직 멀었다. 그러나 앞서 귀국한 프랑스의 전우들이 열렬한 환영을 받았던 것과 마찬가지로, 성대한 환영식으로 그들을 맞이할 준비를 이미 끝냈다.

천진에서 철수하는 주아브 부대
LES ZOUAVES RAPARTRIÉS QUITTANT TIEN-TSIN

중국으로부터의 귀환: 부아롱 장군이 마르세유에 도착하다

르 프티 파리지앵 제661호
문학 삽화 부록
1901년 10월 6일 일요일

LE PETIT PARISIEN N°661
SUPPLÉMENT LITTÉRAIRE ILLUSTRÉ
DIMANCHE 6 OCTOBRE 1901

해군장관은 중국 원정군 총사령관 부아롱 장군의 도착을 환영하기 위해 마르세유로 갔다. 부아롱 장군은 대형 여객선인 오세아니엥(l'Océanien)호에 탑승해 프랑스로 돌아왔다. 환영식은 프라테르니테 항구(Quai de la Fraternité)에서 거행되었다. 해군장관은 프랑스 정부를 대표해 중국 원정군 총사령관의 귀환에 환영을 표했다. 또한 수많은 민중이 이 환영식에 참가했다. 그 후 그들은 일렬종대로 지방 정부청사로 향했다. 해군장관은 그곳에 부아롱 장군과 예하 장교들을 위한 오찬을 준비했다.

중국으로부터의 귀환: 부아롱 장군이 마르세유에 도착하다
RETOUR DE CHINE (Arrivée du général Voyron à Marseille)

중국으로부터의 귀환: 부아롱 장군이 마르세유에 도착하다

르 프티 주르날 제569호
삽화 부록
1901년 10월 13일 일요일

LE PETIT JOURNAL N°569
SUPPLÉMENT ILLUSTRÉ
DIMANCHE 13 OCTOBRE 1901

프랑스 중국 원정군의 뛰어난 총사령관 부아롱 장군이 오세아니엥호에 탑승해 얼마 전 프랑스로 돌아왔다. 조국을 위해 봉사하다 [사이공에서] 죽은 또 다른 훌륭한 프랑스인 앙리 오를레앙(Henri d'Orléans) 왕자의 시신도 같은 배로 가족의 품에 돌아왔다. 개선장군인 부아롱은 마르세유에서 뜨거운 환영과 정부의 공식적인 찬사를 받았다. 직접 장군의 귀환을 기다리겠다는 당초의 약속을 대통령이 이행할 수 있었다면 환영식은 더욱 성대했을 것이다. 그러나 부아롱 장군을 가장 감동시킨 순간은 우리의 화가가 본지의 제1면에 묘사한 장면이다.

그의 아내와 아이들은 환영식의 요구에 따라 블레샹(Bleschamp)호에 올라 부아롱 장군을 맞이할 수 없었다. 부아롱 장군이 선두(船頭)에 서서 맞이한 인물은 비에네메(Bienaimé) 제독이었다. 그는 프랑스 정부를 대표해 부아롱 장군에게 축하를 표했다. 그의 아내와 아이들은 항구에서 초조하게 기다리다가 허락이 떨어지자마자 그의 품으로 뛰어들었다. 수개월 동안 떨어져 지내다 보니 그들은 장군의 귀환만을 애타게 기다리고 있었다. 마침내 그들은 한자리에 모였다. 이 얼마나 즐거운 순간인가! 장군은 승리의 영광을 잠시 잊고 이 순간의 행복만을 기억하려 할 것이다. 우리가 왜 제1면이란 명예로운 자리를 이 아름답고 감동스러운 장면에 바쳤는지 누구나 이해할 것이다.

중국으로부터의 귀환: 부아롱 장군이 마르세유에 도착하다
RETOUR DE CHINE (Arrivée du général Voyron à Marseille)

앵발리드에서: 중국 원정군 군기 인수인계식

르 프티 파리지앵 제666호
문학 삽화 부록
1901년 11월 10일 일요일

LE PETIT PARISIEN N°666
SUPPLÉMENT LITTÉRAIRE ILLUSTRÉ
DIMANCHE 10 NOVEMBRE 1901

지난주 파리 앵발리드[1]에서 애국적 의식이 거행되었다. 앵발리드의 책임자인 아르누(Arnoux) 장군은 파리 군사장관(Gouverneur militaire de Paris) 포레 비게(Paul-Vincent Faure-Biguet) 장군의 손에서 중국 원정부대의 군기를 받아들었다. 현장에는 파리 주둔군 전체의 깃발과 호위대가 함께했다. 퇴역 부상 군인들 또한 군복을 착용한 채 장검과 창을 들고 경의를 표했다. 5명의 아이들은 대오를 이뤄 광장에서 북을 쳤다. 바로 이때 군사박물관(Musée de l'Armée)에서 아르누 장군은 가장 연로한 퇴역군인이 정중하게 들고 있던 군기를 인수해 마다가스카르 원정부대의 군기 옆에 안치했다.

1. Invalides. 1670년 퇴역군인 주거지(l'Hôtel national des Invalides)로 건립되었으며, 현재 군사박물관, 전쟁영웅 안장지, 병원 등이 모여 있다.

앵발리드에서: 중국 원정군 군기 인수인계식
AUX INVALIDES (La remise du drapeau du regiment de chine)

앵발리드의 마다가스카르 군기와 중국 군기

르 프티 주르날 제574호
삽화 부록
1901년 11월 17일 일요일

LE PETIT JOURNAL N°574
SUPPLÉMENT ILLUSTRÉ
DIMANCHE 17 NOVEMBRE 1901

'프랑스군 만세'라는 환호성 속에서 마다가스카르 원정군 군기와 중국 원정군 군기가 장엄하게 군사박물관에 진열되었다. 이들은 프랑스의 옛 군사 유물과 함께 소중히 보존될 것이다. 의식은 오전 11시에 거행되었다. 파리에 주둔 중인 모든 부대는 각자의 깃발을 들고서 앵발리드에 파견대를 보냈으며, 정부를 대표해 파리 군사장관인 포레비게 장군이 참석했다. 마다가스카르 식민지 군단, 주아브 제2병단, 그리고 중국 원정군 제40보병대의 깃발이 앵발리드에 모습을 드러내자, 현장에 있던 모든 내빈이 모자를 벗어 예를 표했으며 5000명의 관중들의 열화와 같은 환호성이 터져 나왔다. 파리 군사장관은 군기를 받아든 뒤 그것을 부상 퇴역군인에게 전달했다. 군기를 군사박물관에 안치하고 소장하는 직책을 그들에게 맡긴 것이다.

영광의 짐인 군기를 들고 당당히 행진하는 지난날의 용사들은 감격에 젖어 뜨거운 눈물을 흘렸다. 군사박물관의 정문이 닫히기 직전에 중국 원정군 총사령관 부아롱 장군이 앞으로 나아가 군기에 입을 맞추는 장면이 사람들에게 목격되었다. 고별을 알리는 이 몸짓은 상당한 반향을 불러일으켰다.

앵발리드의 마다가스카르 군기와 중국 군기
LES DRAPEAUX DE MADAGASCAR ET DE CHINE AUX INVALIDES

중국 군대

악뛰알리테 제96호
1901년 11월 24일 일요일

L'ACTUALITÉ N°96
DIMANCHE 24 NOVEMBRE 1901

창주총병(滄州總兵) 매동익(梅東益) 장군: 뒤에서는 유럽식 군사 장비를 착용한 중국 정규군이 사열 중이다.

매동익(1838~1903): 안휘성(安徽) 회원현(懷遠縣) 출신이다. 광서제와 이홍장의 총애를 받은 청말 회군[1]의 장군이다. 의화단의 난이 발생했을 때 매동익은 창주총병의 직위로 천진 일대에 주둔하고 있었다. 그는 열강의 침입에 반격하는 한편, 의화단에 공격받던 서양 선교사들을 보호해 칭송을 받았다. 이홍장은 천진 남부를 잘 보호한 그의 공을 높이 샀으며, 영국 블루북(의회 보고서)에서는 매동익을 "중국 장군 중 탁월하다"고 기록한 바 있다.

1. 淮軍. 태평천국 운동을 진압하기 위해 이홍장이 창설한 의용군으로, 이후 천진에서 상해에 이르는 연안을 방어했다. 서양식 무기와 훈련 방법을 채용해 근대식 중국 군대의 시초가 되었다.

중국 군대: 북직례 사령관 매동익 장군
L'ARMÉE CHINOISE (Général Mei-Tung-Yu, gouverneur du Pei-Tchi-Li)

영국군에 복무하던 인도 시크 군인과 충돌한 독일군

르 프티 주르날 제580호
삽화 부록
1901년 12월 29일 일요일

LE PETIT JOURNAL N°580
SUPPLÉMENT ILLUSTRÉ
DIMANCHE 29 DÉCEMBRE 1901

천진에서 이상한 사건이 발생했다. 영국군에 복무하던 인도 펀자브의 시크군 제4병단에 속해 있는 인도 군인 한 명이 갑자기 미친 듯이 동료 두 명을 살해했다. 그는 세 번째 동료를 해치려는 순간 체포되어 검문소에 감금되었다. 그러나 얼마 뒤 어둠을 틈타 탈출했으며, 독일 부대로 뛰어들어 군수창고에 숨었다. 그는 독일군 보초 에블레르트(Eblert)에게 부상을 입혔으며, 총격을 가해 세 명의 병사에게 중상을 입혔다. 그는 결국 군수창고를 지키던 용감한 독일군에게 사살되었다. 공식적인 내용은 여기까지이다. 그러나 '아모크(amok)'라는 이름으로 불리는 이 난폭한 정신착란 사건은, 중국에서 점령한 영토를 놓고 끊임없이 충돌하고 있는 독일군과 영국군의 상황을 잘 아는 사람들에게 상당히 예사롭지 않은 사건이었다.

영국군에 복무하던 인도 시크 군인과 충돌한 독일군
RIXE ENTRE ALLEMANDS ET AUXILIAIRES ANGLAIS

북경 황실의 회궁

르 펠르랭 제1307호
1902년 1월 19일

LE PÈLERIN N°1307
19 JANVIER 1902

계속해서 회궁을 미루던 청 황실이 마침내 북경으로 돌아와 작지 않은 파문을 일으켰다. 황실 일행은 보정부에서 얼마 전까지만 해도 그들이 그토록 증오했던 양놈들이 발명한 기차에 올랐고 북경성에서 3킬로미터 떨어진 곳에 내렸다. 이하는 전보의 내용을 재구성한 것이다.

1월 7일, 오후 3시, 북경. 황제의 시종들은 1시 반부터 자금성에 입궁하기 시작했다. 황제와 서태후는 황색 가마에 탑승했으며, 화려하게 치장한 귀족 수천 명이 말을 타고 이들을 수행했다. 호위대는 수천 개에 달하는 깃발과 화개(華蓋; 일산)를 들고 있었고, 6킬로미터의 도로 양쪽에서는 병사들이 꿇어앉아 인간 벽을 만들었다.

서태후는 최상의 예우를 받았다. 모두가 그녀에게 무릎을 꿇었다. 황제는 미동도 하지 않았다. 뉴욕에서 날아온 전보에 따르면, 행진 행렬 속의 황제는 나무 인형으로 대체되었다는 말까지 나오고 있다. 그 모든 게 가능했다.

참고: 라네상(拉內桑) 씨는 북경 선교 과정에서 희생된 폴 앙리 씨의 시신과 사관생도 에베르의 시신을 고국으로 운송하기로 결정했다.

북경 황실의 회궁 (당블랑의 그림)
RENTRÉE DE LA COUR À PÉKIN (Dessin de DAMBLANS)

마르샹 대령의 귀국

르 프티 주르날 제590호 삽화 부록 1902년 3월 9일 일요일	**LE PETIT JOURNAL** N°590 SUPPLÉMENT ILLUSTRÉ DIMANCHE 9 MARS 1902	¶ 옮긴이 해설 598쪽

Le Petit Journal

Le Petit Journal
CHAQUE JOUR 5 CENTIMES
Le Supplément illustré
CHAQUE SEMAINE 5 CENTIMES

SUPPLÉMENT ILLUSTRÉ
Huit pages : CINQ centimes

ABONNEMENTS

	SIX MOIS	UN AN
SEINE ET SEINE-ET-OISE	2 fr.	3 fr. 50
DÉPARTEMENTS	2 fr.	4 fr.
ETRANGER	2 50	5 fr.

Treizième année — DIMANCHE 9 MARS 1902 — Numéro 590

마르샹 대령의 귀국
RETOUR DU COLONEL MARCHAND

프랑스와 러시아: “잠깐 기다려! 우리 아직 여기 있어!”

르 프티 주르날 제594호
삽화 부록
1902년 4월 6일 일요일

LE PETIT JOURNAL N°594
SUPPLÉMENT ILLUSTRÉ
DIMANCHE 6 AVRIL 1902

오랜 세월 동안 일본은 중국을 독차지하고 싶어 했다. 일본인이 뛰어난 지성과 실행력을 바탕으로 수천만의 중국인을 완벽히 통제하려고 나섰을 때, ‘황화(黃禍)’는 현실로 이루어졌다. 영국과 일본은 동맹을 맺어 또다시 유럽의 우방들을 배신했다. 영국인들은 자신들에게 수완이 있다고 생각하겠지만, 지혜로운 이들은 그들이 교활한 일본인에게 속아 넘어갔음을 잘 알 것이다. 필요로 하는 자금을 획득할 수만 있다면 일본은 당연히 유럽인과 동맹 맺기를 원할 것이다. 영국의 경우, 그들이 자신의 새로운 동맹에 기대어 중국이라는 케이크의 큰 몫을 차지하고자 했다면, 아래와 같이 번역될 수 있는 프랑스와 러시아의 선언을 읽고 자신의 실수를 바로잡아야 할 것이다. “잠깐 기다려! 우리 아직 여기 있어!”

프랑스와 러시아: "잠깐 기다려! 우리 아직 여기 있어!"
LA FRANCE ET LA RUSSIE — PAS SI VITE! NOUS SOMMES LÀ!

1902년 프랑스의 그림엽서: 열강의 중국 분할

Pauvre John Bull! ils te font la nique et sur
ton dos s'arrachent les meilleurs morceaux.
Relève toi vite . . . . .
. . . . . si tu peux.

1902년 프랑스의 그림엽서: 열강의 중국 분할

독일 라이프치히에서 출간된 만화 엽서 시리즈: 중국의 전쟁

독일 라이프치히에서 출간된 만화 엽서 시리즈: 중국의 전쟁

새로운 악습: 프랑스의 아편굴

르 프티 주르날 제659호
삽화 부록
1903년 7월 5일 일요일

LE PETIT JOURNAL N°659
SUPPLÉMENT ILLUSTRÉ
DIMANCHE 5 JUILLET 1903

얼마 전까지 줄곧 극동 지역 사람들만 가지고 있던 악습이 최근 프랑스에서 점차 만연하고 있다. 우리는 이 새로운 화근을 전혀 필요로 하지 않는다. 따라서 이 새로운 현상과 그것이 내포한 위험을 대중에게 엄정히 설명할 필요가 있다. «르 프티 주르날»은 이 애국적 사명을 끝까지 짊어질 것이다. 셰르부르(Cherbourg), 툴롱 및 지중해 연안의 여러 도시들, 심지어 파리에까지 아편굴이 생겨났다. 그러나 이것들은 프랑스 영토에 존재하는 것이 부끄러운 듯 아직은 은밀한 곳에 숨겨져 있다.

인간에게 육체적, 윤리적, 정신적으로 너무나 해로운 이 아편이라는 악습은 이에 물든 일부 식민지 관료들이 프랑스로 가지고 들어온 것이다. 머나먼 타향에서 길게만 느껴지는 여가 시간을 보내기 위해 그들은 점차 불결한 아편굴에 드나드는 악습에 빠지게 된 것이다.

중국인이나 베트남인처럼, 아편을 피우는 프랑스 사람들이 그것을 즐기는 방식은 기름 등잔의 약한 불에 천천히 가열시킨 생아편을 기다란 바늘로 아편 곰방대에 집어넣어, 연기를 한 모금씩 흡입하는 것이었다. 그 즉시 황홀한 쾌감에 빠지지만 인체에는 굉장히 유해하다. 아편에서 깨어나면 그의 정신은 흐리멍덩해지고 피부가 누렇게 변하며, 광대뼈가 튀어나오고, 비쩍 곯아 발걸음을 옮기기 힘든 모습을 확인할 수 있다.

휴가 기간이 이미 시작되었으므로, 우리는 그들이 프랑스로 돌아와 아편 흡연을 멈출 수 있기를 바랐다. 그러나 아뿔싸! 이 악습은 이미 너무나 뿌리 깊게 파고들어 버렸다. 게다가 일부 가증스러운 상인들은 크게 한몫 챙길 생각에 아편 흡연을 조장하기까지 하고 있다. 따라서 더 늦기 전에 엄격한 법률로 이 가증스러운 상인들을 징벌해 프랑스의 영토에서 축출할 필요가 있다. 이와 같은 배경하에서 파리와 일부 지중해 연안 도시에서 아편굴이 출현할 수 있었다. 이미 너무나 약해진 인류의 옛 종족[중국인을 가리키는 말]은 이 새로운 악습을 놓지 못했다.

Le Petit Journal

Le Petit Journal
CHAQUE JOUR — SIX PAGES — 5 CENTIMES
Le Supplément illustré
CHAQUE SEMAINE 5 CENTIMES

5 Centimes SUPPLÉMENT ILLUSTRÉ 5 Centimes
Huit pages
L'AGRICULTURE MODERNE, 5 cent. —x— La Mode du Petit Journal, 10 cent.

ABONNEMENTS

	SIX MOIS	UN AN
SEINE ET SEINE-ET-OISE	2 fr.	3 fr. 50
DÉPARTEMENTS	2 fr.	4 fr.
ÉTRANGER	2 50	5 fr.

Quatorzième année — DIMANCHE 5 JUILLET 1903 — Numéro 659

새로운 악습: 프랑스의 아편굴
UN VICE NOUVEAU (Fumeries d'opium en France)

형벌용 말뚝

트라베르 르몽드 제80호
1903년 11월 17일 화요일

A TRAVERS LE MONDE N°80
MARDI 17 NOVEMBRE 1903

닥터 빌디외는 반복해서 강조했다. "여러분에게 경고를 하죠. 이제부터 들려줄 이야기는 아주 무서울 겁니다. 중국에서 망나니가 손가락만 빨고 있는 건 아니죠." 그는 마치 연극배우라도 된 듯 말했다. 우리들 중 한 친구의 아내는 이 미친 연극에 농락되어 의사에게 중국에 관한 다른 이야기, 예를 들어 사랑 이야기 같은 것을 들려달라고 부탁했다. 우리 가운데 다른 한 사람이 덧붙여 말했다. "그래야 우리가 비교하기 좋죠." 그 말을 들은 의사는 어깨를 으쓱하며 말했다. "비교할 수 있는 게 없어요. 중국인은 우리와 완전히 다릅니다. 그들에게는 영혼이 없어요."

시인들이 찬양해온 열렬한 사랑, 때로는 사람을 미치게 하고 때로는 마음이 찢어지거나 기뻐 날뛰게 하는 사랑이 중국인들의 눈에는 아무 의미 없는 단어였다. 중국인에게는 감정이 없고 지각만 있을 뿐이다. 그러나 그들의 지각은 극도로 민감하다. 그들의 눈은 우리가 보지 못하는 미세한 차이를 포착할 수 있다. 그들은 정신을 신체의 희열과 고통에 집중해 우리가 알지 못하는 전율을 발견해냈다. 중국에서 망나니는 컬러 디자이너가 그러하듯 형벌을 가하는 것을 하나의 예술로 승화시켰다.

이러한 해석은 여러분에게 아래 이야기를 더 잘 이해시키기 위해서 부연한 것이다. 나의 친구인 진(陳)씨는 예순 남짓인데 부유하면서도 냉혹했다. 그의 하인의 이름은 태북(泰北)이었다. 진씨의 열여섯 살 먹은 아내의 이름은 다화(茶花)였다. 태북과 다화가 서로 사모하는 사이였는지는 확실하지 않다. 그러나 이 사랑은 분명 아무런 희망이 없었다. 명문가의 규수인 다화 아가씨는 그녀가 신처럼 떠받드는 돈 많고 권세 있는 어르신을 두고 자기 지위를 낮춰 보잘 것 없는 하인과 함께할 리가 없었기 때문이다.

정말이지 유일하게 딱 한 번 다화가 청초한 얼굴을 태북에게 바짝 붙이고 상냥하게 몇 마디 한 적이 있다. 그러나 그녀가 태북에게 한 달콤한 말은 사랑보다는 동정에서 나온 것으로 봐야 한다. 그녀가 마음을 털어놓은 대상은 일반인이 아닌 예술가라고 하는 편이 맞을 것이다. 비록 태북의 생김새가 아주 수려하다고는 할 수 없지만 그의 온몸에서는 예술가의 아우라가 풍겼다.

태북은 한때 문인이었는데 의화단 운동으로 인해 학업을 포기했다. 그는 한때 두세 가지 주제로 3~400편의 시를 지어 중국의 몇몇 학자들의 총애를 받은 적도 있다. 그림 그리는 수준은 문장보다 더 출중했다. 한가할 때면 비단 깃발에 더없이 아름다운 풍경화를 그리곤 했다.

진씨는 의화단의 밀정이었다. 그는 의화단의 난 당시 나를 후하게 대접했다. 여느 중국의 문인들처럼 진씨도 태북의 재능을 아꼈다. 그러나 그가 더욱 아꼈던 것은 익숙하게 아편 곰방대를 준비하는 그의 솜씨였다. 그러나 아편 곰방대를 준비하다 실수라도 저지르면, 태북은 매를 맞기도 했다.

나의 고용주는 내게 등나무 줄기로 호되게 매를 맞는 이 하인을 봐줄 것을 부탁했다. 태북이 다시 일을 할 수 있게 됐을 무렵, 그의 주인은 다시 한 번 이런 일이 일어난다면 그의 목숨줄을 끊어놓겠다고 경고했다. 가련한 태북은 자신의 죄를 깨닫고 울었다. 그리고 이 우직하고 선량한 주인의 무릎을 부여잡으며 앞으로 열심히 일해 잘못을 만회하겠다고 맹세했다. 몇 주 뒤 어느 날 저녁, 태북이 아편 곰방대를 태워먹는 바람에 진씨는 격노했다. 이 하인은 자신의 죽음이 임박했음을 직감했다. 그는 주인이 자신의 생살여탈권을 쥐고 있음을 잘 알고 있었기에 순순히 형벌을 받아들였다.

내가 사정해보았지만 아무런 도움이 되지 않았다. 나의 간청은 진씨를 기쁘게 하긴 했지만, 그는 자신의 수하를 시켜 나를 감시했다. 다음 날 하인에게 인정을 베풀어줄 것을 호소하기 위해 진씨의 집에 들어섰을 때 나는 누군가가 무시무시한 표정으로 길쭉한 종이 상자 앞에 앉아 있는 것을 발견했다.

그는 거미를 다루는 걸인이었다. 진씨는 나를 자리에 앉게 한 뒤 말을 이어갔다. "그럼 이 거미들은 제대로 준비된 거지?" 걸인은 대답했다. "그렇습니다. 이놈들은 이미 여섯 달 동안 아무것도 못 먹었습죠……."

자기 말을 증명하기 위해 걸인은 손을 상자 안으로 뻗어 털이 숭숭한, 커다란 거미를 잡아 살짝 만진 뒤 비쩍 마른 자신의 가슴에 올려놓았다. 힘이 넘쳐나는 거미는 이리저리 기어 다니다가 가슴 위에 딱 붙은 채 꼼짝도 하지 않았고, 순식간에 그곳에서 피가 배어 나왔다. 주인은 몸을 일으키며 말했다. "아주 좋군. 따라오게."

나는 형벌을 집행하는 사람들을 뒤따랐다. 속으로는 어떻게 해야 이 무서운 일이 일어나지 않도록 저지할 수 있을지만 생각했다. 우리는 화원을 가로질러 정원 깊은 곳에 있는, 아직 아무것도 일구지 않은 공터에 이르렀다. 태북은 상반신을 드러낸 채 형벌용 말뚝에 묶여 벌을 받기를 기다리고 있었다. 태북은 꽤 차분하게 대기하고 있다가, 걸인을 보자마자 온몸을 떨기 시작했다. 옴짝달싹할 수 없을 정도로 꽉 조인 밧줄에서는 끊어질 듯한 소리가 났다. 그는 곧이어 뻣뻣하게 굳으며 사색이 되었고 몸은 배배 꼬였다. 이때 사형집행인이 그에게 다가갔다. 나는 그에게 가려고 했지만 주인이 나를 저지했다. 나는 두 명의 건장한 사내들에게 붙잡혔다. 나를 감시하라는 명을 받았다고 그들은 공손히 말했다.

진씨는 멀지 않은 곳에 앉아 있었다. 태북의 얼굴과 가슴에는 끔찍한 거미들이 이미 가득 붙어 있었다. 선혈이 흘러내렸고 태북은 신음하고 있었다. 갑자기 그가 비명을 질렀다. 그 소리는 너무나 처참해 나는 감시를 무시하고 도망칠 수밖에 없었다. 내가 아무런 힘도 쓸 수 없다는 걸 알고 있었기에 좀 먼 곳으로 나를 데려가달라고 요구하는 수밖에 없었다.

나는 반 시간가량을 어슬렁거렸지만 때때로 들리는 태북의 비명을 떨칠 수가 없었다. 그 비명은 갈수록 약해졌으며, 점점 그의 죽음도 임박했다. 갑자기 비명이 멈췄다. 사람들은 나에게 태북을 살펴볼 것인지 물었고 나는 즉시 동의했다. 그는 이미 혼절해 있었다. 나는 손바닥에 숨기고 있던 주사기로 신속하게 그에게 치명적인 양의 모르핀을 주사했다. 그가 깊은 잠에 빠질 수 있도록.

형벌용 말뚝
LE POTEAU DE TORTURE

러일전쟁: 러시아 기병이 만주에 진주하다

르 프티 주르날 제689호
삽화 부록
1904년 1월 31일 일요일

LE PETIT JOURNAL N°689
SUPPLÉMENT ILLUSTRÉ
DIMANCHE 31 JANVIER 1904

몇 개월 동안 러시아군은 계속해서 러시아 동부 지역에서 시베리아와 만주로 이동했다. 병력 규모가 얼마나 되는지는 우리도 확실히 알지 못하는데, 러시아군 참모부에서 이 문제에 대해 비밀을 엄수하기 때문이다. 그러나 추산에 따르면 현재까지 만주에는 약 20만 명의 러시아 병력이 있으며, 여전히 계속 부대를 집결시키고 있는 중이다.

집결 지점은 하얼빈으로 선택되었다. 하얼빈에서 시베리아 횡단열차의 두 개 선로가 갈라지기 때문이다. 하나는 여순(旅順; Port Arthur)으로 통하는 선로, 즉 동청철도(東清鐵道)이고 다른 하나는 블라디보스토크로 연결되는 선로다.

하얼빈에서 러시아군은 발해만과 일본해의 양쪽에 위치한 주요 항구의 방어에 필요한 부대를 신속하게 수송할 수 있다. 러시아에서 만주로 향하는 노선은 매우 아름다운 풍경을 자랑한다. 러시아군은 시베리아 횡단철도를 이용해 병력을 카잔,[1] 사라토프,[2] 페름,[3] 오렌부르크[4]의 주둔지에서 이르쿠츠크[5]로 이동시킨 뒤, 뗏목을 타고 바이칼(Baikal) 호수를 건넌다. 호수가 얼어붙으면 썰매로 건넌다. 호수 반대편에 이르면 그들은 다시 기차에 올라 하얼빈에 도착하게 된다.

이렇게 이동한 카잔 군구의 대규모 병력에 더해 옴스크[6]와 아무르(Amur; 흑룡강) 양대 군구의 시베리아 주둔군까지 계산에 넣어야 된다. 즉 우수리(Ussuri)강에 위치한 니콜스크우수리스크[7]의 시베리아 제1군단, 하바롭스크[8]의

1. Kazan. 타타르스탄 공화국의 수도. 모스크바에서 동쪽으로 800km 정도 떨어진 도시로 볼가강 좌안에 위치한다.
2. Saratov. 사라토프주의 주도. 볼가강 우안에 위치한다.
3. Perm. 페름 지방의 수도. 모스크바에서 1424km 동쪽에 위치했으며, 시베리아 횡단철도 개통 이후 상공업의 중심지이자 교역의 요충지로 성장했다.
4. Orenbourg. 오렌부르크주의 주도. 모스크바에서 남동쪽으로 1480km 떨어진 곳에 위치하며, 카자흐스탄 국경에 가깝다.
5. Irkoutsk. 이르쿠츠크주의 주도. 모스크바에서 약 4200km 동쪽, 바이칼 호수의 서쪽 내륙에 위치한 도시로 시베리아 횡단철도의 주요 역이 있는 공업과 교통의 요지다.
6. Omsk. 옴스크주의 주도. 모스크바로부터 2555km 거리의 시베리아 연방관구에 위치한다.
7. Nikolsk-Ussuriysky. 블라디보스토크 북쪽에서 약 112㎞ 떨어진 곳에 위치한 러시아 극동의 교역 도시. 청의 영토였을 때는 만주어로 주르호톤(Juru Hoton; 雙城子)이라 불렸다. 1860년 러시아에 할양되었으며, 1898년 니콜스크우수리스크시가 되었다. 현재 우수리스크로 개칭되었다.
8. Khabarovsk. 모스크바에서 약 8500km 거리에 위치해 있으며, 시베리아 철도 건설 이후 러시아 극동 진출의 거점이 되었다.

러일전쟁: 러시아 기병이 만주에 진주하다
LES ÉVÉNEMENTS D'EXTRÊME-ORIENT (Cavalerie russe se rendant en Mandchourie)

제2군단, 우수리강에 주둔 중인 카자크 기병여단, 옴스크와 이르쿠츠크의 기병여단이 추가로 포함된다. 러시아는 이 모든 병력을 하얼빈에 집중시킴으로써, 여순이나 블라디보스토크의 지근거리에 40만에서 50만의 병력을 더 쉽게 배치할 수 있게 되었다. 만주는 굳건하게 지켜질 것이다.

티베트 정복: 티베트인과 회담 중인 영국 장교

르 프티 주르날 제691호
삽화 부록
1904년 2월 14일 일요일

LE PETIT JOURNAL N°691
SUPPLÉMENT ILLUSTRÉ
DIMANCHE 14 FÉVRIER 1904

¶ 옮긴이 해설
598쪽

현재 두 적대 세력이 티베트를 놓고 다투고 있다. 두 세력은 북부의 러시아와 남부의 영국이다. 프랑스의 두 배 가까운 면적에 인구는 고작 250만도 되지 않는 이 거대한 땅은 어째서인지 여전히 사람들에게 거의 알려지지 않았고, 유럽 문명에 문호를 열지 않고 있었다. 대략 12년 전 영국인은 티베트의 세속적·영적 지도자인 달라이 라마에게서 허가를 받아, 화물을 인도에서 브라마푸트라(Brahmaputra)강의 지류에 위치한 티베트의 계곡으로 운송할 수 있었다. 그러나 그 후 티베트는 생각을 바꾸어 가증스러운 영국인 장사치들에게 문을 걸어 잠갔다.

이것이 충돌의 발단이었다. 탐욕스러운 대영제국은 호시탐탐 이 광활한 땅을 침략할 핑계를 찾고 있었다. 그들은 티베트 불교의 성지인 라싸에 귀속된 무수한 부락 전체로 세력 범위를 확장하고자 했다. 대포로 무장한 200여 명의 영국 원정군이 영허즈번드(Francis Edward Younghusband, 1863~1942) 대령의 인솔하에 티베트를 침략해 캄바종(Khambajong)[1]에 진지를 구축했다. 대라마는 현지 주민을 무장시킨 후, 영국이 티베트 침략 부대를 철수시키지 않는 한 영국과 어떠한 협상도 하지 않겠다는 의사를 표명했다. 그렇다면 이 최후통첩의 결과는 무엇이었을까?

현재 영국 장교들은 티베트와의 협상을 명분으로 내걸고 있지만 사실상 그것은 최대한 시간을 벌기 위한 것이다. 산맥을 가로지르는 도로는 겨울에 통행할 수 없었다. 그러나 봄이 되면 제임스 맥도널드(James Ronald Leslie Macdonald, 1862~1927) 준장이 이끄는 증원부대가 원정군을 지휘해 '티베트의 요충지'인 춘비(春丕; Chumbi) 계곡으로 침투할 것이다. 그때가 되면 형세는 역전될 것이다.

1. Khampa Dzong. 티베트의 속지였다가 1890년 영국령이 된 인도 시킴(Sikkim) 지역 북쪽의 티베트 마을이며, 네팔, 부탄, 인도, 티베트의 국경이 만나는 지점에 있다. 현재 행정구역으로는 강바현(崗巴縣)에 해당한다. 중국어 번역에서는 중국 접경에 있는 '캉바짱 구(康巴藏區)'로 잘못 옮겼다.

티베트 정복: 티베트인과 회담 중인 영국 장교
LA CONQUETE DU THIBET (Entrevue d'officiers anglais avec les Tibétains)

우리는 영국이라는 사자가 이 처녀지에 자신의 발톱을 뻗으리라는 것을 예견할 수 있다. 이제 남은 것은 북방에서 호시탐탐 기회를 노리고 있던 모스크바 불곰이 과연 영국이 그들 뜻대로 하도록 내버려둘 것인지를 지켜보는 것이다. 영국인에게는 다행스럽게도, 이 모스크바 불곰은 현재 일본과의 전쟁에 바빠 다른 것을 신경 쓸 여력이 없는 형국이다.

러일전쟁의 발발: 1904년 2월 8일, 일본군 어뢰정이 여순항에서 러시아 함대를 공격하다

르 프티 주르날 제692호
삽화 부록
1904년 2월 21일 일요일

LE PETIT JOURNAL N°692
SUPPLÉMENT ILLUSTRÉ
DIMANCHE 21 FÉVRIER 1904

얼마 전, 러일 양국이 선전포고 없이 전쟁에 돌입했다. 그 옛날의 기사들은 상대에게 장갑을 벗어 던지며 결투를 신청했고, 통치자들은 적국에 신속하게 선전포고문을 보냈다.

"조심하라, 우리도 만전을 기할 것이니."

이렇게 하는 것이 올바른 방식이며, 우리는 서로 무엇을 해야 하는지 잘 알고 있다. 유럽의 모든 국가들 중 유독 영국만이 이 고귀한 관행을 몇 번이나 어겨왔다. 영국의 동맹인 일본은 신의를 저버린 영국인 못지않게 기사도의 번잡함을 거북해한다는 것을 세상 사람들에게 또 한 차례 증명했다.

일찍이 1894년에 청일전쟁이 일어났을 때, 일본군은 청의 선박을 격침시킨 후 7일이 지나고서야 청의 대사관에 전쟁을 선포했다. 이번에는 여순항에 정박 중이던 러시아 함대를 기습함으로써 일본의 계략은 또다시 손쉽게 성공을 거뒀다.

2월 8일에서 9일로 넘어가던 밤, 러시아 함선은 운항 테스트를 마친 후 출발 명령을 기다리며 정박지에 닻을 내리고 있었다. 일본 함대가 근방에서 정박 중이었음을 생각해볼 때, 이러한 행동이 매우 신중치 못했다는 것은 인정해야할 것이다. 결국 러시아군은 큰 대가를 지불해야 했다.

러시아군은 아무런 대비가 없었고, 전기 탐조등의 강력한 조명하에 함대가 완전히 적의 시선에 노출되어 있었다. 게다가 당시 선상에는 일반적인 감시 설비만이 있었다. 사실 러시아군이 이렇게 무방비 상태였던 것에는 이유가 없지 않다. 당시 러시아와 일본 사이에는 정식으로 전쟁이 선포되지 않았기 때문이다.

일본 어뢰정은 위험지대를 통과할 필요도 없이 어둠을 틈타 러시아군에게 접근할 수 있었다. 자정 무렵 러시아군이 일본군의 사정 범위에 도달하자, 그들은 러시아 함대의 주요 함선 세 척에 공격을 감행했다. 이들은 각각 1901년 프랑스에서 건조된 장갑함 '체사레비치(Caesarewitch)'호, 1900년 미국에서 건조된 장갑함 '레트비잔(Retwisan)'호, 1902년 러시아에서 건조된 일등순양함 '팔라다(Pallada)'호다. 이 세 군함, 특히 팔라다호는 심각한 손상을 입었다. 그러나 영국 신문들이 앞다투어 보도하며 강조한 정도로 심각한 것은 아니었다.

이렇게 러일전쟁은 선전포고도 없이 기습적인 공격으로 시작되었다. 무자비한 포화는 이렇게 평화에 대한 사람들의 기대와 외교적 노력을 일순간에 재로 만들었다.

러일전쟁의 발발: 일본군 어뢰정이 여순항에서 러시아 함대를 공격하다
OUVERTURE DES HOSTILITÉS ENTRE LA RUSSIE ET LE JAPON
(Un coup de force des torpilleurs japonais contre l'escadre russe, à Port-Arthur)

와후정

트라베르 르몽드 제94호
1904년 2월 23일

A TRAVERS LE MONDE N°94,
23 FÉVRIER 1904

8일 동안 나는 줄곧 광주(廣州)를 거닐었다. 여기서 내가 말하는 광주는 [서구인에게 익숙한 조계지가 아닌] 진정한 의미에서의 광주인, 주강(珠江)에서 멀리 떨어진 구시가지를 말한다. 그곳에 가야만 볼 수 있는 것들이 있다. 주강 삼각주의 서쪽으로 서로 얽혀 있는 골목 깊숙한 곳에는 광동성 제일 도시의 가장 오래된 습속이 완벽하게 보존되어 있다.

밤이 되면 오색찬란한 종이 등롱이 사방에서 훤히 밝혀진다. 승리대도(勝利大道) 양쪽에 드물게 자리 잡고 있는 인가들 뒤편에서는 양, 닭, 돼지 따위가 내는 소란스러운 울음소리가 들려온다. 이 구역에는 축산 농가와 영세 상인들, 그리고 말레이시아, 몽골, 만주 및 다른 여러 지역에서 도망 온 도적들이 살고 있다.

이들은 여러 직업에 종사하는 양민들과 뒤섞여 있다. 신시가지의 관부를 피해서 이곳에 온 사람들로, 이들 또한 온갖 직종에 종사하고 있다. 그들은 하루 일을 끝낸 후 널찍한 공터에 삼삼오오 모여 있곤 했다. 이 공터는 구시가지 서쪽에서 가장 발달한 지역인 쾅멍(Kaong-Mong)과 거의 철거된 펀수부(Pen-So-Fo)에 걸쳐 있다.

그곳에 건물을 하나 지었는데, 일부는 마호가니 목재로, 다른 일부는 흙으로 만들어졌다. 건물 중심부에는 기다란 전망대가 세워져 있다. 바람에 따라 이리저리 흔들렸지만 충분히 견고해 네모난 관측소를 설치할 수 있었다. 관측소 바깥에는 쇠로 만든 발코니가 둘러쳐져 있었다. 도망자들은 와후정(瓦侯亭; 신호대와 유사함)이라고 불리는 이 높은 곳에서 관병이 오는지를 감시하며, 다른 동료들과 비밀 신호로 연락을 취하곤 했다.

나의 하인인 법후태(法侯泰)는 중부 지역의 한족 출신인데, 예전부터 종종 나에게 이 의심스러운 조직에 가입할 것을 권유하곤 했다. 그의 말에 따르면, 9시부터 자정까지 정말 재미난 볼거리를 볼 기회가 있을 거라고 했다. 나는 결국 그의 제안을 승낙했다. 그의 의심할 여지가 없는 성실함과 강건한 신체를 믿기에 나는 감히 그 조직에 연루되어 맞이할지도 모를 위험에 맞설 수 있었다. 밤이 되자 하늘 가득 반짝이는 별들이 하늘과 땅의 거리를 가깝게 해주었다. 바로 이때 내 모험은 시작되었다.

성 마리아 성당에서 11시를 알리는 종이 울릴 무렵, 나는 숙소를 빠져나와 작은 골목을 따라 나 있는 지름길을 따라 울퉁불퉁한 분뇨 창고를 지나갔다. 걸음을 옮길 때마다 끈적끈적한 분뇨와 거름 무더기가 발에 들러붙었다. 15분도 지나지 않아 우리는 광만(Kaong-Man)에 도착했다. 그러자 법후태는 엄지와 검지를 입술에 대어 애잔하면서도 긴장감 어린 소리를 냈다. 곧이어 길 한 편의 어둑한 곳에서 남자아이 한 명이 모습을 드러내며 회답했다. 남자아이의 허리춤에는 종이 등롱이 꽂혀 있었다.

그는 나의 하인의 귀에 작은 목소리로 소곤거렸다. "방금 전까지 노철사(老鐵寺) 입구에서 기다리고 있던 참입니다." 나는 손짓으로 내가 이미 결심했음을 보여주었다. 그는 말을 이어갔다. "오늘밤 피비린내 나는 혈투가 벌어질 게 분명합니다. 와후정 부근에 엄청 많은 사람이 모여 있는 걸 봤어요. 삼촌은 집집마다 물건 팔러 다니는 제 사촌형에게 그쪽으로는 얼씬도 하지 말라고 했어요. 녹영병과 총독의 개인 경호대가 오늘밤 그 일대를 순찰할 예정이라서 그렇다는군요."

우리는 이 말에 깜짝 놀랐다. 나는 법후태와 그의 안내자를 따라 발걸음을 재촉했다. 말레이시아인의 묘지를 지나 오른쪽으로 방향을 틀어, 우리는 한 고적(古跡)의 동쪽에 이르렀다. 쥐 죽은 듯한 정적이 드리워져 어둑한 하늘 아래 그 건물은 유난히 도드라져 보였다. 모든 창문은 굳게 닫혀 있었다. 위쪽의 작은 문은 꽉 닫히지 않아 안쪽의 등불이 비쳐 나왔다. 그로 인해 창을 든 채 문을 지키고 서 있는 한 난쟁이의 그림자도 언뜻 드러났다.

법후태가 가장 먼저 다가갔다. 난쟁이는 몸을 가볍게 흔들며 일어나 그를 막으려는 듯 보였다. 나의 하인은 상대를 어깨로 힘껏 받아 땅에 내동댕이쳤다. 법후태는 작은 목소리로 나에게 말했다. "이놈들 취했어요. 노래 부르는 소리가 들리는군요." 비음

섞인 소리가 점점 빨라지는 리듬을 타고 나선형 계단 위에서 울려 퍼지고 있었다.

우리는 구두를 벗은 후 이 계단을 올라갔다. 그 기이한 노랫소리는 한 침실에서 들려왔다. 침실 문 앞에는 두터운 장막이 걸려 있었다. 법후태가 장막을 걷어 올렸고, 우리의 눈앞에는 굉장히 놀라운 장면이 나타났다. 한 남자가 벌거벗은 채 쉿소리를 내며 신음하고 있었다. 그는 참나무 바닥에 비스듬히 누워 있었는데, 손발에는 대나무 못이 박혀 있었다. 침실 깊은 곳에서는 등불이 일렁이며 10여 명의 끔찍한 모습의 괴한들을 비추었다. 그들의 눈두덩은 아편에 절었고, 이마의 혈관은 터질 듯 시퍼렇게 부풀어 있었다. 그들은 비명을 지르거나 낄낄거리며 짐승 같은 검은 이빨을 드러내었다. 법후태는 장막을 내렸다. "이것은 고발자에게 내리는 형벌로, 일종의 고문 같은 혹형입니다." 그는 진저리를 치며 그곳에서 뛰쳐나왔다. 나는 숙소로 돌아왔다. 그날은 밤새도록 끔찍한 악몽을 꾸었다. 나는 애써 그 장면을 다시는 생각하지 않으려 했다.

그러나 일주일 후 신시가지의 강변을 산책하고 있을 때, 나는 한 무리의 기이한 행렬과 마주쳤다. 네 명의 만주인이 잔걸음으로 걸어가고 있었는데, 그들은 머리부터 발끝까지 버드나무로 엮은 광주리로 결박되어 있었다. 나는 광주의 유명한 도매상 중 한 명인 친구 페르튀제 씨에게 물었다. "뭣 때문에 저러는 겁니까?" 그가 대답해 주었다. "형벌의 일종입니다. 8일 전 와후정에서 비밀리에 일어난 살인 사건의 주동자 넷을 저 도구로 결박한 채 총독의 관아로 끌고 가는 것이죠."

15 CENTIMES LE NUMÉRO
Parait le Mardi

A TRAVERS LE MONDE

2e ANNÉE. — NUMÉRO 94
23 Février 1904.

VOYAGES
EXPLORATIONS

AVENTURES
MŒURS & COUTUMES

LE WA-HO-TYNG

와후정
LE WA-HO-TYNG

일본의 실패: 상륙 시도를 물리치다

르 프티 파리지앵 제786호 문학 삽화 부록 1904년 2월 28일 일요일	**LE PETIT PARISIEN** N°786 SUPPLÉMENT LITTÉRAIRE ILLUSTRÉ DIMANCHE 28 FÉVRIER 1904	¶ 옮긴이 해설 599쪽

일본의 실패: 상륙 시도를 물리치다
ÉCHEC DES JAPONAIS. — Tentative de débarquement repoussée

중국의 새로운 학살: 서태후가 황제에게 친러시아 신하의 참수된 머리를 들이밀다

르 프티 주르날 제694호
삽화 부록
1904년 3월 6일 일요일

LE PETIT JOURNAL N°694
SUPPLÉMENT ILLUSTRÉ
DIMANCHE 6 MARS 1904

1. 의화단의 난.
2. ‘양놈(洋鬼子)’을 직역한 것이다.

최근 며칠 동안 서태후가 붕어했다는 전언이 들려왔다. 이 소식은 결코 사실이 아니다. 이 잔혹한 여인은 얼마 전 또다시 자기 신하를 대대적으로 학살했는데, 이것만으로도 그녀가 멀쩡하게 살아 있다는 것을 알 수 있다. 1900년 중국이 유럽인에 대항하는 기의[1]를 일으켰을 때(서태후가 바로 이 기의의 선동자다.), 우리는 독자들에게 서태후의 초상을 선보이며 이 사나운 여인의 생애를 회고한 바 있다.

서태후는 올해 70세다. 그러나 여전히 왕성한 정력을 유지하고 있다. 그녀는 전과 다름없이 이 국가의 진정한 최고통치자다. 그녀만이 명령을 내릴 권력을 가지고 있으며, 그녀의 조카인 가련한 광서제는 이름뿐인 통치자로 그녀의 허수아비에 불과했다.

죽음을 앞두고서도 그녀의 악랄하고 잔인한 영혼은 부드러워지지 않았다. 그녀는 여전히 중국인들이 ‘서양의 악마(les diables d’Occident)’[2]라고 부르는 유럽인들과 공존하려 하지 않았다. 우리는 소 원수(蘇元帥; maréchal Sou)가 프랑스에 대한 충성 때문에 투옥되어 형벌을 받다가 결국 유배당한 것을 기억하고 있다. 그런데 이제 서태후는 창끝을 러시아에게로 겨누었다.

현재 그녀는 유럽인, 특히 러시아인에 대해 품고 있던 혐오감을 모든 친러시아 성향의 중국인들에게로 확장시키고 있다. 최근 며칠 동안 서태후는 지나치게 러시아와 가까운 고위 관료들을 처형하도록 지시했다.

중국의 새로운 학살: 서태후가 황제에게 친러시아 신하의 참수된 머리를 들이밀다
NOUVEAUX MASSACRES EN CHINE (L'impératrice douairière présente à l'empereur les têtes des mandarins accusés d'avoir favorisé les intérêts russes)

극동의 신문에 따르면 다음과 같다. "서태후는 처형한 관료들의 머리를 두려움에 벌벌 떨고 있는 광서제의 면전에 가져오도록 명령했다. 한참 동안 이 끔찍한 장면을 꼼꼼히 살펴본 뒤에야 태후는 만족스러워했다."

러시아군이 일본군 스파이를 처형하다

르 프티 주르날 제695호 삽화 부록 1904년 3월 13일 일요일	**LE PETIT JOURNAL** N°695 SUPPLÉMENT ILLUSTRÉ DIMANCHE 13 MARS 1904	¶ 옮긴이 해설 599쪽

러시아군이 일본군 스파이를 처형하다

세 명의 일본군 스파이가 처형당하다

르 프티 파리지앵 제788호
문학 삽화 부록
1904년 3월 13일 일요일

LE PETIT PARISIEN N°788
SUPPLÉMENT LITTÉRAIRE ILLUSTRÉ
DIMANCHE 13 MARS 1904

¶ 옮긴이 해설 599쪽

세 명의 일본군 스파이가 처형당하다

블라디보스토크 포격: 얀코프 대령 부인이 군기를 보호하다

르 프티 주르날 제696호
삽화 부록
1904년 3월 20일 일요일

LE PETIT JOURNAL N°696
SUPPLÉMENT ILLUSTRÉ
DIMANCHE 20 MARS 1904

일본군은 블라디보스토크에 대한 공격을 감행했지만, 그것은 일본 천황의 예산에 구멍만 키우는 결과를 가져왔다. 추정컨대, 일본군은 러시아의 수성용 방어진지에 200발의 대구경 포탄을 퍼부었다. 포탄의 제조원가는 약 2500프랑이다. 따라서 아무 효과도 없는 포격으로 일본은 약 20만 프랑을 허비한 셈이다.

대부분의 포탄은 불발이었다. 그러나 포탄 두 발 중 한 발에 무고한 부녀자가 희생되었고, 다른 한 발에 병사 5명이 경상을 입었다. 이 중 포탄 한 발이 주둔군 고위 장교 얀코프(Jankoff) 대령의 숙소에 떨어졌다. 포탄은 벽을 허물고 침실을 뚫은 뒤 금고가 보관된 위치 근처에서 폭발했다. 경비하던 초병은 포탄의 거대한 폭발력에 바닥으로 튕겨 나갔다. 때마침 정원과 길거리에 있던 사람들에게까지 충격이 전해졌다. 모두가 놀라서 우왕좌왕했으며 도망치기에 급급했다.

오직 한 사람만이 도망치지 않았는데, 그는 바로 얀코프 대령 부인이었다. 그녀가 가장 먼저 떠올린 것은 포격의 폐허에서 남편의 군기를 찾아와야 한다는 사실이었다. 한 사병의 도움을 받으며 그녀는 폐허에서 지난날의 무한한 영광을 상징하는 그 귀중한 깃발을 찾기 시작했다. 이 블라디보스토크의 대령 부인은 자신의 안위를 돌보지 않은 채 기필코 군기를 안전한 곳으로 옮기려했다.

이렇듯 숭고한 정신, 용감한 행동은 확실히 대령 부인이라는 칭호에 걸맞은 것이었다.

이에 «르 골루아(*Le Gaulois*)»에서는 상당히 프랑스적인, 괜찮은 제안을 내놓았다.

우리의 추정에 따르면 프랑스에는 약 300명의 대령 부인이 있다. 그녀들이 얀코프 부인에게 칭송의 편지를 보내는 게 어떠한가? 편지에 다음 글귀를 직접 자수로 새겨도 좋겠다.

프랑스의 대령 부인이
얀코프 대령 부인에게
경의를 표합니다.
블라디보스토크, 1904년 3월 6일

본지는 이 제안을 우리의 독자인 프랑스의 대령 부인들에게 바친다.

블라디보스토크 포격: 얀코프 대령 부인이 군기를 보호하다
PENDANT LE BOMBARDEMENT DE VLADIVOSTOCK (La femme du colonel Jankoff sauve le drapeau du Régiment)

바이칼 호수를 건너는 군용 열차

르 프티 주르날 제696호
삽화 부록
1904년 3월 20일 일요일

LE PETIT JOURNAL N°696
SUPPLÉMENT ILLUSTRÉ
DIMANCHE 20 MARS 1904

시베리아 횡단철도가 준공되는 내년에 우리는 파리에서 블라디보스토크까지 곧바로 갈 수 있게 된다. 역사상 유례가 없는 이 철도 노선은 장차 1만 3015킬로미터를 횡단하게 될 것이다. 바이칼 호수를 통과하려면 시간이 걸리고 비용도 추가되지만 현재 조건상 우리는 환승을 해야만 한다. 현재 노동자들은 남쪽으로 바이칼 호수를 우회할 수 있는 선로를 건설하고 있다. 그 운항거리는 260킬로미터 이상이며, 중간중간의 험준한 고산지대에 12개의 터널을 뚫어야 한다.

이 시베리아 횡단철도의 마지막 구간은 빨라도 1905년 상반기가 되어야 완성될 것이다. 이 우회 선로가 완공되기 전까지 여행객들은 바이칼 호수를 건너야 하는데, 그 거리는 약 40킬로미터이다. 여름에는 대형 여객선으로 열차를 호수의 한쪽 끝에서 반대편으로 이동시켰다. 그러나 겨울이 되면 승객들은 시베리아 말이 끄는 썰매를 타고 바이칼 호수 동쪽 기슭까지 이동한 다음, 다시 기차에 올라 여행을 이어나가게 된다.

환승으로 지체되는 시간을 최대한 축소해 극동으로 파견되는 부대가 바이칼 호수를 신속하게 건너게 하기 위해 러시아의 기술자들은 최근 결빙한 호수 위에 동서안을 연결하는 선로를 직접 깔았다. 이 노선은 서안의 리스츠비니치나야(Listvinitchnaïa)역과 동안의 판호이(Fanhoï)역을 연결한다.

이 철로의 건설이 사람들의 생각만큼 어렵지는 않았다. 기술자들이 사용한 방식은 매년 동절기마다 상트페테르부르크의 네바강에 전차 궤도를 부설할 때와 동일했다. 얼음 위에 침목을 깐 뒤 구멍을 뚫어 고정 못을 끼운다. 그런 다음 얼음 구멍에 물을 채우면 순식간에 얼어붙어 고정 못은 굉장히 견고하게 고정된다. 그 위에 궤도를 부설하는 것이다. 해빙기가 되기 전까지 이 임시 철로에서 혹시라도 탈선이 있을까 걱정할 필요는 전혀 없다.

바이칼 호수를 건너는 군용 열차
PASSAGE DES WAGONS MILITAIRES SUR LE LAC BAÏKAL

포격 개시: 여순항 방어 전투

르 프티 주르날 제697호
삽화 부록
1904년 3월 27일 일요일

LE PETIT JOURNAL N°697
SUPPLÉMENT ILLUSTRÉ
DIMANCHE 27 MARS 1904

여순항의 방어진지는 이미 세 차례에 걸쳐 일본 함대의 여순항 점령 시도를 성공적으로 분쇄했다.

1894년 청일전쟁 당시 일본군은 손쉽게 여순항에 진입한 바 있다. 그러나 현재 여순항의 방어 능력은 크게 개선되었다. 일본군은 수차례 습격을 감행한 뒤에야 비로소 변화를 알아차렸다.

일본 함정이 항구에 침투하기 위해서는 무시무시한 잠수 어뢰 방어선을 뚫고 지나가야만 했다. 그렇다고 군함을 해안선 가까이 접근시키는 순간 항구와 도시 앞쪽의 고지에 설치된 포대에서는 포탄이 날아왔다.

러시아는 여순항의 각 고지에 견고한 콘크리트 구조물로 엄호되는 강력한 포병대를 배치했다. 각 포대는 무시무시한 위력의 대포를 다수 보유하고 있었다. 본지에서 삽화로 제작해 선보인 이 대포의 자체 중량은 2만 8700킬로그램이었고, 255킬로그램의 포탄을 발사할 수 있다. 근거리에서 명중한다면 41센티미터의 장갑을 뚫을 수 있는 위력이다.

여순항은 이와 같은 방어 시설과 용감하고 잘 훈련된 포병부대, 그리고 방어에 최적화된 지리적 위치에 힘입어 해상으로부터의 각종 공격을 쉽게 막을 수 있었다.

나폴레옹이 말한 것처럼 "지상의 대포 하나는 바다의 군함 한 척과 같은 가치가 있다". 세 차례에 걸친 일본 함대의 여순항 방어진지 공략 실패는 이 말이 얼마나 정확한지를 잘 증명해주고 있다.

포격 개시: 여순항 방어 전투
EN BATTERIE (La défense de Port-Arthur)

노략질: 카자크 기병이 조선의 마을에 들이닥치다

르 프티 주르날 제697호
삽화 부록
1904년 3월 27일 일요일

LE PETIT JOURNAL N°697
SUPPLÉMENT ILLUSTRÉ
DIMANCHE 27 MARS 1904

¶ 옮긴이 해설 600쪽

노략질: 카자크 기병이 조선의 마을에 들이닥치다
EN MARAUDE (Cosaques visitant un village coréen)

황인종과 백인종의 대결

르 프티 파리지앵 제791호
문학 삽화 부록
1904년 4월 3일 일요일

LE PETIT PARISIEN N°791
SUPPLÉMENT LITTÉRAIRE ILLUSTRÉ
DIMANCHE 3 AVRIL 1904

¶ 옮긴이 해설 601쪽

황인종과 백인종의 대결. 자신의 땅에서 벌어지고 있는 전쟁에 중국은 관람 기회조차 박탈당해 담 넘어 몰래 구경하고 있다.

CHAMPION D'EUROPE
CHAMPION D'ASIE
RUSSIE
COREE
EMPIRE CHINOIS
JAPON

황인종과 백인종의 대결

극동 단신: 스키로 부상병을 후송하는 러시아군

르 프티 주르날 제699호
삽화 부록
1904년 4월 10일 일요일

LE PETIT JOURNAL Nº699
SUPPLÉMENT ILLUSTRÉ
DIMANCHE 10 AVRIL 1904

스키는 노르웨이에서 유래한 커다란 장비인데, 지금은 모든 북방 국가의 군대에서 사용하고 있다. 러시아는 들것으로 실어 나르는 운반병(brancardier)에게도 스키를 지급했다. 조선과 만주 국경 지역에서 진행된 러일전쟁에서 러시아는 멀리 떨어진 야전병원으로 부상병을 후송시킬 때 스키를 활용했다. 이러한 수송 방식은 빠르면서도, 이동 과정 중의 충격이 부상병에게 고통을 가하는 걸 피할 수 있다는 이중의 장점이 있었다.

스키로 부상병을 후송하는 러시아군
TRANSPORT DE MALADES ET DE BLESSÉS RUSSES SUR DES SKIS

상트페테르부르크에서 차르가 '바랴크'호와 '카레예츠'호의 승무원을 치하하다

르 프티 파리지앵 제793호
문학 삽화 부록
1904년 4월 17일 일요일

LE PETIT PARISIEN N°793
SUPPLÉMENT LITTÉRAIRE ILLUSTRÉ
DIMANCHE 17 AVRIL 1904

¶ 옮긴이 해설 601쪽

제물포에서 혁혁한 전공을 세운 '바랴크(Varyag)'호와 '카레예츠(Korietz)'호의 모든 승무원은 우크라이나의 오데사(Oedessa)에 도착하자 가는 곳마다 열정적인 환호를 받았다.

상트페테르부르크에서는 성대한 환영식이 그들을 기다리고 있었다.

짜르는 특별히 이 승무원들에게 경하의 뜻을 표하며, 각급 장교와 해군 사병들에게 성 게오르기(Saint-George) 십자훈장을 친히 수여했다. 또한 치하의 뜻을 더욱 분명히 표하기 위해 승무원 모두에게 18개월의 해상 급료에 해당하는 장려금을 지급한다고 선포했다.

상트페테르부르크에서 차르가 '바랴크'호와 '카레예츠'호의 승무원을 치하하다
A SAINT-PÉTERSBOURG, LE TSAR FÉLICITE LES MARINS DU «VARYAG» ET DU «KOREIETZ»

조선에서의 첫 교전: 정주 전투

¶ 옮긴이 해설 602쪽

최전선에서는 일본군과 러시아군의 소규모 무력충돌이 매일 빈번하게 벌어지고 있다.

그중 비교적 중요한 전투는 [서울에서] 북경으로 향하는 경로에 있는 안주(安州; Andjou)의 서쪽에 위치한 정주(定州; Tschoun-chou)에서 일어났다. 900명의 카자크 기병은 2000여 명에 달하는 일본 병사에 맞서 몇 시간에 걸쳐 교전했다.

러시아군은 이 도시에서 600보 거리에 위치한 고지를 점령한 후 공성을 개시했다.

일본 보병중대 다수와 기병대 1개 부대가 성 안에 매복하고 있었다. 러시아군이 강력한 화력을 퍼부었음에도 일본군은 완강히 사수했다. 일본군은 한차례의 격렬한 전투가 잠잠해진 후에야 건물 안으로 철수했으며, 두 곳에 적십자회의 깃발을 세웠다.

그러나 곧이어 기병대 3개 중대가 성 안으로 돌진해 들어왔다. 이 중 2개 중대는 성공적으로 정주성에 진입했다. 세 번째 기병대는 러시아군의 일제사격에 이리저리 흩어져 후퇴했고 사람과 말이 뒤엉켜 나뒹굴었다.

카자크 기병대는 성 안의 일본군을 향해 1시간이 넘게 사격을 지속해 그들이 거리로 나와 반격하지 못하게 했다.

전투가 개시된 지 1시간 반이 지나자 일본군의 네 번째 중대가 나타났다. 러시아군은 퇴각할 수밖에 없었다. 그들은 질서정연하게 종대로 후퇴했다.

우왕좌왕하던 일본군 기병대는 러시아군이 철수한 뒤에도 신속하게 고지를 점령하지 못했다.

불리한 상황에서도 카자크 기병대는 언제나처럼 대담한 용기를 보여주었다. 비록 수에서 우세를 점하지는 못했지만, 그럼에도 일본군에게 치명적인 피해를 입혔다.

조선에서의 첫 교전: 정주 전투
PREMIERS ENGAGEMENTS EN CORÉE — COMBAT DE TSCHOUNCHOU

만주에서: 중국인과 러시아인

라 비 일뤼스트레 제288호(7년)
주간 신문
1904년 4월 22일 금요일

LA VIE ILLUSTRÉE N°288, SEPTIÈME ANNÉE
JOURNAL HEBDOMADAIRE
VENDREDI 22 AVRIL 1904

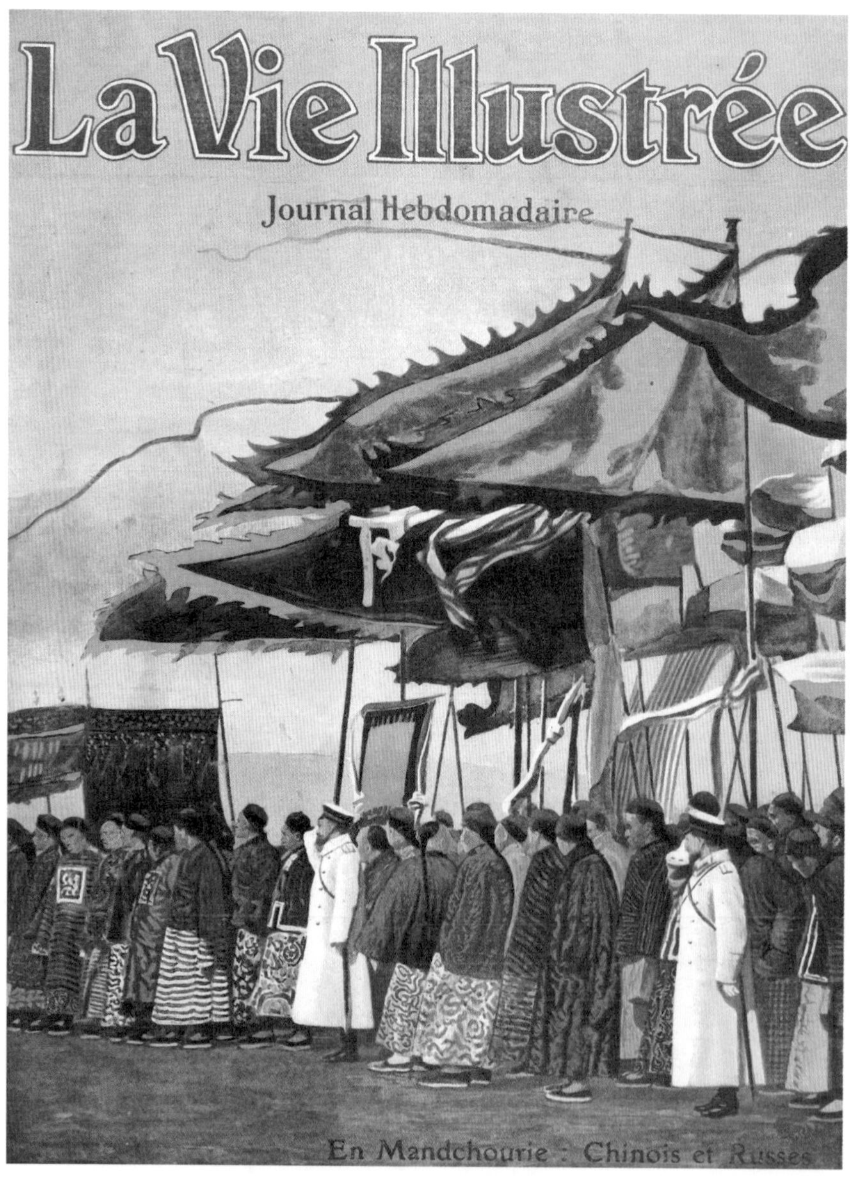

만주에서: 중국인과 러시아인
EN MANDCHOURIE (Chinois et Russes)

쿠로팟킨 장군이 만주의 고위급 관료를 만나다

라 비 일뤼스트레 제288호(7년)
주간 신문
1904년 4월 22일 금요일

LA VIE ILLUSTRÉE Nº288, SEPTIÈME ANNÉE
JOURNAL HEBDOMADAIRE
VENDREDI 22 AVRIL 1904

쿠로팟킨 장군이 만주의 고위급 관료를 만나다

기뢰에 격파된 '페트로파블롭스크'호: 마카로프 제독과 600명의 러시아 승무원이 순직하다

르 프티 주르날 제701호
삽화 부록
1904년 4월 24일 일요일

LE PETIT JOURNAL N°701
SUPPLÉMENT ILLUSTRÉ
DIMANCHE 24 AVRIL 1904

¶ 옮긴이 해설 602쪽

여순항에 배치된 러시아 함대가 치명적인 타격을 입었다.

올해 2월 11일, 기뢰 수송선 '예니세이(Ienisseï)'호는 대련만(大連灣)을 봉쇄하기 위해 기뢰를 부설하던 중 유실된 기뢰와 충돌해 장교와 사병을 포함한 100여 명의 승무원과 함께 침몰했다.

4월 13일, 동일한 원인에 의해 더 공포스러운 재난이 초래되었다. 장갑함 '페트로파블롭스크(Petropavlosk)'호의 침몰로 마카로프(Makharoff) 제독과 600여 명의 승무원이 전사했다. 이 사고에서 키릴 대공(grand-duc Cyrille)을 포함한 제독 참모부의 장교 4명과 30여 명의 해군만이 생존했다.

프랑스의 우방인 러시아의 수많은 가정을 극도의 비통함에 빠뜨린 이 사건은 아마도 위에서 이야기한 예니세이호 사고의 연쇄 반응으로 인한 결과일 것이다. 사실 이 기뢰 수송선을 지휘한 스테파노프(Stepanoff) 선장은 여순항과 대련만 주변 지역에 부설한 수많은 기뢰의 위치를 알고 있던 유일한 사람이었다. 러시아군 참모부는 기뢰의 방위를 표시하는 지도를 제작하는 것에 전혀 관심을 기울이지 않았다. 그것이 예니세이호와 승무원 전원의 침몰을 초래했던 것이다. 러시아 함대는 매번 출항할 때마다 이 위험한 장치와 부딪칠 가능성을 안고 있었는데, 결국 자신들이 설치한 방어진지의 희생양이 되었다.

페트로파블롭스크호의 불행한 재난은 아마도 이러한 원인 때문일 것이다. 그러나 이번 폭발은 일본 함대에 의한 새로운 여순항 공격 중에 일어난 것이며, 그 공격은 일본군이 설치한 기뢰의 위치를 숨기기 위한 행동이었을 수도 있다. 러시아군의 이 장갑함은 회항하던 도중에 일본군이 설치한 기뢰를 건드렸을 가능성도 있다.

어찌 되었건 이 사건은 러시아군의 입장에서 볼 때 지극히 참혹한 일이었다. 러시아군은 이로 인해 최고의 전함을 잃었고, 명성이 드높고 가장 경험이 많은 해군 제독인 마카로프가 희생되었으며, 참모부에 소속된 대부분의 장교와 우수한 해군 병력을 상실했다.

영예로운 전장에서 희생된 용감한 이들에게 고개 숙여 추모의 정을 보내는 바이다.

기뢰에 격파된 '페트로파블롭스크'호: 마카로프 제독과 600명의 러시아 승무원이 순직하다
LE «PETROPAVLOSK» TORPILLE (Mort de l'amiral Makharoff et de 600 marins russes)

압록강의 러시아 정찰대: 최초의 소규모 무장 충돌

르 프티 파리지앵 제796호
문학 삽화 부록
1904년 5월 8일 일요일

LE PETIT PARISIEN N°796
SUPPLÉMENT LITTÉRAIRE ILLUSTRÉ
DIMANCHE 8 MAI 1904

결정적인 전투가 개시되기 전이지만 압록강변에서는 이미 소규모 무장 충돌이 벌어지고 있다.

러시아군은 일본군이 대규모 병력을 의주 북쪽에 집결시키고 있다는 정보를 입수한 뒤 그 지역으로 용감한 정찰대를 배치했다.

이러한 상황에서 병사 32명과 장교 2명으로 구성된 저격부대가 배 세 척에 올라 압록강 건너편으로 전진하고 있었다. 이때 일본군 야전공병들은 분주하게 소형 보트를 만들던 중이었다. 정찰대는 일본군에게 발각되어 맹렬한 공격을 받았다. 병사 3명이 사망했고, 쯔메이친(Zmeitzin) 대위를 포함한 병사 11명이 중상을 입었으며, 푸쉬킨(Pouchtkine) 소위와 병사 4명이 경상을 입었다.

러시아군은 대포 두 문을 동원한 뒤에야 정찰대를 건너편에 상륙시킬 수 있었다.

압록강의 러시아 정찰대: 최초의 소규모 무장 충돌
RECONNAISSANCES RUSSES SUR LE YALOU. — PREMIÈRES ESCARMOUCHES

일본군 수송함 '긴슈마루'가 블라디보스토크 함대에 의해 격침되다

르 프티 파리지앵 제797호
문학 삽화 부록
1904년 5월 15일 일요일

LE PETIT PARISIEN N°797
SUPPLÉMENT LITTÉRAIRE ILLUSTRÉ
DIMANCHE 15 MAI 1904

일본군 수송함 '긴슈마루(金州丸)'가 블라디보스토크 함대에 의해 격침되다
CAPTURE DU TRANSPORT MILITAIRE JAPONAIS «KINSCHIOU-MARU» PAR L'ESCADRE DE VLADIVOSTOK

러시아군의 맹렬한 포격이 가해지는 상황에서 일본군이 여순항의 항로를 봉쇄하기 위해 선박을 침몰시키다

르 프티 파리지앵
문학 삽화 부록

LE PETIT PARISIEN
SUPPLÉMENT LITTÉRAIRE ILLUSTRÉ

러시아군의 맹렬한 포격이 가해지는 상황에서 일본군이 여순항의 항로를 봉쇄하기 위해 선박을 침몰시키다

장막에서 휴식을 취하는 종군기자: 만주에 파견된 «르 프티 주르날» 특파원

르 프티 주르날 제704호
삽화 부록
1904년 5월 15일 일요일

LE PETIT JOURNAL N°704
SUPPLÉMENT ILLUSTRÉ
DIMANCHE 15 MAI 1904

¶ 옮긴이 해설 603쪽

장막에서 휴식을 취하는 종군기자: 만주에 파견된 «르 프티 주르날» 특파원
LES ÉVÉNEMENTS D'EXTRÊME-ORIENT (L'cnvoyé spécial du "Petit Journal" en Mandchourie)

여순항 포위: 요동반도에 상륙한 일본군

르 프티 파리지앵 제798호
문학 삽화 부록
1904년 5월 22일 일요일

LE PETIT PARISIEN N°798
SUPPLÉMENT LITTÉRAIRE ILLUSTRÉ
DIMANCHE 22 MAI 1904

¶ 옮긴이 해설 603쪽

여순항 포위: 요동반도에 상륙한 일본군

INVESTISSEMENT DE PORT-ARTHUR. — Debarquement des Japonais dans la presqu'île de Liao-Toung

포트 아담스에 상륙한 일본군이 여순발 병원열차를 공격하다

르 프티 주르날 제705호
삽화 부록
1904년 5월 22일 일요일

LE PETIT JOURNAL N°705
SUPPLÉMENT ILLUSTRÉ
DIMANCHE 22 MAI 1904

5월 7일, 일본군이 요동반도의 포트 아담스[1]에 상륙한 후 가장 먼저 한 일은 철도 연선에 병력을 수송해 여순과 만주 전역의 도시를 잇는 교통을 차단하는 것이었다.

그러나 봉천행 열차가 당일 새벽 이미 여순을 떠난 터였다. 철도 수비 임무를 맡은 카자크 기병대는 기차가 떠난 방향으로 전력 질주해 마침내 풍라덴(Punladaine)역[2] 가까이에서 기차를 따라잡았다. 그들은 온 힘을 다해 외쳤다.

“여순으로 즉시 회차하시오. 일본인이 매복하고 있소!”

그러나 당시 열차에는 부녀자와 어린이가 다수였고, 부상병과 환자로 가득 찬 적십자 객실이 여러 칸 있었다. 열차를 지휘한 경험이 있는 여순 헌병대의 우라노프(Ouranoff) 대령은 가련한 승객들이 장시간 포위 공격을 견디는 것보다 돌파를 시도하는 것이 낫다는 판단을 내렸다. 그는 큰 소리로 외쳤다. “최대 출력으로 전진하라!”

모든 승객은 객실 바닥에 엎드렸다. 기차는 전속력으로 달려갔다. 몇 분 동안 총성이 쉴 새 없이 귀를 울렸고, 철갑을 두른 열차의 외벽을 두드리는 총탄의 메마른 소음이 끊이지 않았다.

마침내 열차는 위험지대를 통과했으며, 단지 3명의 승객만이 부상을 입었다. 여순을 떠난 기차는 오후 2시에 봉천에 도착했다.

백주대낮에 제네바 협약의 깃발을 내건 병원열차에 공격을 감행한 일본군의 비인도적 행위에 대해 적십자회는 항의를 제기하기로 결정했다.

1. Port Adams. 대련 북부의 보란점(普蘭店)시 어귀에 위치한 항구.

2. 보란점(푸란뎬)을 가리키는 것으로 보인다.

포트 아담스에 상륙한 일본군이 여순발 병원열차를 공격하다
LES JAPONAIS DÉBARQUÉS À PORT-ADAMS TIRENT SUR UN TRAIN-HÔPITAL SORTANT DE PORT-ARTHUR

압록강 전투: 러시아 군악대의 영웅적 기개

르 프티 주르날 제706호
삽화 부록
1904년 5월 29일 일요일

LE PETIT JOURNAL N°706
SUPPLÉMENT ILLUSTRÉ
DIMANCHE 29 MAI 1904

¶ 옮긴이 해설 604쪽

우리는 미하일 자술리치(Zassoulitch) 장군이 지휘하는 러시아 부대가 5배의 병력과 대량의 대포를 보유한 일본군을 상대로 압록강에서 완강히 저항하고 있다는 사실을 이미 잘 알고 있다.

최근 전투에서 보여준 무수한 사례를 통해 러시아 병사들의 강인하고 우수한 자질이 증명되었다. 이번 호의 일면을 장식한 삽화도 그들의 영광스러운 모습을 묘사하고 있다.

제11시베리아 보병대의 한 장교는 이 장면에 대해 다음과 같이 간략히 묘사하고 있다.(제11보병대는 이 전투에서 대령과 중령 각 1명, 장교 10명, 사병 200명이 희생되었으며, 최소한 400명이 부상을 입었다.)

"구련성(九連城; Ka-Lien-Tsé) 전투에서 우리의 군악대는 31명으로 구성되어 있었다. 그들은 군대 행진곡을 연주했다. 그 뒤 악곡 ‹황제 폐하 만세›를 연주했다. 연주가 끝나자 한 번 더 연주했다."

"우리는 쓰러졌다."

"내 곁을 지키던 두 명의 부하도 쓰러졌다. 그러나 군악대는 여전히 연주를 계속하고 있었다. 15명만이 남았고 그제야 그들은 연주를 중단했다."

"이때, 생존한 군악대원들이 전사자의 총을 집어 들고 적군을 향해 돌진했다."

이토록 영웅적인 기개는 모든 나라 군악대의 역사에 기록될 것이다. 그리고 우리 영광스러운 프랑스군의 연주자, 고수, 나팔수들 또한 마찬가지로 용감하고 강인하며 자기희생의 정신을 갖추고 있으리라.

보병연대의 음악이 명성을 떨친 타라고나(Tarragone)와 사라고사(Saragosse) 공략, 아일라우(Eylau)와 모스크바(Moskova) 전투를 다시 환기할 필요가 있을까? 어린 북치기 병사 스트로(Strauh)가 전사한 와티니(Wattignies) 전투, 주아브 병사의 나팔이 멋지게 활약한 말라코프(Malakoff) 전투, 마젠타(Magenta) 전투 등… 그 예가 얼마나 많은가!

압록강 전투: 러시아 군악대의 영웅적 기개
AU COMBAT DU YALOU (L'héroïsme d'une musique russe)

여순 함대의 항구 봉쇄

르 프티 파리지앵 제800호
문학 삽화 부록
1904년 6월 5일 일요일[1]

LE PETIT PARISIEN N°800
SUPPLÉMENT LITTÉRAIRE ILLUSTRÉ
DIMANCHE 5 JUIN 1904

¶ 옮긴이 해설 604쪽

1.
중문판에는 삽화가 게재되어 있지 않으며, 관련 자료 또한 찾지 못했다.

러일전쟁이 발발한 이후 일본군 함대의 목적은 오직 하나였다. 러시아 군함을 여순의 정박지에 봉쇄한 뒤 그들을 격파하는 것이었다. 수차례에 걸친 맹렬한 공격은 모두 그 목적을 달성하기 위함이었다. 일본의 몇몇 대담한 무리들은 폭탄을 가득 실은 선박을 항구 입구로 끌고 와 폭발시켰는데, 침몰한 배로 항구의 입구를 막으려는 것이었다. 본지의 삽화는 해저에 위치한 이 장애물을 묘사하고 있다. 이것이 바로 항구 봉쇄다. 이는 최근 미군이 스페인과의 전투에서 사용한 방식과 유사하다.

현재 러시아군과 일본군 점령지의 파노라마 지도

르 프티 파리지앵 제800호
문학 삽화 부록
1904년 6월 5일 일요일

LE PETIT PARISIEN N°800
SUPPLÉMENT LITTÉRAIRE ILLUSTRÉ
DIMANCHE 5 JUIN 1904

우리 독자들은 본지 4면에 게재된 파노라마 지도[1]를 통해 이 전쟁에 대한 관심을 지속할 수 있다. 또한 전장을 대체적으로 개괄함으로써 쌍방의 향후 전쟁 추세를 명확히 알 수 있다.

1. 중문판에는 지도가 게재되어 있지 않으며, 관련 자료 또한 찾지 못했다.

장갑함 '하쓰세'가 여순에서 러시아 기뢰에 침몰하다

르 프티 파리지앵 제800호
문학 삽화 부록
1904년 6월 5일 일요일

LE PETIT PARISIEN N°800
SUPPLÉMENT LITTÉRAIRE ILLUSTRÉ
DIMANCHE 5 JUIN 1904

¶ 옮긴이 해설 604쪽

이번에는 일본군이 얼마 전 러시아군이 해상에서 입었던 것과 같은 타격을 받았다. 일본군은 순양함 요시노(吉野)호와 가장 뛰어난 장갑함 하쓰세(初瀨)호를 같은 날 차례로 잃었다. 요시노호는 다른 전함과 충돌 후 침몰했으며, 하쓰세호는 여순의 정박지를 순찰하다가 러시아군의 기뢰와 충돌했다. 지금으로선 구체적인 사상자가 밝혀지지 않았지만 그 수가 적지 않을 것이다. 대형 구축함의 함장 4명을 포함한 장교 67명이 하쓰세호, 요시노호와 함께 희생됐다고 일본군이 밝혔기 때문이다.

하쓰세호는 1급 장갑함으로 길이 134미터, 넓이 23미터이며 배수량은 1만 5100톤에 달한다. 두 개의 돛대(마스트)를 갖추었으며, 돛대 사이에 세 개의 연돌(煙突)이 세워져 있었다. 뱃전 주위에는 니켈강으로 만든 장갑을 둘렀다. 두 개의 기관실을 갖추어 1만 6300마력을 낼 수 있었으며 시항 항속은 19노트였다. 305밀리 대포(주포) 4문, 152밀리 대포(부포) 14문, 76밀리 대포[단장포(單裝砲)] 20문, 47밀리 대포(단장포) 8문 및 수중 어뢰발사관 4문을 장착하고 있었다. 평시에는 900명의 승무원이 탑승할 수 있었다. 우리가 입수한 전보의 설명에 따르면 최종적으로 300명만이 생존했다고 한다.

장갑함 '하쓰세'가 여순에서 러시아 기뢰에 침몰하다
LE CUIRASSÉ "HATSUTSÉ" COULÉ PAR UNE MINE RUSSE DEVANT PORT-ARTHUR.

탁월한 용맹: 러시아 전령이 여순으로 향하는 길목을 돌파하다

르 프티 주르날 제708호
삽화 부록
1904년 6월 12일 일요일

LE PETIT JOURNAL N°708
SUPPLÉMENT ILLUSTRÉ
DIMANCHE 12 JUIN 1904

러일전쟁 개전 이래 카자크 기병의 대담함과 용맹은 일일이 열거할 필요도 없다. 대초원을 내달리던 이들 사나운 기병이 엄청난 수적 열세에도 불구하고 일본군 첨병을 향해 신속히 접근해, 대규모 보병의 탄약을 무력화하던 장면을 우리는 이미 여러 차례 보아왔다.

이번 호에서는 8면 삽화의 주인공들이 펼친 전대미문의 용맹한 행위를 특별히 소개하고자 한다.

금주(金州; Kin-Cheou) 전투 다음 날이다. 일본군이 여순으로 통하는 도로를 장악한 상황에서 두 명의 러시아 기병이 포위된 이 도시에 군령을 전하기 위해 조금도 주저하지 않고 적군의 임시 주둔지로 돌진했다. 일본인들이 정신을 차리기도 전에 그들은 이미 겹겹의 포위를 뚫고 안전하게 러시아군의 전초 기지에 도달해 사령관이 그들에게 부여한 위험한 임무를 깔끔하게 완수했다.

탁월한 용맹: 러시아 전령이 여순으로 향하는 길목을 돌파하다
UN BEAU TRAIT D'AUDACE (Estafettes russes forçant le passage vers Port-Arthur)

여순항의 해저 방어선

르 프티 파리지앵 제801호
문학 삽화 부록
1904년 6월 12일 일요일

LE PETIT PARISIEN N°801
SUPPLÉMENT LITTÉRAIRE ILLUSTRÉ
DIMANCHE 12 JUIN 1904

한동안 사람들은 해저 기뢰의 위력에 대해 논의했다. 또한 전쟁 발발 이후 기뢰가 일본 전함 두 척에 끼친 거대한 손실에 대해서도 잘 알고 있다. 자동 기뢰와 전기선으로 해안에 연결된 수중선 기뢰 외에 놀라운 위력의 기뢰가 있다. 바로 '봉쇄(blocus)'라고 불리는 기뢰다.

일반적으로 이 기뢰는 하나씩 순서대로 수중에 가라앉히는데, 항구의 입구나 방어가 필요한 통로, 혹은 적군이 자주 지나다니는 해안에 부설한다. 지나가던 전함이 그중 하나를 가볍게 건드리기만 해도 자동으로 폭발장치가 작동된다.

그러나 불행히도 이러한 기뢰는 굉장히 민감해 다루기가 어렵다. 따라서 적군 전함뿐 아니라 부설하는 입장에서도 그것은 잠재적인 위협이 된다. 간혹 조류를 따라 표류할 때도 있다. 일단 연결선이 끊어지면 기뢰가 수면으로 드러나고, 그 즉시 모두가 기뢰의 존재를 알게 된다.

예니세이호, 보야린(Boyarin)호, 하쓰세호가 모두 기뢰 폭발로 침몰했다. 불행히도 앞으로 유사한 사고가 일어나지 않으리라고 누구도 보증하지 못한다.

여순항의 해저 방어선
DEFENSES SOUS-MARINES DE PORT-ARTHUR

일본군이 러시아군 참호를 공격하다

르 프티 주르날 제709호
삽화 부록
1904년 6월 19일 일요일

LE PETIT JOURNAL N°709
SUPPLÉMENT ILLUSTRÉ
DIMANCHE 19 JUIN 1904

우리는 일본군 참모부가 인간의 생명을 얼마나 경시하는지를 이미 잘 알고 있다. 금주 전투에서 일본군은 1만의 병력을 잃었으며, 남산(南山; Nan-Chan) 전투에서는 3500여 명의 병사를 잃었다. 이러한 수치는 일본군이 자기 부대원을 조금도 아끼지 않고 있음을 충분히 잘 보여준다.

그러나 병사들은 이 대담한 군사전략을 완벽하게 수행했다. 8면의 삽화를 통해 우리는 대규모 일본군 부대가 러시아군의 참호로 돌진하는 장면을 볼 수 있다. 포병대가 필요한 돌파구를 열어주기도 전에, 돌격대에 앞서 공병 분견대가 사다리, 절단기, 곡괭이, '빅포드 도화선', 다이너마이트 탄약통과 기타 폭파 장치를 들고 신속히 돌진했다. 그 뒤를 보병부대가 뒤따를 것이다. 러시아군의 총탄 세례 아래 이 작은 황인종들은 아무렇지 않은 듯 죽음의 전장으로 걸어 들어갔다.

일본군이 러시아군 참호를 공격하다
ASSAUT D'UN RETRANCHEMENT RUSSE PAR LES JAPONAIS

일본 스파이가 하얼빈에서 처형당하다

르 프티 파리지앵 제804호
문학 삽화 부록
1904년 7월 3일 일요일

LE PETIT PARISIEN N°804
SUPPLÉMENT LITTÉRAIRE ILLUSTRÉ
DIMANCHE 3 JUILLET 1904

일본인들은 스파이 활동에 아주 능한 것으로 보인다. 그 때문에 러시아군은 하얼빈 부근의 마을을 뒤져 일본이 심어놓은 스파이를 발견하면, 매번 냉혹하고 엄격하게 처리하지 않을 수 없었다. 매일같이 러시아군은 수많은 스파이를 체포하고 처형했다.

며칠 전, 한 망나니가 걸음을 재촉해 하얼빈 광장에 도착했다. 그는 책임자에게 인사한 뒤 곧바로 이 고된 업무를 시작했다. 그는 일을 끝낸 후 바로 이어서 다음 처형장으로 출발했다. 한 목격자의 증언에 따르면, 그것은 굉장히 무시무시한 광경이었다고 한다. 5명의 스파이가 땅에 꿇어앉아 있었는데, 눈 깜짝할 사이에 그들의 머리가 잘려나갔다.

일본 스파이가 하얼빈에서 처형당하다
EXÉCUTION D'ESPIONS JAPONAIS A KHARBINE

만주의 우기: 협곡을 건너고 있는 일본군 포병대

르 프티 파리지앵 제807호
문학 삽화 부록
1904년 7월 24일 일요일

LE PETIT PARISIEN N°807
SUPPLÉMENT LITTÉRAIRE ILLUSTRÉ
DIMANCHE 24 JUILLET 1904

상당 기간 극동의 요동반도에서 전해지는 소식은 불명확했다. 일전에는 일본군이 만주의 협도를 버렸으며, 러시아군을 앞두고 후퇴한 것으로 보인다는 이야기가 들려왔다. 그러나 사실은 그렇지 않았다. 미증유의 고난에도 불구하고 구로키 다메모토(黑木爲楨) 장군 휘하의 병사들은 대령(大嶺; Ta-Ling), 모천령(摩天嶺; Motien-Ling), 분수령(分水嶺; Fen-Chou-Ling)을 성공적으로 통과해 러시아군의 퇴로를 차단할 수 있는 이 세 협곡을 점령했다.

장마는 행군에 심각한 장애물이 된다. 태풍이 휩쓸자 만주 지역 전체가 범람했다. 몇 주 연속으로 도로를 통행할 수 없었으며, 수많은 교량이 강물에 휩쓸려갔다. 모든 통신이 단절되었다.

그런데 일본군은 우리가 지금껏 보아왔듯 불굴의 의지를 가지고 우기를 틈타 다음 반격 행동을 계획하고 있었다.

이제 건기가 다가오면 결정적인 전투가 곧 개시될 것이다. 일본군의 바람은 오직 하나다. 그것은 공격을 가속화해 러시아군이 준비되지 않은 상태에서 치명적인 일격을 날리는 것이다. 설령 유럽에서 증원부대가 도착해도 회복할 수 없을 정도로 말이다. 앞으로 이어지는 보도를 통해 우리는 쿠로팟킨 장군이 어떠한 태도를 보일 것인지 밝히고자 한다.

만주의 우기: 협곡을 건너고 있는 일본군 포병대
SAISON DES PLUIES EN MANDCHOURIE (Artillerie japonaise franchissant un défilé)

프랑스와 일본 병사 간에 벌어진 혈투

르 프티 주르날 제715호
삽화 부록
1904년 7월 31일 일요일

LE PETIT JOURNAL N°715
SUPPLÉMENT ILLUSTRÉ
DIMANCHE 31 JUILLET 1904

열강의 다국적 군대는 의화단을 소탕한 뒤 일부 병력을 중국에 남겼다. 그들의 주요 임무는 대사관의 안전 보호와 질서 유지였다. 그들 중 프랑스 초소와 일본 초소가 최근 갑자기 피비린내 나는 충돌을 일으켰다. 이번 호의 1면 삽화는 바로 이 사건을 묘사하고 있다.

만리장성이 끝나는 지점인 발해만 북부의 산해관(山海關)에 위치한 포티에 제독의 이름을 딴 진지에 르페브르(Lefebvre) 장군이 통솔하는 부대의 식민지 보병중대가 주둔하고 있었다. 또한 거기서 멀지 않은 곳에 일본 부대도 주둔 중이었다. 러일전쟁 발발 후 6개월 가까이 일본의 기고만장함은 하늘을 찔러 지근거리의 프랑스 주둔군이 감내하기 힘들 정도였다. 일전에도 일본 병사와 프랑스 병사 사이에 격렬한 말다툼이 벌어진 바 있지만, 곧바로 장교들에 의해 제지되었다.

그러나 이번에는 양국 병사들 모두 만취해 격렬한 말다툼을 벌이다 순식간에 실제 전투로 비화되었다. 전투 과정에서 쌍방은 총검을 사용하기까지 했다. 경찰과 위병이 교전 쌍방을 분리했을 때는 이미 사망자 10명(일본인 7명, 프랑스인 3명)과 부상자 17명(일본인 12명, 프랑스인 5명)이 바닥에 누워 있었다. 프랑스와 일본의 장교들은 금후 유사한 충돌이 반복되지 않도록 하기 위해 엄격한 조치를 취했다.

프랑스와 일본 병사 간에 벌어진 혈투
SANGLANTE QUERELLE ENTRE SOLDATS FRANÇAIS ET JAPONAIS

여순항 포위 공격: 일본군이 도시를 조망하는 고지를 공격하다

르 프티 파리지앵 제808호
문학 삽화 부록
1904년 7월 31일 일요일

LE PETIT PARISIEN N°808
SUPPLÉMENT LITTÉRAIRE ILLUSTRÉ
DIMANCHE 31 JUILLET 1904

여순항에 전쟁의 불꽃이 휘몰아치고 있다. 수뢰가 군대와 전함을 폭파시켰지만, 여순항은 여전히 오만하고 완강하게 버티고 있다. 이 지역의 전략적 위치는 지극히 중요하다. 따라서 온갖 의견, 희망, 환상, 심지어 거짓이 난무하고 있었다. 현재 확정할 수 있는 사실은 이 지역의 공격을 위해 파견된 두 일본 분함대의 행동은 실패했다는 것이다. 일본군은 해안 방어진지의 강력한 화력에 철수할 수밖에 없었으며, 수만의 병력을 잃었다. 일본군은 어쩔 수 없이 새로운 군대를 파견했다. 소식통에 따르면 다쓰미 나오후미(立見尚文) 중장의 부대 전체가 여순에 집결해 최후의 공격을 준비하고 있다고 한다. 한편 러시아군측도 만반의 방어태세를 갖춘 상태다. 결국 여순이 일본군의 수중에 떨어질 운명이라 하더라도, 이 도시의 주인이 되기 전에 일본군은 엄청난 손실을 경험하게 될 것이다.

여순항 포위 공격: 일본군이 도시를 조망하는 고지를 공격하다
SIÈGE DE PORT-ARTHUR (L'armée japonaise attaque les hauteurs dominant la ville)

남아프리카에서: 광산에서 일하는 중국인 노동자

르 프티 주르날 제718호
삽화 부록
1904년 8월 21일 일요일

LE PETIT JOURNAL N°718
SUPPLÉMENT ILLUSTRÉ
DIMANCHE 21 AOÛT 1904

¶ 옮긴이 해설 605쪽

중국은 출산율이 높고 인구가 많아 아프리카와 아메리카의 대형 작업장에 막대한 노동 자원을 제공하고 있다. 중국인 노동자를 수입하는 것은 상당히 용이하지만 한 가지 조건이 있다. 중국인 노동자가 외국에서 객사하면 그의 시신은 반드시 중국으로 되돌려 보내야만 했다. 천조의 자손들은 이 필수 조건을 굉장히 중시했다. 누구라도 중국인을 고용하고 싶다면 가장 먼저 이 문제와 마주하게 될 것이다.

그 때문에 아메리카에서는, 특히 중국인 노동자의 수가 아주 많은 태평양 해안 지역에서는 선박 회사에서 노동자의 시신을 중국으로 귀국시키는 특별 임무를 수행하고 있었다. 만약 죽은 뒤 고국으로 되돌아간다는 확신이 보장되지 않는다면, 중국인들은 본국에서 빈둥거릴지언정 외국으로 나가 생계를 모색하려 하지 않을 것이다.

게다가 중국인은 거대 산업 노동에 적합한 우수한 노동자들이다. 그들은 성품이 소박하며 임금에 대해 과도한 요구를 하지 않는다. 게다가 남아프리카의 흑인에 비할 수 없을 정도로 성실하고 근면하다. 따라서 남아프리카의 광산주들은 중국인 노동자를 더 선호한다.

본지의 삽화가 잘 보여주듯이 현재 수많은 중국인 노동자가 남아프리카의 금광에서 일하고 있다. 그러나 안심해도 좋다. 이들 중국인은 계약서의 주요 조항이 누락되지 않았다는 확신만 있다면, 즉 그들이 업무 중 사망에 이르게 되었을 때 그들의 시신이 조상의 땅에 같이 잠들 수 있다는 보장이 있으면 고용계약서에 서명할 것이다.

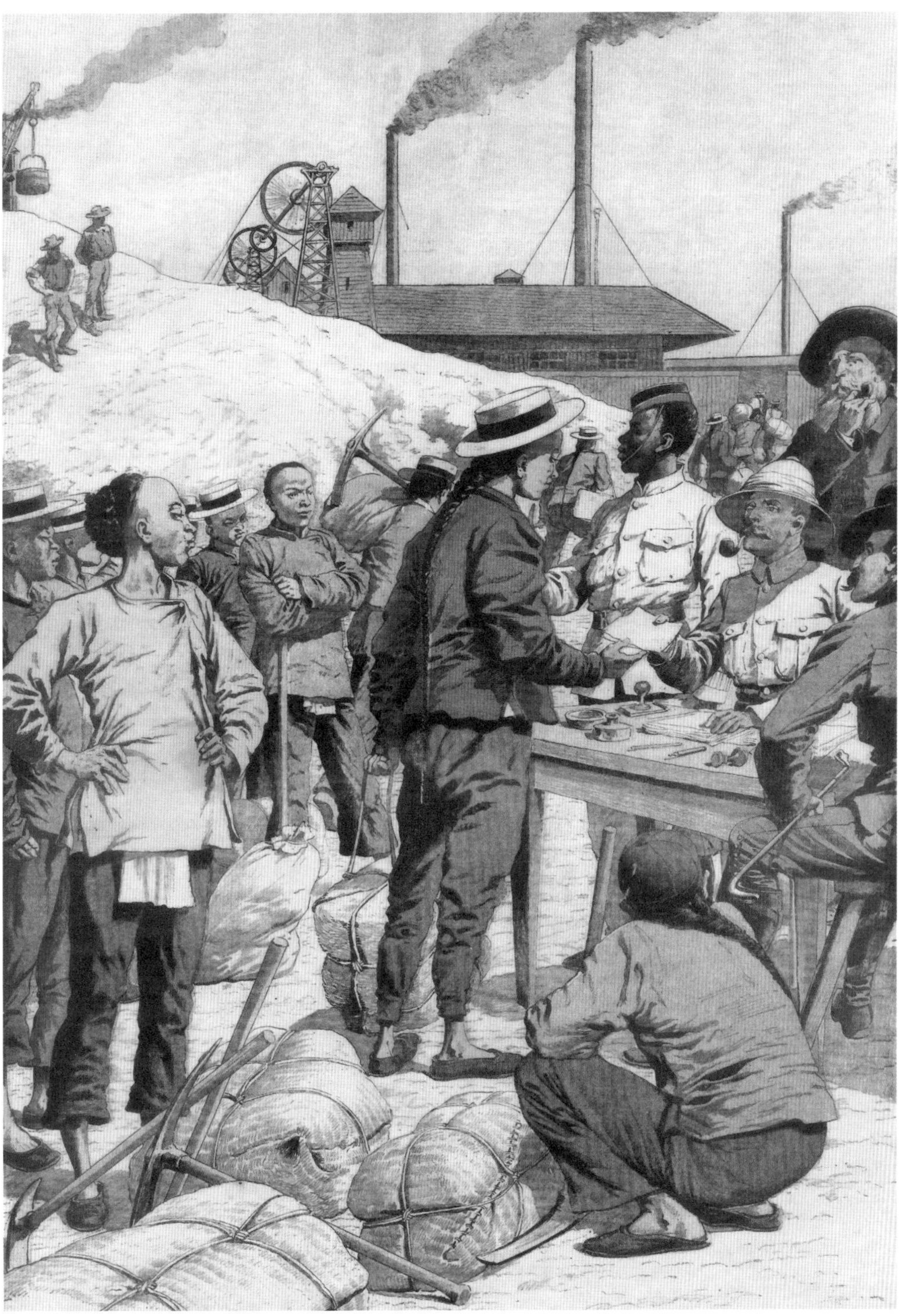

남아프리카에서: 광산에서 일하는 중국인 노동자
DANS L'AFRIQUE DU SUD (Travailleurs chinois engageant dans les mines)

여순항의 대규모 해상 전투: '체사레비치'호 갑판에서

르 프티 주르날 제719호
삽화 부록
1904년 8월 28일 일요일

LE PETIT JOURNAL N°719
SUPPLÉMENT ILLUSTRÉ
DIMANCHE 28 AOUT 1904

¶ 옮긴이 해설 605쪽

한동안 중단되었던 극동 지역의 해상 군사충돌이 갑자기 재개되었다. 이달 10일 새벽, 장갑함 6척, 순양함 4척, 그리고 어뢰정 8척으로 구성된 러시아 함대가 공해에서의 포위망 돌파를 시도했다. 그러나 선박 숫자에서 더욱 우세를 점하고 있던 일본 해군 사령관 도고 헤이하치로(東鄕平八郎, 1848~1934) 제독이 지휘하는 함대가 이미 부근 해역에서 진을 치고 대기하고 있었다. 일본군은 당시 장갑함 6척, 순양함 11척, 그리고 어뢰정 30척을 보유하고 있었다. '체사레비치'호에 승선한 비트게프트(Witheft) 사령관은 러시아군을 인솔하여 적군 함대의 중간에 통로를 뚫으려고 시도했다.

한 차례 격전이 벌어진 후 러시아군은 정오 즈음에 공해에 도달할 수 있었다. 그러나 일본군이 포기하지 않고 추격한 결과 쌍방은 다시 격렬한 교전 상황으로 들어갔다. 체사레비치호는 전날 일본군에 의한 여순항 공격에서 상당한 손상을 입은 바 있는데, 이날 다시 타격을 입었다. 적군의 화력은 이 장갑함에 집중되었다. 본지의 삽화는 체사레비치 장갑함의 갑판에서 전체 승무원이 포탄이 작렬함에도 불구하고 일본의 공격에 용감하게 반격하는 감동적인 순간을 묘사하고 있다.

길고도 명예로운 저항을 끝내고 밤이 되자 체사레비치호는 이미 주력 함대를 뒤따르는 것도 힘에 부쳐 어쩔 수 없이 독일령 교주만(膠州; 현재의 칭다오)에 정박했다. 당시 항속은 4노트였다. 그러나 이 정도 속도에 도달하기 위해 엄청난 양의 석탄을 연소시켜야만 했다. 장갑함의 조타는 이미 부서졌으며 함포는 떨어져 나갔다. 구명정도 사라지고 없었으며, 돛대는 십자 모양으로 구부러졌고, 연돌(煙突)에는 탄흔이 가득했다. 갑판에는 이미 변형이 일어났으며 흘수선 상부에는 나무 조각으로 메운 구멍이 가득했다. 갑판은 혈흔으로 뒤덮여 있었으며 곳곳에 시체가 나뒹굴었다. 그 속에 러시아군 여순함대의 총사령관인 비트게프트 상장도 포함되어 있었다.

여순항의 대규모 해상 전투: '체사레비치'호 갑판에서
LE COMBAT NAVAL AU LARGE DE PORT ARTHUR (A bord du "Caesarevitch")

여순항의 영웅적인 방어전: 러시아군이 바위로 돌격대를 무찌르다

르 프티 파리지앵 제812호
문학 삽화 부록
1904년 8월 28일 일요일

LE PETIT PARISIEN N°812
SUPPLÉMENT LITTÉRAIRE ILLUSTRÉ
DIMANCHE 28 AOÛT 1904

러시아군은 최근의 여순 방어전투에서 일종의 비정규 무기를 투척해 일본군의 공격을 오랫동안 저지했다. 일본군은 깎아지른 듯한 늑대 고지를 향해 맹렬한 공격을 감행했으며, 몇 번이나 이 중요한 전략 요충지를 점령할 뻔했다. 다급해진 러시아군은 대포를 버리고 주변에 널린 바윗돌을 적군을 향해 투척했다. 바위는 하나하나 굴러떨어져 내려가 돌격해오던 수많은 일본군을 으스러뜨렸다. 이는 포탄의 폭발보다 더 위력적이었다. 일본군이 이 진지를 점령했을 때 언덕 아래는 말 그대로 묘지로 변해 있었다. 한데 뒤엉킨 이 수많은 시체가 어떤 새로운 무기에 의해 짓이겨진 것이라고는 누구도 상상하지 못했을 것이다.

여순항의 영웅적인 방어전: 러시아군이 바위로 돌격대를 무찌르다
DÉFENSE HÉROIQUE DE PORT-ARTHUR (Les Russes écrasent sous des rochers une colonne d'attaque)

요동반도의 해안에서: 일본군이 바다에서 밀려온 러시아 승무원의 시체를 수거하다

르 프티 주르날 제720호
삽화 부록
1904년 9월 4일 일요일

LE PETIT JOURNAL N°720
SUPPLÉMENT ILLUSTRÉ
DIMANCHE 4 SEPTEMBRE 1904

해전 역사상, 최근 요동만의 여순항 부근에서 벌어진 전투처럼 격렬한 사투가 벌어진 예는 일찍이 없었다. 여순항의 러시아 함대는 상당히 우수한 군사력에 기반해 완강하게 저항했다. 함대를 지휘한 비트게프트 상장은 전쟁의 결과에 대한 어떠한 환상도 갖지 않았다. 그는 해군 병사들에게 이렇게 말했다.

"형제 여러분! 이것이 우리의 마지막 전투입니다. 용감히 맞서 싸웁시다!"

그들은 더할 나위 없이 용감히 싸웠다. 그것은 영웅적이라는 말로도 부족했다.

전투 시작과 동시에 비트게프트 상장은 포탄에 맞아 장렬히 순국했다. 그의 시신은 함선에서 사라졌으며, 한쪽 다리만 겨우 찾을 수 있었다. 그의 군함인 체사레비치호(지난 호에 게재한 삽화를 통해 한창 전투가 벌어지고 있는 이 전함을 보여준 바 있다.)는 화염에 휩싸인 채 분연히 전진하고 있었다. 일본군 장갑함 4척과 순양함 2척이 체사레비치를 향해 맹공을 퍼부었다. 전함 바로 지근거리에 폭발하는 포탄은 사방에서 비 오듯 쏟아졌고, 귀청이 터질 것 같은 포성이 끊이지 않았다. 함교에서는 대학살과 참사의 끔찍한 광경이 펼쳐졌다.

러시아 함대의 전함 대부분이 마찬가지로 끔찍한 공격을 감내해야 했다. 야간이 되어서야 러시아 전함들은 마침내 일본 함대에게서 빠져나올 수 있었으나, 그조차 엄청난 대가를 치러야 했다.

수많은 장교와 수병이 이 전투에서 희생되었다. 일부는 거대한 폭발의 충격으로 바다에 빠졌고, 다른 일부는 포탄에 의해 산산조각이 났다. 체사레비치호에 승선한 장교 중 부상당하지 않은 이는 없었으며, 교주로 도주하는 항로에는 온통 머리와 팔이며 다리가 떠다녔다. 그것이 유일하게 찾을 수 있는 잔해였다.

피로 얼룩진 이 해전이 끝난 후 며칠 동안 요동의 해안에는 파도에 밀려 온 수병과 장교의 시신이 끊이지 않았다. 해안을 점령한 일본군 주둔부대는 매장해주기 위해 이들 시신을 건져 올렸다.

요동반도의 해안에서: 일본군이 바다에서 밀려온 러시아 승무원의 시체를 수거하다
SUR LA COTE DU LIAO-TOUNG (Les Japonais recueillent les cadavres des marins russes rejetés par la mer)

여순항 포위 공격: 일본 군사협상대표가 여순항의 항복을 재차 요구하다

르 프티 파리지앵 제813호
문학 삽화 부록
1904년 9월 4일 일요일

LE PETIT PARISIEN N°813
SUPPLÉMENT LITTÉRAIRE ILLUSTRÉ
DIMANCHE 4 SEPTEMBRE 1904

러시아군의 아나톨리 스테셀(Anatolii Mikhailovich Stoessel, 1848~1915) 장군과 항복 조건의 제시를 책임진 일본 군사협상대표 사이에 진행된 이번 회담은 분명 감동적이었지만 또한 비참하기도 했다. 일본군이 제안한 항복 조건은 그런대로 무난했다. 러시아 여순 수비부대는 일본 측의 군례(軍禮)를 받으며 쿠로팟킨 장군이 지휘하는 부대에 합류할 수 있었기 때문이다. 그러나 수비부대의 장교들은 의무감 때문에 모든 투항 제의를 거절했다.

일본의 최후통첩에 적힌 문구에 일본군의 전략이 분명하게 드러나 있다. 일본군의 입장에서 가장 중요한 것은 가능한 빨리 여순항의 육상 방어진지를 탈취하는 것이 아니라 항구의 군함 수리시설과 군함들이었다. 러시아의 해군력은 이미 파괴되었다. 이제 마지막 남은 피난처가 무너지기만 한다면 일본 함대는 제해권을 장악할 수 있게 된다. 스테셀 장군이 항복을 거부한 것은 아마도 러일전쟁 기간 중 가장 용감한 행동 중 하나가 될 것이다.

여순항 포위 공격: 일본 군사협상대표가 여순항의 항복을 재차 요구하다
LE SIÈGE DE PORT ARTHUR (Parlementaire japonais remettant la demande de reddition de la Place)

일본의 학교에서 벌어진 작은 전쟁

르 프티 파리지앵 제813호
문학 삽화 부록
1904년 9월 4일 일요일

LE PETIT PARISIEN N°813
SUPPLÉMENT LITTÉRAIRE ILLUSTRÉ
DIMANCHE 4 SEPTEMBRE 1904

세계 각지의 학생들이 똑같이 푹 빠지는 오락이 있다면 그것은 의심의 여지없이 '전쟁놀이'일 것이다. 지구의 어느 한 지역에서 끔찍하고 장엄한 스펙터클이 펼쳐지고 있을 때, 학생들의 이 게임에 대한 흥미는 더욱 강렬해진다.

일본의 한 학교에서 교사들의 인자한 시선 아래 학생들은 적대하는 양 진영을 조직했다. 한쪽은 일본 천황의 군대를 대표했고, 러시아군을 맡은 학생들은 모피 모자를 쓰고서 시베리아 저격수로 분장했다.

'해가 뜨는 나라'의 수호자들은 붉은 태양이 그려진 흰 깃발을 들었으며, 그들의 상대편은 러시아 차르의 깃발을 휘두르고 있었다. 그런 뒤 양 진영에서는 상처를 내지 않게 하려고 끝에 공을 두른 곤봉 따위의 무기를 들고 상대편을 향해 재빨리 돌진했다. 곧 혼전이 확대되어 쌍방은 전쟁놀이를 구경 온 일본 소녀들 앞에서 치고받고 싸웠다.

일본의 학교에서 벌어진 작은 전쟁
LA PETITE GUERRE DANS LES ECOLES JAPONAISES

일본 군견: 일본군이 군견을 활용해 러시아 병사를 수색하고 있다

르 프티 주르날 제721호
삽화 부록
1904년 9월 11일 일요일

LE PETIT JOURNAL N°721
SUPPLÉMENT ILLUSTRÉ
DIMANCHE 11 SEPTEMBRE 1904

¶ 옮긴이 해설 606쪽

일본 군견: 일본군이 군견을 활용해 러시아 병사를 수색하고 있다
LES CHIENS DE GUERRE JAPONAIS

여순항에서: 배추 광주리에 숨은 일본 스파이

르 프티 파리지앵 제815호
문학 삽화 부록
1904년 9월 18일 일요일

LE PETIT PARISIEN N°815
SUPPLÉMENT LITTÉRAIRE ILLUSTRÉ
DIMANCHE 18 SEPTEMBRE 1904

전쟁의 참혹한 화면에는 가끔 우스꽝스러운 장면이 끼어들곤 한다. 아래는 한 일본인과 중국인에게 일어난 불행한 일을 보여준다.

러시아군은 일본군이 여순항 내부로 스파이를 파견할 예정이라는 정보를 입수했다. 따라서 여순항 주변 지역을 엄밀히 감시하고 있었다.

어느 날, 한 중국인이 배추를 가득 담은 광주리를 메고 도시 입구의 초소에 나타났다. 무거운 짐 때문에 허리를 펴지 못하는 이 중국인을 경비병들이 막 들여보내려는 순간, 갑자기 한 초병이 혹시나 하는 마음에 총검으로 배추 광주리를 찔렀다. 광주리가 떨리기 시작하더니 배추가 땅에 떨어져 내렸고 놀라 어쩔 줄 모르는 일본인이 광주리에서 머리를 내밀었다.

그는 러시아군 내부로 침입하여 상황을 정탐하려던 일본인 장교였다. 러시아군은 신속하게 중국인 운반부와 일본인 스파이를 제압했고, 얼마 후 그 둘을 교살했다.

여순항에서: 배추 광주리에 숨은 일본 스파이
A PORT-ARTHUR (Un espion japonais dans un sac de choux)

요양 전투: 철도를 둘러싸고 전개된 격렬한 전투

르 프티 파리지앵 제815호
문학 삽화 부록
1904년 9월 18일 일요일

LE PETIT PARISIEN N°815
SUPPLÉMENT LITTÉRAIRE ILLUSTRÉ
DIMANCHE 18 SEPTEMBRE 1904

열흘에 걸친 타이탄들의 전투 이후 러시아군은 요양(遼陽)을 버리고 봉천으로 철수할 수밖에 없었다. 러일 쌍방은 모두 엄청난 손실을 입었는데, 일본군의 피해가 더 심했다. 전투가 시작된 지 며칠 만에 러시아군에서는 7000여 명의 사병이 희생되었고, 일본군은 도살장 같은 전쟁터에서 그보다 3배 많은 병력을 잃었다. 5만을 넘어서는 시체가 만주 평원의 대지를 가득 메웠다.

일본군이 요양을 점령하려 한 주요 목적은 러시아군을 북쪽으로 몰아붙이고 철도를 탈취해 그들과 봉천 사이의 연락망을 단절시키는 것이었다. 그들은 철도를 점령하기 위해 모든 노력을 쏟아 부었다. 러시아군이 몇 번이나 철도를 재탈환했음에도 불구하고, 결국 북쪽으로 퇴각하는 과정에서 철도 탈환 행동을 포기해야 했다.

일본군은 연속 포격으로 기차역과 인근의 건물을 파괴한 후, 러시아 철도 연선의 참호에 보병 특공대를 파견했다. 그들은 총검으로 러시아군에게 진격했지만, 침착한 러시아군은 대규모의 적에게 근거리에서 사격을 가했다. 수차례에 걸친 피비린내 나는 공격을 감행한 후 비로소 일본군은 러시아군을 진지에서 몰아낼 수 있었다. 요양 주변에서 벌어진 대규모 전투에서 50만 명이 포로로 붙잡혔다. 그들은 놀라울 정도의 영웅적 기개를 보여주었다. 러시아군의 침착하고 냉정한 인내심은 말할 것도 없고 일본군의 무모함과 격렬함까지도 감탄스럽기 그지없었다.

요양 전투: 철도를 둘러싸고 전개된 격렬한 전투
LA BATAILLE DE LIAO-YANG (Combats acharnés sur la voie ferrée)

여순 방어전: 지뢰에 의해 궤멸된 일본 특공대

르 프티 파리지앵 제816호
문학 삽화 부록
1904년 9월 25일 일요일[1]

LE PETIT PARISIEN N°816
SUPPLÉMENT LITTÉRAIRE ILLUSTRÉ
DIMANCHE 25 SEPTEMBRE 1904

최근 몇 차례의 전투가 시작된 이후 우리가 여순항에 파견한 통신원은 매일 우리에게 발송하는 전보를 통해 전쟁의 격렬함과 잔혹함을 상세히 묘사하고 있다.

약 700인으로 구성된 일본군 종대가 여순 전방의 한 지뢰에 의해 궤멸되었다. 이 지뢰는 3주 전 면밀하게 매설되었으며, 1마일에 걸쳐 은폐되어 있었다. 어느 저녁, 전초 지역에 일본군이 접근해왔다. 러시아군은 사격을 하는 대신 산골짜기를 향해 탐조등의 불빛을 비췄다. 일본군은 사격을 개시했지만 러시아군은 응사하지 않았다. 얼마 후 일본군 종대는 이 위험지대를 점령했고, 잠시 후 끔찍한 폭발이 일어났다. 그로 인해 러시아군들도 몸을 가누지 못할 정도의 진동이 발생했다.

탐조등의 불빛에 의지해 우리는 총과 팔다리가 함께 날아다니는 것을 목격할 수 있었다. 그 장면은 진정 끔찍하기 이를 데 없어 주둔군들조차 놀라 얼어붙었다. 잠시 후 모든 것이 평온을 회복했다. 탐조등이 비출 수 있는 도로와 산등성에는 온통 시체로 뒤덮여 있었다. 다음 날, 러시아군은 시체를 매장했다. 시신이 너무 훼손되어 희생자의 수를 정확히 계산할 수 없을 지경이었다. 그러나 확신할 수 있는 것은 이 폭발에 생존할 수 있었던 일본인은 없으리라는 점이다.

1. 중문판에서는 기사 번역이 누락되었으나, 삽화의 맥락을 보여주는 데 필요하다고 판단해 프랑스어 기사를 바탕으로 보충했다.

여순 방어전: 지뢰에 의해 궤멸된 일본 특공대
DÉFENSE DE PORT-ARTHUR (Une colonne japonaise détruite par une mine)

일당백: 여순 요새를 수호하는 러시아 장교 레베디예프

르 프티 주르날 제723호
삽화 부록
1904년 9월 25일 일요일[1]

LE PETIT JOURNAL N°723
SUPPLÉMENT ILLUSTRÉ
DIMANCHE 25 SEPTEMBRE 1904

1. 중문판에서는 기사 번역이 누락되었으나, 삽화의 맥락을 보여주는 데 필요하다고 판단해 프랑스어 기사를 바탕으로 보충했다.

전쟁이 시작된 이래로 러시아군과 일본군에 의해 수행된 영웅적 행위는 셀 수 없을 정도로 많다. 이 거대한 전쟁의 교전국들 중 어느 한쪽에 더 마음이 쏠린다 하더라도, 러시아인이 일본인보다 더 용감하다거나 일본인들이 러시아인보다 더 영웅적으로 보인다고 말하는 것은 불가능하다.

지난 며칠간 일본군은 여순의 요새를 포위 공격했다. 그들은 사다리가 도착하기도 전에 조금도 주저하지 않고 여순항이 내려다 보이는 요새(Zaredoutni)의 벽을 타고 올라왔다. 빗발처럼 쏟아지는 총탄을 뚫고 살아남은 레베디예프(Lebedief) 대위는 홀로 일본군에 맞섰다.

이 러시아 영웅은 요새의 담장 꼭대기에 서서 한 손에는 권총을, 다른 한 손에는 장검을 들고 우뚝 섰다. 그는 동료의 어깨를 딛고 인간 피라미드를 만들어 벽을 오르던 일본 보병대대원 25명을 죽이고 부상을 입혔다. 세 번의 공격을 격퇴한 후 지친 대위는 자리에 앉아 땀을 훔쳤다. 그 순간 유산탄이 그의 몸을 산산조각 냈다.

어떠한 논평도 이 용감한 군인의 영광스러운 최후에 대한 이야기를 퇴색시킬 수 없을 것이다.

일당백: 여순 요새를 수호하는 러시아 장교 레베디예프
LE CAPITAINE RUSSE LEBEDIEF DÉFEND SEUL UN BASTION DE PORT-ARTHUR

일본군 주둔지의 극장

르 프티 주르날 제723호
삽화 부록
1904년 9월 25일 일요일

LE PETIT JOURNAL N°723
SUPPLÉMENT ILLUSTRÉ
DIMANCHE 25 SEPTEMBRE 1904

일본군 주둔지의 극장

만주에서: 자동차 덕분에 탈출한 러시아 장교

르 프티 주르날 제724호
삽화 부록
1904년 10월 2일 일요일

LE PETIT JOURNAL N°724
SUPPLÉMENT ILLUSTRÉ
DIMANCHE 2 OCTOBRE 1904

본지 1면의 삽화에서 묘사한 이 불행한 사건은 피비린내 나는 구련성(九連城; Turrentchen) 전투에서 벌어졌다. 사건의 주인공 중 한 명인 운전병 베라푸첸코프(Verapoutchenkoff)가 러시아 미디어에 다음과 같이 이 사건을 알렸다.

"저는 자술리치 장군 휘하의 자동차 운전병입니다. 구련성 전투 중에 2명의 장교를 22군단 사령부로 이동시키라는 명을 받았습니다. 그런데 지정된 사령부 위치에 도착해 보니, 불행히도 러시아인은 보이지 않았고 일본군들이 그곳을 점령한 후였습니다. 일본군은 우리를 향해 사격을 개시했습니다. 저는 자동차 앞좌석에 앉아 있다가 옆구리에 한 발을 맞고 쓰러졌습니다. 한 장교가 몸을 일으켜 저의 상처를 살피다가 총알이 그의 팔뚝을 관통했습니다. 다른 한 장교는 날아온 총알에 신체 좌측이 명중했습니다. 자동차가 멈춰 서자 일본군은 사격을 잠시 중단한 뒤 우리를 향해 조금씩 접근해왔습니다. 팔뚝에 부상당한 장교가 저에게 말했습니다. '제발 앉아 보시게. 그렇지 않으면 우리 셋 다 붙잡힐 게야.' 그는 저를 부축해 일으켰습니다. 저는 자동차에 시동을 걸어 재빨리 후진했습니다. 저는 쓰러지지 않기 위해 운전대를 꽉 잡고 있었고, 장교가 다치지 않은 팔로 옆에서 저를 잡아주었습니다. 도로가 아주 평탄해서 우리는 결국 탈출할 수 있었습니다. 일본군들이 다시 우리를 향해 사격을 해왔지만 다행히도 자동차의 중요 부위에는 맞지 않았습니다."

이 사건은 훗날 역사가들이 현대전에서 자동차의 역할을 이야기할 때 수집하고 기록할 만한 가치가 있는 침착하고 용감한 대처를 보여주었다.

만주에서: 자동차 덕분에 탈출한 러시아 장교
EN MANDCHOURIE (Officiers russes sauvés par une automobile)

봉천 부근에서: 러시아군 참호를 공격하는 일본군

르 프티 주르날 제724호
삽화 부록
1904년 10월 2일 일요일

LE PETIT JOURNAL N°724
SUPPLÉMENT ILLUSTRÉ
DIMANCHE 2 OCTOBRE 1904

요양 전투가 끝나자 이제 봉천 차례다. 폭우도 교전 쌍방의 전진하는 발걸음을 막을 수 없었으며, 다가오는 겨울도 전투에 대한 그들의 열정을 식힐 수 없었다. 양국 부대 모두 영웅심과 헌신적인 희생정신으로 일렁이고 있었다. 그리고 이 희생정신은 상대방에게는 잔혹하고 무정하기 그지없었다. 열흘 동안 지속된 요양 전투에서 무수한 병사들이 희생되었다. 그들을 매장하자마자 또다시 더욱 비참하고 끔직한 봉천 전투가 시작되었다.

쿠로팟킨 장군은 자발적으로 봉천으로 철군했다. 이는 적군까지도 경탄하게 하는 조치였다. 장군은 봉천에 요새를 구축해 방어했다. 러시아군이 취한 전략적 위치는 요양 전투 직전의 그것과 아주 유사했다.

그러나 일본군은 겨울의 추위에 잘 버틸 수 있는 증원부대를 파견했다. 이들은 이미 러시아군의 참호 바로 앞까지 출몰했다. 봉천 동부에서 쌍방은 처음으로 교전에 들어갔다. 일본인은 러시아군의 진지를 향해 맹렬하게 돌진했고, 이번에도 마찬가지로 완강한 저항에 부딪혔다. 새로운 전투가 시작되었다. 전 세계가 이 거대한 전쟁의 피비린내 나는 변화를 유심히 지켜볼 것이다.

봉천 부근에서: 러시아군 참호를 공격하는 일본군
AUTOUR DE MOUKDEN (Les Japonais donnent l'assaut aux retranchements russes)

여순의 어린 영웅

르 프티 파리지앵 제817호
문학 삽화 부록
1904년 10월 2일 일요일

LE PETIT PARISIEN N°817
SUPPLÉMENT LITTÉRAIRE ILLUSTRÉ
DIMANCHE 2 OCTOBRE 1904

만주에서의 전쟁에서 생겨난 무수한 영웅적 이야기 중 니콜라이 주예프(Nicolas Zoueff)의 용감한 행위와 같이 비범한 것은 찾기 힘들다. 이 아이는 고작 14세에 입대해 37사단에서 전장을 누볐다. 그의 양부 주예프 중위는 페트로파블롭스크호에서 희생되었다. 어리디 어린 니콜라이는 이미 2개의 성 게오르기 십자훈장을 수여받았으며 세 번째 훈장 수여자로 추천되었다.

이 용감한 어린 영웅은 수차에 걸쳐 여순과 요양 사이의 일본군 방어선을 뚫고 통신 문건을 전달했다. 그는 어느 날 문건을 전달하는 도중에 붙잡혔다. 일본군은 그가 너무 어려서 통신병이라고 생각하지 못했다. 그는 기회를 엿보아 적군의 총과 말을 '훔쳤고'(그 자신의 표현에 따르면), 쉴 새 없이 달려 러시아 주둔지로 돌아왔다. 일본군이 쏜 총알에 어깨를 명중당한 것이 부상의 전부였다.

부상에서 회복된 후 그는 또다시 비밀 통신원이 되어 적군 속으로 되돌아갔다. 이번 임무는 꽤 성공적이었다. 그는 대석교(大石橋) 부근에 주둔하던 일본군 진영에 잠입했다. 그곳에서 대포를 엄호하는 장막에 파고들어 대포의 노리쇠를 해체한 후 아무런 기척도 없이 전리품을 안고 러시아 진영으로 돌아왔다. 그는 또한 일본군 진영의 배치를 연구해 일본 부대의 병력을 추산해서 상세한 보고서를 작성했다. 러시아군에서 성 게오르기 십자훈장 수상자로 이 아이보다 더 어울리는 베테랑은 찾기 힘들다. 최고사령관이 직접 훈장을 이 어린 영웅의 가슴에 달아주었다.

여순의 어린 영웅
LE PETIT HÉROS DE PORT-ARTHUR

요양으로의 복귀: 수렁에 빠진 포병대

르 프티 파리지앵 제817호
문학 삽화 부록
1904년 10월 2일 일요일

LE PETIT PARISIEN N°817
SUPPLÉMENT LITTÉRAIRE ILLUSTRÉ
DIMANCHE 2 OCTOBRE 1904

러시아군은 마지막으로 요양으로 복귀하는 과정에서 이례적인 어려움에 봉착했다. 다행히 병사들의 희생정신과 강철 같은 의지로 복귀는 질서 있게 진행될 수 있었다. 병사들은 모든 화기와 화물 전체를 끌고서 조금씩 좁은 길을 뚫고 지나갔다. 또한 보병대는 팔로 대포 부품을 끌고서 산을 넘기도 했다.

산을 넘는 것만도 이미 상당히 힘든 일인데, 평원에서 퇴각하던 좌중(左中) 노선의 종대는 적군의 위협을 받아 어려움을 겪었다. 그럼에도 불구하고 성공적으로 화기와 화물 모두를 요양으로 운송했다. 우측 노선의 종대가 통과해야 하는 철도 노선 서쪽은 홍수 재해가 극심한 지역이었다. 그들이 반드시 거쳐야 할 도로는 거의 통행할 수 없는 지경이었다.

동시에 엄청난 병력의 일본 후위부대가 끊임없이 러시아군 우로(右路)종대와 소규모 교전을 벌이고 있었다. 이 중 일개 포병대가 철수하는 과정에서 소택지(沼澤地)에 빠져 버렸다. 분견대가 이 포병대를 구출하기 위해 온갖 방책을 강구했다. 심지어 24필의 말을 동원해 대포를 끌어내기도 했고, 보병대는 밧줄로 대포를 끌어냈다. 그러나 말과 병사들 모두 늪 속으로 깊숙이 빠져들어갔다. 병사들이 스스로를 지키기 어려운 상황이 되자 어쩔 수 없이 먼저 병사들부터 구출해야 했다.

늪에서 포대를 끌어낼 시간을 벌기 위해 루트콥스키(Routkowsky) 장군의 후위부대가 원래 계획보다 더 오래 위치를 고수해야 했고, 이 때문에 심각한 피해를 입게 되었다.

엄청난 노력과 희생을 쏟아 부었음에도 결국 포대를 포기해야 했다. 왜냐하면 대포의 바퀴 부위가 이미 늪 깊숙이 빠져 들어갔기 때문이다.

요양으로의 복귀: 수렁에 빠진 포병대
RETRAITE DE LIAO-YANG (UNE BATTERIE EMBOURBÉE)

여순 소식: 카자크 기병대 중위 페트로프의 영웅적인 죽음

르 프티 파리지앵 제818호
문학 삽화 부록
1904년 10월 9일 일요일

LE PETIT PARISIEN N°818
SUPPLÉMENT LITTÉRAIRE ILLUSTRÉ
DIMANCHE 9 OCTOBRE 1904

¶ 옮긴이 해설 606쪽

여순 소식: 카자크 기병대 중위 페트로프의 영웅적인 죽음

여순 소식: 포위 공격의 피해자를 돌보다 포탄의 파편에 부상당한 스테셀 장군 부인

르 프티 주르날 제726호
삽화 부록
1904년 10월 16일 일요일

LE PETIT JOURNAL N°726
SUPPLÉMENT ILLUSTRÉ
DIMANCHE 16 OCTOBRE 1904

¶ 옮긴이 해설 607쪽

여순 소식: 포위 공격의 피해자를 돌보다 포탄의 파편에 부상당한 스테셀 장군 부인
À PORT-ARTHUR (La générale stoessel blessée par un éclat d'obus en soignant des victimes du siège)

만주 변경의 청국 군대: 마 원수와 그의 부대

르 프티 주르날 제726호
삽화 부록
1904년 10월 16일 일요일

LE PETIT JOURNAL N°726
SUPPLÉMENT ILLUSTRÉ
DIMANCHE 16 OCTOBRE 1904

¶ 옮긴이 해설
607쪽

현재 북직례(北直隸; Petchili) 북쪽 변경에 집중하고 있는 마(馬) 원수의 부대는 러일전쟁에 중국이 개입할 것을 두려워하는 사람들에게 걱정거리를 던져주고 있다.

사실상 이 부대의 임무는 교전국의 어느 쪽이라도 중국 영토를 침입하는 것을 저지하는 것이다. 그들은 사실 변경을 보호하는 헌병대에 해당하는 부대다. 그러나 중국에서 정부의 힘이 얼마나 불안정한지, 군대에 대한 영향력이 얼마나 제한적인지에 대해 모두가 똑똑히 알고 있다. 청군은 승인되지 않은 일반인으로 구성되어 있다. 그들에게 돈을 지급하면 군인이지만, 일단 해산하는 순간 마적으로 돌변한다.

만약 마 원수가 이끄는 청군이 일본인의 선동에 이끌려 이 전쟁에 개입하게 된다면 청 정부가 무엇을 할 수 있겠는가? 대략 2000명으로 구성된 이 부대는 현재 중국이 소유한 최고의 군대라고 말할 수 있다. 중국에서 최고라고 해서 그들이 아주 뛰어나다는 의미는 아니다.

그러나 이들은 유럽식으로 훈련받고 무장했다. 직례성(直隸省)을 거의 독립적으로 통치하는 직례총독(直隸總督) 원세개(袁世凱)는 진정한 군대를 편성하는 데 모든 노력을 기울였다. 이를 위해 그는 특별히 이른바 '서양 오랑캐(洋鬼子; Barbares d'Occident)'들에게서 최신 무기를 구매했으며, 우리의 방식에 따라 병사를 훈련시켰다.

그러나 우리는 중국인이 군사와 연관된 모든 것을 경시한다는 사실을 잘 안다. 따라서 직례총독의 노력에도 불구하고 중국이 서구의 군사 강국과 경쟁할 만한 군대를 조직할 시기는 아직 되지 않았다. 마 원수의 병사들이 진일보한 것은 사실이지만, 만약 그들에게 북경으로 진군하는 러시아군이나 일본군을 저지하도록 명령한다면 아마도 어찌할 바를 모를 것이다.

만주 변경의 청국 군대: 마 원수와 그의 부대
L'ARMÉE CHINOISE AUX FRONTIÈRES DE MANDCHOURIE (Le maréchal Ma et ses troupes)

여순 함대를 공격하려는 대담한 시도

르 프티 파리지앵 제819호
문학 삽화 부록
1904년 10월 16일 일요일

LE PETIT PARISIEN N°819
SUPPLÉMENT LITTÉRAIRE ILLUSTRÉ
DIMANCHE 16 OCTOBRE 1904

일본군은 매일같이 온갖 가능한 방법을 동원해 여순 항구로 잠입하려는 시도를 해왔다. 최근 한동안 일본군이 가한 맹렬한 공격이 모두 실패하자, 책략을 써서 스테셀 장군이 굳건히 방어하는 여순을 점령하려 한 것이다. 일본군이 간계에 능한 것은 잘 알려진 사실이다. 이번에는 또 얼마나 기괴하고 비상한 수를 사용할 것인지 기대된다.

일본 함대가 더 이상 항구의 위험한 통로를 뚫으려는 시도를 감행하지 못하게 된 상황에서 한 일본군 중위가 어뢰를 끌고서 헤엄쳐 간 일이 있었다. 칠흑 같이 어두운 밤, 그는 드디어 여순항의 입구에 도달했다. 그의 뒤에는 파괴 무기가 끌려오고 있었다. 그는 천신만고 끝에 러시아 군함의 방재(防材) 구역에 기어 올라갔다. 그가 어뢰를 한 장갑함에 발사하기 위해 준비하고 있었을 때, 갑자기 탐조등 불빛이 그에게 쏟아졌고, 요새에서는 즉각 사격이 개시되었다. 포탄이 방재 구역쪽으로 쏟아졌고 그 순간 어뢰가 폭발했다. 이 용감한 장교는 폭발에 의해 산산조각이 났다.

여순 함대를 공격하려는 대담한 시도
AUDACIEUSE TENTATIVE CONTRE LA FLOTTE DE PORT-ARTHUR

만주 소식: 러시아군이 '고수산'을 공격하다

르 프티 주르날 제728호
삽화 부록
1904년 10월 30일 일요일

LE PETIT JOURNAL N°728
SUPPLÉMENT ILLUSTRÉ
DIMANCHE 30 OCTOBRE 1904

사하(沙河)에서 진행된 전투는 러일전쟁에서 가장 참혹한 전투 중 하나였다. 본지의 1면 삽화가 담고 있는 장면은 쌍방이 며칠 동안 이어진 이 피비린내 나는 전투에서 보여준 굳건하고 용감하며 필사적인 영웅 정신을 그려내고 있다.

일본군은 남진찰(南陳紮; Namchinza) 촌의 동북부에 위치한 한 높은 산봉우리를 점령했다. 이 산은 정상에 나무가 한 그루만 있다고 해서 '고수산(孤樹山; Arbre-Isolé)'이라는 명칭으로 불렸다. 메이옌도르프(Meyendorf) 남작이 지휘하는 러시아군이 도착했을 때 일본군은 이미 다급히 참호를 쌓아 산을 방어하고 있었다. 한 차례의 격렬한 포격이 휘몰아친 후 러시아 병사들은 산을 향해 습격을 감행했다. 끔찍한 난투가 벌어졌다. 러시아군은 비처럼 쏟아지는 총탄을 뚫고 비탈을 올라갔다.

정상에 도달하자 러시아군과 일본군 사이에 총검을 사용한 육탄전이 시작되었다. 산 정상은 무시무시한 학살의 현장으로 변했다. 한 치의 양보도 없이 오랜 시간 대치했지만 승부는 갈라지지 않았다. 마침내 용맹한 장교인 푸틸로프(Poutiloff) 대령의 지휘하에 러시아군은 정상을 점령할 수 있게 되었다. 완강하게 저항하던 일본군은 11문의 대포를 그대로 남겨둔 채 어쩔 수 없이 물러났다.

진지를 점령한 러시아 병사들은 그들의 지휘관에게 갈채를 보내며, 앞으로 '고수산'이라는 명칭 대신 '푸틸로프 산'이라 부를 것을 선포했다. 얼마 후, 쿠로팟킨 장군의 참모부에 속한 장교가 달려와 이 용맹한 대령에게 블라디미르 십자훈장을 수여했다.

만주에서: 러시아군이 '고수산(孤樹山)'을 공격하다
EN MANDCHOURIE (Les Russes donnent l'assaut à la montagne de l'"Arbre-Isolé")

시베리아의 아마존 군단: 니콜스크우수리스크 평원에서 훈련 중인 카자크 여성 기병대

르 프티 주르날 제728호
삽화 부록
1904년 10월 30일 일요일

LE PETIT JOURNAL N°728
SUPPLÉMENT ILLUSTRÉ
DIMANCHE 30 OCTOBRE 1904

«르 프티 주르날»은 이미 여러 차례에 걸쳐 러시아 여인들이 극동의 전쟁에서 보여준 영웅적 기개를 독자 여러분에게 전한 바 있다. 이번 호에서 우리는 또 하나의 삽화로 이 여성들의 고상한 품격을 되새기고자 한다.

먼저 우리가 기억해야 할 이는 전쟁 초기 블라디보스토크의 한 대령 부인이다. 그녀는 남편이 지휘하는 부대의 군기를 구하기 위해 용감하게 행동했다. 최근 여순에서는 현지의 부상병을 돌보다 상처를 입은 스테셀 장군 부인이 자기희생 정신을 또 한 번 보여주었다.

지난 5월, «르 프티 주르날»은 안토니나 바실리예브나 페트로바(Antonina Vasilievna Petrova)의 빛나는 여정을 보도한 바 있다. 사라토프 출신인 페트로바는 보병대 36군단에 들어가 극동으로 떠났다. 그 이후 러시아에서는 여성의 가치를 증언하는 다른 많은 사례들이 출현했다.

이제 그런 용감한 행적들은 더 이상 유별난 사례가 아니다. 시베리아의 니콜스크우수리스크에서는 진정한 아마존 군단이라 할 수 있는 여성 '소트냐'[1]가 편성되었다. 53명의 여성 전투원으로 구성된 이 소트냐의 지휘관은 고급 철도 관리의 아내인 나데즈다 트레스쵸프(Nadejda Trestschoff) 부인이다. 그들은 카자크 기병 제복을 입고 매주 세 차례의 마상 군사훈련을 진행한다. 말안장에 앉아 질주하면서 사격을 하는데, 과녁을 빗나가는 법이 거의 없다.

어느 날 밤 경보가 울렸다. 30분 안에 모든 대원이 지정된 집합 지점에 도착해 전투 준비를 마쳤다. 이 아마존 기병대에는 어린 소녀도 적지 않으며, 그중 리에스코네(Lieskone) 양은 시베리아에서 가장 뛰어난 기수다. 이 소트냐는 톰스크 의학원(la Faculté de Tomsk) 출신의 주치의와 통역원도 보유하고 있다.

현지 지휘관인 콜류바킨(Kolioubakine) 장군은 이 부대를 사열한 후 매우 만족해했다. 그는 이 군단에게 다른 일반적인 카자크 기병과 구별되는 표지를 장착하도록 지시했다. 다음 날, 이 아마존 여전사들은 모두 오른팔에 매듭 형태의 완장을 달았다. 매력적이고 아름다운 이 시베리아 카자크 기병대는 긴 카프탄 코트를 입고 털모자, 바지와 장화를 신었으며, 코카시안 사브르(기병도)를 휘두르고 허리춤에는 은 손잡이가 달린 킨드잘(단검)을 꽒았다. 고대의 아마존처럼, 이들은 기품과 아름다움이 결합된 용기와 힘의 완벽한 화신이었다.

1. sotnia. 카자크 기병 중대.

시베리아의 아마존 군단: 니콜스크우수리스크 평원에서 훈련 중인 카자크 여성 기병대
UN CORPS D'AMAZONES SIBÉRIENNES (La «sotnia» des femmes cosaques s'exerçant dans la plaine de Nikolsk-Oussourisk)

티베트에서: 영국의 지배를 피해 탈출하는 달라이 라마

르 프티 주르날 제731호
삽화 부록
1904년 11월 20일 일요일

LE PETIT JOURNAL N°731
SUPPLÉMENT ILLUSTRÉ
DIMANCHE 20 NOVEMBRE 1904

¶ 옮긴이 해설 608쪽

영국인은 적극적으로 행동하는 민족이다. 비록 세심하지는 않다 해도, 어떠한 감상적인 고려로 인해 약화되지 않도록 적절한 기지를 가지고 대외 정책을 수행할 줄 안다. 티베트에 대한 영국의 '침공'은 그것을 잘 증명하는 전형적인 사례다. 라싸가 수도라는 사실 외에 여전히 미지의 영역인 광활한 티베트 지역에서 오랜 시간 힘을 축적한 '앨비언의 자손들[영국]'의 공격에 맞설 수 있는 것은 오직 러시아뿐이었다.

지금 러시아는 만주를 점령하기 위한 전쟁에 전력을 기울이는 상황이다. 영국은 공허한 세심함에 머뭇거리지 않고 이 유리한 기회를 틈타 티베트 공략에 나섰다. 영국 원정군의 지휘관인 영허즈번드 대령은 라싸를 향해 출발했다. 그의 목적은 수도승들의 수도를 통치하는 달라이 라마에게 영국의 지배를 강요하는 데 있었다.

지난 7월 25일, 영국군은 브라마푸트라(Brahmapoutre) 강을 건넜다. 8월 1일에는 라싸를 조망할 수 있는 지근거리에 도착했다. 그리고 8월 3일, 원정군은 이 성스러운 도시에 입성했다.

티베트 군대는 제대로 된 대응 사격도 몇 발 하지 않았다. 티베트 불교 최고지도자인 라싸의 달라이 라마가 취한 전략은 영국 세력에 대한 호의를 접는 것이었다. 원정이 진행되는 사이 달라이 라마는 영허즈번드 대령에게 수도인 라싸에 진입하지 말아달라는 메시지가 담긴 편지를 전했다. 대령이 전언을 무시하자 달라이 라마는 그와 협상에 들어가는 것을 공식적으로 거부했다.

영국군의 라싸 진입이 얼마 남지 않았을 때 신인(神人; l'homme-Dieu)은 이 성스러운 도시를 떠나 라싸에서 20마일 위치에 있는 한 사원으로 피신했다. 그러나 여전히 침입자와 너무 가까이 있었고, 그들의 요구를 수락할 생각도 없었다. 달라이 라마는 티베트를 떠나 몽골로 피신하기로 결정했다. 본지 일면의 삽화는 바로 달라이 라마와 수행원이 탈출하는 과정을 보여주고 있다. 그는 울란바토르(Ourga)의 간단 사원(甘丹寺; Ghendane)[1]으로 갔고, 그곳에서 비로소 영국의 야심으로부터 안전할 수 있게 되었다. 이 탈출은 우선 영국군의 모든 계획을 뒤집어엎었다. 그들의 입장에서 라싸 점령만으로는 불충분했으며, 상황을 합법화하는 것이 추가로 필요했다.

그러나 달라이 라마는 협상을 바라지 않았다. 그 때문에 영국이 자신의 세력 범위를 확정하고 싶다 해도 실제적인 점령을 포기할 수밖에 없었다. 다시금 영국인들은 머뭇거렸지만, 침략을 길게 멈추지는 않았다. 그들은 쉽게 야심만만한 라마를 찾아 섭정위원회를 구성하고 조약에 서명하게 했다. 이제 남은 건 신앙심이 깊고 종교 지도자를 굉장히 존경하는 티베트 인민들이 지도자의 의견을 거스르고 금지된 도시인 라싸를 더럽힌 무자비한 침략자와 서명한 조약을 받아들일 것인가 하는 점이다.

유럽 각국은 이처럼 공공연한 조약 위반과 중국 제국의 영토(우리가 잊지 말아야 할 것은

1. 정식 명칭은 '간단테그치놀렌(Gandantegchinlen) 사원'이다.

티베트에서: 영국의 지배를 피해 탈출하는 달라이 라마
AU THIBET (Le Dalaï-Lama de Lhassa fuit la domination anglaise)

티베트가 중국의 속주 중 하나라는 점이다.)에 대한 대담한 공격에 무관심한 듯 보인다. 우리 프랑스 의원들이 델카세(Delcassé) 외무장관이 이 중대한 사건에 대해 침묵과 무관심으로 일관하고 있는 것에 대해 질문을 던질지 궁금하다. 극동에서 배상을 요구할 권한이 프랑스에게 있다는 사실을 그에게 일깨울 필요가 있지 않을까?

여순에서: 기수 디미트리예프가 '레트비잔'호의 호위함을 이끌고 일본 구축함을 침몰시키다

르 프티 파리지앵 제826호
문학 삽화 부록
1904년 12월 4일 일요일

LE PETIT PARISIEN N°826
SUPPLÉMENT LITTÉRAIRE ILLUSTRÉ
DIMANCHE 4 DECEMBRE 1904

¶ 옮긴이 해설 608쪽

일본군은 여순 부근의 해역에서 민첩하게 기동전을 펼치기 위해 그들의 전함을 사지로 몰아넣을 수 있는 부유 기뢰를 끊임없이 수색했다. 며칠 전, 이 위험한 임무를 맡은 어뢰정과 4개의 연돌을 가진 구축함이 타체(Tache)만에 접근했다. 결국 러시아군의 기수 디미트리예프(Dimitrieff)가 이를 발견했고, 어둠을 틈타 어뢰를 사용해 그중 한 전함을 타격하는 계획을 구상했다.

어둠이 깔릴 무렵, 디미트리예프와 10여 명이 어뢰발사관이 장착된 레트비잔호의 소형 호위함에 탑승했다. 그들은 적군의 탐조등을 피해 항구를 벗어나는 데 성공했다. 일본 구축함의 지근거리에 접근했을 때 어뢰를 발사했고, 그 즉시 구축함에 명중했다. 이어서 해면에서 귀를 울리는 폭발음이 들려왔고 일본 구축함은 그대로 침몰했다. 소형 호위함은 재빨리 항구로 귀환했으며 조금의 손상도 입지 않았다. 일본군은 호위함의 존재를 전혀 알아차리지 못했기 때문에 구축함이 기뢰와 부딪힌 것으로만 알고 있을 것이다. 디미트리예프는 지금 화제의 인물이 되었다.

여순에서: 기수 디미트리예프가 '레트비잔'호의 호위함을 이끌고 일본 구축함을 침몰시키다
A PORT-ARTHUR (L'enseigne dimitrieff, commandant une chaloupe du «retvisan», détruit un contretorpilleur japonais)

만주에 등장한 자동차: 쿠로팟킨 장군이 자동차로 러시아 전선을 순시하다

르 프티 주르날 제734호
삽화 부록
1904년 12월 11일 일요일

LE PETIT JOURNAL N°734
SUPPLÉMENT ILLUSTRÉ
DIMANCHE 11 DÉCEMBRE 1904

자동차가 유럽과 아메리카의 도로를 공략한 뒤 이제는 만주를 정복하려 하고 있다. 군사훈련 때 자동차가 하는 역할은 상당히 크다. 장군, 본부 지휘관 및 군 사령관들은 이렇게 빠른 교통수단을 이용해 부대를 사열하고 숙영지를 방문하며 명령을 하달하는 등의 업무를 한다. 도로가 있는 곳 어디에서도 자동차는 경이로움을 불러일으킨다.

그런데 이렇게 지적할 독자도 있을 것이다. 여러 차례 기사를 통해 알려졌듯 만주에는 도로가 부족하며, 있다고 해도 빗물로 인해 울퉁불퉁하고 나쁜 도로밖에 없어 거의 통행이 불가능하지 않은가? 그 점은 분명 사실이었다. 그러나 이제 더 이상 그렇지 않다.

제대로 정비가 되지 않는 만주의 도로는 여름철에 확실히 열악하다. 그러나 겨울이 되면 얼음이 빗물에 패인 노면을 복원시켜준다. 땅이 단단해지면서 모든 종류의 교통수단이 그 위를 달릴 수 있게 되었다.

겨울로 접어든 첫 날, 쿠로팟킨 장군은 도로의 변화가 가져다준 이점을 놓치지 않았다. 그는 20마력의 자동차에 올라 25마일(46킬로미터 이상) 거리에 있는 최전선까지 최고 속력으로 이동했다. 지나는 도중에 이 러시아 총사령관의 자동차를 목격한 중국인들은 경악과 충격에 휩싸였다. 천자의 백성들은 회오리처럼 빠르게 지나가는 이 괴상한 차에 미신과 같은 공포를 느꼈다. 자동차는 그들의 나라를 정복하기 위해 달려온 외국 귀신 같은 것으로 받아들여졌다.

프랑스의 자동차 전문가 라부아(Ravoir) 씨가 얼마 전 봉천에서 이 러시아 총사령관을 3주간 수행한 바 있다. 총사령관은 긴급 상황에서 군수품을 빠르게 운송할 수 있도록 특별히 제작한 자동차 20대를 보유하고 싶다는 희망을 표명했다. 그렇게 되면 겨울 기간 내내 러시아군의 보급품은 자동차로 간단히 운송할 수 있을 것이다.

러시아군 내부에서 한참을 생활하며 총사령관과 친교를 맺은 라부아 씨의 보고에 따르면 러시아군의 사기는 아주 높았다. 또한 병사들은 그들의 지휘관에 대해 확실한 믿음을 가지고 있으며 만주의 엄혹한 겨울을 그다지 신경 쓰지 않으므로 쿠로팟킨 장군이 빠른 시일 안에 그들을 전장으로 보내주기를 바란다고 전했다.

만주에 등장한 자동차: 쿠로팟킨 장군이 자동차로 러시아 전선을 순시하다
LE GÉNÉRAL KOUROPATKINE PARCOURT LES LIGNES RUSSES EN AUTOMOBILE

쿠로팟킨 장군이 자동차로 참호를 시찰하다

르 프티 파리지앵 제828호
문학 삽화 부록
1904년 12월 18일 일요일

LE PETIT PARISIEN N°828
SUPPLÉMENT LITTÉRAIRE ILLUSTRÉ
DIMANCHE 18 DÉCEMBRE 1904

쿠로팟킨 장군이 자동차로 참호를 시찰하다
LE GÉNÉRAL KOUROPATKINE EN AUTOMOBILE VISITE LES TRANCHÉES

사형수를 대상으로 한 사격 연습: 시체의 상처를 조사하는 일본 장교

르 프티 파리지앵 제828호
문학 삽화 부록
1904년 12월 18일 일요일

LE PETIT PARISIEN N°828
SUPPLÉMENT LITTÉRAIRE ILLUSTRÉ
DIMANCHE 18 DÉCEMBRE 1904

¶ 옮긴이 해설 608쪽

서울에서 전해온 소식에 따르면 일본과 조선, '해방자(libérateurs)'와 '피해방자(libérés)' 사이의 관계는 날로 경직되고 있다. 조선의 입장에서는 일본인의 행동에 화가 났고, 일본 입장에서는 반대로 조선의 저항에 격노했다. 이런 상황에서 돌연 일본측이 조선 정부에 통지하지 않은 상태에서 조선에 계엄령(loi martiale)을 시행했다. 다음은 본지의 통신원이 보도한 피비린내 나는 장면이다. 그는 몇 장의 '스냅사진'도 첨부했는데, 서울에 체류하는 일본인 사진사가 아무렇게나 판매한 것을 입수한 듯하다.

스물도 되지 않은 과부의 아들을 포함한 낫 놓고 기역자도 모르는 무식한 서울 근교의 세 농민이 어느 맑은 밤, 술기운을 빌어 경의선 철로를 가로질러갔다. 이 세 농부는 선로를 변경하는 전철기를 발견하고는 이 새로운 기구가 너무 흥미로웠던 나머지 그것을 조작하기 시작했다. 그들이 전철기를 파손했을까? 아마 파손했을 수도 있다. 그러나 이들에게 그리 큰 악의가 있었을 것 같지는 않다. 그런데 경비를 책임진 일본 헌병이 달려와 다짜고짜 이 가련한 세 말썽꾼을 체포했다. 그 뒤 그들은 서울로 호송되었고, 군사법정에서 재판을 받아야 했다. 자신들의 무죄를 호소했음에도 불구하고 그들은 러시아 스파이로 의심된다는 죄목으로 사형 판결을 받았다.

아래는 사형장 장면이다. 그들은 인력거로 사형장까지 호송되었다. 사형 집행 부대는 대오를 멈춘 뒤 서울 현지의 허가받은 사진사들이 촬영할 수 있도록 했다. 잠시 후 그들은 하얀색 나무로 만든 십자가에 각각 매달렸다. 이후 발생한 모든 일에 대해 좀 더 자세히 알아보자. 12명의 보병으로 구성된 사형 집행대가 60미터 떨어진 곳에 섰다.(다시 말하지만, 60미터다. 이런 상황에서 일반적인 거리는 12~15미터여야 한다.) 그런 다음 누군가 '사격' 명령을 하달하자, 사형 집행대의 모든 대원을 두고 하는 말은 아니지만, 그중 임의로 3명을 꼽자면 그들은 각자 한 특정 사형수를 조준했다.

더 이상 사형 집행이라 할 수 없었다. 그것은 이미 사격 경기로 변해 있었다. 그중 한 사형수는 머리에 명중하여 단발에 목숨을 잃었다. 다른 사형수는 모두 다섯 발을 맞고서야 죽었다. 마지막 사형수는 부상을 당하여 가련하게 울부짖었다. 사형 집행대원들은 사형수로부터 50미터 거리로 이동하여 다시 두 발을 쏘았다.

이 모든 상황이 끝나자 의사와 사형 집행 지휘관이 다가가 시체를 조사했다.

사형수를 대상으로 한 사격 연습: 시체의 상처를 조사하는 일본 장교.
본지 서울 주재 통신원이 발송한 사진에 근거한 수채화.
EXERCICES DE TIR SUR DES CONDAMNES A MORT (Les officiers japonais viennent examiner les blessures.
Aquarelle d'après une photographie communiquée par notre Correspondant de Seoul)

전투 과정: 만주에서 «르 프티 주르날» 특파원이 전투 상황을 관찰하다

르 프티 주르날 제738호
삽화 부록
1905년 1월 8일 일요일

LE PETIT JOURNAL N°738
SUPPLÉMENT ILLUSTRÉ
DIMANCHE 8 JANVIER 1905

러일전쟁이 일어난 이후 10개월 동안 «르 프티 주르날»의 독자들은 신속하고 정확하고 꼼꼼하게 작전 상황을 이해할 수 있었다. 이는 모두 우리 같은 거대한 대중매체가 고수해온 덕성 덕분이다. 사실 «르 프티 주르날»은 가장 빠른 시간 안에 신속하게 일본, 조선, 만주, 상트페테르부르크에 해당 국가의 언어와 관습에 익숙한 통신원을 배치하고 있다.

우리는 구미 국가의 신문사 소속 특파원들이 교전국에 파견되었을 때 만나게 되는 어려움에 대해 잘 알고 있다. 그들에게는 사방이 벽이다. 현지 사람들은 무슨 수를 써서라도 그들에게 어떠한 정보도 제공하지 않으려 했다. 게다가 러시아와 일본의 검열은 이들의 보도에 심각한 장애가 되었다. 그들 중 상당수가 이러한 보도 환경에 지쳐 어쩔 수 없이 군사작전에 대한 보도를 포기했다.

그러나 «르 프티 주르날»의 만주 특파원은 결코 포기하지 않았다. 그는 임무를 더 잘 수행하기 위해 장기간의 준비를 했다. 그는 일본, 조선, 만주 등지에서 오랜 시간 체류했으며, 1894~1895년의 청일전쟁 시기에도 특파원으로 활동한 바 있다. 따라서 누구보다 더 신속하고 적시에 정확한 정보를 수집했다. 바로 이런 점 때문에 그는 일본군을 따라다니며 압록강에서 요양으로, 다시 요양에서 봉천으로 진행되는 전쟁의 전 과정을 보도할 수 있었다. «르 프티 주르날»의 독자 여러분은 분명 그가 전투를 따라다니며 직접 목격한, 생생하게 살아 숨 쉬는 드라마틱한 장면을 잊지 못했을 것이다.

본지 8면의 삽화는 그가 우리에게 제공한 자료를 바탕으로 한 그의 모습을 보여주고 있다. 그는 당시 한 고지에서 봉천성 바깥에서 진행되는

전투 과정: 만주에서 «르 프티 주르날» 특파원이 전투 상황을 관찰하다
PENDANT LA BATAILLE (L'envoyé spécial du «Petit Journal» en Mandchourie suit les péripéties du combat)

전투를 살펴보고 있었다. 그는 일본군 부대 한가운데에서 병사들과 거칠고 고생스러운 생활을 공유하며 겨울을 보냈다.

만주의 차가운 날씨가 조금 풀릴 무렵, 극동에서는 또다시 비참한 전투가 시작되리라. «르 프티 주르날»의 독자 여러분은 전쟁 상황에 관한 정확하고 신속한 정보를 확인하게 될 것이다.

패자에게 영광을: 일본군이 스테셀 장군과 여순항을 용감히 방어한 병사들에게 예우를 표하다

르 프티 주르날 제739호
삽화 부록
1905년 1월 15일 일요일

LE PETIT JOURNAL N°739
SUPPLÉMENT ILLUSTRÉ
DIMANCHE 15 JANVIER 1905

여순항 수비대와 거주자들은 8개월간의 포위 공격 동안 가장 끔찍한 고통을 영웅적으로 인내하다 끝내 투항을 선택했다. 그러나 이 길고도 영광스러운 저항은 전 세계의 찬탄을 자아냈다.

스테셀 장군이 결사항전하며 지켜왔던 이 도시를 내놓기로 결정했다는 소식을 들은 일본 천황은 포위 부대를 지휘한 노기 마레스케(乃木希典) 장군에게 친히 전보를 보내 여순항의 관리자인 스테셀 장군을 잘 대접하고 예우를 다할 것을 지시했다. 여순항의 영웅들 입장에서 투항으로 고통스러운 시기에 적군이 바치는 존중은 더 이상 바랄 수 없는 소중한 포상이었다.

스테셀 장군은 사실상 저항을 이끈 핵심 인물이었다. 그는 적극적이며 불요불굴의 지치지 않는 사람이었다. 밤이고 낮이고 가장 위험한 곳에서는 항상 그를 목격할 수 있었다. 거주민들은 그를 '결코 잠들지 않는 남자'라고 불렀다. 그는 주위 사람들의 투지에 불을 붙이고 흔들리지 않는 정신을 심어주었다. 모두에게 자신감과 희망을 불어넣었지만, 그 자신은 오래전부터 이 전쟁의 승리에 대한 어떤 희망도 품지 않았다. 한 마디로 그는 추기경 리슐리외(Richelieu)의 표현대로 '철벽같이 견고한 심장'을 가진 수성장군(守城將軍) 유형의 사람이었다.

구원군의 원조에 대한 희망이 있었기에 스테셀 장군은 계속해서 저항할 수도 있었다. 어쨌든 그는 부대원과 거주민에게 상당한 영향력을 가지고 있었기 때문이다. 그러나 쿠로팟킨 장군은 여전히 봉천에 머물렀고, 발틱 함대는 이제 고작 마다가스카르에 도달했다. 그리고 지금의 포위 국면은 더 이상 감내하기 힘든 상황이었다. 병원에는 환자로 가득해 1만 5000여 명의 부상병이 길거리를 메우고 있었다. 움직일 수 있는 병사는 고작 5000명에 불과했으며 그들 중 상당수는 아직 회복 중에 있었다. 게다가 탄약 재고도 고갈되어갔다. 이러한 상황에서 끊임없이 재개되는 무시무시한 군대의 공격에 어떻게 저항을 계속할 수 있겠는가?

스테셀 장군은 어쩔 수 없이 참모회의를 소집했다. 도시 전체를 향해 폭우처럼 쏟아지는 요란한 포성 한가운데에서 피로에 지친 장교들이 굳은 표정으로 모여들었다. 현장에 있던 목격자의 증언에 따르면 당시의 모습은 극도로 비참했다. 대다수의 장교들은 8개월에 걸친 고문과도 같았던 포위가 멈추는 순간이 임박하자 비통함에 흐느꼈다. 의견은 순식간에 일치했다. 명예롭게 항복하든지 아니면 전장에서 죽자는 것으로 의견이 모였다.

일본군은 러시아 주둔부대에게 패자의 체면을 세워주는 명예로운 항복의 군례(軍禮)를 행했다. 러시아군은 나팔 소리와 펄럭이는 깃발 아래에서 도시를 떠나며 무기를 건네주었다. 이리하여 여순항의 운명은 끝이 났다. 이 도시는 일본군의 손에 넘겨졌다. 그러나 도시를 지킨

Le Petit Journal

Le Petit Journal
CHAQUE JOUR — SIX PAGES — 5 CENTIMES
Administration: 61, rue Lafayette
Le Supplément illustré
CHAQUE SEMAINE 5 CENTIMES

5 Centimes SUPPLÉMENT ILLUSTRÉ 5 Centimes

Le Petit Journal militaire, maritime, colonial..... 10 cent.
Le Petit Journal agricole, 5 cent. La Mode du Petit Journal, 10 cent.
Le Petit Journal illustré de La Jeunesse..... 10 cent.
On s'abonne sans frais dans tous les bureaux de poste

ABONNEMENTS

	SIX MOIS	UN AN
SEINE ET SEINE-ET-OISE	2 fr.	3 fr. 50
DÉPARTEMENTS.........	2 fr.	4 fr.
ÉTRANGER............	2 50	5 fr.

Les manuscrits ne sont pas rendus.

Seizième année — DIMANCHE 15 JANVIER 1905 — Numéro 739

패자에게 영광을: 일본군이 스테셀 장군과 여순항을 용감히 방어한 병사들에게 예우를 표하다
GLORE AUX VAINCUS! (Les Japonais accordent les honneurs de la guerre au général Stoessel et aux héroïques défenseurs de Port-Arthur)

이들의 용감한 저항은 영웅의 역사 중 가장 아름다운 한 페이지로 남겨질 것이다. 그리고 도시의 폐허 속에서도 침략을 방어한 이들의 불멸의 영광이 피어날 것이다.

봉천 전방의 러시아군 참호에서: 교전 쌍방 간 우호적 행위의 교환

르 프티 주르날 제740호
삽화 부록
1905년 1월 22일 일요일

LE PETIT JOURNAL N°740
SUPPLÉMENT ILLUSTRÉ
DIMANCHE 22 JANVIER 1905

현재 만주는 추위 때문에 휴전 상태다. 봉천 이남에서 두 군대의 대치 상태는 2개월이 넘게 거의 변하지 않고 있다. 양 진영 참호 사이의 거리가 고작 1마일도 되지 않는 지역이 많았다. 그중 일본군의 왼쪽 측면에 너무 근접한 지역은 큰 소리로 말하면 대화가 들릴 정도로 가까운 곳도 꽤 있었다. 물론 여전히 여기저기에서 소규모의 우발적인 접전, 전초부대 간 충돌, 단발적인 폭발로 인한 총격과 포격의 파열음은 끊이지 않았다. 때로는 참호 속으로 투척한 수류탄이 폭발하기도 했다.

그러나 평온한 날들이 더욱 많았다. 사람들은 기다렸고 서로를 관찰했으며 때론 서로에게 다가가기도 했다. 그러다 보니, 어제까지 서로에게 총질을 해댔고 내일 또다시 서로를 죽이기 시작할 전사들 간에 우호적인 이웃 관계가 형성되기 시작했다. 사실 새로울 것도 없었다. 50년 전 크림전쟁 때도 적대 관계에 있던 러시아와 프랑스 병사들 간에 종종 우호적인 관계가 생겨나기도 했다.

그 해에도 마찬가지로 날씨가 지독히도 추웠다. 크림반도에서 보기 드물 정도의 추위였다. 병사들은 참호 속에 웅크리고 있었다. 그러다 전투의 막간에 가끔씩 우호적인 방문을 하곤 했다. 당시 상대측의 방어시설을 살피기 위해 사용한 방법은 상당히 창의적이었다. 프랑스군은 총검 끝에 모자를 걸어 총알이 날아오는지를 확인했다. 러시아군쪽에서도 동일한 방식으로 모자를 걸어두곤 했다. 그들은 참호 바깥으로 걸어 나오는 모험을 감행했고, 곧 서로 친해지기 시작해 담배를 나눠 피우고, 타피아[1] 술병을 돌려 마셨다.

비슷한 관계가 최근 러시아와 일본 사이에도 형성되었던 것이다. 먼저 요양 부근에서 러시아군과 일본군은 같이 우물을 팠으며, 종종 수통을 공유하기도 했다. 그 뒤 봉천 전방에서, 본지의 삽화가 잘 보여주고 있는 것처럼 어제의 적이 서로 만나 인사를 나누고 선물을 교환하고는 했다. 이러한 우호적인 막간극에도 불구하고 다시 봄이 다가오면 양측의 용맹하고 대담한 이 모든 용사들은 서로를 살육하기 시작할 것이다. 이런 생각을 떠올려보면 너무 고통스럽지 아니한가? 이렇게 형제와 같은 우정이 평화를 향해 나아가는 여정이 되기를 바라는 게 더 좋지 않을까?

1. tafia. 당밀로 만든 증류주.

봉천 전방의 러시아군 참호에서: 교전 쌍방 간 우호적 행위의 교환
DANS LES TRANCHÉES DEVANT MOUKDEN (Échange de bons procédés entre adversaires)

여순항: 항복문서 서명 장소

르 프티 파리지앵 제833호	**LE PETIT PARISIEN** N°833
문학 삽화 부록	SUPPLÉMENT LITTÉRAIRE ILLUSTRÉ
1905년 1월 22일 일요일	DIMANCHE 22 JANVIER 1905

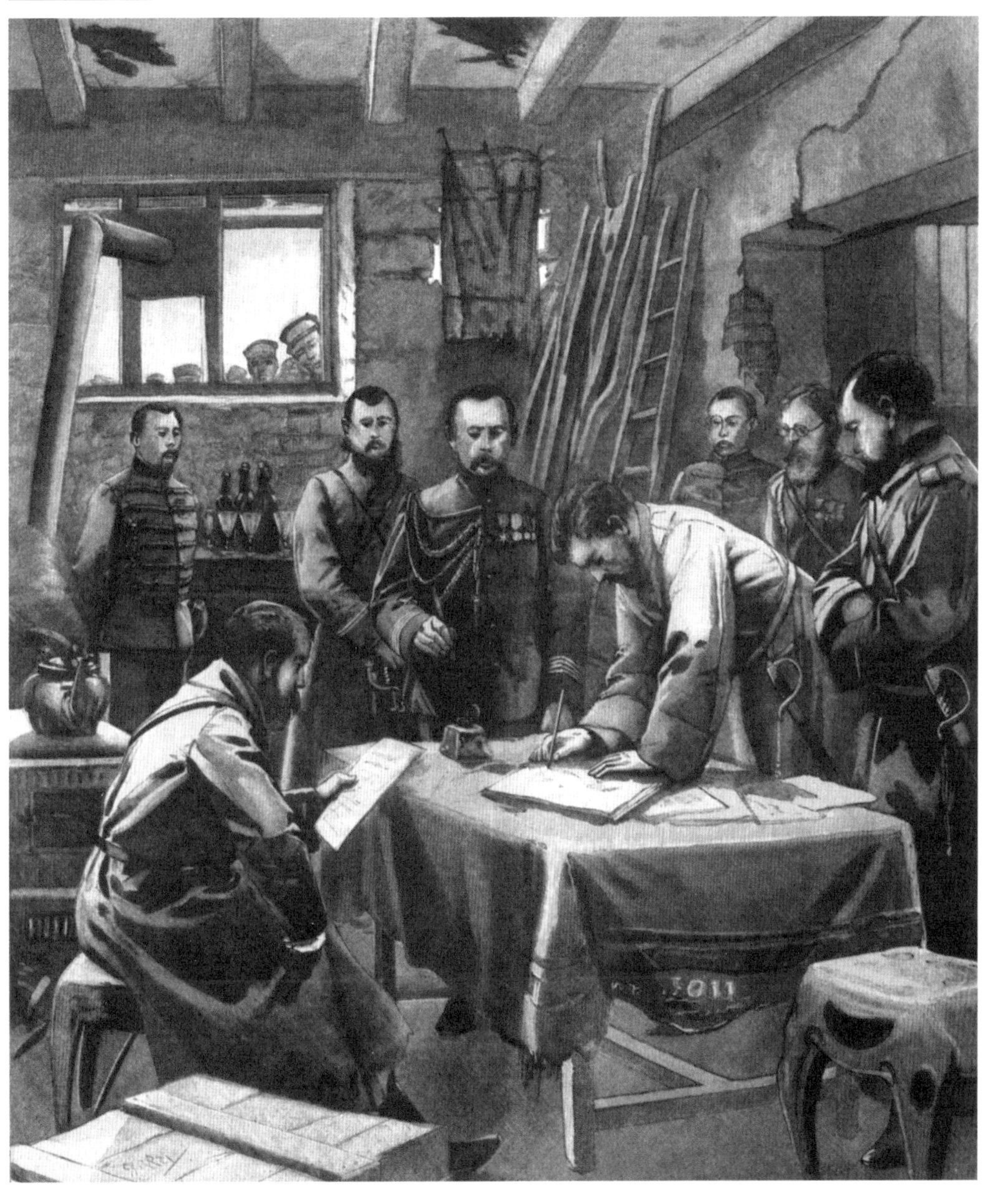

여순항: 항복문서 서명 장소
A PORT ARTHUR (SIGNATURE DE LA CAPITULATION DE LA PLACE)

만주의 겨울: 동사한 일본군을 발견한 러시아 순찰병

르 프티 주르날 제743호
삽화 부록
1905년 2월 12일 일요일

LE PETIT JOURNAL N°743
SUPPLÉMENT ILLUSTRÉ
DIMANCHE 12 FÉVRIER 1905

몇 주간 일시적인 소강상태가 지난 후, 가혹한 날씨에도 불구하고 봉천 전방의 교전이 재개되었다. 사실 최근 며칠 동안은 전쟁이 개시된 이래 가장 극심한 추위로 고생했다.

과거에는 겨울을 휴전 시기로 여기는 것이 교전국 사이의 상호 합의처럼 으레 받아들여져 왔다. 7년 전쟁 기간 수비즈(Soubise) 사령관 또한 겨울 내내 부대를 움직이지 않다가 봄이 되자 다시 작전을 개시하지 않았던가?

그러나 작금의 상황은 과거와 같지 않다. 적대 관계에 있는 양 진영의 교전에 대한 열기는 잠시 숨 돌릴 기회도 허용하지 않았다. 현재 만주의 기온은 영하 15도에서 25도 사이에 걸쳐 있다. 이처럼 지독한 추위에도 불구하고 50만의 병사들은 여전히 상대를 살육할 정도로 무시무시한 패기를 지니고 있었다.

강물은 이미 꽁꽁 얼어붙었다. 얼음의 두께는 대규모 부대와 무거운 포병대가 통과할 수 있을 정도로 두터웠다. 두터운 솜이불 같은 눈은 사하(沙河)와 요하(遼河)의 하곡 지대에 두텁게 쌓였다. 최근에 있었던 침단보(沈旦堡; Sandepou) 전투는 가장 격렬한 전투 중 하나였다. 당시 기온은 영하 20도였다.

러시아군은 이렇게 추운 날씨가 자신들의 작전에 최고의 아군임을 깨달았다. 왜냐하면 그들은 추위를 이기는 데 익숙할 뿐 아니라, 적과 비교했을 때 추운 날씨를 이용하는 방법을 잘 알고 있었기 때문이다. 만주의 겨울은 그들에게 조금도 놀랍지 않았다. 러시아군은 겨울을 맞을 준비를 일찌감치 끝낸 상태였다. 그들은 외벽을 두터운 눈으로 덮은 흙오두막에 머물거나, 깊은 참호 속에 은폐하고 있어 추위는 전혀 두렵지 않았다.

그러나 일본군은 참모부가 신중히 대비했음에도 불구하고 일선의 상황은 여의치 않았다. 총사령관 오야마 이와오(大山巖)가 통솔하는 최전선의 병사들은 경솔한 행동을 저질렀다. 이들은 땅굴을 파는 시기를 놓쳤다. 이미 딱딱하게 얼어붙은 땅은 파기가 너무 힘들었다. 게다가 일본은 러시아처럼 눈을 활용해 추위를 막을 은신처를 만드는 법을 알지 못했다.

최근 러시아 순찰대는 전초 지역에 위치한 한 야트막한 참호에서 일본 병사들의 시체를 발견했다. 추위에 얼어붙은 시체들은 이미 미라로 변해 있었다. 만주의 겨울이 끝나려면 아직 한참이나 남았다. 앞으로 2개월 이상의 시간 동안 냉혹하고 잔인하며 무자비한 겨울은 전쟁의 공포를 더욱 가중시킬 것이다.

만주의 겨울: 동사한 일본군을 발견한 러시아 순찰병
L'HIVER EN MANDCHOURIE (Une patrouille russe découvre des soldats japonais morts de froid)

봉천 전투 직후: 쿠로팟킨 장군이 부대의 퇴각을 명령하다

르 프티 주르날 제748호
삽화 부록
1905년 3월 19일 일요일

LE PETIT JOURNAL N°748
SUPPLÉMENT ILLUSTRÉ
DIMANCHE 19 MARS 1905

전쟁 당사국들이 투입한 거액의 전쟁 경비로 보든, 전쟁이 지속된 시간과 사상자의 수로 보든 러일전쟁은 역사상 가장 무시무시한 전쟁으로 손꼽힐 것이다. 요양 전투(1904년 8월 24일~9월 4일)에서, 그리고 사하 전투(10월 5일~17일)에서 50만의 병력이 조금도 쉬지 않고 거듭되는 전투에 투입되었으며, 매번 전투는 10일 넘게 지속되었다.

최근 봉천성 아래에서 진행된 전투의 규모는 더욱 거대했다. 쌍방이 투입한 병력은 60만 이상이었으며, 전선은 150여 킬로미터에 걸쳐 있었다. 그리고 2500문 이상의 대포가 배치된 상태였다. 지금으로선 사상자의 구체적인 수를 파악할 수 없지만, 기본적으로 쿠로팟킨 장군이 예측한 수치 정도로 어림할 수 있다. 그는 봉천 전투가 개시되기 전 러시아 적십자회에 5만 명의 부상자를 수용할 준비를 하도록 경고한 바 있다.

지난 세기의 그 어떤 지독한 교전도 이번처럼 끝도 없이 이어지며 소름끼치는 살육이 벌어진 전투와 비견할 만한 것은 없었다. 1813년 드레스덴에서는 38만 명의 전투원이 교전했다. 라이프치히에서는 전투가 3일간 지속되었으며, 20만 명의 프랑스군이 30만 명의 연합군에 맞서 분투했다. 이 두 전투 중 전자의 사상자는 3만 5000명이었으며, 후자는 6만 명이 전투력을 상실했다. 보불전쟁에서 가장 지독한 혈전이 벌어진 시기인 그라블로트(Gravelotte)와 생프리바(Saint-Privat) 전투[1]에서는 이틀간 14만 명의 프랑스군이 23만 명의 프로이센군을 상대했으며, 양측 도합 3만 6000명의 사상자를 냈다.

이상에서 나열한 숫자는 현재 진행되고 있는 전쟁이 보여주는 수치,

1. '그라블로트-생프리바 전투'라 불린다.

봉천 전투 직후: 쿠로팟킨 장군이 부대의 퇴각을 명령하다
APRÈS LA BATAILLE DE MOUKDEN (Le général Kouropatkine donne ordre à ses troupes de battre en retraite)

즉 열흘 이상 전투가 지속되고, 5,60만의 병력이 투입되며, 수십만의 사상자를 내는 전쟁과 비교나 할 수 있겠는가?

봉천 대전 직후: 러시아군의 퇴각

르 프티 주르날 제749호
삽화 부록
1905년 3월 26일 일요일

LE PETIT JOURNAL N°749
SUPPLÉMENT ILLUSTRÉ
DIMANCHE 26 MARS 1905

3월 9일 저녁, 쿠로팟킨 장군은 러시아군의 각 부대에게 퇴각 명령을 내렸다. 일본군의 맹렬한 공격 태세를 고려했을 때 장군은 더 이상 진지를 지키는 것이 불가능하다고 판단했다. 오쿠 야스가타(奧保鞏)의 제2군과 노즈 미치쓰라(野津道貫)의 제4군은 러시아군의 중앙을 제압한 후 계속해서 푸틸로프(Poutiloff) 고지[1]와 혼하(渾河) 이남의 모든 참호를 점령했다. 그들은 또한 포병대의 맹렬한 화력을 빌어 빌데를링(Bilderling) 장군이 지휘하는 제3군의 저항을 깨부쉈다. 노기 마레스케(乃木希典)의 제3군은 우익(서부전선)에서 카울바르스(Kaulbars) 장군의 제2군을 격퇴했으며, 좌익(동부전선)에서 구로키 다메모토(黑木爲楨)의 제1군은 기민한 기동력으로 봉천-무순(撫順) 간 도로를 차단해 리녜비치(Liniévitch) 장군이 지휘하는 제1군이 저항을 지속하기 힘들게 만들었다.

그러나 러시아 병사들은 퇴각 명령을 받았을 때 깊은 분노와 절망에 빠졌다. «신시대»[2]의 통신원에 의하면, 리녜비치 장군 휘하의 병사들은 2/3에 해당하는 병력이 주둔하는 진지를 버릴 수밖에 없는 것에 눈물을 훔치며 비통해했다. 많은 병사들이 장교들에게 왜 후퇴해야 하는지에 대해 물었지만, 누구도 해명할 수 없었다. 심지어 러시아군이 진지를 지킬 수 있다는 믿음을 간직한 채 죽을 수 있었던 전사자의 운명을 부러워하는 이들도 있었다.

«루스(*La Rouss*)»의 통신원 또한 유사한 보도를 하고 있다. 그는 또한 만주의 도로를 가득 메운 수천의 수송차, 군수품, 포병대, 포차와 기타 부대들이 쫓기듯 후퇴하는 끔찍한 장면을 그려냈다. 일본군의 계속된 포격은 러시아군의 공포를 가중시켰다. 일본군은 포하(蒲河; Pou-Ho) 마을에서 혼잡하게 뒤섞인 인마와 포차를 향해 포격을 가했다.

그러나 후퇴하는 과정에서 여러 어려움이 있었음에도 불구하고 러시아군은 결국 철령(鐵嶺)에 도착했다. 러시아군은 봉천 전투의 결과로 14만 명의 병력을 잃었으며, 그중 4만 명은 포로로 붙잡혔다. 패배하긴

1. 고수산(孤樹山). «르 프티 주르날» 제728호(이 책의 342쪽) 기사를 참고하라.

2. *Novoïé Vrémia*. 상트페테르부르크에서 발간되던 러시아 신문.

봉천 대전 직후: 러시아군의 퇴각
APRÈS LA GRANDE BATAILLE DE MOUKDEN (La retraite)

했지만, 러시아군이 많은 노력을 했으며 최소한 일관되게 용감했다는 점은 인정할 수밖에 없다. 러시아군은 열흘 넘게 쉬지 않고 싸웠으며, 비록 부분적으로 포위당하고 병력이 1/3로 급감하긴 했지만 끝내 항복하지 않은 상태에서 성공적으로 퇴각했다. 그들에게 나폴레옹의 "불행한 용기에 영광을!"이란 명언을 적용해도 아깝지 않으리라.

봉천 전투의 한 장면: 일본군의 시체를 엄폐물 삼아 완강히 저항하는 러시아군

르 프티 파리지앵 제842호
문학 삽화 부록
1905년 3월 26일 일요일

LE PETIT PARISIEN N°842
SUPPLÉMENT LITTÉRAIRE ILLUSTRÉ
DIMANCHE 26 MARS 1905

러일전쟁을 둘러싸고 매일같이 들려오는 소식은 이미 오랜 시간을 소모한 봉천 전투에 관한 상세한 정보를 전하고 있다. 그중 봉천 서남부에서 벌어진 전투가 유난히 이목을 끈다. 그날 일본군은 5만 명의 병력을 소집하고 200문의 대포를 출동시켜 두 시간 단위로 새로운 공격을 밤까지 이어나갔다. 그러나 일본군은 막대한 손실을 입었다. 그 손실의 정도는 러시아군이 일본군 병사의 시체 위에 얇게 흙을 덮어 벽을 쌓을 수 있을 만큼 어마어마했다.

한 중요한 진지를 러시아군이 탈환했다가 다시 일본군에게 점령당했기 때문에, 체르피츠키(Tserpitsky) 장군은 직접 말을 타고 진지로 향했다. 군악대와 군기가 그 뒤를 따랐으며, 일본군과의 최후의 교전을 전개했다. 장군의 곁에는 목숨을 함께하는 형제들이 에워싸고 있었다. 그들은 너무나 용감하게 작전을 펼쳐 결국 러시아군은 그 진지를 손에 넣을 수 있었다. 아, 그러나 이러한 영웅적 기개가 애석하게도, 불과 몇 시간 후 러시아군 전체는 후퇴를 결정했다.

봉천 전투의 한 장면: 일본군의 시체를 엄폐물 삼아 완강히 저항하는 러시아군
ÉPISODE DE LA BATAILLE DE MOUKDEN: RÉSISTANCE ACHARNÉE DES RUSSES, ABRITÉS PAR DES CADAVRES DE SOLDATS JAPONAIS

봉천으로 입성하는 일본군 총사령관 오야마 이와오

르 프티 파리지앵 제843호
문학 삽화 부록
1905년 4월 2일 일요일

LE PETIT PARISIEN N°843
SUPPLÉMENT LITTÉRAIRE ILLUSTRÉ
DIMANCHE 2 AVRIL 1905

일본군 총사령관 오야마 이와오는 봉천성에서 승리 행진을 이어나갔다. 수천만의 일본 국기가 공공건물과 거의 모든 민간 주택을 장식했고, 전쟁에서 뛰어난 위용을 선보인 병사들이 일렬종대로 늘어섰다. 오야마 사령관은 참모부에 둘러싸여 남문을 통해 봉천으로 입성했다. 중국 당국은 총사령관을 접견했다. 총사령관은 의식에 참가한 수많은 일본인의 열화와 같은 환영을 받았다.

봉천으로 입성하는 일본군 총사령관 오야마 이와오
ENTRÉE DU MARÉCHAL OYAMA À MOUKDEN

리네비치 장군: 만주의 러시아군 총사령관

르 프티 주르날 제750호
삽화 부록
1905년 4월 2일 일요일

LE PETIT JOURNAL N°750
SUPPLÉMENT ILLUSTRÉ
DIMANCHE 2 AVRIL 1905

봉천 전투의 실패 후 쿠로팟킨 장군은 러시아 차르에게 총사령관의 직위에서 물러나게 해줄 것을 요청했다. «르 프티 주르날»은 차르가 군사위원회 구성원에게 선포하는 장면을 기록했다.

니콜라이 2세는 다음과 같이 말했다. "쿠로팟킨은 지금 심적으로 상당히 의기소침해 있는 상태요. 그가 이 거친 원정 동안 쉬지 않고 최선을 다했음을 알기에, 짐의 눈에는 그의 책임감이 두 배로 보이는군."

"여러분, 장군은 짐에게 사의를 표명했소."

"동료의 불운으로 인해 그의 가치를 잊어서는 안 될 것이오. 짐은 귀관들에게 군사 경험과 공정함을 맡겨볼까 하오. 쿠로팟킨 장군이 만주군의 총사령관을 계속 맡도록 할 것인지에 대해 즉시 논의하도록 하시오."

모든 장군들은 감동했으며, 그중 상당수는 눈물을 훔쳤다. 그러나 드라고미로프(Dragomiroff) 장군의 의견에 근거하여 쿠로팟킨 장군의 파면이 결정되었다. 또한 위원회는 그 직무의 계승자로 리네비치 장군을 만장일치로 지명했다. 그러나 쿠로팟킨 장군은 계속 만주에 잔류할 것이다. 그의 요청에 따라 차르는 그를 리네비치 장군을 대신해 제1군 사령관으로 임명했다. 쿠로팟킨 장군은 계속 조국에 봉사하기 위해 자기 부하 밑에서 복무하는 것을 받아들였다. 이는 확실히 그의 순수하고 숭고한 영혼을 보여주는 것이다.

리네비치 장군은 1838년에 태어났다. 이미 나이가 적지 않고 무수한 부상으로 인해 지팡이에 의지해 걸음을 옮길 수밖에 없긴 하지만, 그는 여전히 왕성한 강기와 활력을 유지하고 있다. 그는 체르니고프(Tchernigof) 대학을 졸업했으며, 그 후 어떠한 군사학교의 교육도 받지 않았다. 그는 아무르(Amour) 지역의 군대를 5년(1895~1900년)간 지휘했으며, 산하 부대를 '시베리아' 명칭을 내세운 군단으로 통합하면서(1900년) 최고지휘관으로 임명되었다. 그는 부대를 이끌고 중국 원정에 참가했으며, 프랑스군 사령관 프레이(Frey)와 함께 가장 먼저 북경성에 도착했다. 블라디보스토크로 복귀한 후, 그로데코프(Grodekoff) 장군을 대신해 아무르 지구의 총사령관에 임명되었다. 또한 이 3년 동안 그는 시베리아 제1군단의 군단장을 겸임했다. 1904년 3월, 만주군 임시 총사령관이었던 그는 지휘권을 쿠로팟킨 장군에게 넘기고 씁쓸하게 블라디보스토크로 돌아가야 했다. 그리고 11월부터 만주군 제1군 사령관으로 전장에 재등장했다.

50년 동안 온갖 위험을 함께했으므로 리네비치 장군은 군에서 아주 평판이 좋다. 그의 병사들은 장군을 자랑스러워하며, 그에게 깊은 애착을 가지고 있다. 이제 그는 군대를 재편성해 하얼빈을 방어하고 러시아군의 위신을 다시 세우는 힘겨운 중책을 맡게 되었다. 부디 성공하기를! 러시아의 모든 친구들이 그를 축원하고 있다.

리네비치 장군: 만주의 러시아군 총사령관
LE GÉNÉRAL LINIÉVITCH (Le commandant en chef des troupes russes en Mandchourie)

만주에서 자행된 일본군의 잔인한 보복: 친러시아 혐의로 처형당하는 청의 관리

르 프티 주르날 제753호
삽화 부록
1905년 4월 23일 일요일

LE PETIT JOURNAL N°753
SUPPLÉMENT ILLUSTRÉ
DIMANCHE 23 AVRIL 1905

¶ 옮긴이 해설 609쪽

러일전쟁 발발 이후, 만주 지역의 일반 주민들은 어느 방향을 택해야 할지 몰라 주저했다. 일본군에 의한 공격이 시작되기 전에 봉천에 머물고 있던 한 참전 기자는 만주인의 심리적 상태를 시계추에 비유한 바 있다. 그는 다음과 같이 전한다.

"만주인은 러시아와 일본 사이에서 갈팡질팡하고 있다. 만주인들은 지리와 군사 이론에 밝지 못하기 때문에 일본군이 다음 날 바로 도착할 것이라고 믿고 있었다. 그러나 다음 날도 그 다음 날도 일본군이 도착하지 않자 만주인들은 믿음을 접고 러시아군이 절대 떠나지 않을 것임을 확신하게 되었다. 노래를 부르며 도시를 가로질러 행진하는 러시아군 대대 병력은 그들의 생각을 돌리게 하기에 충분했다."

요양의 일부 관리들이 공개적으로 표명한 러시아에 대한 신뢰가 그들을 불행으로 내몰았다. 일본군은 지역 스파이를 통해 수집한 정보로 이들 친러시아 성향의 관리를 체포했으며, 당시 지배자의 의지에 복종한 잘못을 물어 그들에게 사형을 선고했다.

만주 지역 «르 프티 주르날»지의 통신원은 일본 참모부에서 선고한 사형집행 보고서를 보내왔다. 범인들은 옅은 밤색의 죄수복을 입었고, 두 손은 등 뒤로 묶여 있었다. 둘씩 짝지어 서로 변발을 묶었으며, 발에는 무거운 쇠 족쇄가 채워져 반걸음씩밖에 걸을 수 없었다. 그들은 한 중위가 통솔하는 보병분대에 이끌려 형장으로 압송되었다. 황인종들의 전통 관습에 따라 형장 주위에는 5피트 깊이의 무덤이 6개 만들어졌다. 망나니는 칼을 들고 죄수의 머리를 자를 준비를 하고 있었다. 그의 조수는 죄수 중 하나를 끌어내어 형 집행 기둥 앞에 꿇어앉게 했다. 망나니가 크게 칼을 휘두르자 죄수의 목이 떨어져나가며 피가 사방으로 튀었고 몸이 땅으로 고꾸라졌다. 사형 집행이 모두 끝난 후 죄수의 시체는 무덤에 묻혔다. 떨어져나간 머리는 가슴에 올려두었으며, 두 팔을 목 위로 들어올려 상처 부위를 가렸다. 그런 다음 경비 부대는 줄지어 행진했다. 이와 같은 처형 장면은 만주에 거주하는 중국인들에게 아주 깊은 인상을 남겼음이 분명하다.

위에서 살펴보았듯이, 일본인들은 스스로를 중국인의 해방자로 자임했음에도 불구하고 적국과 내통했다는 혐의가 있다면 같은 황인종 형제라도 조금의 주저함도 없이 잔혹하고 무자비한 엄벌을 내리고 있다. 이러한 잔인함에도 불구하고 만주인들은 일반적으로 여전히 친일적인 경향을 가지고 있다. 그들은 러시아군이 만주에서 시행한 수많은 시혜를 잊어버린 채 진심으로 황인종 정복자가 승리하기를 바랐다. 결국 그들은 일본인과 인종적·관습적 유사성을 지니고 있기 때문이다. 그렇게 함으로써 중국인들은 자신들의 민간 격언 중 가장 현명한 문구 중 하나를 실천한 것이다. "멀리 떨어진 친척보다 가까운 이웃이 낫다."

만주에서 자행된 일본군의 잔인한 보복: 친러시아 협의로 처형당하는 청의 관리
CRUELLES REPRÉSAILLES DES JAPONAIS EN MANDCHOURIE (Exécution de fonctionnaires chinois accusés de sympathie pour les Russes)

하얼빈으로 가는 길: 일본군 기병 정찰대

르 프티 주르날 제754호
삽화 부록
1905년 4월 30일 일요일

LE PETIT JOURNAL N°754
SUPPLÉMENT ILLUSTRÉ
DIMANCHE 30 AVRIL 1905

봉천을 둘러싼 대규모 전투 이후 교전 쌍방은 관망 상태에 진입했다. 몇 차례 소규모 무장 충돌을 제외하면, 러시아와 일본 사이에 교전은 거의 일어나지 않거나 중요하지 않은 규모였다. 일본군은 이 휴지기를 활용해 중상을 입은 군대를 재정비했으며, 개전 초기부터 진행한 러시아군 첩보 감시망을 더 완벽하게 조직했다. 일본군 스파이를 블라디보스토크에 잠입시키는 한편 대규모 정찰병을 만주의 주요 도로에 대대적인 규모로 파견했다.

개전 초기 일본군 기병대는 아주 취약한 것으로 평가되고는 했다. 그러한 평가는 주로 사실에 기초한다. 일본에서는 말이 거의 없어 자주 사용되지 않는다. 만약 도쿄에서 마차를 보게 된다면 그것은 정말로 놀랄 만한 일일 것이다. 이 거대한 도시를 하루 종일 걸어 다녀도 노면전차나 인력거라고 불리는 사람이 끄는 작은 수레를 제외한 그 어떤 교통수단과도 마주치지 못한다. 게다가 일본 말은 작고 다루기 어려워 성가신 동물이다. 기병대 또한 군인들 중 가장 약하고 체격도 일정하지 않은 병사 중에서 선발되었다. 이 모든 사실에 비춰봤을 때 다음과 같은 결론에 이르게 된다. 일본 기병대는 건장하고 각종 기마술에 능한 카자크 기병대와 부딪히면 반드시 패배하게 될 것이라고.

그러나 실제 전쟁이 진행된 지금까지는 그 예측이 빗나가고 있다. 일찍이 우리에게 무시무시한 기억을 안겨준 그 유명한 카자크 기병대는 사람들의 기대만큼 뛰어나지 않았다. 개전 초기부터 작전 과정을 뒤쫓으며 예의주시한 한 유럽 출신 장교가 작성한 문구는 그저 놀라울 따름이다.

"일본 기병대는 장비가 뛰어나지는 않지만, 정찰 임무의 수행에 있어서는 러시아 기병대보다 더 뛰어났다. 카자크 기병대는 장비가 더 뒤떨어졌으며 제대로 훈련되지도 못했다."

의심의 여지없이 이번 전쟁에서 가장 두드러지게 활약한 것은 보병대와 포병대다. 기병대의 활동은 부차적인 것이었다. 그러나 오야마 이와오 부대가 굉장히 뛰어난 정찰 활동을 펼쳤음을 부인할 수는 없다. 일본군은 모든 상황에서 상대의 일거수일투족을 파악하고 있었다. 정찰 임무가 수행된 곳이 기병대가 활동하기에 적합하지 않은 울퉁불퉁한

하얼빈으로 가는 길: 일본군 기병 정찰대
SUR LA ROUTE DE KHARBIN (Reconnaissance de cavalerie japonaise)

지형이라는 점도 언급해둘 필요가 있다.

그러나 이제 전쟁의 주 무대가 북상함에 따라 평지가 더욱 넓어진다. 따라서 이제부터 기병대는 단순히 정찰 임무에만 만족하지 않고 전투의 한 축을 담당하게 될 것이다. 일본 기병대의 열세가 드러날 것인가? 그리고 지금껏 자신의 명성을 완전히 저버린 카자크 기병대가 드디어 확실하게 복수할 수 있을 것인가?

만주로 향하는 러시아 증원군: 시베리아 횡단열차에 탑승한 카자크 기병대

르 프티 주르날 제755호
삽화 부록
1905년 5월 7일 일요일

LE PETIT JOURNAL N°755
SUPPLÉMENT ILLUSTRÉ
DIMANCHE 7 MAI 1905

잔혹한 봉천 전투 이후 교전 쌍방은 병력을 재편성했다. 도쿄에서 발송한 전보에 따르면, 20만의 원군이 오야마 이와오 부대에 충원된다. 20만이라니! 일본인들은 어디에서 그렇게 많은 인원을 데려왔는가? 그렇다 해서 러시아쪽도 가만히 있지는 않았다. 차르가 통치하는 광활한 제국의 풍부한 인력 자원은 리녜비치 장군에게 새로운 증원부대를 파견하기에 충분했다. 그로부터 시베리아 횡단열차는 하루도 쉬지 않고 병사, 말, 포병대 및 모든 종류의 군사장비를 하얼빈으로 수송했다.

새로운 러시아 극동군 총사령관은 지금껏 문제를 노정한 정찰 병력의 부족이란 문제에 충격을 받아 특별히 기병대의 증원을 요구했다. 본지 8면의 삽화는 시베리아 횡단철도가 이들 기병대를 어떻게 수송하는지 보여주고 있다. 최근 두 달 사이, 시베리아 주둔지의 대규모 카자크 기병대가 만주로 보내졌다. 그리하여 리녜비치 장군은 대규모의 기병대를 운용해 수적으로 보잘 것 없는 일본 기병대를 상대할 수 있게 되었다. 러시아는 이쪽 방면으로 마르지 않는 예비 자원을 보유하고 있다. 시베리아에 사는 대규모 부족의 모든 남성은 뛰어난 기수였으며, 말의 경우 그 수가 셀 수 없을 정도로 많다.

유럽쪽 러시아에는 약 2200만 마리의 말이 있는 것으로 추정된다. 이는 평균 100명당 26마리의 말에 해당하는 숫자인데, 이러한 비율은 다른 어느 나라에서도 찾아보기 힘든 것이다. 아시아쪽 러시아는 통계 자료가 부족하기 때문에 정확한 수치를 확정하는 것이 거의 불가능하다. 그러나 그 수가 유럽쪽 러시아보다 더 많을 것으로 추정된다. 실제로 아무리 가난한 키르기즈족도 가구당 15~20마리 이상의 말을 보유하고

만주로 향하는 러시아 증원군: 시베리아 횡단열차에 탑승한 카자크 기병대
ENVOI DE RENFORTS A L'ARMÉE RUEE DE MANDCHOURIE (Un wagon de cavalerie cosaque sur le transsibérien)

있으며, 8000~1만 마리의 말을 소유한 부호도 적지 않다. 현재 키르기즈족 가구의 수는 30만 이상이다. 키르기즈는 시베리아의 일부에 불과하다. 당연히 말의 숫자도 이 지역의 나머지 전체 중 일부에 불과할 것이다. 따라서 러시아는 세계에서 가장 강력한 기병대를 만들 수 있는 국가다.

러시아 해군의 파국: 쓰시마 해전

르 프티 파리지앵 제853호
문학 삽화 부록
1905년 6월 11일 일요일

LE PETIT PARISIEN N°853
SUPPLÉMENT LITTÉRAIRE ILLUSTRÉ
DIMANCHE 11 JUIN 1905

조선반도와 일본 사이에 위치한 쓰시마해협에서 펼쳐진 이 거대한 해전에서 해군중장 로제스트벤스키 제독이 지휘한 러시아 해군의 모든 함대는 거의 소멸되다시피 했다. 이 전투의 비참한 결과에 대해 우리는 이미 알고 있다. 10척의 전함이 격침되었으며 4척이 나포되었다. 니콜라이 네보가토프 제독을 포함한 3000명의 병사가 포로로 잡혔다. «르 프티 파리지앵»은 유럽 전체를 경악에 빠뜨린 이 해전에 대해 이미 상세히 보도한 바 있으므로, 여기서 덧붙이지는 않겠다.[1]

1. 당시 보도된 피해 규모는 이후 집계된 수치와 다르다.

러시아 해군의 파국: 쓰시마 해전
UN DÉSASTRE RUSSE — LA BATAILLE NAVLE DE TSOUSHIMA

로제스트벤스키 제독을 병문안하기 위해 사세보 해군병원을 방문한 도고 헤이하치로 제독

르 프티 주르날 제761호
삽화 부록
1905년 6월 18일 일요일[1]

LE PETIT JOURNAL N°761
SUPPLÉMENT ILLUSTRÉ
DIMANCHE 18 JUIN 1905

1. 중문판에서는 기사 번역이 누락되었으나, 러일전쟁의 맥락을 보여주는 데 필요하다고 판단해 프랑스어 기사를 바탕으로 보충했다.

러시아는 육상전에서의 난국을 타개하고 전쟁을 유리한 방향으로 돌리기 위해 발트 함대를 동원했다. 그러나 6개월 이상의 긴 항해를 거쳐 도달한 쓰시마 해역에서 일본 연합함대에 의해 전멸했다.

일본 해군은 포로를 존엄하고 인도적으로 대우했으며, 부상병들은 일본 병원에서 아주 훌륭한 치료를 받았다. 일본 병원은 굉장히 체계적으로 관리되고 청결했다. 일본의 간호사는 세계 최고였다. 그녀들은 온화하고 수동적이며, 가장 고통스러운 상황에서도 냉정함을 유지했다. 일본인 외과의사는 장인 정신으로 무장된 종족답게 고도의 손기술을 익혔으며, 아주 청결하고 언제나 평정심을 유지하고 있었다.

총사령관 지노비 로제스트벤스키 제독은 전투 초반에 기함 크냐즈 수보로프(Knyaz Suvorov)에 집중된 포격에 의해 중상을 입었으며, 이후 포로가 되어 사세보(佐世保)의 해군병원으로 후송되었다. 일본은 제독에게 극진한 예우를 다했다. 해군대신 야마모토 곤노효에(山本權兵衛) 남작은 병실에 장식할 꽃과 함께, 조국을 위한 분투에 대한 존경과 부상에 대한 유감 표명 및 조속한 쾌유를 기원하는 내용의 편지를 보냈다. 일본 연합함대의 사령관 도고 헤이하치로 제독은 기함 미카사의 선장과 함께 로제스트벤스키 제독의 병실을 직접 방문했다. 그는 동정을 표하며, 러시아 해군이 보여준 영웅적 용기를 치하한 뒤 제독의 조속한 러시아 귀환을 희망했다. 이러한 예우에 깊이 감동한 로제스트벤스키 제독은 도고 제독에게 감사의 인사를 전했으며, 일본 해군의 용기와 애국심에 찬사를 보냈다. 또한 승자의 지고한 가치가 패배의 쓰라림과 슬픔을 완화시켜준다는 사실을 알게 되었다고 덧붙였다.

쓰시마 해전의 승리로 러일전쟁의 주도권은 완전히 일본에게로 넘어갔으며, 이후 휴전조약에서도 유리한 입장을 점할 수 있게 되었다.

로제스트벤스키 제독을 병문안하기 위해 사세보 해군병원을 방문한 도고 헤이하치로 제독
L'amiral Togo rendant visita à l'amiral Rojdestvensky à l'hôpital naval de Sasebo

러시아와 일본: 교전 당사국의 현 상황

르 프티 파리지앵 제863호
문학 삽화 부록
1905년 8월 20일 일요일[1]

LE PETIT PARISIEN N°863
SUPPLÉMENT LITTÉRAIRE ILLUSTRÉ
DIMANCHE 20 AOÛT 1905

1. 러시아라는 거인이 만주에서는 거북이(일본 육군의 오야마 이와오 장군)에게 손가락을, 물속에서는 가재(일본 해군의 도고 헤이하치로 제독)에게 발가락을 물린 채 옴짝달싹 못하고 있다. 물가에는 '지뢰 주의'라는 팻말이 꽂혀 있고 멀리서 엉클 샘(미국)이 '평화 협상'이라고 쓰인 구명 튜브를 던지고 있다. 러시아와 일본은 미국의 중재로 포츠머스 조약을 맺고 전쟁을 끝낸다. 일본은 배상금을 요구했지만 받아들여지지 않았고 그 대신 대한제국을 완전히 자신의 영향력 아래 놓는 데 만족해야 했다.

러시아와 일본: 교전 당사국의 현 상황
RUSSES ET JAPONAIS: POSITIONS ACTUELLES DES BELLIGERANT

상처로 누더기가 된 러일 병사가 결국 억지로 손을 잡고 화해하다

일뤼스트라시옹

¶ 옮긴이 해설 610쪽

상처로 누더기가 된 러일 병사가 결국 억지로 손을 잡고 화해하다

포츠머스 회담에서 러시아 대표 비테와 일본 대표 고무라 주타로가 악수를 나누며 강화조약을 체결하다

일뤼스트라시옹

포츠머스 회담에서 러시아 대표 비테(Sergei Y. Witte)와 일본 대표 고무라 주타로(小村壽太郎)가 악수를 나누며 강화조약을 체결하다

악몽의 끝: 최근 전투에서 부상병을 치료하는 일본 군의관

르 프티 주르날 제773호
삽화 부록
1905년 9월 10일 일요일

LE PETIT JOURNAL N°773
SUPPLÉMENT ILLUSTRÉ
DIMANCHE 10 SEPTEMBRE 1905

¶ 옮긴이 해설 610쪽

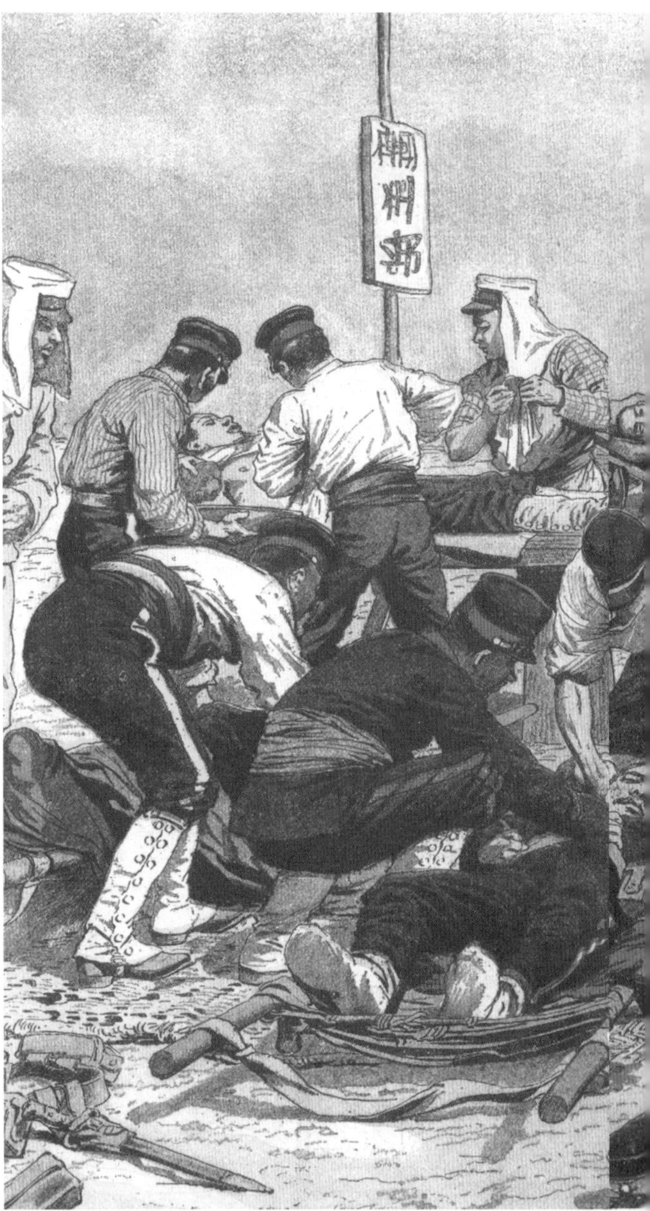

악몽의 끝: 최근 전투에서 부상병을 치료하는 일본 군의관
LA FIN D'UN CAUCHEMAR (Les chirurgiens japonais soignent les blessés du dernier combat)

중국의 비밀결사 단체: 삼합회

트라베르 르 몽드 제176호
1905년 9월 19일

A TRAVERS LE MONDE N°176
19 SEPTEMBRE 1905

무시무시한 의화단의 난을 통해 우리는 중국사회에서 비밀결사가 맡은 중요한 역할을 이해하게 되었다. 과장하지 않고 말해 중국에는 60여 개의 비밀 조직이 있다. 그들은 조직원 수와 그들이 장악한 자원에 기대어 중앙 정부에 심각한 위협을 가할 뿐 아니라 유럽인의 머리에 내걸린 시한폭탄이기도 하다. 이번 호에서 본지가 소개한 '삼합회'는 그중 가장 부유하고 세력이 강한 조직이라고 말할 수 있다. 지금부터 이 조직에 관한 몇 가지 구체적인 정보를 소개하도록 하겠다. 이 정보는 상해에서 다년간 머문 상인이 수집한 것이다. 그는 프리메이슨(Freemasonry; 共濟會)의 멤버이기 때문에 삼합회 멤버 한둘과 일정하게 연락을 유지할 수 있었다.

서구에는 '삼합회(三合會; Triade)'로 알려진 이 조직의 중국어 명칭은 하늘과 땅이 서로 융합한다는 의미를 지닌 '천지회(天地會)'다. 이 조직은 여러 계층 출신을 조직원으로 포섭했으며, 그 목적은 '청을 멸하고 명을 수복하는 것(反淸復明)'이다. 1850년에서 1862년까지 중국의 남쪽 지역을 석권한 태평천국 운동은 바로 삼합회 조직원이 계획한 것이다. 일상생활에서 그 어떤 상황에 부닥치더라도 삼합회의 모든 조직원들은 법망을 피할 수 있도록 서로 도움의 손길을 보내고, 형제의 복수를 위해 다함께 나서 그들을 모욕하거나 밀고한 사람이나 가족을 손봐준다. 만약 형제가 감옥에 갇히게 된다면, 그가 소속된 조직원들은 모든 합법적·불법적 수단을 강구해 그를 구출해낸다. 관리에게 뇌물을 주거나 옥졸을 매수해 탈옥하거나, 필요하다면 무력을 동원하기도 하는 등 그 어떤 대가를 치르더라도 형제를 구해낸다.

평소 삼합회 조직원들은 담뱃대나 찻잔 등의 수단을 통해 서로의 신분을 확인한다. 손바닥을 만지거나 암호를 교환하는 것도 신분을 식별하는 방법이다. 어떤 사람이 삼합회 조직원으로 생각된다면 그에게 다가가 다음과 같이 말할 것이다. "동전 3개만 빌려주시오." 아니면 무턱대고 이렇게 묻는다. "3 곱하기 3은 몇이오?" 만약 상대가 삼합회 조직원이면 이렇게 대답할 것이다. "3 곱하기 3은 6이지." 사실 그의 마음속에 있는 진정한 숫자인 '3'을 제하고 말한 것이다. 그렇다면 3 곱하기 4는 9이고, 3 곱하기 5는 12 (…) 라는 식이 될 것이다.

신참은 정식 입회 의식을 거친 후 두 자루의 칼을 앞에 놓고 죽을지언정 삼합회의 비밀을 누설하지 않겠다고 맹세해야 한다. 그는

중국의 비밀결사 단체: 삼합회—심각한 손해가 아닌 경우, 복면을 한 심판자가 죽봉으로 매질을 가한다
LES SOCIÉTÉS SECRÈTES EN CHINE-LA TRIADE (Dans les circonstances peu importantes, les justiciers, masqués, infligent au délinquant une bastonnade à coups de bambou)

자신의 피 몇 방울과 입회 추천인의 피를 함께 찻잔에 섞은 후 그 자리에 있는 사람들과 나눠 마신다. 입회할 때의 등급에 따라 조직원들은 각 성의 분타의 타주(舵主)에게서 삼각형, 초승달 형태 혹은 직사각형의 도안을 받는다. 도형의 차이는 입회할 때 조직원의 지위에 따라 결정된다. 조직원이 납부하는 회비는 아주 적은데, 다행히 조직원 수가 굉장히 많기 때문에 삼합회의 자금은 일반적으로 충분한 편이다.

정상적인 회비 외에도 결혼을 하거나, 어렵게 귀한 자식을 얻거나, 의외의 수익이 생기거나, 큰 병에서 회복되는 등 경사가 있을 때 모든 삼합회 조직원은 자신의 재력에 따라 조직에 일정한 금액을 납부해야 한다. 좀도둑이나 밀수꾼도 삼합회에 가입할 수 있다. 그러나 매번 불법적인 일을 하고 나면 반드시 조직에 소득의 일부를 상납해야 한다. 만약 그들이 법률의 제재를 받게 되면 삼합회는 이 상납금 때문에라도 그가 법망에서 벗어날 수 있도록 행동을 취할 것이다.

삼합회가 포섭한 조직원은 중국의 각 계층에 걸쳐 있다. 최하층의 일반 백성들뿐 아니라 고위 관료나 장군 등 상층 계급도 있다. 그러나 남부 지역의 대도시 안에서 특정 직업에 종사하는 사람들이 삼합회의 조직원이 되기에 가장 용이하다. 예를 들어 상해나 광주의 거의 모든 뱃사공, 짐꾼, 생선 노점상은 이 비밀결사의 조직원이다.

만약 비조직원이 삼합회 조직원을 괴롭혔다면 그는 익명의 경고장을 받게 될 것이다. 규정된 기한 안에 손실을 배상할 것을 요구하는 내용이 들어 있는데, 그것을 어기면 심각할 경우 그의 집에 불을 질러버릴 것이다. 만약 손해가 심각하지 않다면 삼합회 조직원이 어둠을 틈타 그를 묶은 후 그의 집에서 죽봉으로 매질을 가하는 정도에 그칠 것이다. 이러한 과정에서 삼합회 조직원들은 복면으로 얼굴을 가린다.

삼합회 조직원들은 정치적 목적을 추구하기도 한다. 곳곳에서 민중을 선동하여 '서양 귀신'에 대한 원한을 품도록 획책한다. 그들은 사방으로 선전 책자를 보내거나, 심야에 외진 곳(예를 들어 버려진 절간 같은 곳)에 모여 회의를 한다. 의화단의 난은 바로 이런 방식으로 중국 북방에서 조직된 것이다.

신참은 견습 기간 동안 각종 시험을 거쳐야 하며, 일반적으로 튼튼한 신체와 강한 의지력을 필요로 한다. 신참은 미소를 띠며 일정한 시간 동안 재계를 인내해야 하는데, 그동안은 단 몇 마디의 말 이상은 허용되지 않는다. 그는 또한 어떠한 혹형도 견뎌야 한다. 예를 들어 물에 빠뜨린다든지, 옷장이나 관에 갇혀 거의 질식할 때까지 놔두는 식이다. 일단 1등급(유럽 프리메이슨의 '도제'에 해당하는 등급) 조직원으로 승인되면, 우두머리를 제외한 '형제'로서의 모든 특권을 누릴 수 있으며 조직원 모두의 보호를 받을 수 있다. 그가 최고 등급으로 승급할 수 있을지의 여부는 그가 얼마나 열심히 하느냐에 달려 있다.

삼합회 다음 가는 비밀결사인 '남연방(藍蓮幫)'은 잘 교육받은 문인 계층만을 조직원으로 받아들인다. 그들의 행동은 삼합회보다 더욱 베일에 싸여 있으며 입회하는 것도 힘들다. 이 조직에 입회하려면 철학, 정치, 문학과 관련된 구술시험과 필기시험을 거쳐야 한다. 남연방은 주로 비밀리에 국가 고위 관료의 행동을 감시한다. 순무(巡撫)나 총독(總督) 같은 지방관이 갑자기 조정의 총애를 잃는다면, 그것은 사실 그들의 행동이 남연방의 비밀법정을 통해 고발되었기 때문이다. 비교적 중요한 이들 비밀결사 외에도, 우리는 별로 유명하지 않은 다수의 비밀단체에 대한 이야기를 들었다. 이들 조직은 우리의 프리메이슨과 여러 면에서 유사한 점이 많다.

앙리 르누[1]

1. 해당 인물의 프랑스어 표기를 찾지 못해 중문판의 인명만을 표기했다.

일본 신도의 제사 의례: 순국영령을 향해 애도하는 도고 헤이하치로

르 프티 주르날 제782호
삽화 부록
1905년 11월 12일 일요일

LE PETIT JOURNAL N°782
SUPPLÉMENT ILLUSTRÉ
DIMANCHE 12 NOVEMBRE 1905

러일전쟁이 끝난 이후 일본에서 거행된 모든 추도식 가운데 도고 헤이하치로 제독이 행한 희생자 추모보다 웅장한 것은 없었다. 이 신도 의식은 히로세(廣瀨) 대위의 묘지 부근에서 거행되었다. 수많은 황족들이 모습을 드러냈으며, 전사자의 부모와 여러 귀부인들이 참석했다. 군악대와 나팔수를 선두로 3000명의 해군 병사로 구성된 부대가 어깨에 총을 메고 열을 지어 입장했다. 참석한 모든 이들의 시선이 도고 헤이하치로 제독에게 집중되었다. 그는 비무장 해군 부대의 호위를 받으며 등장했다.

장중하게 제사를 올린 후 제독은 천천히 제단으로 걸어가 순국영령을 위한 추도사를 읽었다. 그 옆을 도열한 장교와 사병들은 경례 자세를 취했다. 아래에 추도사의 요지를 발췌한다.

"육상에서도 해상에서도 전쟁의 먹구름은 이미 사라졌다. (…) 이제 우리는 과거를 돌아보도록 하자. (…) 제군이 이 세상을 떠났을 때, 우리는 나라를 위해 목숨을 바치는 영광을 부여받은 너희들을 흠모했다. 우리들 자신 또한 천황과 조국을 위해 희생할 수 있기를 희망했다."

"몇 개월 동안 우리 군은 반복해서 여순항을 공격했고, 결국 전쟁의 국면을 우리 군에게 유리한 방향으로 전환시킬 수 있었다. 우리 군이 일본 해상에서 성공적으로 발트 함대를 궤멸시킨 후, 바다에서 더 이상 적함의 그림자도 나타나지 않았다. 이러한 성취는 물론 영명하신 천황 폐하의 공이지만, 동시에 조국을 위해 희생한 제군에게도 감사의 뜻을 전하는 바다."

"이제 전쟁은 이미 종결되었다. 승리한 후 조국에 돌아와 우리를 둘러싼 낯익은 모든 것을 다시 보게 되니 깊은 감동의 정을 금할 길이 없다. 이 모든 행복을 제군과 공유할 수 없다는 점을 생각함에도, 미안하지만 우리는 기쁨을 멈출 수 없었다. 우리는 똑똑히 알고 있다. 우리가 이 아름다운 날을 마주할 수 있는 이유는 바로 제군, 너희 죽어간 용사들이 있었기 때문이다. 이 모든 것은 제군의 희생 덕택이다. 너희의 충성과 용기는 영원히 우리 해군의 영혼이 될 것이며, 앞으로 몇 세기에

일본 신도의 제사 의례: 순국영령을 향해 애도하는 도고 헤이하치로
UNE CEREMONIE DU CULTE SHINTOISTE AU JAPON (Allocution de l'amiral Togo aux mânes des héros morts pour la Patrie)

걸쳐 우리 제국을 수호할 것이다."

"제군의 고귀한 영혼을 추모하는 이 의식을 준비하며, 나의 마음을 이 추도사에 담았다. 제군이 나의 진실한 경의를 받아들여주길 바란다."

추도사가 끝나자 깊은 감동이 좌중을 감돌았다. 그리고 쓰시마 해전의 승자도 눈물을 흘리고 있었다…….

파리의 중국 사절: 시 의회 연단에 선 중국인

르 프티 파리지앵 제902호
문학 삽화 부록
1906년 5월 20일 일요일

LE PETIT PARISIEN N°902
SUPPLÉMENT LITTÉRAIRE ILLUSTRÉ
DIMANCHE 20 MAI 1906

몇 주 동안 중국 사절단이 프랑스를 유람하며 우리의 주요 항구, 병기창 및 공장들을 참관했다. 최근 공화국 대통령은 파리에서 사절단을 위해 풍성한 오찬을 마련했으며, 시 정부 위원회에서는 시청에서 그들을 맞이했다. 간단한 환영 인사를 교환한 후 중국 사절단은 한 문서에 서명해줄 것을 요청받았다. 그것은 그들이 프랑스에서 참관한 여정을 기록한 문서다. 잠시 후 시 의회 대표들은 그들을 안내해 시청 곳곳을 둘러보았다. 의회 회의실을 지날 때 사절단의 한 사람이 갑자기 단상에 올라 미소를 띠며 흥미로운 연설을 해 모든 참석자의 호평을 들었다. 중국인들은 정말로 농담을 사랑한다.

중국 사절단은 행정장관실 층계까지 배웅을 받고 나서 이번 방문이 아주 유쾌했다고 표명했으며, 파리 시 의회와 드 셀브(de Selves) 씨가 북경으로 방문해줄 것을 요청했다.

Dix-Huitième année. — N° 902. **Huit pages : CINQ centimes** Dimanche 20 Mai 1906.

Le Petit Parisien

TOUS LES JOURS
Le Petit Parisien
(Six pages)
5 centimes
—
CHAQUE SEMAINE
LE SUPPLÉMENT LITTÉRAIRE
5 centimes

SUPPLÉMENT LITTÉRAIRE ILLUSTRÉ

DIRECTION : 18, rue d'Enghien (10e). PARIS

ABONNEMENTS
—
PARIS ET DÉPARTEMENTS :
12 mois, 4 fr. 50. 6 mois, 2 fr. 25
UNION POSTALE :
12 mois, 5 fr. 50. 6 mois, 3 fr.

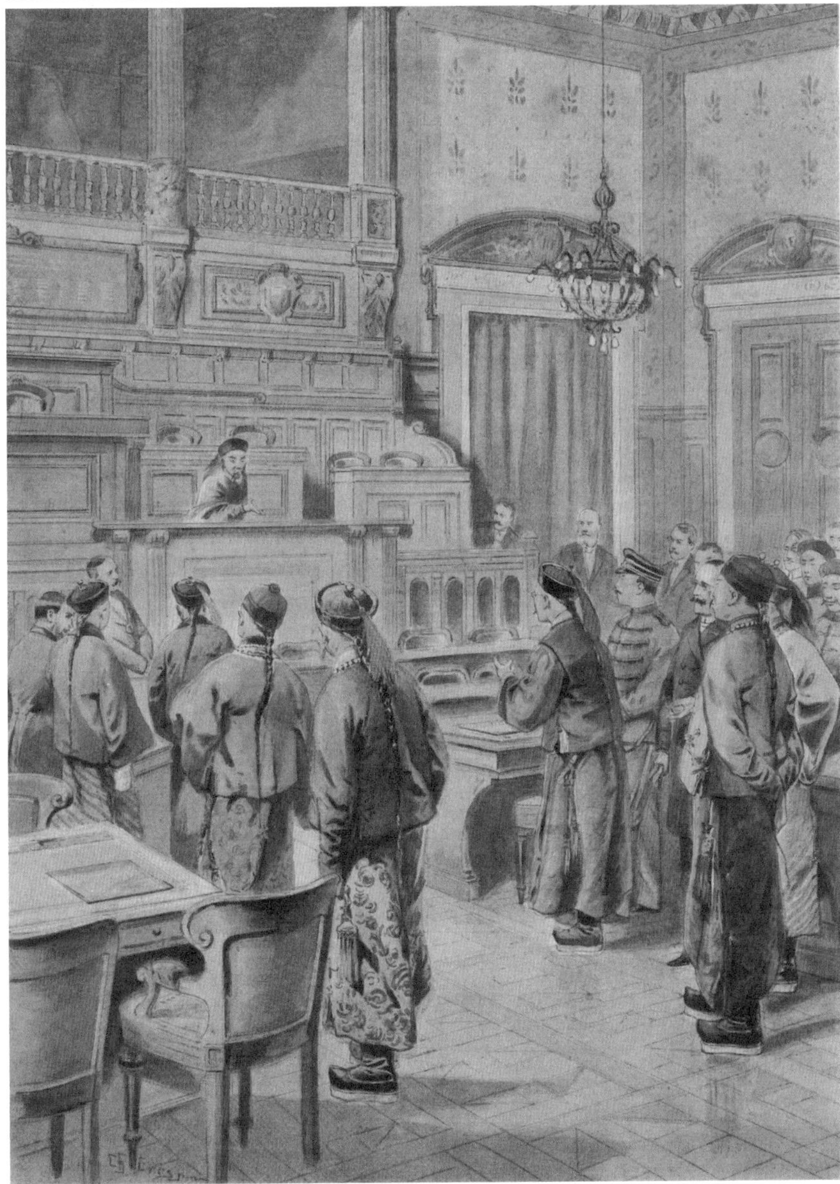

파리의 중국 사절: 시 의회 연단에 선 중국인

UNE MISSION CHINOISE A PARIS (Un Chinois a la Tribune du Conseil Municipal)

홍콩의 태풍: 주강에서 중국 삼판선이 침몰하다

르 프티 주르날 제829호
삽화 부록
1906년 10월 7일 일요일

LE PETIT JOURNAL N°829
SUPPLÉMENT ILLUSTRÉ
DIMANCHE 7 OCTOBRE 1906

홍콩에서 태풍의 습격을 받는 장면. 기록이 남은 이래로 홍콩에서 가장 심각한 피해를 입힌 태풍이다. 홍콩의 선박 절반이 파손됐고, 주강(珠江) 삼각주 전체를 통틀어 최소한 5000명이 사망했다.

홍콩의 태풍: 주강에서 중국 삼판선이 침몰하다
LE TYPHON DE HONG-KONG (Naufrage de sampans chinois sur la rivière de Canton)

홍콩의 무시무시한 태풍: 수천 명의 조난자 발생

르 프티 파리지앵 제922호
문학 삽화 부록
1906년 10월 7일 일요일

LE PETIT PARISIEN N°922
SUPPLÉMENT LITTÉRAIRE ILLUSTRÉ
DIMANCHE 7 OCTOBRE 1906

홍콩의 무시무시한 태풍: 수천 명의 조난자 발생
TERRIBLE TYPHON À HONG-KONG (Plusieurs Milliers De Victimes)

상해 소식: 지역을 두려움에 떨게 한 비적을 체포하다

르 프티 주르날 제831호
삽화 부록
1906년 10월 21일 일요일

LE PETIT JOURNAL N°831
SUPPLÉMENT ILLUSTRÉ
DIMANCHE 21 OCTOBRE 1906

상해에서 «르 프티 주르날»에게 타전한 전보에 따르면, 수년간 지역 전체를 두려움에 떨게 한 무시무시한 폭력배가 체포되었다. 그는 바카데르(Vahkader)라는 이름으로 알려졌다. 중국 강도는 세계에서 가장 무서운 강도다. 그들은 양심의 가책이라고는 없다. 살인, 갈취, 약탈 등 온갖 악행을 저지르며 일말의 동정심도 보이지 않는다. 그 누구도 그들을 저지하거나 건드릴 수 없었다. 좋은 의미에서든 나쁜 의미에서든 중국인들은 중간을 알지 못했다.

말라카반도의 영국 식민지 감옥의 간수였던 이네스(J. R. Innes) 씨는 며칠 전 영국의 «와이드월드 매거진(*Wide World Magazine*)»에 기사를 하나 발표한 바 있다. 그가 직접 목격한 중국인 범죄자에 관한 흥미로운 문구 중 일부를 발췌해 다음과 같이 수록한다.

"자기 일이 있는 중국인은 자기 직업에 상당한 열정을 가지고 있다. 그는 끈기와 열의를 가지고 자신의 모든 것을 쏟아붓는다. 이처럼 모범적인 노동자가 타락하면, 똑같은 열정을 범죄 사업에 쏟아붓는다. 열정이라는 이 국민성은 근면하고 정정당당한 삶을 살아갈 경우 부유함의 요건이 될 것이다. 그러나 일단 정당한 길에서 벗어나는 순간 바로 그 국민성이 그를 가장 위험하고 구제불능의 범죄자로 변하게 한다."

바카데르는 이러한 강도 중 가장 감탄스럽고 특출난 인물이라 할 수 있다. 그가 저지른 범죄는 절도, 무장 강탈 등 수백 건에 이른다. 이제 드디어 그가 체포되었다. 그에게 어떤 일이 벌어질까? 만약 유럽 당국이 수수방관한다면 그는 아마도 능지처참(陵遲處斬)에 처해질 것이다. 이 형벌은 말 그대로 온몸을 조각 내는 것이다. 이 악마와 같은

상해 소식: 지역을 두려움에 떨게 한 비적을 체포하다
A SHANGHAI (Capture du brigand Vahkader, qui terrorisait la région)

임무를 수행하기 위해 최고의 기술을 가진 중국인 망나니가 범죄자의 몸을 조금씩 베어내어 고통 속에서 죽음에 이르도록 한다. 이 얼마나 끔찍한가! 그러나 어쩌겠는가? 중국인들은 우리 유럽인들이 이야기하는 감상(sensiblerie)이란 관념이 조금도 없다. 아마도 북경 자금성의 대리석 다리 아래로 물이 콸콸 넘쳐흐르기 전까지 중국에서 사형을 폐지하는 일은 없을 것이다.

백인 대 황인: 일본인과 미국인 사이의 격렬한 논쟁

르 프티 주르날 제839호
삽화 부록
1906년 12월 16일 일요일

LE PETIT JOURNAL N°839
SUPPLÉMENT ILLUSTRÉ
DIMANCHE 16 DÉCEMBRE 1906

최근 일본과 미국, 그중에서도 캘리포니아주 시민들과의 사이에서 일어난 불안한 사건의 출발점이 무엇인지에 대해 우리는 잘 알고 있다.

잘 알려져 있듯 미국인들은 인종에 대한 선입견에 굉장히 집착하고 있다. 그 때문에 그들은 일본인을 서구 문명 바깥의 야만인으로 취급하는 경향이 있다. 그들은 일본인 아동이 샌프란시스코의 공립학교에 입학하는 것을 금지했다. 꽤 많은 아동이 그 도시에 살고 있음에도 말이다.

일본인들은 이러한 제제에 대해 항의했다. 캘리포니아 주정부는 그 조치를 계속 강행하고자 했고, 중앙 정부는 이에 대해 간섭할 권한이 없었다.

이것은 미일 간의 격렬한 논쟁을 유발시켰다. 그러나 이 논쟁의 진정한 원인은 주로 경제적인 문제라고 할 수 있다. 황인종인 중국인과 일본인은 미국의 태평양 연안 도시로 몰려들었다. 그들은 고생을 마다하지 않고 근면하게 일하는 훌륭한 노동자였으며 낮은 보수도 기꺼이 감내했다. 이런 점은 양키 노동자들에게 상당한 타격이 되었다. 여기에 피부색에 대한 미국 시민들의 너무나 강력한 편견을 추가하면 캘리포니아 주민이 보이는 심리 상태를 이해할 수 있을 것이다.

사건은 매우 엄중하지만, 적어도 지금 시점에서는 미일 양국이 평화 관계를 종결할 정도의 위협이 되지는 않았다.

게다가 워싱턴 정부는 캘리포니아 주민의 지나치게 민감한 대응을 옹호하지 않았다. 시어도어 루스벨트 대통령은 진정한 정치가의 가치인 솔직하고 명료한 태도로 일본인에 대한 절대적인 지지 의사를 표명했다.

"우리는 우리의 손님인 외국인에게 우리가 해야 할 의무를 상기해야 합니다. 미국에 들어와 법률을 준수하는 외국인에게 가하는 맹목적인 제재는 낙후된 문명의 징표임이 분명합니다."

백인 대 황인: 일본인과 미국인 사이의 격렬한 논쟁
BLANCS CONTRE JAUNES (La grande querelle du petit Jap et l'oncle Jonathan)

루스벨트 대통령은 일본이 이룬 놀라운 성취와 일본 병사들의 인간미, 그리고 군인의 가치에 대해 환기시키며 다음과 같이 덧붙였다.

"일본 전체가 미국인을 잘 예우합니다. 그런데 미국인이 똑같은 존중과 배려를 일본인에게 베풀지 않는 잘못을 범한다면, 우리는 우리 문명의 열등함을 인정해야 할 것입니다."

중국여행

르 리르 제213호
토요판 유머 잡지
1907년 3월 2일

LE RIRE N°213
JOURNAL HUMORISTIQUE PARAISSANT LE SAMEDI
2 MARS 1907

남편이 이 원숭이를 싫어할까봐 걱정되지만……
은화 세 닢으로 이런 원숭이를 사는 건, 새로 남편을 구하는 것보다 훨씬 어렵지.

샤를 푸리올(Charles Pourriol)의 그림

Nouvelle Série. N° 213. — 2 Mars 1907

UN AN
Paris et Départements, 10 fr
Étranger, 14 fr

SIX MOIS
France, 5.50 — Étranger, 7.50

Le Rire

JOURNAL HUMORISTIQUE PARAISSANT LE SAMEDI

20 centimes

RÉDACTION
122, rue Réaumur, 122
PARIS

VENTE ET ABONNEMENTS
9, rue Saint-Joseph, 9

Charles Pourriol

중국여행
LE VOYAGE EN CHINE

중국의 흉년

르 프티 주르날 제850호
삽화 부록
1907년 3월 3일 일요일

LE PETIT JOURNAL N°850
SUPPLÉMENT ILLUSTRÉ
DIMANCHE 3 MARS 1907

¶ 옮긴이 해설 610쪽

중국 일부 지역에서는 현재 지독한 기근이 맹위를 떨치고 있다. 폭설 때문에 파종을 하지 못했고, 추위와 굶주림에 죽어간 사람이 갈수록 증가하고 있다. 주민들, 특히 아이들은 크나큰 고통에 시달리고 있다.

정부는 기근으로 황폐해진 지역의 구재를 위해 관리를 파견했다. 일부 관리들은 굶주림으로 고통받던 주민들의 강력한 분노에 직면해야 했다. 재해 지역민을 돕기 위해 외국인이 조직한 여러 구재위원회는 한결같이 구휼을 책임진 현지 조직이 전혀 제 역할을 하지 못한다고 입을 모았다. 중국 관료체제는 느리고 복잡했다. 현지 관료의 대처는 변명의 여지없이 무책임했다. 그들은 지난해의 수확이 충분하지 않다는 점을 잘 알고 있었음에도 기근이 심각한 지경에 이른 후에야 어떤 조치를 취해야 한다는 사실을 의식했다. 주민들의 목숨이 경각에 달려 있어도 극동 국가의 형식주의는 여전히 복지부동이다.

중국의 흉년
LA FAMINE EN CHINE

중국인이 발명한 새로운 교수형

르 프티 주르날
삽화 부록
1907년 3월 17일 일요일[1]

LE PETIT JOURNAL
SUPPLÉMENT ILLUSTRÉ

1.
출처가 불분명한 기사.

중국인이 발명한 새로운 교수형. 범인을 조롱 속에 고정시킨 뒤, 다리 아래에 벽돌이나 돌을 받쳐둔다. 가끔씩 아래에 놓인 벽돌을 하나씩 빼내 범인이 발끝으로 까치발을 서게 만들다가 끝내 목이 졸려 죽게 만든다. 때로는 가족들이 범인의 고통을 줄여주기 위해 망나니를 매수해 미리 독약을 먹이는 방식을 택한다.

중국인이 발명한 새로운 교수형

중국의 새로운 군대

라 크로아 일뤼스트레 제328호
삽화 부록
1907년 4월 7일 일요일

LA CROIX ILLUSTRÉE N°328
SUPPLÉMENT ILLUSTRÉ
DIMANCHE 7 AVRIL 1907

불과 몇 년 전까지 우리는 중국을 낡은 규칙을 고수하고 딱딱한 사상을 가진, 2000여 년의 전통과 습속에 속박된 민족으로 묘사하는 것에 동의해왔다. 그러나 이제는 상황이 바뀌었다. 모두가 한 목소리로 "중국이 깨어났다"고 입을 모은다. 심지어 속사정을 잘 아는 몇몇의 견해에 따르면, 중국이 진보하는 속도는 영리한 이웃 일본보다 더 빠를 정도라고 한다. 우리에게는 다음과 같은 결과를 예견할 만한 충분한 이유가 있다. 자칭 천조의 나라는 곧 평시에 50만 이상의 정규군을 유지할 능력이 있다. 그뿐만 아니라 상당한 규모의 예비역 부대까지 동원할 수 있으며, 동원과 작전을 담당하는 3개 부대 역량의 총참모부를 보유하고 있다.

중국 전역에 설립된 25개의 사관학교에서 3400명의 사관후보생이 전면적인 군사교육을 받고 있다. 그들 중 가장 뛰어난 후보생은 일본의 사관학교로 파견되어, 장차 일본 천황을 보좌할 장교들과 함께 수업을 듣고 시험을 치른다. 졸업 후에는 일본 군대에 들어가 3~4년을 복역한 뒤 자신의 조국으로 돌아온다. 매년 1200명의 장교가 중국 군대에 신규 진입하며, 앞으로 새로운 사관학교가 더 개설될 가능성도 있다.

일반 시민들 중 무능력자나 인간쓰레기를 입대시키는 시대는 이미 지나갔다. 서태후의 지시에 따라 고관대작들만이 자신의 아들을 사관학교에 입학시킬 수 있다. 군대의 복장과 무기 또한 점점 새롭게 변화하고 있다. 예전의 중국 군대는 기괴하고 복잡한 복장이었는데, 이제는 간단하고 실용적인 군복으로 바뀌어, 유럽 군대를 연상하게 한다. 청조의 육군대신 음창(廕昌) 장군은 몇 달 전 베를린에서 한 독일 기자와 인터뷰를 하며 중국 병사들에 대한 자신의 믿음을 표명한 바 있다. 특히 중국 북방의 병사들은 신체 조건이 아주 뛰어나다는 생각을 밝혔다.

"기술적인 면에서 우리의 상황은 아주 훌륭합니다. 우리의 포병 부대와 대포는 모두 일급입니다. 우리의 기병 부대 또한 현대전쟁의 표준에 완벽히 부합합니다. (…) 해군은 현재 아직 충분히 선진적이지 못하지만, 이후에는 발전할 것입니다. 게다가 중국의 해안 지역 주민들 중 상당수는 해적으로 활동한 경험이 있으니, 장차 우리의 좋은 해군 병사가 될 것입니다."

이미 중국이라는 용은 깨어났다. '황화(黃禍)'는 이제 더 이상 공상이 아닐 것이다.

중국의 새로운 군대
LA NOUVELLE ARMÉE CHINOISE

몽골의 자동차: 진창에 빠진 자동차를 끌어올리는 몽골 기병

르 프티 주르날 제869호
삽화 부록
1907년 7월 14일 일요일

LE PETIT JOURNAL N°869
SUPPLÉMENT ILLUSTRÉ
DIMANCHE 14 JUILLET 1907

1.
Kiakta. 부랴트 공화국 남부에 있던 도시. 몽골과 러시아 접경에 위치했다.

어떤 용감한 운전자들이 자동차로 북경에서 출발해 중국과 시베리아를 거쳐 파리에 도착하는 모험을 감행했다. 이 여정이 얼마나 드라마틱한 모험이 될지 누구나 상상할 수 있다. 고비사막과 장가구(張家口) 부근의 칼간(喀拉干; Kalgan) 산맥을 넘은 후, 이 운전자들은 늪지에 들어서 끊임없이 자동차를 진창에 빠뜨릴 위험에 처하게 되었다. 그들은 다음과 같이 기록했다.

"몇 차례에 걸쳐 우리는 자동차를 버리고 도보로 여행을 계속해야 할 지경에 처했다. 처음 자동차 시동이 꺼졌을 때, 우리는 자동차가 한쪽으로 기울고 뒷부분이 가라앉고 있다는 사실을 감지했다. 우리는 두터운 수풀에 감춰진 늪지에 빠졌던 것이다."

"현지 주민들과 몽골의 카라반이 우리를 도와 세 시간 동안 믿기지 않을 정도의 수고를 들여 자동차를 진창에서 끌어올렸다. 마침내 우리는 멋지게 탈출할 수 있었다. 잠시 후 우리는 지도와 나침반에 의지해 길을 찾아 나섰다. 그곳은 도로라고는 전혀 없었기 때문이다."

"카라콜(Karakol)의 한 계곡에서 우리는 또다시 늪지에 빠졌다. 그리고 이번에는 군대 하나가 필요한 마당에 우리들밖에 없었다. 초인적으로 온갖 애를 다 써 봤음에도 불구하고 자동차는 조금씩 서서히 가라앉았다. 모든 것이 끝장났다고 생각한 우리는 차를 버리려 했다. 얼마간 시간이 지난 후 저 멀리서 한 무리가 보였다. 이 부랴트(burrats) 부대의 우두머리는 우리를 돕는 조건으로 50루블을 요구했다. 그러나 우리 자동차의 위치를 직접 확인하고 나서는 그 어떤 노력도 소용없다고 단언했다. 또 한 번 몽골인이 우리를 구해주었다. 말을 타고 나타난 그들이 우리를 안내해줬고 달빛 아래에서 우리는 여정을

몽골의 자동차: 진창에 빠진 자동차를 끌어올리는 몽골 기병
L'AUTOMOBILISME EN MONGOLIE (Des cavaliers mongols retirent d'un marécage une voiture embourbée)

계속했다. 날이 밝을 무렵 우리는 300미터 넓이의 급류인 이로(Iro) 강에 도착했으며, 황소 떼가 자동차를 끌어 강을 건넜다."

그것이 이번 여행 중 중국 땅에서 그들이 겪은 최후의 시험이었다. 얼마 후 그들은 캬흐타[1]와 시베리아 변경에 이르렀다.

근대화를 향해 가는 중국

라 크로아 일뤼스트레 제354호
1907년 10월 6일

LA CROIX ILLUSTRÉE N°354
6 OCTOBRE 1907

중국은 다시 살아날 것인가? 청조의 병사들이 대포를 발사하고, 관료들이 자동차를 타며, 전신원이 완전한 통신 장비를 능숙하게 조작하는 모습을 보게 되면, 이러한 생각을 어렵지 않게 할 수 있다. 특히 대포에 주목할 필요가 있다. 대포는 육군과 해군이 전면적으로 재편되었음을 상징하기 때문이다.

육군의 경우, 올해 말까지 중국은 12개 사단의 병력을 보유하게 될 것이다. 각 사단은 1만 2000명으로 구성되어 있으며, 유럽 방식을 모방한 훈련 장비를 갖췄다. 헤어스타일은 예외지만, 이 부대들의 군복은 모두 일본 군대와 유럽 군대에서 상용하는 제복 양식을 모방해 제작한 것이다. 중국은 1912년까지 25만의 육군 병력을 보유할 계획이며, 1915년이 되면 이 숫자는 50만으로 증가한다. 중국의 6개 지역에 분포된 35개의 사관학교에서는 현재 대청국에 봉사할 6000여 명의 장교를 양성하고 있으며, 별도로 6000여 명의 후보생이 일본의 사관학교에서 수학하고 있다.

해군의 경우, 중국은 유럽의 여러 조선소에 8000톤급 8척과 1만 톤급 2척의 순양함을 주문했다. 이밖에도 내년에 일본의 해군 조선공창에서 중국을 위해 12척의 3급 순양함을 건조할 예정이다. 북방 해역, 즉 발해와 산동 부근의 해역에는 군항(軍港)도 설치될 예정이다. 주산도(舟山島) 항은 대형 군항을 설치하기에 최적의 조건을 가진 지역으로 인식되고 있다. 이 항구는 사면이 산으로 둘러싸여 있고 지세가 험하며, 항만 지역이 크고 수심이 깊어 2만 톤급의 순양함을 족히 수용할 수 있다.

이 모든 것들은 우리가 심사숙고해볼 만한 사항이다. 몇 년 후 중국이 되살아나 강력하게 변화할지도 모르니 말이다.

근대화를 향해 가는 중국
LES CHINOIS SE MODERNISENT

중국의 테오도라, 자희 태후

일뤼스트라시옹 제3408호
1908년 6월 20일

L'ILLUSTRATION N°3408
20 JUIN 1908

¶ 옮긴이 해설 611쪽

최근 중국과 베트남 국경에서 한 프랑스 장교와 몇몇 현지인 보병이 매복 중인 중국 군대의 총격으로 사망하는 사건이 발생했다. 이 사건으로 인해 우리의 시선은 또다시 중국으로 옮겨가게 되었다. 최근의 여론은 중국이 근대화를 향해가고 있으며 갈수록 강대해질 것이라는 견해를 믿는 쪽으로 기울어가고 있다. 그러나 이 사건은 일전에 내가 중국을 연구한 후 «타임스»에 발표한 몇 편의 비관적인 관점의 글에 힘을 실어주고 있다. 아마 사람들이 이야기하는 것처럼 중국이 되살아나는 일은 없을 것이다. 맹목적 서구화는 오늘 내일 하는 늙은 신체에 지나치게 강한 약을 투여하는 것과 같아서 결국 심각한 위기를 재촉할 뿐이다.

세계에서 가장 부패한 국가인 중국이 최후의 발악을 하는 모습을 보면서, 만약 폭풍우처럼 흔들렸던 그 반세기의 여정을 통틀어 단 한 여인이 정권을 좌지우지하고 있었다는 점을 떠올려본다면 유일무이한 이 볼거리가 더욱 흥미진진하게 다가올 것이다. 대청국의 운명은 이 비범한 여성과 너무나 긴밀히 연결되어 있어, 어쩌면 그녀가 세상을 떠나는 순간 대청국도 뒤따라 무너질지도 모르겠다. 그녀의 굉장히 독특한 성격에 더하여 드센 통제욕은 여러 가지 면에서 그녀의 비극적인 운명을 주조한 것 같다. 이 견해를 증명하는 데는 단지 그녀가 어떻게 자신의 통치를 펼쳤는지와 함께 통치 과정에 있어 몇 가지 주요 맥락을 이해하는 것으로 충분하다.

자희(慈禧)는 청조의 한 장군의 딸로 태어나 함풍제의 귀비가 되었다. 함풍제는 1861년에 세상을 떠났다. 그녀는 함풍제에게 아들 하나를 안겨주었지만, 정궁 황후에게는 자녀가 태어나지 않았다. 그녀가 기거하는 침궁이 황궁의 서쪽에 위치했으므로 '서태후'라는 명칭으로 불렸으며, 황후는 마찬가지 이유로 '동태후'라고 불렸다.[1] 청조의 조례에 따르면 후비가 낳은 자식이라도 정궁 황후가 모친이 되는 것이 법도다. 그러나 이 시점에 그녀의 야심과 통제욕은 이미 점점 모습을 갖춰가고 있어, 황제의 생모로서 자신이 가진 여러 특권을 어떻게 이용하면 되는지 잘 알고 있었다. 때마침 황후도 세상을 떠났다. 그 후 자신의 아들인 동치제도 붕어했다. 뒤를 이을 후사를 남기지 않은 시점이라, 그녀는 순조롭게 대청국의 유일한 통치자가 되었다. 그녀는 쿠데타를 일으켜 대권을 독점하기 시작했다. 그런 다음 자기 여동생의 아들인 광서제를 황제로

1. '자희'는 서태후가 동치제 즉위 후 받은 휘호다. 제목은 '자희 태후'로 그대로 옮겼으나, 번역의 일관성을 위해 그녀의 여러 별호 중 '서태후'로 통일한다.

L'ILLUSTRATION

Prix du Numéro : 75 Centimes. SAMEDI 20 JUIN 1908 66e Année. — N° 3408.

중국의 테오도라, 자희 태후
LA THÉODORA CHINOISE, l'impératrice douanière Tsou-Hsi

결정했다. 광서제는 당시 다섯 살에 불과했다. 서태후가 섭정할 충분한 시간을 줄 수 있는 인물이었기에 그는 황제로 선택된 것이다. 게다가 그는 서태후의 연인이자 함풍제의 동생인 순친왕(醇親王)의 아들이기도 했다.

아름답고 음란한 이 황후는 실로 육욕이 충만했다. 그녀를 둘러싼 염문은 헤아릴 수 없을 정도다. 그녀는 방탕한 황후였다. 그녀의 사생활은 유럽 역사에서 최고의 권력을 가진 여성 통치자의 삶을 연상시킨다. 그러나 동시에 그녀는 아주 지혜로웠고 왕성한 체력을 자랑했으며 위엄 있게 통치했다. 이 점은 그녀가 궁정에서 유혈 쿠데타를 일으켜 통치자의 보좌에 오른 사건에서 잘 드러날 뿐 아니라 지금처럼 중국 역사상 가장 어지러운 시기에 발생한 여러 중대한 역사적 사건 속에서 하나씩 확인되고 있다.

2. 북당(서십고성당)에 대해서는 “천조의 도성” 기사(이 책의 94쪽)를 참고하라.

그녀가 권력을 장악했을 때 영국과 프랑스 연합군이 북경 원정을 막 끝냈고 청조는 태평천국 운동을 진압하는 데 전념하고 있었다. 그녀는 일련의 불행한 전쟁을 잇달아 처리했다. 먼저 청과 프랑스가 남방에서 벌인 청불전쟁이 있었고, 뒤이어 일본과 중국이 북방에서 일으킨 청일전쟁이 있었으며, 1900년 의화단 사건이 발발한 후 중국과 유럽의 전투가 이어졌다. 사람들은 한사코 부인했지만, 의화단이라는 극단적인 배외적 성향의 조직이 북경성을 공략했을 때 서태후는 어느새 그 조직의 우두머리로 변해 있었다. 곳곳에 부착된 ‘외국인을 도살하라’는 표어에는 모두 그녀의 이름이 서명되어 있었다. 그러나 의화단의 반서구 운동이 실패한 후 서태후는 가장 억압받고 가장 의심 많은 그 무리를 교묘하게도 기만했다. 1904년인가에 알퐁스 파비에 주교가 나에게 서태후를 상찬한 것이 기억난다. 의화단의 북당(西什庫天主堂)[2] 습격을 벌써 잊어버린 채 과거에 일어난 모든 일에 대해 아무것도 모른다는 듯이 말이다. 사람들이 어떻게 생각하든 아무래도 수상쩍은 점이 있다. 서태후와 친밀한 관계였던 순친왕은 위기가 발생하기 전에 미리 준비하고 있었고, 서태후는 순친왕의 아들을 황위 계승자로 선택한 것이다.

사실 그녀의 위엄과 결단은 내정의 처리에서 잘 드러난다. 중국의 영토는 광활해서 각각의 성을 잇는 연락망이 부족하고 각지의 상황이 상이하다. 이러한 요소는 서태후가 정사를 처리하는 데 있어 압력을 가중시켰다. 이밖에도 그녀는 궁정 내부에서 잇달아 벌어지는 온갖 음모에 대처해야 했다. 매일 이런 일을 상대하다 보면 아무리 맑은 두뇌와 강한 정신력을 지닌 사람이라 해도 제정신을 유지하기 힘들 것이다. 사람들은 또한 1898년, 이미 고령이었던 그녀가 어떤 식으로 궁정 내부의 음모를 호되게 좌절시켰는지 똑똑히 기억하고 있다. 그녀의 조카인 광서제는 개혁파 인사인 강유위(康有爲)의 사상에 감화되었다. 그러나 서태후와 그 주위의 보수파의 방해가 있는 한 변법사상을 실시할 수 없음을 잘 알고 있었다. 따라서 그는 서태후와 그녀의 측근을 제압하기로 결정했다. 쿠데타는 응당 야간에 발생하는 법이다. 원세개는 천자에게 군사적인 지원을 약속했지만, 마지막에 가서 광서제를 배신하고 거사 전날 서태후에게 밀고했다. 서태후는 조금의 망설임도 없이 유신파 인사의 체포를 명령했다. 혁신을 주장하는 관료들은 망명한 일부 상층부를 제외하고 모두 체포된 후 즉각 참형에 처해졌다. 그리고 광서제는 나쁜 장난을 하다가 그 자리에서 붙잡힌 어린애처럼 자신의 이모에 의해 황궁 깊숙한 모처에 연금당했다. 서태후는 다시금 섭정을 시작했다.

그 뒤를 이어 그녀는 또 다른 모반을 처리해야 했다. 비록 앞서의 사건처럼 위중하지는 않다 해도 모반을 기획한 인물이 대단한 수단을 발휘해 사건 처리에 애를 먹었다. 이 모반 사건은 극소수만이 알고 있다. 나는 유럽 조계의 한 유명 인사에게서 몇 가지 속사정을 입수할 수 있었다. 형세에 떠밀린 그는 이 사건에서 심복 역할을 맡게 되었다. 사건의 주인공은 외교계에 몸담은 바 있는 한 젊은 중국 여인이다. 몇 년 전 그녀는 파리의 살롱에서 많은 사람의 사랑을 받은 바 있다. 중국으로 돌아온 뒤 그녀는 서태후의 귀빈이 되었다. 그녀는 남자를 유혹하는 법을 알고 있었고, 게다가 야심만만했기에 오직 황제의 마음을 사로잡으려 애썼다. 모든 일이 아주 순조롭게 진행되어 이제 곧 황제의 아내가 될 것 같았다. 그러나 이 계획이 성공하려면 서태후의 조카딸이기도 한 황제의 정궁 황후를 폐하거나 제거해야만 했다. 더하여 서태후를 감금하거나 아예 깔끔하게 죽일 필요가 있었다. 유혹하거나 춤만 출 줄 아는 우리의 이 가냘픈 인형은 이 사건에서 죽음을 불사한 결기를 보여주었다. 이처럼 아슬아슬하고 위험한 계획 앞에서 그녀는 조금도 동요하거나 주저하지 않았다. 심지어 그녀는 직접 이 일을 감독해 공범자를 매수하기까지 했다. 그녀가 매수한 공범은 병사나 관료 같은 이들이 아닌 더욱 믿을 만한 기지를 지닌 황궁의 태감들이었다. 이런 사건은 원래 비극이 되기 십상인데 우스꽝스러운 결론으로 끝을 맺었다. 구체적으로 어떠했는지는 나도 잘 모르지만, 결국 이 음모는 서태후에게 발각되었다. 이 숙녀는 다행히 누군가 늦지 않게 알려주어 하인과 함께 쿨리로 변장한 후 대사관으로 몸을 피했으며, 나중에 상해로 도피했다.[3]

대략 러일전쟁이 끝난 후를 즈음해 서태후는 중국 혁신의 필요성을 이해하게 되었고, 마침내 장구한 전통을 타파할 용기를 내어 개혁 방안의 채택을 주장하기 시작했다. 아마도 시국의 압력을 수용했다고 볼 수 있는데, 자기 가족의 통치를 고수하려는 심리에서 어쩔 수 없이 개혁의 결정을 내린 것이다. 그녀가 매우 강경하게 개혁을 진행했기 때문에 어쩌면 이 위대한 개혁 사업을 정말로 완성할 수도 있겠다는

3. 이 스캔들의 주인공은 덕령(德齡) 공주다. 프랑스인 어머니와 프랑스 대사인 아버지를 따라 다년간 프랑스에서 생활한 후 17세에 귀국해 여관(女官) 신분으로 궁에 머물며 서태후의 통역으로 활동했다. 광서와의 염문은 일종의 확인되지 않은 비사다. 그녀는 1905년 부친의 병이 위중해 황궁을 떠났으며, 이후 상중이라는 핑계로 다시는 궁으로 돌아가지 않았다. 1907년 상해에서 미국인과 결혼한 후 미국에 가서 살았다. 궁정 생활을 기록한 『청궁이년기(清宮二年記; *Two Years in the Forbidden City*)』(1911)를 영문으로 출간했다.

탄사가 터져 나왔다. 세월이 육욕에 대한 그녀의 열정을 꺼뜨리고 젊은 시절의 경망스러움도 앗아갔지만, 그녀의 정신과 신체는 놀라울 정도의 활력을 유지하고 있었다. 외국 공사단(公使團)의 부인들을 접견했을 때 그녀는 이미 74세의 고령이었지만, 부인들을 데리고 자신의 정원에 있는 가산(假山)에 올라 더할 나위 없이 흥겹게 즐겼다.

그러나 하늘 아래 끝나지 않는 파티는 없다. 가장 아름다운 미녀라 해도 세월의 박해를 피하기는 힘들다. 1년 반 전, 서태후는 안면신경마비를 앓은 후 건강 상태가 예전만 못하여 체력과 지력 모두 크게 쇠퇴했다. 그때부터 그녀의 얼마 남지 않은 생애는 마지막 두 사건에서 보인 영향력에 기대어 억지로 통치를 유지하는 수준이었다. 이 시기에 그녀가 내린 결정은 그녀의 머리가 얼마나 혼란스러운지를 잘 보여주고 있다. 그것은 원래부터 곧 무너질 듯 위태로웠던 왕조를 더욱 위기로 몰아넣었다. 그녀는 이권이 엇갈리는 각종 파벌에 둘러싸여 이리저리 흔들렸으며 일시적인 감정으로 일을 처리하곤 했다. 심지어 마지막으로 그녀가 이야기를 나눈 사람이 가장 그럴 듯하다고 여기기도 했다. 원래 총애를 잃었던 총독이 재소환되어 서태후를 알현한 후 단번에 총신이 되었다가, 며칠이 지나지 않아 다시 태후의 총애를 잃는 일이 반복되었다. 이처럼 맑음과 흐림을 오가는 정서로 인한 가장 나쁜 결과는 지속가능한 정책이 없다는 점이다. 이는 또한 앞서 시행된 개혁 조치가 거쳐야 했던 온갖 동요와 반복을 잘 설명해준다. 최근 몇 년간 중국 정치에 주목해온 학자들은 중국의 정책이 거쳐온 미증유의 파란을 증언해왔다. 그것은 다른 나라에서도 역사상 전례가 없는 것이었다. 이렇게 쉴 새 없는 변동은 대신들 사이의 암투를 더욱 격렬하게 만들었다. 모두들 태후의 총애를 더 오래 얻을 수 있기만을 바랐다. 그러나 지금 중국에서 가장 필요한 것은 인민의 단결이다. 서태후가 살아 있을 때는 자신의 권위만으로 이해가 엇갈리는 여러 파벌들을 주변에 뭉쳐놓을 수 있었다. 그러나 만약 어느 날 그녀가 세상을 떠난다면, 지금도 이미 일부 지역에서는 혁명 사상이 휘날리기 시작한 판국에, 전국이 온통 혼란에 빠져 크나큰 재난이 일어날 것이 분명하다고 예상할 수 있다. 이따금 서태후는 이러한 비극적인 결말을 예감이라도 했는지 시국을 바로잡아 재난이 일어나는 걸 피해보려 애를 썼다. 그녀는 원세개와 장지동(張之洞)

4.
Theodora. 역사상 황후였던 테오도라는 여러 인물이 있으나, 여기서는 두 살에 황위에 오른 미하일 3세의 섭정(842~855)으로 권력을 휘두른 비잔티움 제국의 황후를 가리키는 것으로 보인다. 섭정 기간 동안 그녀는 기독교 분파인 파울리키아파를 이단으로 몰아 대대적인 박해를 가한 바 있다.

같이 절대 서로를 용납하지 않는 두 적대 세력을 화해시키려 시도했다. 그녀는 이 두 원수 가문을 곁으로 불러들여 그들이 통혼을 통해 서로 간의 알력을 해소할 수 있기를 희망했다. 그녀는 또한 총애를 잃었던 진충현(陳忠賢)을 몇 번씩이나 다시 조정에 불러들여 자신을 보좌하게 했지만, 결국에는 아무 소용이 없었다. 여러 갈래로 분산된 세력을 곧 무너질 듯 위태로운 황실 주변으로 응집시키려는 그녀의 굳은 의지를 누구나 느낄 수 있었다. 그러나 동시에 마음만 있지 역부족인 그녀의 무기력도 감지할 수 있었다.

지금, 가문의 통치를 유지하기 위해 그 무엇도 개의치 않고 운명과 맞서고 있는 중국의 이 최고 통치자는 질병에 시달리고 세월에 마모되었다고는 하나 여전히 사람들로 하여금 깊은 인상을 준다. 키도 크지 않고 몸매도 평범하지만, 뼛속 깊이 스며들어 있는 고귀한 기질은 사람들에게 어떤 경건한 느낌마저 일게 한다. 안면신경마비로 인해 아래로 처진 뺨과 살짝 비뚤어진 입도 이 통치자의 호리호리한 얼굴, 높은 콧날, 그리고 형형하게 빛나는 눈빛에 깃든 사람의 마음을 움직이게 하는 매력을 가릴 수 없었다. 그녀의 목소리는 달콤하면서도 위엄이 서려 있었다. 일반적인 한족이나 만주족과는 달리 그녀는 화장을 하지 않았다. 그녀의 굉장히 긴 손톱에는 황금으로 만든 손톱 보호판을 씌웠으며, 복식은 온화하면서도 화려했다. 패용한 보석은 눈이 부셨으며, 특히 진주로 만든 머리 장식은 하나같이 도드라지게 사람을 무릎 꿇게 하는 위엄을 갖추고 있었다. 유럽인은 예외이지만, 황제를 포함한 다른 모든 사람은 그녀가 말할 때 무릎을 꿇어야 했다.

그녀는 극동의 테오도라[4]로, 47년간 그녀의 백성들을 통치해왔다. 그녀에게 감탄을 금할 수 없는 것은 폭풍과도 같았던 생애 때문만도 아니고, 그녀의 신성한 풍채와 비범한 권력 때문만도 아니다. 그녀는 수천 년의 휘황찬란한 역사를 뒤로 하고 이제 곧 관 속으로 들어가게 될 낡은 문명의 상징과도 같다.

장 로드(Jean Rodes)

통킹의 변경에서

르 펠르랭 제1642호
주간 화보
1908년 6월 21일 일요일

LE PÈLERIN N°1642
REVUE ILLUSTRÉE DE LA SEMAINE
DIMANCHE 21 JUIN 1908

¶ 옮긴이 해설
611쪽

현재 프랑스 정부는 자국 영토 부근에서 발생한 심각한 국경 사건을 놓고 중국 정부와 담판을 벌이고 있는 중이다. 몇 개 부대의 중국군이 프랑스군에 공격을 감행해 장교 1명과 현지인 보병(tirailleur) 6명의 사상자 및 4명의 부상자가 발생했다.

사건은 운남성(雲南省)이 현재 무정부 상태에 처해 있는 상황에서 기인한다. 중국 남부 전체, 그중에서도 특히 광동성 일대는 줄곧 청 왕조를 적대시해왔다. 태평천국 운동이 일어난 이후 이 지역의 질서는 완벽하게 회복되지 못하고 있다. 1900년의 위기와 러일전쟁의 발발 이래로 이 지역만큼 혁명 운동을 지지하는 곳은 없다. 저명한 선동가인 강유위가 광서(廣西)와 운남에서 획책한 활동은 진정한 혁명 운동이라고 불리기에 충분하다. 일본에서 밀수한 군수품은 혁명에 사용될 무기가 되고 있었다. 프랑스 식민지 당국은 혁명 승리 후 태환할 수 있는 은행 어음이 가득 든 상자 하나를 인도차이나에서 차압한 바 있다.

청 정부는 여전히 이처럼 강력한 저항 세력을 상대할 역량이 없었다. 운남총독 석량(錫良)은 자신의 무능을 변호하기 위한 구실로 하필이면 프랑스가 혁명파를 지지한다고 규탄했다. 이 질책은 황당무계하기 짝이 없다. 그 불길이 인도차이나에서도 번지게 되는 상황을 우리가 전혀 걱정할 필요가 없다는 말인가? 우리는 청 정부에게 가장 간결하면서도 유력한 해명을 내놓았다. 있는 그대로의 사실을 보여준 것이다. 강유위는 이미 하노이에서 떠날 것을 요구받았다. 국경 방위 부대는 이미 프랑스 국경을 넘으려 하는 자는 누구를 막론하고 반드시 무장을 해제시키라는 명령을 받았다.

몇 주 전, 청 정부는 드디어 자신이 실패한 원인을 알아차리고 만회하기로 결정했다. 유럽식으로 훈련되고 무장을 갖춘 부대가 통킹 북방으로 파견되었다. 5월 27일, 일군의 반란 분자들이 통킹에서 아주 가까운 운남성의 작은 국경도시인 하구(河口)에서 축출되면서 남쪽으로 도피했다. 그들 중 상당수는 우리 조계에서 피난처를 찾을 수밖에 없었다. 6월 3일, 추격 임무를 맡은 청군 부대가 프랑스 영토에 이르렀다. 프랑스군 초소는 라오까이 성(老街省)에서 멀지 않은 곳에 있었다. 청군은 반란 분자의 무장 해제라는 임무를 위해 주둔하고 있는 프랑스 부대를

통킹의 변경에서: 한 프랑스 장교와 일군의 통킹 현지인 보병이 매복 중인 청군의 습격을 받아 사살되다 (당블랑의 그림)
LA FRONTIÈRE DU TONKIN (Un officier français et plusieurs tirailleurs tonkinois sont tués par les Chinois dans un guet-apens sur la frontière. Dessin de DAMBLANS)

향해 조금의 망설임도 없이 사격을 개시했다. 부대의 지휘관인 중위와 그 휘하의 병사 6명이 총탄에 맞아 전사했다. 지근에 있던 2개 연대가 즉각 사고 지점으로 이동해 그들의 시체를 프랑스 영토로 운반해 안장했다.

사건 발생 후 운남 영사관 및 국경의 관료들에게는 청의 당국에게 관련 책임자의 엄중한 처벌을 요구하라는 지시가 떨어졌다. 다른 한편, 프랑스 정부는 청 정부에게 물질적·정신적 손해배상을 청구했으며, 또한 운남총독의 해임을 요구했다.

통킹과 중국의 국경에서: 중국 '혁명당'의 무장을 해제하는 현지인 보병대

르 프티 주르날 제921호
삽화 부록
1908년 7월 12일 일요일

LE PETIT JOURNAL N°921
SUPPLÉMENT ILLUSTRÉ
DIMANCHE 12 JUILLET 1908

최근 인도차이나에서 심상치 않은 사건들이 일어나고 있다. 몇 차례의 폭동 기도는 인심의 동요를 반영하는 것이다. 국경쪽에 그 옛날 흑기군의 불길한 기억을 되살려내는 무장 세력이 침입하고 있다. 이 무장 세력은 '개혁당(réformistes)', 즉 혁명파로 구성되어 있는데, 보다 정확히 말하자면 중국 비적들이라 할 수 있다. 그들의 뻔뻔한 행동은 중국이 지금까지 통킹의 정복자에게 적대적인 정서를 거두지 않고 있었다는 사실을 또 한 번 증명하는 것이다.

우리는 통킹의 국경선 전체를 방어해야 한다. 국경 건너편에는 말썽을 일으키고 여기저기를 약탈하며, 중국 정부에게조차 저항하는 세력들이 꿈틀대고 있다. 그들은 종종 종교나 애국주의의 기치를 내걸고 있지만, 실상은 강도라는 본질을 숨기기 위한 구실일 뿐이다. 광서, 광동, 운남 지역에는 온통 이런 세력들로 가득하다. 그들은 어떨 때는 '의화단'으로, 또 어떨 때는 '개혁파'로 불렸으며, 그냥 간단히 '해적'으로 불릴 때도 있다. 그들을 지칭하는 명칭은 다양했지만, 그 말들은 모두 언제나 법률의 바깥에서 움직이며 어디서나 같은 방식으로 행동하는 오합지졸을 가리킨다.

최근에 이르러서야 우리는 간신히 그들을 저지할 수 있게 되었다. 이는 모두 그들을 통킹의 영토에서 추방시키는 특견대와 국경을 방어하기 위해 세운 방어 초소라는 시스템 덕분이다. 지난날 우리 식민지에는 확실히 충분한 병력이 있었다. 그러나 비용 절감을 위해 병력을 축소했고, 상당수의 초소도 축소할 수밖에 없었다. 그러면서 방어 임무를 현지의 민병대에게 되돌려주었다. 민병대의 방어력은 현역 부대만 못했고 자연히 그들에 대한 믿음 또한 제한적일 수밖에 없었다.

통킹은 이제 평정되었다고 이야기되며, 실제로도 그렇다. 해적들이 더 이상 말썽을 일으키지 않고 있기 때문이다. 그러나 그들은 문이 반쯤이라도 열린 걸 발견하는 순간 또다시 몰려들어 작전을 재개할 것이다.

최근 150정의 소총을 보유한 프랑스 부대가 라오까이 성 동부 지역에 파견되어 우리 영토에 출몰한 혁명 단체의 무장을 해제하는 임무를 수행했다. 78정의 소총을 보유한 첫 번째 그룹의 무장 해제는 평화롭게 진행되었다. 그러나 600명으로 구성된 혁명 단체가 새벽을 틈타 우리 부대를 향해 공격을 개시했다. 우리는 2명의 중위와 2명의 하사관을 잃었다. 즉각적으로 증원군이 파견되었다. 혁명 단체 중 일부는 무장 해제 당했고, 다른 일부는 국경 바깥으로 쫓겨났다. 그리고 50명 이상이 사살되었다.

이 사건을 통해, 중국 비적들은 언제나 우리를 습격할 준비를 하고 있음이 명확해졌다. 만약 이러한 유혈 습격에서 우리의 국경을 지키고 싶다면 지속적인 감시가 필수적으로 요구된다.

통킹과 중국의 국경에서: 중국 '혁명당'의 무장을 해제하는 현지인 보병대
A LA FRONTIERE TONKINO-CHINOISE (Tirailleurs indigènes désarmant les «réformistes» chinois)

중국의 형벌: 하얼빈에서 엄지를 묶인 채 매달려 쇠몽둥이로 매질을 당하는 죄수

르 프티 주르날 제934호
삽화 부록
1908년 10월 11일 일요일[1]

LE PETIT JOURNAL N°934
SUPPLÉMENT ILLUSTRÉ
DIMANCHE 11 OCTOBRE 1908

중국에서 빈번하게 잔인한 고문이 행해진 하얼빈의 러시아-중국 법정에 대한 사람들의 비난이 이어지고 있다. 중국인들은 엄지를 묶인 채 매달려 쇠몽둥이로 매질을 당했다. 물고기를 훔친 한 중국인에 대한 판결로 재판관은 매질을 명령했는데, 결국 3시간 동안 무시무시한 고통에 시달리다 목숨을 잃었다. 비난이 가중된 것은 재판관과 장교들이 이 야만적인 장면을 앞에 두고 차를 마시면서 냉소적으로 농담을 주고받았기 때문이다.

유럽 세력이 중국의 점령지에서 이토록 고약한 습속과 싸움을 벌여 너무나 악랄한 이 고문을 폐지하도록 노력해야 하지 않겠는가?

1. 이 기사의 제목으로 사용된 '중국의 형벌'은 프랑스어에서 '잔혹한 형벌(supplice chinois)'이라는 의미로 사용된다.

중국의 형벌: 하얼빈에서 엄지를 묶인 채 매달려 쇠몽둥이로 매질을 당하는 죄수
SUPPLICES CHINOIS (A Kharbin, des condamnés sont pendus par les pouces et battus à coups de barres de fer)

홍콩에서 중국인이 일본 상인을 습격하고 가게를 약탈하다

르 펠르랭 제1663호
1908년 11월 15일 일요일

LE PÈLERIN N°1663
DIMANCHE 15 NOVEMBRE 1908

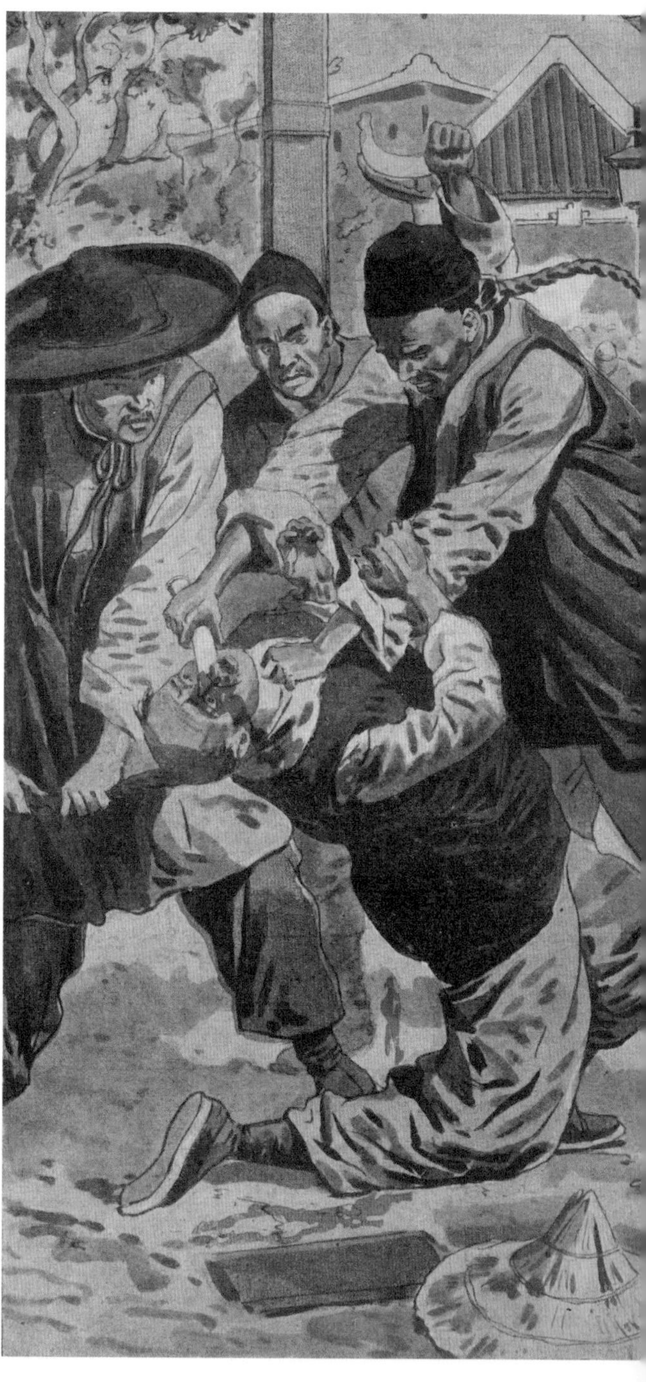

홍콩에서 중국인이 일본 상인을 습격하고 가게를 약탈하다 (당블랑의 그림)
A HONG-KONG, LES CHINOIS ATTAQUENT LES MARCHANDS — JAPONAIS ET PILLENT LEURS BOUTIQUES (Dessin de DAMBLANS)

중국 최고통치자의 죽음: 영수궁에 전시된 서태후와 광서제의 시신

르 프티 주르날 제941호
삽화 부록
1908년 11월 29일 일요일

LE PETIT JOURNAL N°941
SUPPLÉMENT ILLUSTRÉ
DIMANCHE 29 NOVEMBRE 1908

중국은 명목상의 통치자인 광서제와 실질적인 통치자이자 황제의 이모인 서태후를 동시에 잃었다. 광서제의 나이는 36세였고,[1] 서태후의 나이는 74세였다. 광서제가 황제의 옥좌에 올랐다고는 하나, 실제로 중화 제국을 통치한 이는 서태후였다.

서태후는 만주족 장군의 딸이다. 그녀는 8세에 북경의 황궁에 들어와 당시의 황태후에게 소개되었다. 황태후는 그녀의 미모와 매력에 매료되어 황제의 후비 후보로 염두에 두고 있었으며, 함풍제 또한 그녀를 받아들였다. 비범한 에너지와 강렬한 야망을 가진 그녀는 평범한 일개 후비에서 한 걸음씩 황후의 지위로 올라섰다. 그녀가 '서태후'라고 불리게 된 것은 그녀의 침궁이 황성에 자리한 위치 때문이었다. 그 반대편 침궁에는 '동태후'가 거주했다. 그녀는 함풍제에게 아들 하나를 안겼고, 함풍제 서거 후 그녀의 아들이 황위를 계승했다.

그녀의 아들인 재순(載淳) 황제, 즉 동치제가 1875년, 19세의 나이로 죽자 광서제가 황위를 계승했다. 그는 당시 5세에 불과했다. 서태후는 자신을 섭정으로 선포해 이미 수년간 은밀하게 행사하고 있던 권력을 정식으로 장악했다. 그 이후 그녀는 국가의 모든 사무를 처리했으며 광서제가 성년이 된 후에도 상황은 바뀌지 않았다. 그녀는 다양한 상황에 대처하며 고도의 정치적 수완을 발휘했다. 연이어 불리한 사건들이 터져 나왔다. 청불전쟁으로 통킹을 프랑스에 넘겨주었고, 뒤이어 일본과 유쾌하지 않은 전쟁을 벌였으며, 1900년 의화단의 난이 일어났을 때는 유럽 전체가 침입했다. 그럼에도 불구하고 그녀는 권력을 유지할 수 있었다.

두 최고 통치자의 유해는 영수궁(寧壽宮)으로 옮겨졌다. 황제의 유해는 100일간 지속되는 추모 기간 동안 그곳에 안치된다.

거상 기간에는 모든 사회 활동이 금지된다. 혼례나 축제가 허락되지 않으며, 색깔이 선명한 의복도 허용되지 않는다. 이발도 허용되지 않는다. 그 결과 업무가 금지된 이발사는 임시로 국가의 연금을 받게 된다.

1. 실제로는 만 37세에 사망했다.

중국 최고통치자의 죽음: 영수궁(寧壽宮)에 전시된 서태후와 광서제의 시신
LA MORT DES SOUVERAINS CHINOIS (Le corps de l'impératrice Tseu-Si et de l'empereur Kouang-Siu exposés dans le pavillon de la Longévité impériale)

중국 최고통치자의 죽음 이후

르 펠르랭 제1666호
주간 화보
1908년 12월 6일 일요일

LE PÈLERIN N°1666
REVUE ILLUSTRÉE DE LA SEMAINE
DIMANCHE 6 DÉCEMBRE 1908

외국 사절단 전원이 황궁으로 들어가 이제 막 서거한 황제와 태후에게 침통한 애도를 표했다. 황실 구성원 전체와 대신들, 귀족들이 모두 영결식에 참석했다. 추도 의식은 굉장히 깊은 인상을 남겼다. 외교관들은 건청문을 통해 입궁했다. 이때 건청궁(乾清宮)의 3층 대리석 단상에는 수천의 관료들이 가득 들어서 있었다. 광서제의 영구(靈柩)가 앞쪽에 보였는데, 황제의 몸에는 용무늬 장식의 검은 비단이 덮여 있었고 양 옆으로 하얀 비단 장막이 둘러쳐져 있었다. 섭정인 순친왕[1]이 영구 곁의 탁자 옆에 서 있었다. 외국 사절들은 황제의 영구를 향해 허리를 숙인 후, 서태후가 생전에 기거하던 의란전으로 안내되어 태후의 영구 앞에 멈춰 섰다. 얼핏 보기에 황제의 것과 거의 흡사했다. 사람들은 경친왕[2]이 황제와 태후 서거 후 처음으로 공개적인 장소에 모습을 드러낸 것에 주목했다.

1. 醇親王. 청의 마지막 황제이자 만주국 집정인 부의의 아버지.
2. 慶親王. 의화단의 난을 해소하기 위해 이홍장과 함께 신축조약을 체결한 인물.

중국 최고통치자의 죽음 이후: 북경에서 외국 사절단과 중국 관료들이 서거한 황제의 관 앞에서 절하다 (당블랑의 그림)
APRÈS LA MORT DES SOUVERAINS (A pékin, les diplomates étrangers et mandarins chinois vont s'incliner devant le cercueil de l'empereur défunt. dessin de DAMBLANS)

〈황룡을 베어 죽이다〉

〈황룡을 베어 죽이다〉: 일본 만화가가 1908년에 그린 작품.
대청 제국이 혁명가와 열강의 거듭된 공격에 무너져 내리려 하고 있다.

〈균열된 도자기〉

古甕の龜裂
裂の隙間から革命糖や簒
糖が漏れさうなので番頭連
一生懸命手當をして居るが其
斐がない。（明治四十一年十二月畫）

〈균열된 도자기〉: 일본 만화가가 1908년에 그린 작품.
여기지기 균열이 기해진 도자기처럼 흔들리는 대청 제국은 이미 구원하기 힘든 형국이다.

중국의 새로운 군대

르 프티 주르날 제980호
삽화 부록
1909년 8월 29일 일요일

LE PETIT JOURNAL N°980
SUPPLÉMENT ILLUSTRÉ
DIMANCHE 29 AOÛT 1909

최근 들어 중국의 군사적 기풍이 깨어나고 있다. 이는 유럽이 극동에 설치한 기구의 앞으로의 발전에 굉장히 위험한 결과를 불러올 수 있다. 중국인들이 과거에 가지고 있던 반군사적 전통은 철저히 흔들렸다. 중국은 지금 군사대국으로 변하고 있다. 1895년 청일전쟁 및 유럽 연합군의 북경 원정 이후 중국은 서구의 모든 선진적인 군사 장비를 보유한 진정한 군대를 창설하려는 생각을 품었다. 그 계획은 이제 거의 완성 단계에 와 있다.

일본이라는 교관은 중국인들에게 중요한 전쟁 조직에 관한 모든 비밀을 밝혀주었다. 고위급 전쟁위원회가 설립되었고 사관학교가 창설되었다. 유럽 군대를 모델로 장비를 갖춘 병사들의 자질은 뛰어나 보이며, 게다가 황색 국수주의를 자극할 목적으로 시행되는 특별한 정신 훈련까지 받고 있다.

청의 최근 군사훈련을 참관한 프랑스 육군 장교인 발레트(Valette) 대위는 청군의 상황에 대한 보고를 작성한 바 있다. 이 보고서가 제공하고 있는 정보는 심사숙고할 만하다. 중국의 군사적 진화는 이제 거의 완성 단계에 있다. 잘 교육된 장교를 보유하고 있으며, 병사들은 우리와 같은 장비를 갖추었고 잘 훈련되어 있다.

요컨대 전쟁이라는 관점에서 보자면 옛 중국은 이미 죽었다. (…) 우리는 앞으로 새로운 중국을 대단히 경계해야 할 것이다.

Le Petit Journal

ADMINISTRATION
61, RUE LAFAYETTE, 61
Les manuscrits ne sont pas rendus
On s'abonne sans frais dans tous les bureaux de poste

5 CENT. SUPPLÉMENT ILLUSTRÉ 5 CENT.

20me Année — Numéro 980
DIMANCHE 29 AOUT 1909

ABONNEMENTS

	SIX MOIS	UN AN
SEINE et SEINE-ET-OISE..	2 fr.	3 fr. 50
DÉPARTEMENTS..........	2 fr.	4 fr. »
ÉTRANGER	2 50	5 fr. »

중국의 새로운 군대
LA NOUVELLE ARMÉE CHINOISE

영국령 인도에 도착한 달라이 라마

르 프티 주르날 제1009호
삽화 부록
1910년 3월 20일 일요일

LE PETIT JOURNAL N°1009
SUPPLÉMENT ILLUSTRÉ
DIMANCHE 20 MARS 1910

Le Petit Journal

ADMINISTRATION
61, RUE LAFAYETTE, 61
Les manuscrits ne sont pas rendus
On s'abonne sans frais
dans tous les bureaux de poste

5 CENT. SUPPLÉMENT ILLUSTRÉ 5 CENT.

21me Année — Numéro 1.009

DIMANCHE 20 MARS 1910

ABONNEMENTS

	SIX MOIS	UN AN
SEINE et SEINE-ET-OISE	2 fr.	3 fr. 50
DÉPARTEMENTS	2 fr.	4 fr. »
ÉTRANGER	2 50	5 fr. »

영국령 인도에 도착한 달라이 라마

L'ARRIVÉE DU DALAI-LAMA AUX INDES ANGLAISES

달라이 라마가 요르에서 인도인의 환대를 받다

르 펠르랭 제1734호
주간 화보
1910년 3월 27일

LE PÈLERIN N°1734
REVUE ILLUSTRÉE DE LA SEMAINE
27 MARS 1910

달라이 라마가 요르에서 인도인의 환대를 받다 (당블랑의 그림)
RECEPTION DU DALAI LAMA A YHOR, DANS LES INDES (Dessin de DAMBLANS)

근대화로 나아가는 중국: 서구화를 위해 변발을 자르는 수많은 중국인들

르 펠르랭 제1775호
1911년 1월 8일

LE PÈLERIN N°1775
8 JANVIER 1911

중국이 문명이라는 도로 위로 성큼 들어섰다. 증거는 무엇인가? 다음이 바로 그 증거다. 중국인들이 자신의 변발을 잘랐고, 대학생들은 가두시위를 벌였다. 며칠 전 천진에서 2000여 명의 대학생이 총독부에 몰려들어 황제가 즉각 의회를 소집하도록 요구하라고 총독에게 청원했다. 총독은 그들의 요구서를 황제께 올리겠다며 받아들였다. 북경은 이제 소방대를 보유하게 되었다. 중국의 부녀자들도 자동차를 타고 거리를 거닐기 시작했다. 관료들은 이제 가마를 타기보다는 마차 대여를 선호했다.

그러나 이 운동의 가장 큰 특징은 중국인이 정부의 조속한 입헌 수립을 넋 놓고 기다릴 수 없다고 생각한다는 점이다. 위에서 기술한 것과 같은 학생 시위가 각지에서 수많은 청원인의 지지를 얻고 있으며, 더 이상 청원서가 지상공문(紙上空文)에 그치는 사태를 허용할 수 없게 되었다. 사람들의 숙원을 정말로 반대하는 유일한 세력은 내각 구성원 정도다. 그러나 내각의 상대편에는 많은 인원으로 구성된 의회도 있었다.

여기서 의회란 작년 10월 3일부터 활동하기 시작한 자정원[1]을 말한다. 정부가 최초 요구한 200명의 참의원을 의정에만 묶어두려는 생각은 헛수고가 되었으며, 처음에 몸을 사리던 참의원들은 조금씩 용감해지기 시작했다.

1. 資政院. 자정원은 청말 입헌운동 시기에 설립된 의회 준비 기구다. 1909년 10월 3일 활동을 시작해 1912년 2월 12일 해산한 후 중화민국 임시 참의원으로 대체되었다. 의원 200명은 황제 지명 100명과 민선 100명으로 구성되었다.(신강성의 불참으로 실제로는 전체 196명이었다.)

근대화로 나아가는 중국: 서구화를 위해 변발을 자르는 수많은 중국인들 (당블랑의 그림)
LA CHINE SE MODERNISE (Les Chinois, pour s'européaniser, vont en grand nombre se faire couper la natte. dessin de DAMBLANS)

중국이 근대화되다: 상해에서 중국인들이 공개적으로 자신의 변발을 자르다

르 프티 주르날 제1055호
삽화 부록
1911년 2월 5일 일요일

LE PETIT JOURNAL N°1055
SUPPLÉMENT ILLUSTRÉ
DIMANCHE 5 FÉVRIER 1911

우리 독자들은 이 글 다음에 있는 '바리에테(Variété; 잡문)' 판면에서도 확인하겠지만, 서구 문명을 향한 중국의 진화는 군사와 행정 업무에만 국한되지 않는다. 중국의 거대 도시들에서 유럽식 복장에 대한 선호를 위시해, 특히 중국식 헤어스타일의 낡은 전통에 저항하려는 상당한 규모의 움직임이 일어나고 있다.

최근 며칠간 상해에서 500명의 용감한 중국인이 광장에 모여들었다. 그들은 하나씩 단상에 올라 동포 4000명의 눈앞에서 자신의 변발을 잘랐다. 아득한 그 옛날부터 변발은 천자에 대한 신민의 충성을 의미했다.

일찍이 자신의 전통적인 관습을 그렇게나 중시하던 민족이 갑자기 이런 행동을 하는 것에 대해 우리는 똑똑히 인식하고 있어야 한다. 그것이 보여주는 새로운 정신 상태에 대해 우리는 깊이 생각해볼 필요가 있다. 서구 문명이 중국을 공업과 군사 강국으로 성공적으로 개조한다면, 그것은 아마 유럽에게 아주 심각한 위험을 가져다줄 것이다.

Le Petit Journal

ADMINISTRATION
61, RUE LAFAYETTE, 61
Les manuscrits ne sont pas rendus
On s'abonne sans frais
dans tous les bureaux de poste

5 CENT. SUPPLÉMENT ILLUSTRÉ 5 CENT.

22me Année — Numéro 1.055

DIMANCHE 5 FÉVRIER 1911

ABONNEMENTS

	SIX MOIS	UN AN
SEINE et SEINE-ET-OISE..	2 fr.	3 fr. 50
DÉPARTEMENTS..........	2 fr.	4 fr. »
ÉTRANGER.............	2 50	5 fr. »

중국이 근대화되다: 상해에서 중국인들이 공개적으로 자신의 변발을 자르다
LA CHINE SE MODERNISE (A Shanghai, des Chinois font en public le sacrifice de leur natte)

만주에 불어 닥친 페스트의 공포

르 펠르랭 제1780호
주간 화보
1911년 2월 12일 일요일

LE PÈLERIN N°1780
REVUE ILLUSTRÉE DE LA SEMAINE
DIMANCHE 12 FÉVRIER 1911

페스트가 중국에서 크게 유행하면서 곳곳이 혼란의 소용돌이에 빠졌다. 만주의 부가전(傅家甸) 지역을 여행한 몇몇 사람들은 전염병이 만들어낸 파괴를 다음과 같이 기술하고 있다.

우리 자동차에서 예닐곱 걸음 떨어진 곳 중 한 거리에서 7구의 중국인 시체가 발견되었다. 그 옆에는 30~40명의 중국인이 둘러싸 구경을 하고 있었다. 다섯 걸음 넘게 떨어진 곳의 도로 양쪽에는 2구의 시체가 개울 속에 가로누워 있었다. 이들 시체에서 벗어난 뒤 우리는 다음과 같은 장면을 목격하게 되었다. 옥수수와 연밥을 파는 한 중국 행상이 자기 노점 앞에서 숨을 헐떡이며 끊임없이 구토를 해 자신의 상품을 모두 더럽혔다. 잠시 후 그는 호흡을 멈췄다. 우리는 중국인들이 연밥을 주워 말없이 먹고 있는 장면에 눈이 휘둥그레졌다. 그들 중 일부는 연밥을 주머니 가득 쑤셔 넣기도 했다.

부근의 노점쪽에서 우리는 죽어가는 사람을 끌어내 길가에 버리는 장면을 목격했다. 중국 경찰에게 왜 그냥 두고 보고만 있냐고 물어보니, 그는 자신과 무관한 일이라고 말했다. 송화강(松花江; Sungari) 부근에 도착했을 때 우리는 또 3구의 시체를 발견했다. 그중 둘은 완전히 발가벗겨져 있었고 다른 하나는 반라의 몸이었다. 개 두 마리가 그들의 머리를 뜯고 있었고, 작은 새들도 쪼아 먹고 있었다.

이러한 장면은 너무 공포스러워 우리와 동행한 모든 여인들은 거의 모두가 졸도할 지경이었다. 우리는 계속해서 부둣가로 향했다. 가는 길에 관목 숲에서 총 18개의 묘지와 36구의 시체를 발견했다. 배에 오른 뒤 중국 기술자가 알려준 정보에 따르면, 매일 150~200명이 돌림병으로 죽어간다고 한다. 게다가 이제 가난한 사람만 페스트에 감염되는 정도를 넘어 상인과 관료들도 피하기 힘든 수준에 이르렀다는 것이다.

하얼빈 관리 둘이 송화강을 타고 내려와 부가전에 가려고 기다리고 있었다. 그들은 아주 공포스러운 장면을 찍어 왔다. 덕리금(德利金) 제분소 맞은편의 작은 섬에서 개 몇 마리가 한 중국인의 시체를 끌고 있는 사진이었다. 시체는 머리와 상반신만 남아 있었다. 섬의 다른 쪽에는 활짝 열린 관이 있었는데, 그 속의 시체는 이미 형상을 알아보기 힘든 지경이었다. 섬의 또 다른 쪽에서는 개 한 마리가 시체를 뜯어먹고 있었다. 강이 해동되면 이 가련한 시체들은 강물에 휩쓸려 흑룡강(黑龍江)까지 흘러들어갈 것이다.

2주 전, 한 의사와 일군의 간호사들이 하얼빈을 방문했다. 우리는 그의 노트에서 다음 내용을 옮겨 적었다.

자정: 우리는 수집한 3구의 시체를 프로블레프 맥주 공장으로 옮겼다.
새벽 6시: 제분소 옆에서 우리는 1구의 중국인 시체를 운반했다.
9시: 나는 성벽쪽에서 1구의 중국인 시체를 옮겼으며, 성 안에서 다른 3구의 시체를 옮겼다.
10시: 나는 길거리에 버려진 중국인 시체를 옮겼다.
10시 반: 우리는 프로블레프 공장에서

만주에 불어 닥친 페스트의 공포: 미감염 주민들이 시체를 길거리에 버려두고 황급히 피하다 (당블랑의 그림)
LES HORREURS DE LA PESTE EN MANDCHOURIE (Les habitants valides fuient affolés, abandonnant les cadavres dans les rues. dessin de DAMBLANS)

> 페스트에 감염된 것으로 보이는 4구의 중국인 시체를 옮겼다.
> (…)

길거리에서 중국인들은 이들 시체를 뒤져 약탈해갔다. 많은 중국인들이 숨이 넘어가기 직전에 도로에 버려졌다. 10여 명이 관을 송화강 기슭에 내던지니 한 무리의 개들이 달려들어 시체를 뜯었다. 페스트는 이미 천진과 북경까지 퍼져나갔다. 하얼빈에서는 페스트에 감염된 사람의 시체를 대대적으로 소각했다. 사람들은 4개의 커다란 구덩이에 관을 던져 넣었다. 그 안은 온통 시체였다.

사람들은 시체 위에 기름을 뿌리고 불을 붙였다. 화장이 이뤄진 지점은 성에서 2마일 떨어진 곳으로 군대가 지키고 있었다. 매일 같이 소각이 이뤄졌다. 개와 까마귀가 들판에서 수백을 헤아리는 죽어가는 사람의 몸을 뜯고 있었다.

시베리아 변경에서는 페스트가 러시아 경내로 퍼지지 않도록 가장 강력한 조치를 취했다. 만주에서 오는 모든 기차는 오랜 시간 동안 격리되어 검역을 받아야 했다. 광성사(廣成寺)도 부가전과 마찬가지로 도처에 시체로 가득했다. 봄이 되면 파리가 이 치명적인 병균을 곳곳으로 옮기고 다녀 피해를 입는 지역이 더 넓어질 것이다. 페스트의 확산을 두려워한 중국은 서구 열강에 이 전염병의 처리에 관한 협조를 구했다. 일본은 중국의 약함과 무능을 감안해 이미 자기 방식대로 전염병 확산에 대처하겠다고 선포했다.

만주의 페스트: 피난민들이 만리장성 외곽에서 중국 군대에 의해 저지되다

르 프티 주르날 제1056호
삽화 부록
1911년 2월 12일 일요일

LE PETIT JOURNAL N°1056
SUPPLÉMENT ILLUSTRÉ
DIMANCHE 12 FÉVRIER 1911

만주 사람들은 지금 페스트와 무자비한 전투를 벌이고 있다. 이 글 하단에 있는 '바리에테' 판면에서도 페스트의 역사와 최근 극동에서의 유행 상황에 대해 이미 간략히 정리해놓고 있다.[1] 현재 유행하고 있는 이 전염병은 그중에서도 가장 무자비한 것이라 할 수 있다. 만주 북부에서 이 전염병으로 매일 1000여 명이 사망하는 것으로 추산된다. 22명의 의사가 하얼빈에서 전염 확산을 저지하기 위해 온갖 노력을 기울이고 있지만, 부가전은 이미 죽음의 도시가 되어버렸다. 살아남은 주민들도 이 전염병과 싸워보거나 저항하려는 생각을 버렸다. 그들은 자신의 죽음을 기다리고만 있었다.

사람들은 길거리 전체를 소각시켰으며, 도시 전체를 소각시킬 필요가 있다고 여겼다. 멀쩡히 서 있는 집에서는 주민들이 사망자를 숨겼다. 격리 지역으로 이송되는 것을 피하기 위해서였다. 거기로 격리되는 순간 사형을 선고받은 것과 마찬가지였기 때문이다. 매일 아침, 거리는 밤새 내던져진 시체로 가득했다. 이 질병의 확산 속도는 끔찍할 정도로 빨랐다. 다음과 같은 사례는 수도 없이 많았다. 원래 아주 멀쩡해 보이던 사람이 의사가 검사하려고 다가가는 순간, 의사가 만져보기도 전에 갑자기 비틀거리더니 고꾸라져 죽어버리는 것이다.

재앙이 막 확산되기 시작되었을 때, 일군의 놀란 중국 노동자들이 봉천과 주변 도시에서 남방으로 도피해왔다. 그러나 중국 정부는 이미 그들이 만리장성을 넘는 것을 저지하는 조처를 취한 상태였다. 이 가련한 사람들은 통로를 지키는 부대와 마주했다. 모든 것을 박탈당한 이들로서는 황량한 들판에 머물 수밖에 없었다.

1.
이 기사의 '바리에테' 판면에는 "동양의 페스트"라는 제하에 다음 항목이 기술되었다. 세계만큼 오래된 질병 / 역대의 페스트 / 유럽인이 봄베이에서 본 것 / 페스트를 막아주는 고양이 / 만주의 상황 / 과학과 인류를 위해 자신을 희생한 사람들

만주의 페스트: 피난민들이 만리장성 외곽에서 중국 군대에 의해 저지되다
LA PESTE EN MANDCHOURIE (Les populations, fuyant devant le fléau, sont arrêtées par les troupes chinoiscs aux abords dc la Grandc Muraillc.)

만주의 페스트

르 프티 주르날 제1057호
삽화 부록
1911년 2월 19일 일요일

LE PETIT JOURNAL N°1057
SUPPLÉMENT ILLUSTRÉ
DIMANCHE 19 FÉVRIER 1911

페스트가 극동 지역에 엄청난 피해를 끼치고 있다. 해당 지역 전체에서 인적이 사라질 정도다. 병균의 전염에 맞서기 위해 감염된 도시와 마을을 불태워야 한다. 이 지점에서 진지하게 질문해볼 필요가 있다. 우리는 이 전염병이 유럽으로 확산되는 것을 걱정하지 않아도 될까? 학자들 사이의 일반적인 견해는 그러한 가능성을 우려할 필요가 없다는 것이다. 본지 하단의 '바리에테' 판면에 기술한 바와 같이, 페스트는 우리가 사는 지역에서 거의 두 세기 가까이 사라졌던 질병이다. 프랑스가 마지막으로 경험한 대규모 페스트 유행은 1720년의 마르세유 페스트였다.

18세기에서 19세기 초반까지 페스트가 터키와 발칸반도의 국가들을 유린하는 동안에도 서유럽 국가에서는 일부 개별적인 사례만 나타났다. 1898년, 유럽에서 거의 같은 시기에 두 건의 사례가 발생했다. 두 선원의 목숨을 앗아간 템스강 검역소와 3명이 사망한 빈의 프란츠 요제프(François-Joseph) 병원 실험실에서 페스트가 출현했던 것이다. 그러나 이 두 전염원은 성공적으로 제압되었으며, 적시에 이루어진 소독이 페스트가 더 이상 확산되는 것을 막았다.

이 두 사례는 모든 우려를 잠재울 수 있는 지표가 되었다. 만약 이것으로 충분치 않다면, 파스퇴르 연구소 소장인 루(Roux) 박사의 다음과 같은 견해를 덧붙인다.

"다른 모든 전염병과 마찬가지로 페스트는 과학적으로 조직된 보건 방어망을 뚫을 수 없습니다. 병균과 우리 사이에 굉장히 많은 방어벽을 세워 병균이 우리에게 닿기도 전에 이미 소멸되도록 할 수 있습니다."

"게다가 지금 중국에서 유행하고 있는 페스트는 폐렴 형태로 병의 진행이 빠르고 치사율도 더 높습니다. 그 피해가 확산되려면 보다 특수한 환경이 필요합니다. 중국 같이 굉장히 건조한 기후는 전염병의 전파에 아주 적합합니다. 그러나 우리의 온화한 기후와 우리가 취하고 있는 예방 조치는 우리나라에서 전염병이 유행하는 것을 억제할 것입니다."

그러니 페스트가 우리를 강타할까 우려할 필요는 없다.

만주의 페스트
LA PESTE EN MANDCHOURIE

중국 최초의 비행기

르 프티 주르날 제1065호
삽화 부록
1911년 4월 16일 일요일

LE PETIT JOURNAL N°1065
SUPPLÉMENT ILLUSTRÉ
DIMANCHE 16 AVRIL 1911

최근 비행사 르네 발롱(René Vallon)이 중국인들에게 새로운 스펙터클을 선사했다. 그는 복엽기(biplane) 조머(Sommer)호를 몰고 상해 교외를 연달아 비행했다. 본지의 한 스포츠 기자는 이 이벤트가 중국의 민중을 깜짝 놀라게 했다고 보도했다.

교외에서 비행기가 나는 모습을 구경하던 사람들의 반응은 제각각이었다. 눈앞에서 일어나는 일에 너무나 놀라 그 자리에서 꼼짝도 않고 얼어붙은 사람도 있었다. 또 다른 이들은 두려움에 비명을 질러댔다. 그들은 언제라도 자신을 덮치려고 노리고 있는 천상의 괴수를 보았다고 생각하는 듯했다. 비행기 엔진의 괴성에 놀란 가축들은 이리저리 뛰어다녔다.

뛰어난 비행술을 펼치며 장시간에 걸친 비행을 마친 발롱이 착륙하자, 관중들이 너도나도 비행기로 몰려가 그를 끌어내려 헹가래를 치려는 통에 경비 요원들이 저지하기 힘들 정도였다.

우리는 고대 중국의 문명이 우리에 앞서 이미 모든 것을 발명했다는 말을 끊임없이 들어야 했다. 그러나 이 비행기의 발명에 대해서라면 중국인은 더 이상 서구와 우선권을 다툴 수 없을 것이다.

중국 최초의 비행기
LE PREMIER AÉROPLANE EN CHINE

'유치장'의 오락: 유랑 중 유치장에 수용된 중국 곡예단이 경관과 간수의 즐거움을 위해 묘기를 선보이다

르 프티 주르날 제1092호
삽화 부록
1911년 10월 22일 일요일

LE PETIT JOURNAL N°1092
SUPPLÉMENT ILLUSTRÉ
DIMANCHE 22 OCTOBRE 1911

최근 9명으로 구성된 중국 곡예단이 파리를 유랑하는 모습이 발견되었다. 그들은 중국 대사관으로 인도되었으나 대사관은 그들을 보호하는 것을 거부했다. 이전에 이미 그들을 본국으로 송환시킨 바 있다는 이유에서였다. 그리하여 그들은 유치장에 수용되었고, 그곳에서 아주 즐겁게 지냈다. 그들은 자신들을 받아준 것에 대한 감사의 표시로 유치장에서 경관과 간수들을 즐겁게 할 만한 근사한 프로그램을 시연했다. 평소 음울하기만 했던 이곳이 이처럼 환호와 즐거움으로 충만했던 적은 없었다.

'유치장'의 오락: 유랑 중 유치장에 수용된 중국 곡예단이 경관과 간수의 즐거움을 위해 묘기를 선보이다
LES PLAISIRS DU "DEPOT" (Des acrobates chinois trouvés errants et hospitalisés au Dépôt, y donnent une représentation pour l'agrément des agents et des gardiens.)

중국의 혁명

르 프티 파리지앵 신판 제118호
문학 삽화 부록
1911년 10월 29일 일요일

LE PETIT PARISIEN NOUVELLE ÉDITION N°118
SUPPLÉMENT LITTÉRAIRE ILLUSTRÉ
DIMANCHE 29 OCTOBRE 1911

중국에서 혁명이 일어났다. 특히 한구(漢口)에서는 약탈과 방화가 일어나 도시에 대한 파괴가 대대적으로 자행되었다. 이는 사람들로 하여금 의화단의 난을 연상케 했다. 유럽 조계를 보호하기 위해 우선 외국의 해군들이 무장 간섭을 진행했으며, 그 뒤 중국의 군대가 도착해 혁명에 가담한 사람들을 진압했다.

혁명가들은 몇 척의 전함을 탈취한 후 무창(武昌)과 한구에서 약탈자와 방화범을 직접 처형하기도 하는 등 얼마간 질서를 유지해왔다. 그렇다 해도 시국은 더욱 혼란스러워졌다. 본지가 증쇄되었을 때 이미 이들 반란분자들은 엄중한 처벌을 받았을 것이다.

중국의 혁명: 한구 혁명 과정에서 자행된 약탈자와 방화범에 대한 처형
LA RÉVOLUTION CHINOISE (Exécution à Han-Keou de révolutionnaires pillards et incendiaires)

중국의 반란 활동에 관하여: 중국 군대의 진화

르 프티 주르날 제1093호
삽화 부록
1911년 10월 29일 일요일

LE PETIT JOURNAL N°1093
SUPPLÉMENT ILLUSTRÉ
DIMANCHE 29 OCTOBRE 1911

¶ 옮긴이 해설 611쪽

중국의 반란 활동에 관하여: 중국 군대의 진화
À PROPOS DU MOUVEMENT INSURRECTIONNEL EN CHINE (L'évolution de L'armée Chinoise)

흔들리는 중국

르 펠르랭 제1817호
1911년 10월 29일

LE PÈLERIN N°1817
29 OCTOBRE 1911

¶ 옮긴이 해설 612쪽

우리는 이미 중국에서 발생한 혁명 운동에 대해 주의를 기울여왔으며, 이 운동이 잔혹하면서도 수구적인 청 왕조를 전복하기 위한 것이라고 설명한 바 있다. 오늘 우리가 보충하고 싶은 점은 민족주의적 입장에 선 저항자 다수가 기존 정부를 전복하고 공화국을 건립할 것을 고려하고 있다는 것과, 이미 몇몇 성에서는 이러한 결의를 선포했다는 것이다.

그들은 우리의 삼색기를 채택하되 방향은 조금 조정되었다. 빨강색이 깃대쪽에 위치하고 파랑색은 반대쪽으로 이동했다. 또한 그들은 우리의 ‹라 마르세예즈›[1]를 채택했는데, 비강으로 발음하면서 특수한 복모음을 첨가했다. 프랑스 시민들이 공화국이라는 체제에 대해 걱정하기 시작한 이때, 피 끓는 청년을 소환하는 중국인들은 자신들의 나라에 이 체제를 적용하려고 고심하고 있는 것이다. 다음은 한 기자가 이 문제를 놓고 작성한 중국과 중국인에 대해 쓴 글이다.

혁명파의 최대 약점은 아마 그들의 잘못된 사상일 것이다. 혁명파의 리더이기도 한 손중산(孫中山)은 이미 공화국 건립과 부녀자의 선거권 추구 등을 언급했다. 이는 정말로 황당무계한 발언이다. 이미 나라 전체가 썩었다. 각급 관리들은 납세인의 주머니와 국고에서 3/4에 해당하는 세금을 수탈했다. 이렇게 암담한 환경에서 곳곳에 부패가 만연해 있다. 1903년에 시행된 교육 개혁 또한 실패할 지경에 놓였다. 군대의 경우, 우리가 상황을 확인해보니, 장군들이 계속해서 줄행랑을 놓고 있었다. 현지의 공업은 유럽식 공장을 졸렬하게 모방하는 수준이었다. 중국 자본가들은 (매월 3~12%의 수익을 보장하는) 고리대금을 원하지, 공장을 확장해 실제 사업을 경영하기를 바라지 않는다. 가는 곳마다 무능하고 쓸모없으면서 허풍만 떠는 사람들이 에워쌌다. 아마 엘리트도 있을 것이다. 그러나 엘리트 또한 비루했다. 그들에게 얼마간의 재능이 있다 할지라도 그 재능 또한 흠이 있었다.

모든 유럽 국가의 내각이 극동의 동향을 긴밀히 주시하고 있다. 아마도 그들에게 사람들이 상상하는 것 이상으로 취할 이익이 있을 것이다.

1. La Marseillaise. 프랑스 혁명기를 상징하는 노래이자 프랑스 제1공화국 국가였다. 1879년 이후 다시 정식으로 프랑스 국가가 되었다.

흔들리는 중국: 늙은 중국이 젊은 유럽을 본받기 위해 변발을 자르고 프리기아 모자를 쓰다 (브레게의 그림)
LA CHINE BOUGE (La vieille Chine coupe sa natte et coiffe le bonnet phrygien pour se mettre à l'unisson de la jeune Europe. par BRÉGER)

원세개

르 펠르랭 제1821호
1911년 11월 26일

LE PÈLERIN N°1821
26 NOVEMBRE 1911

직례총독 원세개는 황제의 총애를 잃었다가 지금은 다시 청 조정을 좌지우지하고 있다. 통치자는 고작 5세의 아이였다. 그렇다면 원세개는 어디 사람인가? 그에게 무슨 가치가 있는가? 누구도 분명히 말하지 못한다. 그가 아첨하고 비위를 맞추는 재주로 서태후를 기쁘게 했음은 분명하다. 그는 일급 장군이지만, 전장에서 자신의 지휘 능력을 발휘하기보다는 혁명군의 주변을 맴돌기를 선호했다. 천진에서 중국 기병의 훈련을 담당하며 원세개에게 협조한 바 있는 한 스웨덴 장교가 전하는 에피소드는 다음과 같다.

어느 날 원세개가 나의 기병학교를 순시하러 왔다. 그는 나의 모든 훈련병들을 소집한 뒤 나에게 말했다. "어느 훈련병이 전술 운용 방면에서 가장 뛰어납니까?" 나는 몇몇 훈련병의 이름을 가리켰다. 원세개는 그들에게 축하의 격려를 했다. "그러면 어느 훈련병이 실적이 저조합니까?" 나는 그다지 만족스럽지 않은 두 훈련병을 지적했다. 이번에는 가공할 만한 일이 벌어졌다. 원세개는 눈알을 부라리며 그들을 마구 책망했다. "이 멍청한 놈들 같으니! 외국인 앞에서 조국의 체면을 깎아?"

그런 다음 그는 거구의 두 만주인 관료에게 눈짓을 했다. 눈 깜빡할 사이 그 두 훈련병은 손발이 묶인 채 바닥에 무릎 꿇렸다. 그때 그중 한 관료가 작두를 들고 두 훈련병의 머리를 자를 준비를 했다. (…) 나는 다급히 그들에 대한 선처를 호소했다. 원세개는 내 요청을 받아들여 두 훈련병을 풀어주었다.

그러나 누군가 이 스웨덴 장교에게 "그렇다면 원세개에게 어떠한 군사적 가치가 있습니까?"라고 물었을 때 그는 이렇게 대답했다. "그건 말이죠, 저는 전혀 아는 게 없습니다." 그 누구도 이 질문에 대해 확실하게 이야기하지 못했다.

막강한 권력을 손에 넣은 독재자 원세개가 북경으로 돌아와 기차역에서 성대한 환대를 받다 (당블랑의 그림)
LE DICTATEUR YAN-CHI-KAI, RENTRANT À PÉKIN AVEC PLEINS POUVOIRS, EST REÇU SOLENNELLEMENT À LA GARE (Dessin de DAMBLANS)

크리스마스이브를 보내는 중국의 한 선교회

르 펠르랭 제1825호
주간 화보
1911년 12월 24일 일요일

LE PÈLERIN N°1825
REVUE ILLUSTRÉE DE LA SEMAINE
DIMANCHE 24 DÉCEMBRE 1911

크리스마스이브를 보내는 중국의 한 선교회
LA VEILLE DE NOËL DANS UNE MISSION CHINOISE

손중산: 중화민국의 총통

주세투
1912년 2월 15일

JU SAIS TOUT
15 FÉVRIER 1912

손중산: 중화민국의 총통 (마뉘엘의 제판)
SUN YAT SEN: PRÉSIDENT DE LA RÉPUBLIQUE CHINOISE (Cl. MANUEL)

원세개가 변발을 자르다

르 프티 주르날 제1111호
삽화 부록
1912년 3월 3일 일요일

LE PETIT JOURNAL N°1111
SUPPLÉMENT ILLUSTRÉ
DIMANCHE 3 MARS 1912

최근 몇 개월 동안 중국에서는 정치적 혁명뿐 아니라 관습에 대한 혁명도 진행되었다. 중국의 모든 대도시에서 유럽식 복장을 선호하고 중국의 전통적 머리 형태를 배척하는 움직임이 대대적으로 일어나고 있다. 수많은 중국인이 공공장소에 모여 하나씩 줄지어 단상에 올랐다. 그들은 가위를 손에 든 남성이 기다리는 단상에 엄숙한 표정으로 오른 후 수천 명의 동포들이 지켜보는 앞에서 변발을 잘랐다.

지금까지 줄곧 원세개는 변발을 유지해왔다. 눈치 빠르고 신중한 이 정치적 기회주의자는 계속해서 그 요구를 회피해왔다. 구체제에서 그는 당연히 변발을 하고 있었다. 시국이 동요하고 있을 때도 그는 여전히 변발을 고수해 조정의 진영에서 너무 눈에 띄게 이탈하는 일을 하지 않으려 했다. 그러나 황제는 퇴위했으며 황실은 투쟁을 멈추고 망명을 준비하고 있다. 갑자기 원세개는 젊은 중국에 완벽히 동조하며 자신의 변발을 자르게 했다. 우리는 이렇게 말할 수 있다. 혁명의 가위가 원세개의 변발을 잘랐다. 이로써 옛 중국은 영원히 사라질 것이다.

원세개가 변발을 자르다
YUAN-SHI-KAI FAIT COUPER SA NATTE

중화민국: 새로운 중국 국기

르 펠르랭 제1835호
주간 화보
1912년 3월 3일

LE PÈLERIN N°1835
REVUE ILLUSTRÉE DE LA SEMAINE
3 MARS 1912

¶ 옮긴이 해설 612쪽

새로운 중화민국 국기가 파리의 중불연맹 사무실의 창문에 처음으로 게양되었다. 이 국기는 5개의 가로선으로 구성되어 있으며, 적, 황, 청, 백, 흑의 다섯 가지 색깔이 칠해져 있다. 이 다섯 색깔이 의미하는 것은 무엇인가? 통상적으로 국기는 하나의 상징을 담고 있는데, 중화민국의 국기는 이중적인 상징을 담고 있다.

우선 지리적인 측면에서 보자. 청색은 동쪽, 황색은 중앙, 적색은 남쪽, 백색은 서쪽, 흑색은 북쪽을 상징한다. 이 네 개의 방위와 중앙은 지금까지 쭉 '중국'의 상징이었다. 다음으로 철학적인 측면에서 보자면, 이 다섯 색깔은 중국인의 지혜에서 아주 중요한 다섯 가지 요소를 대표한다. 백색은 금(金), 청색은 목(木), 흑색은 수(水), 적색은 화(火), 황색은 토(土)를 상징한다.

그러나 이제 막 성립한 중화민국이 자신의 통치를 공고히 하기 위해서는 아직 해야 할 일이 많은데, 그것은 국기를 게양하는 것처럼 간단하지만은 않다. 그 복잡한 문제에 대해 말을 꺼낸 김에 그중 흥미 있는 에피소드 하나를 이야기해보겠다.

중국 혁명파가 우선적으로 고려한 것은 자신의 병사들에게 유럽식 복장을 착용하게 하는 것이었다. 그러나 문제는 중국의 의류 상점에서 충분한 유럽식 군복을 찾기가 너무 어려웠다는 점이다. 그래서 사람들은 옷 가게에서 찾은 좋은 군복은 고급 장교에게 돌리고, 살 수 있는 군복이 남아나지 않자 평민들에게서 소매에 줄무늬가 있는 옷을 사기 시작했다. 그러나 혁명파의 수가 갈수록 증가하자 중국에 있던 연미복과 좁은 허리의 여성용 외투까지 모두 재고가 소진되었다.

도시의 한 유명한 상인이 자신의 가게에 꽤 많은 프랑스식 남색 반바지 재고가 있음을 장군에게 알렸을 때 당국의 심사는 굉장히 복잡해졌다. 자유의 추구라는 업적을 위해 그 상인은 반바지를 할인가로 군대에 판매할 것을 제안했고, 이 제안은 결국 받아들여졌다. 다음 날 사람들은 광주의 길거리에서 남색 반바지를 입은 혁명군 부대의 대오가 행진하는 모습을 볼 수 있었다. 그들이 입은 반바지에는 오렌지색 멜빵도 달려 있었다. 이것들은 모두 그 애국 상인이 원가에 넘긴 것이었다. 이리하여 중국 혁명도 자신만의 '상퀼로트'[1]를 가지게 되었다.

1. Sans-culotte. 프랑스 대혁명 시기에 혁명 대중을 가리키던 호칭. 프랑스의 구체제 신분제도상 제3신분에게는 '퀼로트(culotte)'라 불리던 반바지 착용이 금지되어 있었다. 귀족들은 퀼로트를 입지 않은 서민들을 '퀼로트도 못 입는 놈들(sans-culotte)'이라고 조롱했다. 혁명과 함께 상퀼로트는 정국을 주도하는 세력으로 부상한다.

중화민국: 새로운 중국 국기
LA RÉPUBLIQUE CHINOISE (Le nouveau drapeau chinois)

중국에 대한 인상

일뤼스트라시옹 제3613호
1912년 5월 25일

L'ILLUSTRATION N°3613
25 MAI 1912

중국은 이미 이국적 풍경을 찾는 여행객이나 작가가 자주 묘사하는 대상이 되었다. 그러나 여전히 화가의 붓으로는 그려지지 않고 있다. 저명한 화가 리스 씨는 지난해에 중국을 유람하겠다는 자신의 계획을 실현했으며, 그 결과 중국에 관한 스케치를 상당량 제작하는 성과를 거뒀다.(이미 두 차례에 걸쳐 본지의 독자들에게 작품을 제공한 바 있다.) 또한 나아가 유화와 채색화를 사용해 더 깊이 있는 회화 작업을 진행했다. 이들 작품에서 그는 대담하게 여러 색깔을 사용해 동방의 빛과 그림자를 충분히 펼쳐보였다.

우리는 본지에 그의 작품 시리즈를 복제했으며, 빠른 시일 안에 이 작품들을 집중적으로 조명하는 전시회를 진행할 예정이다. 그림에는 이 화가의 감상이 더해져 있다. 이들 작품은 1911년 초에 창작되었다. 바로 몇 개월 후 중국에 하늘이 뒤집어질 정도의 변화가 일어나기 직전에 완성한 것이다. 작품은 전통적인 중국, 서둘러 기록해둘 필요가 있는 중국에 주목했다.

상해와 상해항

모스크바를 떠난 후 시베리아의 차가운 대초원에서 14일 동안의 장거리 여행을 마치고 드디어 황해에 도착했다. 나는 음울하고 무미건조하며 조금은 처량한 도시인 대련(大連)에 도착했다. 거기에서 4일의 여정을 거치면 인근 해안에 다다를 수 있다. 나는 그보다 상해를 나의 중국 방문의 첫 출발지로 삼고 싶었다. 거기에서 시작해 이 끝없이 광활한 땅에 오르고 싶었다. 내가 대련을 떠나던 그날은 날씨가 괜찮았다. 그러나 차가운 바람이 살을 에는 듯 했고, 얼음으로 만들어진 작은 섬이 해항 곳곳을 떠다녔다. 그 작은 섬에는 수많은 갈매기가 휴식을 취하고 있었다. 순식간에 눈으로 뒤덮인 높은 산과 곶이 하늘가로 사라졌다.

바다에서 사흘간 항해를 한 후, 장강과 바다가 만나는 접경에서 아직 꽤 먼 거리인데도 수많은 선박이 출몰해 우리가 아주 넓은 강에 접근하고 있음을 알려주었다. 나지막한 회색 섬들이 사방에서 시선으로 들어왔는데 거의 수면과 일체가 되어 있었다. 우리는 증기선 사키오마루(Sakio-Maru)호를 타고 3시간 동안 마력을 높여 거슬러 올라갔다. 그때 갑자기 멀리서 거대한 도시가 나타났다. 건축 스타일이 유럽식이어서 눈에

1

2

3

4

1. 상해 부근의 양자강: 여기가 바로 런던이고, 템스강이다. 그러나 황금색 분위기에 젖어 있다.
LE YANG-TSE-KIANG, PRÈS DE CHANG-HAI: C'EST LONDRES ET LA TAMISE, MAIS DANS UNE ATMOSPHÈRE D'OR.

2. 화장을 한 어여쁜 만주족 부인이 세련된 마차에 걸터앉아 있다.
ASSISES SUR LE BORD DE LEURS PIMPANTES CHARRETTES, LES FEMMES MANDCHOUES SONT JOLIES SOUS LE MAQUILLAGE.

3. 공원 중앙의 거대한 대리석 단상 위에 우뚝 솟아 있는 천단
LE TEMPLE DU CIEL SE DRESSE, AU MILIEU D'UN PARC, SUR UNE VASTE PLATE-FORME DE MARBRE.

4. 이화원의 호수 한쪽에 유명한 돌배(石舫)가 정말로 떠다니는 유람선 같았다.
TOUT AU BOUT DE LA PIÈCE D'EAU DU PALAIS D'ETÉ, LA CÉLÈBRE JONQUE DE MARBRE APPARAIT COMME UNE VÉRITABLE DEMEURE FLOTTANTE.

1. 강둑까지 이어진 계단 위에서 내려다본 한구항
Le port d'Han-Keou vu du haut des marches qui dévalent vers la berge du grand fleuve.

2. 이화원의 호수 위에 있는 황제의 다리: 다리 위의 정교한 목재 건물에는 칠을 했고 유약을 입힌 기와를 얹었다. 다리 하단은 은백색의 대리석 석주로 이뤄져 있다.
Le pont impérial sur le lac du Palais d'Eté: c'est une élégante construction de bois laque, aux tuiles vernissées, posée sur des piliers de marbre blanc.

북경 거리에서 가금류를 파는 상인
UN MARCHAND DE VOLAILLES, À PÉKIN

비친 모든 것이 친숙하게 느껴졌다. 여기가 바로 런던이고, 템스강이다. 단지 황금색 배경 아래 있다는 것만 달랐다. 문득 정방형의 흰 돛을 단 암홍색의 증기선의 연돌에서 연기가 뭉게뭉게 올라오는 게 보였고, 노란 조각배가 돛을 휘날리며 전진하거나 청록색의 옷을 입은 뱃사공이 노를 저어 나아가고 있었다. 조각배들이 조화롭게 옹기종기 모여 있는 모습은 형용하기 힘든 기이한 인상을 주었다.

끊임없이 움직이는 조각배들 사이를 뚫고 사키오마루호는 접안을 준비했다. 상해에는 두 개의 유럽 거주지가 있다. 하나는 프랑스 조계이고 다른 하나는 공동 조계(더 정확히 말하자면 영국 조계)다. 이 두 거주지는 아주 잘 만들어졌으며 내부에는 넓은 도로가 있다. 도시 내부의 경찰을 통해서만 이 두 거주지를 구분할 수 있다. 프랑스 조계의 경찰은 둥근 모자를 쓰고 키가 작은 베트남인이다. 영국 조계에서는 다양한 색깔의 두건을 두른 거구의 시크교도들이 경찰을 맡고 있다.

이 두 거주지의 다른 쪽, 즉 서쪽 지역에서 황포강변까지 이어지는 곳에 중국인 거주지(華界; 화계)가 있다. 중국인 거주지와 유럽인 거주지의 중간에는 허물어진 옛 성벽과 쓰레기로 가득찬 운하를 제외하고는 어떤 장벽도 존재하지 않았다. 그러나 그것을 가르는 차이는 너무나 분명했다. 두 지역 사이에는 어떠한 교류나 왕래가 없었다. 누구든 중국인 거주지의 낮고 음침한 성문을 넘어서는 순간 몇 천 킬로미터 바깥 세상으로 이동하게 될 것이다.

1. 중국의 황제가 천자(天子)를 자처하는 것을 비꼬는 말이다.

상해는 진정 기이한 도시였다. 우리는 그곳의 건축 디자인에 경탄을 금치 못했다. 밝고 붉은 빛깔과 암홍색의 거리, 이곳의 모든 것은 시각적인 성찬이었다. 나는 이곳에서 나의 무한한 추억을 시작하려 한다. 모든 난제는 아무래도 선택할 수 없다는 점에 있다. 내가 보고 들은 것을 통해 다른 이들로 하여금 이 도시의 매력을 느끼게 해야 한다. 아름다움과 기이함을 구분해야 한다. 왜냐하면 이 두 가지는 항상 너무 가까워 쉽게 뒤섞이기 때문이다. 어느 정도는 나의 인상을 구분해 사람을 교란시키는 분위기의 유혹을 억제할 필요가 있다.

북경, 천단(天壇)과 이화원(頤和園)

북경은 정말로 기이한 도시다. 대도시의 윤곽선도 있고 시골의 더럽고 지저분한 일면도 있다. 이곳의 모든 것은 서로 모순되며 괴상야릇하다. 외관이 웅장하며 시선을 사로잡는 아름다운 건물도 그 내부는 구역질이 날 정도로 너덜너덜했다. 넓은 도로는 비가 왔다 하면 그 즉시 진창으로 변했고, 노면이 마르면 먼지로 가득찼다. 그러나 다양한 면모를 지닌 이 도시는 쉽게 잊히지 않는다. 이쪽 하늘가에서 진주 같은 빛이 높다란 성벽을 비춰 더욱 도드라져 보였고, 다른 쪽 저 멀리 푸른 산이 하늘가에 짙푸른 빛을 더했다.

도시에 사는 사람들의 모습은 다양했다. 거리를 거닐거나 아름다운 마차에 앉은 부인들은 화장이 굉장히 수려했으며 행동거지 또한 아주 우아했다. 여인들은 높은 나막신을 신고 흰색이나 담자색의 치파오(旗袍)를 입었으며, 연지를 바르고 장식을 달았는데 좀 유치하기는 했다. 그들은 동료와 함께 거리에 나와 담배를 피우면서 깔깔거리며 가장 즐겨 먹는 버터찐빵(酥油糕點)을 음미했다.

그러나 나에게 가장 깊은 인상을 남겼고 지금도 잊지 못하는 것으로 북경의 사당을 꼽을 수 있다. 기본적으로 이 건축물들은 모두 폐허가 되어 있어, 완전히 무너지기 전에 어서 이 장관을 기록해야 했다. 한시가 바쁘게 한때 으리으리했을 이 건물들의 뛰어난 점을 살펴보고, 크고도 웅대한 벽화와 굵은 나무 기둥을 감상했다.

이 모든 사당들 중 내가 보기에 가장 뛰어난 곳으로 공묘(孔廟), 옹화궁(雍和宮), 그리고 특히 천단(天壇)을 꼽을 수 있다. 천단과 같은 웅장한 건축은 전 세계에서 유일무이한 것이라 생각한다. 천단은 공원 중앙의 거대한 대리석 단상 위에 우뚝 솟아 있어 올려다보면 굉장히 장엄했다. 꼭대기 층으로 가까이 갈수록 원단의 크기가 작아지는데, 이러한 구조가 천단을 더욱 웅장하게 만들어주었다. 푸른 유리 기와는 푸른 하늘과 함께 어울려 빛을 발했으며 근사하게 조화를 이뤘다. 멀지 않은 곳에 세워진 단상에는 제단이 설치되어 있다. 황제는 바로 이곳에서 제례를 거행해 하늘, 즉 자신의 아버지와 직접적으로 대화를 나눴다.[1]

사람들은 너무나 이국적인 풍경의, 극동 지역 전체를 놓고 봐도 견줄 수 없는 건물을 대하자 돌아갈 생각을 잊고 푹 빠져 헤어나오지 못했다. 북경성과 여러 사당을 설계한 중국인들은 진정 위대한 예술가를 보유한 민족임에 틀림없다.

북경성에서 서쪽 교외로 몇 킬로미터 떨어진 곳에는 옹정(雍正) 시기에 인공호수 옆의 만수산(萬壽山)에 지은 '이화원'이 있다.[2] 이 궁전은 층층의 누대로 구성되었으며, 누대에는 사당이 들어섰다. 만수산 정상에는 밝은 황색 유리 기와를 이은 거대한 누각이 있다. 호수 가운데 있는 작은 섬에서 바라보아도 저 멀리 모든 것이 장엄함을 잃지 않았다. 호수 한쪽에는 유명한 돌배(石舫)가 정말로 떠다니는 유람선 같이 서 있었다. 수면에 거꾸로 비치던 돌배의 그림자가 바람결에 흔들렸다. 좀 더 멀리로 황제의 다리가 보였다. 이 다리는 황제만이 건널 수 있었다. 다리 위에 있는 정교한 목재 건물에는 칠을 했고 유약을 입힌 기와를 얹었다. 다리 하단은 은백색의 대리석 석주로 이뤄져 있다.[3] 이 웅장한 건축물 주위에는 공원이 있다. 공원에는 정교하게 제작된 기이한 형상의 동물 동상이 곳곳에 배치되어 있으며 중국 사람들이 사랑하는 온갖 수목이 무성했다.

한구(漢口): 무역 도시

상해에서 양자강을 거슬러 올라가서 배로 1200킬로미터를 가면 한구에 도착한다. 나는 지금 이 무역 도시에 있다. 길거리에는 사람들이 바삐 오간다. 한구성은 고지대에 만들어져 항구를 내려다볼 수 있다. 항구에서 수많은 계단을 올라가야 성안으로 들어갈 수 있다. 제일 꼭대기 계단에서 강둑쪽을 바라보면, 바닥이 평평한 조각배와 사람들이 만들어내는 기이한 수채화를 감상할 수 있다. 한구는 그저 경유하는 도시였다. 그래도 나는 수많은 인파로 들썩이는 부두와 부둣가에 정박된 노란 조각배를 호기심이 가득 찬 눈으로 몇 번이고 주시했다.

배우와 무희

이날 저녁, 중국인 통역과 프랑스인 중위와 동반해 상해에서 가장 명성이 높은 배우와 가장 뛰어난 무희의 공연을 감상했다. 중국인들은 연극을 굉장히 좋아한다. 이곳의 극장 중 비영리로 운영되는 곳은 드물었으며, 몇몇 배우의 수입은 우리 파리 극장의 인기 스타보다 더 높았다. 그런데 이상하게도 배우들은 종종 무시당했으며 사회적 지위가 가발 만드는 사람만도 못했다. 그래서 배우들은 어쩔 수 없이 손님 옆에 서 있어야 했다. 중국에서는 어떤 사람의 앞에 앉거나, 심지어 누울 수 있다는 것은 일종의 우월한 지위를 표시하는 것이었기 때문이다.

공연은 두 부문으로 나뉘어 있었다. 먼저 무대로 올라간 것은 현대극이었다. 아편을 피우던 사람이 어떤 식으로 타락하는지를 보여주며

2. 頤和園. 이화원의 전신인 청의원(清漪園)은 옹정제가 아니라 건륭제 때 만들어졌다. 1860년 영불연합군에 의해 훼손되었고 1888년 서태후가 중수한 후 '이화원'이란 이름을 붙였다.

3. 곤명호(昆明湖) 서제(西堤)의 여섯 다리 중 하나인 빈풍교(豳風橋)를 가리키는 것으로 보인다.

1. 굽 높은 나막신을 신은 만주족 부인
UNE FEMME MANDCHOUE, HAUT PERCHÉE SUR SES SOCQUES

2. 여성으로 분장한 중국 배우
UN ACTEUR CHINOIS EN TRAVESTI

3. 무대 위의 중국인 무희
UNE DANSEUSE CHINOISE SUR LA SCÈNE

애국주의를 고취하는 내용으로, 우리가 지금 벌써 1911년 1월을 살아가고 있음을 알아야 한다는 것이다. 배우들은 여장한 남자 배우일 수도 있고, 남장한 여자 배우일 수도 있었다. 주요 배우들은 변발을 하지 않았으며 유럽 스타일로 옷을 입고 있었다. 이 연극은 엄청난 성공을 거뒀다.
두 번째 연극은 전통 스타일로 공연했다. 복식은 화려했고 몸 동작은 번잡했으며 나로서는 주제를 완전히 이해할 수 없었다. 어지러울 정도로 혼란스러운 연극에 비해 나는 막간에 펼쳐진 춤 공연에 더 빠져들었다. 화려한 치마를 입은 귀여운 무희는 단조로운 비단 배경 아래에서 내 시선을 완전히 사로잡았다.

홀에는 개방형 특별석밖에 없었다. 이런 식이면 별로 신비로울 것도 없었다. 연극을 보는 것은 주로 중국인들이었고 백인들은 아주 적었다. 돈 많은 중국인과 그 가족들은 종종 장방형의 작은 특별석을 대여하고는 했다. 여기에서는 부녀자들이 남편이나 아이들과 함께 외출해야 했다. 귀부인들은 장포(長袍)를 입고, 머리카락을 정수리에 붙인 후 진주 장식을 달았다. 그들은 담배를 피우며 끊임없이 차를 마셨다. 몸에서는 향기가 뿜어져 나왔다.

4. 해당 인물의 프랑스어 표기를 찾지 못해 중문판의 인명만을 표기했다.

이 안에 있던 사람들은 모두 유쾌하게 즐겼으며, 예의를 알고 친절하며 저속하지 않았다. 이렇게 친밀하면서도 신중하게 행동하는 관객들은 저속한 극장을 찾는 손님들과 너무나도 달랐다. 그런 극장은 시설이 단순했고, 공연되는 극도 예술성이라고는 없는 영웅주의 소재의 연극이거나, 무대 아래의 관중들이 폭소를 터트리며 갈채를 보내기만을 바라는 익살극이 대부분이었다. 무대의 배우는 목소리가 거칠고 배경 음악은 귀가 먹을 정도로 컸다. 그런데 내가 있는 이 극장의 연출은 상당히 정교했다. 비록 우리 유럽인이 보기에는 줄거리가 좀 이상하고 낯설었지만, 우리의 감각기관은 이곳의 환경에 충분히 적응할 수 있었다.

운 좋게도 나는 무대 뒤 분장실로 들어가 옷을 갈아입는 배우들을 보았다. 조명 아래에서 비단의 반짝이는 빛깔, 화장품의 다양한 색조, 그리고 금색과 빨강, 노랑으로 가득한 실내 등 이 모든 것이 조화로운 광채를 뿜어냈다. 나의 상해 극장 방문은 이처럼 잊지 못할 장면과 함께 마무리되었다.

리스[4]

중국의 서구식 복식 법제화에 관한 토론: 피팅룸으로 변모한 의회

르 프티 주르날 제1139호
삽화 부록
1912년 9월 15일

LE PETIT JOURNAL N°1139
SUPPLÉMENT ILLUSTRÉ
15 SEPTEMBRE 1912

전 세계의 의원은 어디나 다 똑같다. 그들은 국가적인 중대한 의제는 일부러 무시하고, 자신들이 개인적으로 흥미가 있거나 재미있다고 생각되는 의제에 대해서는 오랜 시간을 들여 논의한다. 최근에 회기를 마친 중국 의회도 마찬가지다. 그들은 서구식 복식의 법제화에 관한 검토에 상당한 중요성을 부여했다. 그들은 중화제국의 가장 아름다웠던 시절에 걸맞는 세심한 형식주의로 복식에 관한 문제를 다뤘다. 그들이 주목해야 할 그 많은 긴급하고 중요한 문제를 젖혀놓고, 그들은 10회에 걸쳐 복장에 관해 토론했다. 이 부지런한 의원들이 하루에 9시간만 앉아 있다는 점을 상기하라.

1주일 동안 의회는 파리의 패션 아틀리에로 변모했다. 의사당에 모든 종류의 남성 정장과 여성복이 전시되었다. 옷걸이에는 30여 종류의 모자가 걸려 있었다. 의원들은 연이어 여러 복장을 시착해보았다. 회의 과정에서, 의회의 연사들은 자신의 박학한 지식을 뽐냈다. 그중 한 의원은 요즘 유행하는 중국 연미복이 만주족에 연원을 두고 있음을 논증하려 했다. 다른 한 의원은 복장에 관한 옛 법규를 인용했다. 마침내 의회는 아래와 같은 법규를 통과시켰다.

제1조: 모든 관리는 지위 고하를 막론하고 일률적으로 서구식 복장 즉, 남성용 검은색 르댕고트(redingote), 중국 비단으로 만든 예장용 실크해트, 칠피장화를 착용한다. 일상생활에서는 중산모자(chapeau derby)를 착용한다.[1]

제2조: 관직이 없는 중국인도 중요한 의례에 참석할 경우 실크해트와 르댕고트를 착용해야 한다.

제3조: 군인, 경찰, 법관 및 학생은 제복을 착용해야 한다.

제4조: 부녀자는 서구식 모자를 착용해야 한다. 이를 제외한 다른 복장은 과거의 복식을 유지한다.

1. 본문 삽화의 한가운데 있는 인물이 바로 기사에서 언급하는 르댕고트를 입고서 왼손에는 실크해트를, 오른손에는 중산모자를 들고 있다.

중국의 서구식 복식 법제화에 관한 토론: 피팅룸으로 변모한 의회
LA DISCUSSION DE LA LOI SUR LE COSTUME EUROPÉEN EN CHINE
(Un parlement transformé en salon d'essayage)

북경에서 보낸 한 달

일뤼스트라시옹 제3648호
1913년 1월 25일 토요일

L'ILLUSTRATION N°3648
SAMEDI 25 JANVIER 1913

¶ 옮긴이 해설 613쪽

먼지의 도시

5월 22일

오전 8시 45분 천진에서 출발해 북경으로 가는 기차를 탔다. 객실 인테리어는 아주 훌륭했으며 중앙 응접실 느낌이 났다. 객실 양쪽 끝에는 두 칸의 특실이 있었다. 몇몇 중국인 급사가 얼굴에 미소를 담은 공손한 표정으로 여객들 사이를 오가며 차를 따르거나 뜨거운 물에 적신 물수건을 제공했다. 이 물수건은 승객들이 얼굴을 닦아 좀 시원해지도록 하기 위해 쓰였다. 왜냐하면 이즈음 날씨가 이미 더워지기 시작했기 때문이다. 나는 차를 마시지도 않았고 물수건으로 얼굴을 닦지도 않았다.

가는 내내 눈길을 머물게 하는 풍경은 없었다. 끝없이 펼쳐진 평원, 각종 채소밭과 경작지, 드문드문 보이는 과실수와 수많은 버드나무, 그리고 경작지 가장자리에 셀 수 없이 많은 묘가 흩어져 있었다. 어떤 묘는 하나만 외따로 있었고, 또 어떤 곳은 몇 개의 묘가 함께 모여 있었다. 사실 그래봤자 작은 흙무더기였다. 어떤 곳은 묘가 너무 많아 두더지가 땅굴을 판 것처럼 땅이 모두 파헤쳐져 있었다. 길 가는 동안, 이러한 묘지만이 유일하게 무미건조하지 않은 풍경이었다.

2시간 후, 사람들은 시선이 끝나는 곳에서 불어오는 강풍에 주목하기 시작했다. 그 강풍은 두터운 층의 먼지를 휘감아 올리며 끊임없이 사람들의 발치와 차의 밑바닥에서 맴돌았다. 이런 상황이므로 누런 안개 사이를 지나가는 행인들의 모습은 보일락 말락 했다. 어떨 때는 또렷했지만 또 어떨 때는 흐릿해 형체를 구분할 수 없었다. 그러다 시야에서 완전히 사라졌다. 질식할 것 같이 먼지가 휘날리는 거리를 걷다 보니 행인들은 서로 부딪히기도 했다. 길이 조금 또렷해졌을 때 문득 보니 베일을 뒤집어쓴 기괴한 유령들이 휘날리는 면화를 밟는 듯 꿈틀대며 움직이고 있었다. 이들은 모두 인력거를 탄 승객들이다. 그들은 길을 살피는 문제로 마음 졸일 필요가 없었다. 다만 흙먼지를 조금이라도 덜 들이마시려고 손수건 같이 생긴 것들로 얼굴을 가리고 있었다.

바람이 멈추자 거리에서 색채라고는 찾아볼 수 없었다. 모든 것이 회색의 흙먼지로 뒤덮여 있었다. 사람들은 몸에 뒤집어쓴 흙을 털어내고 또 다른 검은 구름이 오기를 기다렸다. 사람들은 몸에서 가장 큰 흙덩이만 털어낼 뿐이었다. 먼지가 사라지지 않을 것을 알고 있었기 때문이다. 먼지는 항상 거기 있다가, 사람이나 짐승이 지나갈 때 스스로 튀어 올라왔다. 또 하나 보충할 점은, 비록 요즘 북경의 길거리에서 실크해트를 쓴 사람을 쉽게 마주칠 수 있지만, 대다수 거주민들은 여전히 긴장하며 살아간다는 것이다. 왜냐하면 여기서는 목이 떨어질 상황이 변발이 잘리는 경우보다 더 흔하기 때문이다.

중국의 거리와 민중

5월 25일

외국 대사관 구역은 과장된 장식의 독일 건축물뿐이라 조금도 매력적이지 않았다. 그러나 이 구역을 벗어나 전문(前門)을 지나자마자 별천지에 들어서는 것에 다름 아니었다. 주요 간선 도로는 우리 프랑스의 도로만큼 넓었다.

Ce numéro se compose de VINGT-QUATRE PAGES, dont huit brochées à part avec des aquarelles de L. Sabattier : UN MOIS A PÉKIN.
Il contient deux suppléments :
1° *L'Illustration Théâtrale* avec le texte complet de BAGATELLE, de Paul Hervieu, et un portrait de l'auteur par Léon Bonnat, reproduit en couleurs ;
2° Le 1er fascicule des SOUVENIRS D'ALGÉRIE (Récits de chasse et de guerre), du général Bruneau.

L'ILLUSTRATION

Prix de ce Numéro : Un Franc. | SAMEDI 25 JANVIER 1913 | *71e Année. — N° 3648.*

황사 바람
LE VENT JAUNE

그 양 옆으로 작은 점포들이 늘어서 있었는데, 인테리어 스타일이 다양했으며 간판조차 제각각으로 신기했다. 정말로 너무나 훌륭한 도시였다! 마침내 실컷 눈요기할 기회를 가지게 된 것이다!

그러나 불행히도 이 모든 게 독일 스타일의 건물로 인해 훼손되고 있었다. 그런데 요즘 '중국의 청년'들은 이런 것들을 가장 사랑하고 있다. 그 건물들을 통해 이제 막 성립된 공화국의 스타일을 표현하려는 것 같았다. 그러나 우리는 끝까지 꾹 참고 혐오스러운 그 건물들을 보러가지 않았다. 시민들 자체가 하나의 아름다운 풍경이었다. 일반 시민들은 거의 하나같이 남색 옷을 입고 있었다. 그들이 입은 남색 옷과 점포, 하늘, 그리고 먼지가 굉장히 잘 어우러졌다.

1

2

3

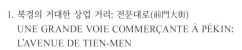

1. 북경의 거대한 상업 거리: 전문대로(前門大街)
UNE GRANDE VOIE COMMERÇANTE À PÉKIN: L'AVENUE DE TIEN-MEN

2. 젊은 중국의 희망
UN ESPOIR DE LA JEUNE-CHINE

3. 서구식 패션: 그들은 모자부터 시작했다. 뒤이어 완전한 정장이 뒤따를 것이다.
MODES D'OCCIDENT: ILS ONT COMMENCÉ PAR LE CHAPEAU, LE COMPLET VESTON SUIVRA.

육국호텔의 '골동품' 상인

일뤼스트라시옹 제3653호
1913년 3월 1일[1]

L'ILLUSTRATION N°3653
1 MARS 1913

¶ 옮긴이 해설 613쪽

1. 사바티에가 쓴 "북경에서 보낸 한 달"의 마지막 기고문이자 1912년 6월 20일의 여정을 기록한 "극장 안의 시장(Du marché au theatre)" 챕터의 삽화 중 하나를 전재한 것이다.

육국호텔(六國飯店)의 '골동품' 상인: 사바티에 씨가 실물에 근거하여 그린 유화 작품
MARCHANDS DE "CURIOS" À L'HÔTEL DES WAGONS-LITS DE PÉKIN.
(Étude à l'huile, d'après la nature, de L. SABATTIER)

일본 만화가가 그린 ‹추락하는 공화국›

일본 만화가가 그린 ‹추락하는 공화국›: 1913년 송교인(宋教仁)이 피살되었다. 손중산은 무력으로 원세개를 칠 것을 주장했고, 황흥(黃興)은 평화로운 해결을 주장했으며, 여원홍(黎元洪)은 그 사이에서 중재하며 북경 정부와 국민당이 화해하기를 바랐다.

북경의 신구 대비: 시대에 뒤떨어진 가마와 자전거

일뤼스트라시옹 제3655호
1913년 3월 15일

L'ILLUSTRATION N°3655
15 MARS 1913

북경의 신구 대비: 시대에 뒤떨어진 가마와 자전거†
Les contrastes de Pékin: l'antique chaise à porteurs et la "reine bicyclette".

†
사바티에가 쓴 "북경에서 보낸 한 달"의 마지막 기고이자 6월 20일의 여정을 기록한 글의 첫 번째 삽화를 전재한 것이다.

중국의 혼례

주르날 데 보야지 제857호
1913년 5월 4일

JOURNAL DES VOYAGES N°857
4 MAI 1913

중국인이 가장 중시하는 주요 관습 중 내가 보기에 중국의 혼례만큼 재미있는 것은 없다. 주지하다시피 중국인은 대중들 앞에서 자신의 희로애락을 표현하기를 즐긴다. 그들이 어떤 식으로 고통을 표현하는지는 일단 젖혀두고, 곧바로 중국인들이 혼례를 올릴 때의 기쁨을 어떻게 표현하는지를 살펴보도록 하자.

지역에 따라 신부를 맞이하는 영친(迎親) 의식이 조금씩 다르다. 어떤 지역은 신랑이 직접 신부의 집으로 가고, 또 다른 지역에서는 신랑의 형제나 가장 가까운 친지가 신부를 맞이하러 간다. 중국에서 결혼식 행렬은 언제나 가장 아름다운 풍경으로 남을 것이다. 오색 깃발과 화려한 청사초롱은 신부맞이 행렬에 광채를 더해주었다. 신부는 자신의 가장 아름다운 장신구를 패용하고 머리에는 봉황 장식 예모를 쓴 뒤 천으로 얼굴을 가린다. 어떨 때는 붉은 면사포로 얼굴을 가리기도 한다. 부모에게 엄숙하게 이별을 고한 뒤 신부는 가마에 오른다. 이 아름다운 가마는 혼례 의식 중 상당히 중요한 역할을 한다. 가마의 문에는 자수로 도안을 새기고 도금한 장식품을 달았으며 유채를 칠했다. 가마의 문은 신부의 모친이 닫아야 하며, 그녀는 신부를 맞이하러 온 행렬의 한 사람에게 가마 열쇠를 건네준다.

반드시 황혼 무렵까지 기다린 뒤, 최후의 한 가닥 햇빛과 함께 신부맞이 행렬은 길을 올라 북 치고 징을 울리며 떠들썩하게 신랑의 집으로 출발한다. 신부가 신랑 집에 도착하자마자 신랑이 입구에 모습을 드러낸다. 즉시 하인들이 가마와 대청 사이에 카페트를 깐다. 신랑은 손에 화살이 가득 담긴 화살통을 안고 있다가 가마를 향해 연속으로 세 차례 화살 쏘는 자세를 취한다. 어떨 때는 정말로 활을 쏘기도 하는데, 사악한 귀신을 쫓아내기 위해서다. 물론 정말로 활을 쏜다면 반드시 신중하게 가마 옆으로 쏠 것이다.

가마가 멈춘 정원은 호화롭게 장식되어 있다. 이때 신랑이 곧바로 가마 앞으로 걸어간다. 가마 문이 열리면 신부가 몸을 내밀고 나와 손을 신랑에게 건넨다. 신부를 맞는 행렬은 일제히 갈채를 보낸다. 그것은 15분이 넘게 지속되기도 한다. 신랑 신부는 모두에게 감사를 표하고 하늘에 정성스레 기도를 올린다. 이때 신혼부부를 위해 특별히 준비된 신방의 문이 열린다.

문지방 위에는 벌겋게 달아오른 숯불이 담긴 화로가 놓여 있다. 신부는 반드시 숯불을 뛰어넘어야 하며, 절대 화로에 닿으면 안 된다. 수많은 작가들이 이 기괴한 풍속에 대해 상세히 설명했다. 그러나 사실 이 풍속의 기원은 너무 오래되었기 때문에 지금으로선 딱 잘라 단정하기 힘들다. 화로 뛰어넘기(跨火盆) 의식이 끝나면 다른 사람이 신부에게 쟁반 하나를 건네는데 그 안에는 익힌 좁쌀이 담겨 있다. 신부는 전통적인 젓가락으로 민첩하게 좁쌀을 먹어야 한다.

신부는 침실에 들어서자마자 꿇어앉듯이 남편의 발밑에 엎드려 중얼중얼 뭐라고 말한다. 이것은 남존여비를 승인하는 또 다른 방식이다. 신랑은 신부의 면사포를 걷어 올린다. 그러나 신부의 얼굴이 결코 완전히 노출되지는 않는다. 봉황 장식 예모에서 길고 무거운 진주 장식이 늘어져 신부의 얼굴을 절반쯤 가리고 있는데,

N 857 Dimanche 4 Mai 1913. Prix ;

Journal des Voyages

JOURNAL HEBDOMADAIRE

146, Rue Montmartre, PARIS (2e)

& des Aventures de Terre et de Mer

중국의 혼례 (달레망 씨의 그림): 호화롭게 장식된 정원에 가마가 서 있다. 가마 앞에 깔린 카페트는 대청까지 이어져 있다. 미래의 신랑이 가마 앞으로 걸어가면 신부가 가마에서 내린다. 신부는 화사한 색깔의 머리덮개와 길게 늘어선 면사포로 얼굴을 가리고 있다.
UN MARIAGE EN CHINE (par H. DALLEMAND) (Dans une cour magnifiquement décorée, la chaise à porteurs s'arrête sur un tapis moelleux qui conduit à la salle de réception. Le futur époux avance jusqu'à la porte de la chaise, et la fiancée apparaît enveloppée dans un manteau de couleur voyante et le visage caché sous un long voile)

잠시 기다린 후에야 예모를 벗길 수 있다. 또한 이때가 되어서야 이 젊은 중국 청년은 부모가 자신의 의견을 구하지 않고 그를 위해 선택한 신부의 얼굴을 처음으로 자세히 살필 수 있다.

만약 신랑이 눈앞에 있는 신부의 얼굴이 마음에 들지 않는다는 이유로 깜짝 놀라는 표정을 짓는다면, 그 즉시 완전히 교양이 없는 사람으로 여겨질 것이다. 혼례 의식이 끝나려면 아직 멀었다. 신혼부부는 각종 예의범절의 시험을 거쳐야 한다. 조상의 사당에 가서 절을 하고, 집안의 온갖 귀신들에게 복을 기원하며, 신부는 미래의 시아버지와 시어머니에게 효를 다하고 복종할 것을 다짐해야 한다.

그런 다음 신랑의 모친이 붉은 실로 묶인, 두 개의 긴 다리가 달린 술잔을 가져와 술을 가득 따르면 신혼부부는 반드시 단번에 술을 비워야 한다. 어떤 풍속은 처음 볼 때는 굉장히 이상하다. 그러나 그런 면이 유달리 외국인들의 이목을 집중시킨다. 특히 신부의 용모, 행동거지, 성격에 대해 큰 소리로 평가하는 풍속이 그렇다. 신부맞이 행렬의 가마꾼들은 신부 바로 앞에서 이러쿵저러쿵한다. 그러나 그렇다고 해서 신부가 과하게 흥분하는 일은 없다. 왜냐하면 이 또한 시부모를 공경하고 집안의 신에게 기도하는 것과 마찬가지로 혼례의 일부임을 잘 알기 때문이다. 중국인들은 원래 부루퉁한 얼굴로 우스갯소리를 하는 사람들이다.

손님들이 무정하게도 신부를 평가하고 꾸짖고 심지어 헐뜯기까지 하는 것은 그녀가 이런 지적질에 어떻게 대응하는지를 살피고 그녀의 성격이 어떠한지를 보려는 것이다. 신랑은 미래의 아내에게 수수께끼를 내 그녀의 지적 수준을 시험했다. 이것은 약삭빠르고 의심 많은 신랑에게는 아내의 통찰력을 몰래 떠보는 방법이기도 했다.

중국 해적의 습격을 받은 프랑스 상선

르 프티 주르날 제1179호
삽화 부록
1913년 6월 22일 일요일

LE PETIT JOURNAL N°1179
SUPPLÉMENT ILLUSTRÉ
DIMANCHE 22 JUIN 1913

서강[1]을 통해 광주(廣州)와 오주(梧州) 사이를 오가는 프랑스 증기선이 최근 융기(Yungki) 인근 지역에서 해적들에게 습격당했다. 해적들은 선박을 점령한 뒤 현금 6만 프랑가량을 약탈해갔다. 중국인 승객 1명과 중국인 선원 1명이 살해당했으며, 5명의 승객이 부상당했다.

1. 西江. 광동성 주강(珠江)의 주요 지류 중 하나.

중국 해적의 습격을 받은 프랑스 상선
VAPEUR FRANÇAIS ATTAQUÉ PAR DES PIRATES CHINOIS

내전에 직면한 중국: 북양군대의 중국 군인

르 펠르랭 제1910호
주간 화보
1913년 8월 10일 일요일

LE PÈLERIN N°1910
REVUE ILLUSTRÉE DE LA SEMAINE
DIMANCHE 10 AOÛT 1913

중화민국이 현재 좌절을 겪고 있는 것은 중국인의 시민의식이 아직 완전히 각성되지 않아서라고 말해야 할 것이다. 중국의 남방과 북방은 여전히 서로 다투고 있다. 청의 전임 내각 총리대신이었던 원세개가 중화민국 대총통직을 맡겠다고 선포하자 북방은 환영했다. 원세개가 북방 출신이기 때문이다. 그러나 남방은 이를 질투해 자신의 총통을 선출하고 싶어 했다. 그래서 별도의 총통을 추천했다. 총통을 선출할 때 남방도 자신들의 총통을 추천하지 않을 이유가 없었다. 잠춘훤(岑春煊, 1861~1933)이 남방의 총통으로 추대되어 잠시 동안 남경에서 취임했다. 그러나 잠춘훤은 원세개를 미워했으며 원세개은 잠춘훤을 깔보았다. 증오가 갈수록 깊어지면서 그들은 결국 싸움을 시작했다.

이 두 적대 세력의 군사력은 대등했다. 남방은 20만의 병력을 보유하고 있었으며, 북방은 32만을 보유했지만 북방의 일부 병력은 러시아 국경을 지켜야 하므로 동원할 수 없었다. 그러나 원세개는 자본의 지지를 등에 업었다. 현재 그들은 서로를 향해 군사적인 공격을 개시했다. 이를 통해 중화민국이 이미 평화, 자유, 평등, 박애의 시대를 열었음을 잘 알 수 있다!

다만 안타깝게도 모든 중국인이 같은 중국에 있는 것은 아니었다…….

내전에 직면한 중국: 북양군대의 중국 군인
LES CHINOIS S'ENTRE-DEVORENT (Soldats chinois de l'armee du nord)

기독교와 중국인

르 펠르랭 제1930호
1913년 12월 28일

LE PÈLERIN N°1930
28 DECEMBRE 1913

본지는 최근 동일한 제목으로 게재한 글에서 천주교가 중국에 가져다준 변화에 대한 선교사 레브[1]의 관점에 대해 논의한 바 있다. 이번 호에서는 또 다른 중요한 사건을 살펴보도록 하겠다. 1913년 10월 원세개가 취임할 때, 교황청에서 파견한 북경부 본당 신부 스타니슬라스 프랑수아 자를랭(Bishop Stanislas-François Jarlin)은 전통에 따라 총통에게 축복하는 것을 허락받았다. 자를랭 신부에게 보낸 원세개의 총통 취임식 초청장을 읽어보도록 하자.

북경, 1913년 10월 8일
신부님께
금일 오전, 저는 총통부에 오자마자 기쁘게도 총통께서 신부님을 자신의 취임식에 참석하도록 요청할 것을 명했다는 소식을 듣게 되었습니다. 우리는 이미 신부님께 적절한 좌석을 안배하도록 신경 써 두었습니다.

신부님의 편지를 받은 후, 저는 거듭 당신의 좌석에 변동이 있는지를 문의해보았습니다. 그들의 대답에 따르면, 총통의 특별 지시를 감안해 이미 신부님을 위해 아주 세심하게 좌석을 선정하고 확보해두었다고 합니다. 신부님께서는 외교사절과 선통황제 대표 다음으로 태화전(太和殿)에서 축사를 하도록 요청받았습니다. 총통의 특명에 따라 저는 신부님을 위해 길을 안내하고 통역을 맡게 되었습니다.

신부님, 신부님이 불참하시면 총통께서 얼마나 곤란해하실지 알아주시길 바랍니다. 왜냐하면 제가 듣기로 신부님께서는 종교계 대표로는 유일하게 취임식에 참석하도록 요청받은 분이기 때문입니다.

당신께 가장 숭고한 경의를 표하며.

J. R. LOUTSENGTSIANG[2]

모든 것이 계획한 대로 순조롭게 진행되었다. 신부의 축복을 받은 후 공화국 총통은 미소로 화답했으며, 신부와 존경하는 대주교에게 숭고한 경의를 표했다. 프랑스 공화국 대통령 레몽 푸앵카레(1913~1920년

1. 원어 표기 없이 러베이(勒貝)로 쓰인 이 선교사의 인명을 정확히 확정하기는 어렵다. 다만 정황으로 봤을 때 중국 가톨릭 언론의 선구자로 꼽히는 레브 신부(Frédéric-Vincent Lebbe, 1877~1940; 雷鳴遠)가 가장 유력하다. 벨기에 출신의 레브 신부는 1901년 파비에 주교를 따라 중국에 도착한 후 현지 방식으로 선교를 실천했으며, 민국 4대 일간지 중 하나인 «익세보(益世報)»를 발간했다. 그는 매체를 선교에 적극 활용할 것을 로마에 건의했다.

2. 육징상(陸徵祥, 1871~1949)은 외교관이자 천주교 신부다. 민국 초기 외교총장, 국무총리 등을 역임했다.

기독교와 중국인: 중국인의 신년 선물—프랑스가 중국에 새로운 선교단을 파견하다 (당블랑의 그림)
LE CHRISTIANISME ET LES CHINOIS (Les étrennes des Chinois: la France envoie de nouveaux missionnaires en Chinc. dcssin dc DAMBLANS)

재임)는 프랑스 주교에게 중화민국 총통이 프랑스 선교사에게 하는 정도의 존경도 표하지 않을 뿐 아니라, 대부분의 프랑스인을 '모든 종교 문제'와 분리시키도록 하겠다고 선포한 바 있다. 또한 한 줌도 안 되는 프리메이슨 멤버들의 환심을 사기 위해, 그는 모두가 지켜보는 가운데 대성당에 한 발도 들여놓지 않았다. 우리는 묻지 않을 수 없다. 이렇게 맹목적인 조치는 우리를 어느 방향으로 이끌 것인가?

프랑스의 영혼은 이처럼 맹목적인 행동으로 인해 고난에 처할 것이다. 만약 프랑스 정부가 동방 및 극동 국가에 파견된 자국 선교사에게 더욱 협조한다면, 이들 국가의 인민들이 선교사들에게 보여주는 진심어린 태도를 확인할 수 있을 것이다. 국가 이익의 측면에서 보자면 우리는 거기서 굉장히 많은 이익을 취할 수 있다!

상황이 이러함에도 불구하고 선교사들의 열정은 위축되지 않았다. 이달 초 일군의 용감한 선교사들이 출발했다. 희생된 전도사의 뒤를 잇기 위해서였다. 저녁의 고별의식에서 드 라스 카스(De Las-Cases) 씨는 아래와 같이 감동적인 연설로 그들에게 경의를 표했다.

"나는 해외 선교단이 있는 예배당을 나왔습니다. 예배당 안에는 15명의 젊은 선교사가 함께 모여 극동으로 갈 준비를 하고 있었습니다. 그들은 자신의 형제와 부모가 지켜보는 가운데 제단 앞에서 조국을 향해 최후의 작별을 고했습니다. 자연히 유사한 의식의 감화 속에서 위대하고 숭고한 느낌이 만들어졌습니다.

이 청년들은 얼굴에 미소를 띤 채 확고한 표정으로 극동 지역에서 마주할지도 모를 위험과 고난을 맞을 준비를 했습니다. 그들은 나지막한 목소리로 성모 제단에 연송 호칭기도(連禱文)를 올렸습니다. 그들의 입에서 그 기도문은 특별히 깊은 의미를 더해, 어찌 보면 고통을 토해내는 것 같기도 하면서 승리의 환호인 것 같기도 했습니다."

희생정신을 찬미하는 짧은 연설이 끝난 후 바로 고별의식이 시작되었다. 먼저 단상에 오른 것은 새하얀 수염을 늘어뜨린 늙은 선교사들이었다. 얼굴 가득한 주름과 굽은 허리가 그들이 지금껏 겪어온 고난을 잘 보여주었다. 극동에서 돌아온 선교사들은 이제 곧 극동으로 가게 될 선교사들을 꼭 껴안아준 뒤, 십자가에 못 박힌 예수의 발을 대하듯이 꿇어앉아 그들의 발에 입을 맞췄다.

자신의 종교와 조국을 위해 모든 것을 희생하기를 원하는, 확고하고도 순수한 영혼을 가진 청년들을 바라보면서 사람들은 숭경(崇敬)의 느낌을 받았을 뿐만 아니라 어떤 위안과 희망마저 솟아났다. 이렇게 우수한 청년들을 길러내고, 그들이 봉헌과 희생정신의 숭고함과 아름다움을 깨닫게 하는 국가는 멸망하지 않을 것이다. 슬픔에 잠긴 분위기에도 불구하고 이 장면이 사람들에게 위안이 되는 것은 이 때문이다.

중화민국 대총통 여원홍 장군

르 펠르랭 제2104호
주간 화보
1917년 7월 22일 일요일

LE PÈLERIN N°2104
REVUE ILLUSTRÉE DE LA SEMAINE
DIMANCHE 22 JUILLET 1917

중화민국 대총통 여원홍 장군
LE GÉNÉRAL LI YUAN HUNG, PRÉSIDENT DE LA RÉPUBLIQUE DE CHINE

파브레그 주교의 선교사들과 수녀들이 중국 직례성 중부의 선교 구역에서 기아에 허덕이는 아동을 거두다

르 펠르랭 제2272호
1920년 10월 10일[1]

LE PÈLERIN N°2272
10 OCTOBRE 1920

1. 파브레그 주교(Bishop Joseph-Sylvain-Marius Fabrègues, C.M., 1872~1928)에 관한 기사로, 그의 중국어 이름은 부성공(富成功)이다.

파브레그 주교의 선교사들과 수녀들이 중국 직례성 중부의 선교 구역에서 기아에 허덕이는 아동을 거두다
LES MISSIONNAIRES ET LES SŒURS DE MGR FABRÈGUES RECUEILLENT EN CHINE LES PETITS ENFANTS VICTIMES DE LA FAMINE, DANS LA MISSION DU TCHÉLY CENTRAL

중국에서는 새해가 되면 현지 주민들이 용춤 공연을 한다

르 펠르랭 제2284호
1921년 1월 2일

LE PÈLERIN N°2284
2 JANVIER 1921

중국에서는 새해가 되면 현지 주민들이 용춤(舞龍) 공연을 한다. 두 마리의 용을 흔들고 다니다가, 그중 더 크고 건강한 쪽이 다른 용을 잡아 삼키는 동작을 취한다. 송구영신의 의미를 담고 있다. (당블랑의 그림)

EN CHINE, POUR LE NOUVEL AN, LES INDIGÈNES PROMÈNENT DEUX DRAGONS DONT L'UN, PLUS GRAND ET PLUS BEAU, FAIT MINE DE DÉVORER L'AUTRE: FIGURE DE L'ANNÉE QUI VIENT ET DE CELLE QUI S'EN VA (Dessin de DAMBLANS)

처음으로 자국인 사제를 가지게 된 중국

르 펠르랭 제2295호
주간 화보
1921년 3월 20일 일요일

LE PÈLERIN N°2295
REVUE ILLUSTRÉE DE LA SEMAINE
DIMANCHE 20 MARS 1921

일찍이 '천조의 나라'로 불리던 그 국가가 지금은 이미 중화민국으로 변모했다. 전국에 대략 4.3억의 인구를 가졌으며, 주요한 5개 민족으로 구성되었다. 그들은 한족, 몽골족, 장족, 회족, 그리고 만주족이다. 그런데 4.3억 명 중 거의 대다수가 이교도들이다. 현재 중국 대륙에는 약 200만의 천주교도(북경과 그 주변 지역에 27만 700명의 천주교도가 있다.)가 있으며, 매년 약 10만 명의 성인이 세례를 받고 있다.(4년 전쟁 시기에는 40만 명이 세례를 받았다.) 이는 모두 56명의 주교와 2500명의 선교사의 공이다. 신앙의 파도는 사방에서 동방으로 흘러들어, 교회가 유럽에서 마주한 좌절과 손실을 메우고 있다.

우리는 1895년 이래로, 특히 의화단의 난으로 산산조각 난 중국 북방에 신앙 운동이 일어나고 있음에 주목했다. 이 사실은 특히 관심을 기울일 가치가 있다. 중국의 오랜 문명 자체가 신앙의 전파에 유리하기 때문이다. 오늘날에 이르기까지 여전히 많은 중국인이 철학, 특히 유가 사상을 신봉하고 있다. 그 속에 오류가 수두룩함에도 불구하고 말이다. 그리스 철학이 사도들의 복음 선교에 굉장히 적절한 문화적 환경을 만들어준 것과 마찬가지로, 중국 또한 대규모의 체계적인 종교 프로젝트를 발전시킬 것이라고 믿을 만한 충분한 이유가 있다. 똑같은 일이 아프리카에서라면 일어날 가능성이 거의 없다. 그 때문에 사람들이 취한 선교 방식은 지역적이며 국부적인 것이었다.

다행히 프랑스, 러시아, 독일의 관여 덕분에 중국은 1895년의 청일전쟁 중 일본에 정복되지 않았다. 따라서 중국은 이들 강대국에 감격했을 것이다. 그때부터 중국은 강대국의 보호하에 있는 선교사에 대해서는 더 관용적인 태도를 취했다. 이 밖에 주중국 프랑스 전권대사 오귀스트 제라르(Auguste Gérard; 施阿蘭, 1894~1897년 재임)가 1867년 통과된 '단터니 협정(丹特尼協定)'을 교묘한 방법으로 실시해 더 이상 유명무실한 법문이 되지 않게 만들었다. 이 협정에 따르면 선교사는 중국 각지에 정착할 수 있으며 현지의 선교용 부동산을 구매하는 것도 가능했다.[1] 또한 의화단의 난이 일어났을 때 신앙을 위해 순교한 중국인 및 막 세례를 받은 10만 명의 어린 천사들이 받은 희생 또한 가슴에 새길 만하다. 이 모든 것이 어우러져 최근 활발하게 전개되기 시작한 신앙 운동을 크게 촉진했다. 비록 그 사이 홍수, 가뭄, 기아 및 지진과 같은

1. 1867년에 체결되었다는 이 협정은 중문본에 프랑스어 원문 병기가 되지 않아 정확한 발음과 내용을 파악하기 힘들다. 다만 관련해서 내륙선교권(내지의 이동과 선교 및 이에 대한 지방관의 보호)은 1858년 '중불천진조약' 제13조에 포함되어 있으며, 또한 이를 보충하는 1860년 '중불북경조약' 제6조에는 선교사의 부동산 구매에 대한 내용이 포함되어 있다. 이 중 부동산 구매에 관한 조문은 프랑스어 조약문에는 없는 내용인데, 번역을 맡은 프랑스 선교사가 중국어 조약문에 임의로 "프랑스 선교사는 내륙 각지에서 토지를 임대 및 구매하여 자유롭게 건물을 지을 수 있다(並任法國傳教士在各省租買田地, 建造自便)"는 문장을 삽입한 것이다. 이 조문은 선교사와 기독교인에 대한 중국인의 적대심을 강화시키는 결과를 낳았다는 점에서 상당히 치명적이었다.

2. 베네딕토 15세는 1919년 11월 30일 반포한 회칙 '가장 위대한 일(Maximum Illud)'에서 선교에 관한 중요한 원칙을 천명했다. 우선 '선교의 확대' 부분에서는 최근 선교의 역사를 복습하며, 중국 선교의 시작과 박해에 관해 간략히 언급하고 있다. 특히 새로운 교회의 가장 큰 희망이 될 정책이라며 이 회칙에서 가장 중요하게 강조한 것은 '현지 성직자'에 관한 항목이다. 그는 선교 책임자에게 현지의 성직자를 확보하고 훈련시키는 일에 대해 각별한 관심을 촉구했다. 현지인 사제는 지역민을 신앙으로 인도하는 데 보다 효과적이고, 지역민의 이야기를 더 잘 들어줄 수 있으며, 외국인 사제에게는 용인되지 않는 장소에도 쉽게 접근할 수 있다는 등의 장점이 부연되었다. 이 성스러운 사역을 실행하는 사람은 모든 나라에서 나와야 한다는 것이다. 교황은 선교사들에게 현지 문화에 대한 준비와 상당한 수준 이상의 언어 습득을 요구했으며, 서구 우월주의적 선교에 대해서도 경고했다.

시련을 받아야 했지만 말이다.

한 국가가 선교사들에게만 의존할 게 아니라 자신들의 사제를 보유할 때라야 진정으로 교회를 세웠다고 말할 수 있다. 교황 베네딕토 15세는 최근 각지의 주교들에게 보내는 회칙(回勅; Encyclica)에서 이 진리를 언급하신 바 있다.[2] 그리고 중국은 다른 어느 지역보다 이 원칙의 정확성이 더 잘 증명된다. 왜냐하면 중국인들은 강렬한 민족적 자부심과 배외적 정서를 가지고 있기 때문이다.

중국은 현재 910명의 현지인 사제를 보유하고 있다. 그들은 모두 중국의 신학원에서 양성하였으며 유럽을 방문한 적이 없다. 이것은 중국 신학원의 실력을 증명하는 것이다. 다른 한편 이들 사제의 놀라운 학습 능력을 보여주는 것이기도 하다. 그러나 그들은 여전히 꽤 긴 시간 동안 유럽인 주교의 도움을 필요로 한다. 예를 들어 유럽에서 조달하는 선교 필수품을 그들에게 희사할 필요가 있다. 각 교구마다 상황은 천차만별이다. 연해 지역의 교구는 17~18세기에 가장 먼저 복음의 교화를 받았다. 이 지역에는 상당히 많은 기독교도가 있고 수천만의 가정이 100~200년 전부터 신앙을 가지기 시작했다. 그런데 내륙 지역 교구의 상황은 판이하게 달라서 거의 모든 신도가 새로이 유입되었으며, 일반 가정의 신앙의 역사 또한 고작 한두 세대로 소급되는 정도였다. 사람들은 이 지역에서 현지인 사제가 출현할 것이라는 기대는 하지 않는다.

선교 운동이 가장 잘 확산된 지역은 직례성, 사천성, 귀주성으로 각각 234명, 111명, 72명의 현지인 사제를 보유하고 있다. 교인의 수는 각각 57만 8583명, 13만 4314명, 26만 7464명이다. 아마도 우리 전통적인 기독교 국가의 대교구에서도 이처럼 높은 비율의 교중은 없을 것이다.

한 선교사가 «라 크루아(*La Croix*)»에 다음과 같이 기술한 바 있다. "2주 전, 나는 상해의 대성당에서 10명의 현지인 사제의 신품성사를 목격했다. 그들 중 9명은 감숙성(甘肅省) 교구에 속해 있었다. 그들을 위해 의식을 주관한 주교는 기쁜 마음으로 회고하며 말하길, 20년의 주교 임기 동안 그는 이미 71명의 중국인에게 성직을 수여했다고 한다."

천주교가 중국에 전해진 지 200여 년 후 개신교도 중국에서 전도를 시작했다. 그러나 1870년부터 개신교는 병원, 학교, 자선기구의 건설 등

분야에서 이미 천주교에 근접했거나 넘어섰다. 이것이 가능했던 것은 모두 미국에서 끊임없이 투입된 대규모 자본 덕분이다. 중산층이나 하층민에서 신도를 모집하는 천주교와 달리 개신교는 지식계층이나 상류층 사회에서 신도를 받는 경향이 있다. 그들의 신도는 법원이나 정부 부문에서 직장을 구하는 것이 더 용이하다.

이것의 대비책으로 특수한 학교를 세움으로써 그 위험을 회피할 수 있다. 중국은 일본의 자극을 받아 교육을 받고자 하는 강렬한 욕망이 있다. 중국인 학생들은 자원해서 미국의 프로테스탄트계 대학에 앞다투어 공부하러 간다. 그러나 그들이 이처럼 풍부한 자원을 보유하고 있다 하더라도 중국의 개신교 교인은 현재 고작 70만에 불과하다. 그렇지만 중국 남방에서는 개신교가 굉장히 우월한 조건을 갖추고 있다. 천주교 선교단은 현재 적절한 방법을 통해 낙후된 조건을 보강하기를 바라고 있다. 우리가 계속해서 그들을 돕도록 노력하기를, 하느님의 은혜가 베풀어지기를 기도한다.

파브레그 주교는 다음과 같이 이야기한 바 있다.

"중국에는 현재 56명의 주교가 있다. 이는 유럽 전체에 36명의 주교가, 프랑스 전체에 4~5명의 주교가 있는 것과 비교된다. 복음 전도 사업이 왜 이렇게 느리게 진행되는지에 대해 사람들은 의아해할 것이다. 20년 동안 기독교도의 숫자는 이미 100만에서 200만으로 배로 증가했다. 이것은 꽤 괜찮은 성적이다. 그러나 만약 이 리듬으로 계속 간다면, 즉 20년 동안 100만 명씩 신도가 늘어난다고 가정하면, 우리는 중국인 전체를 기독교로 개종시키기 위해 대략 8500년이 필요하다. 따라서 진정한 대규모 전도 활동은 아직 시작되지 않았다고 말할 수 있다. (…) 이를 위해 우리에게는 무엇이 필요한가? 우리에게 필요한 것은 선교사이고 사제다. 사도 바울의 이 말씀은 여전히 이치에 합당하다. '만약 아무도 전도하지 않는다면, 사람들이 어떻게 복음을 들을 수 있겠는가? 만약 선교사를 파견하지 않는다면, 그들이 어떻게 선교하겠는가?'"

이 말을 이렇게 풀이할 수도 있겠다. "풍년이 들었다. 그러나 일꾼이 부족하다. 주인이 새로운 일꾼을 자신의 논밭에 보내어 경작할 수 있기를 바란다."

처음으로 자국인 사제를 가지게 된 중국: 미국 육군에 파견된 두 명의 중국인 예수회 신부
LA CHINE COMMENCE À DONNER DES PRÊTRES
(Deux Pères Jésuites chinois qui furent envoyés dans l'armée américaine)

중국의 대기근

르 프티 주르날 일뤼스트레 제1093호 1921년 4월 10일 일요일	**LE PETIT JOURNAL (ILLUSTRÉ)** N°1093 DIMANCHE 10 AVRIL 1921	¶ 옮긴이 해설 614쪽

중국의 대기근
LA FAMINE EN CHINE

약방 앞에 서 있는 중국인 약제사

르 펠르랭 제2364호 | **LE PÈLERIN** N°2364
주간 화보 | REVUE ILLUSTRÉE DE LA SEMAINE
1922년 7월 16일 | 16 JUILLET 1922

약방 앞에 서 있는 중국인 약제사
PHARMACIEN CHINOIS DEVANT SA BOUTIQUE

중국식 페미니즘

르 프티 주르날 일뤼스트레 제1667호
1922년 12월 3일

LE PETIT JOURNAL (ILLUSTRÉ) N°1667
3 DÉCEMBRE 1922

한 영국 원양여객선이 마카오에서 출발해 홍콩으로 향하고 있었다. 도중에 60여 명의 조용한 중국인이 순식간에 강도로 돌변했다. 한 젊은 중국 여인의 명령하에, 손에 리볼버를 든 그들은 선박을 약탈하고 놀란 승객들을 협박했다.

중국식 페미니즘
LE FÉMINISME À LA CHINOISE

중국의 명예 황제가 북경에서 혼례를 거행하다

일뤼스트라시옹 제4188호
1923년 6월 9일

L'ILLUSTRATION N°4188
9 JUIN 1923

이처럼 풍성한 예물이 중화민국 관병의 엄격한 감호하에 신부의 집 앞에 도착했다. 자수를 놓은 옷을 입은 가마꾼들이 오렌지색 꽃무늬가 새겨진 황색 비단 장식을 한 가마를 메었다. 신부집 입구는 새로이 붉은 칠을 했고, 문 앞에 생화를 빽빽이 꽂은 비막이 차양을 세웠다. 차양 아래로 4개의 등롱이 걸렸으며 등롱에는 축복하는 말이 쓰여 있었다. 입구에 서 있는 사람들 중에는 구식의 청조 관복을 입은 이도 있었고 공화국 장교의 현대식 복장을 한 사람도 있었다. 그러나 황실 호위대는 공화국의 국가를 연주했다. 그것이 지난 왕조의 상징을 대신했다.

중국의 명예 황제가 북경에서 혼례를 거행하다: 선통제(宣統帝) 부의가 약혼녀인 완용(郭布羅婉容)에게 보낸 예물이 미래의 신부 집 앞에 도착하다
LE MARIAGE, A PEKIN, DE L'HONORIFIQUE EMPEREUR DE CHINE (Les cadeaux offerts par S. M. Suen Tong à sa fiancée, la princesse Kouo Poulo, sont portés au domicile de la future épousée)

중국과 바티칸

르 펠르랭 제2451호 주간 화보 1924년 3월 16일	**LE PÈLERIN** N°2451 REVUE ILLUSTRÉE DE LA SEMAINE 16 MARS 1924

조곤(曹錕, 1862~1938) 사령관은 자신이 중화민국의 총통으로 당선된 사실을 교황에게 직접 알려왔다. 그는 교황에게 중국과 로마 교황청 간의 우의를 공고히 할 수 있도록 전심전력을 다할 것이라고 장담했다. 바티칸은 신임 총통이 시행한 조치 중 하나로 파브레그 주교를 총통의 고문으로 임명한 사실을 알게 되었다.

파브레그 주교는 선교수도회 회원으로 프랑스 몽펠리에에서 태어났다. 주교는 1910년부터 직례중부 대목구(直隸中境代牧區)의 초임 종좌대목으로 임명되어 보정부에 상주했다. 조곤 사령관은 보정부에서 10년 간 사령관으로 있었다. 주교는 1923년 6월 13일 북경에 위치한 직례북부 대목구의 부주교로 임명되었다.

중국과 바티칸: 북경 교구의 부주교 파브레그 예하가 조곤 총통의 고문으로 임명되다 (기뉴의 그림)
LA CHINE ET LE VATICAN (Mgr Fabrègues, évêque coadjuteur de Pékin, vient d'être choisi par le président Tsao-kun comme conseiller. dessin de GIGNOUX)

홍콩항의 정크선과 삼판선

일뤼스트라시옹 제4230호
1924년 3월 29일

L'ILLUSTRATION N°4230
29 MARS 1924

홍콩항의 정크선과 삼판선 (사바티에의 수채화)
JONQUES ET SAMPANS DANS LE PORT DE HONG-KONG (Aquarelle de L. SABATTIER)

극동 풍경: 싱가포르 차이나타운의 이동식 레스토랑

일뤼스트라시옹 제4231호
1924년 4월 5일

L'ILLUSTRATION N°4231
5 AVRIL 1924

작년 10월 27일, 본지는 싱가포르의 군사적 가치에 대해 검토한 바 있다. 현재는 이미 그에 관한 의사 일정이 앞당겨진 상태다. 영국 수상은 최근 싱가포르를 군항으로 사용하지 않을 것을 천명했다. 이 소식이 전해지자 그 즉시 중국에서 의문을 제기했다. 본지의 조력자인 사바티에 씨는 풍경이 수려한 곳에 대한 애착과 마찬가지로 군사 문제에도 관심을 기울이고 있다. 그래서 그는 본지의 이 화보에서 빠른 시일 안에 유럽 문명의 영향하에 사라질 중국인 거주 구역의 풍경에 초점을 맞췄다.

이곳에 거주하는 원주민 중 상당수는 상인, 수출 대리상, 선박 경영인 등이다. 그중 일부는 상당히 부유하며, 수많은 사업을 손에 틀어쥐고 있다. 그러나 또한 수많은 영세 점주, 재봉사, 염색공, 행상인 및 도크에 화물을 하역하는 막노동자(쿨리)도 상존한다. 이 모든 사람이 특정한 구역에 모여 살며 명실상부한 차이나타운을 형성하고 있다. 그들은 비록 영국 통치 당국의 각종 규정을 준수하며 살아가지만, 여전히 자기 민족 고유의 풍속과 기호를 유지하고 있다.

그림 속 이동식 레스토랑은 자국 문화에 대한 현지 화교들의 애착을 잘 보여주고 있다. 행상들은 꼭두새벽부터 아직 썰렁한 길거리를 신중하게 살피며 돌아다니다가, 익숙한 동작으로 양 어깨의 짐을 내려놓고 손님들에게 아침을 팔거나 야자나무 부채로 숯불을 붙여 화로에 우리가 알지 못하는 요리를 끓인다. 상점 앞에 내걸린 등롱과 간판은 유럽식으로 조성된 이 거리에 중국적 색채를 더해, 가스등이 유난히 익살맞게 느껴진다. 그러나 화가가 이곳에 다녀간 후, 지난날의 가스등은 아마 이미 멋진 전기등으로 대체되었을 것이다.

극동 풍경: 싱가포르 차이나타운의 이동식 레스토랑 (사바티에의 수채화)
VISION D'EXTREME-ORIENT—LES RESTAURANTS AMBULANTS DU QUARTIER CHINOIS DE SINGAPOUR
(Aquarelle de L. SABATTIER)

천조에 간 새인간

르 프티 주르날 일뤼스트레 제1746호
1924년 7월 8일

LE PETIT JOURNAL (ILLUSTRÉ) N°1746
8 JUILLET 1924

천신만고 끝에 프랑스 비행사 펠르티에 도이지(Pelletier d'Oisy, 1892~1953)는 발군의 비행 실력으로 여행을 완수했다. 현재 그는 중국에 가 있다. 중국에서는 그가 매번 착륙할 때마다 사람들의 열렬한 환호가 뒤따랐다. 이처럼 그를 환영하는 현지 주민의 눈에 이 용감한 비행사는 날개를 달고 있는 서양의 대사로 받아들여졌다.

천조에 간 새인간
L'HOMME-OISEAU CHEZ LES CÉLESTES

홍콩항: 중국 남부 지역

르 펠르랭 제2435호
주간 화보
1924년 9월 9일

LE PÈLERIN N°2435
REVUE ILLUSTRÉE DE LA SEMAINE
9 SEPTEMBRE 1924

홍콩항: 중국 남부 지역
LE PORT DE HONG-KONG (Chine méridionale)

중국의 소요 사태

르 프티 주르날 일뤼스트레 제1760호
1924년 9월 14일

LE PETIT JOURNAL (ILLUSTRÉ) Nº1760
14 SEPTEMBRE 1924

천조의 제국이 평안하지 않다. 양대 사령관 사이의 대립이 이 나라에서 가장 번화한 도시를 피로 물들이려 한다. 따라서 유럽 정부들은 자신들의 교민을 예방적으로 보호하는 조치를 취하지 않을 수 없었다. 프로쇼(Frochot) 제독이 지휘하는 함대가 상해항에 정박해 상륙부대를 보냈고, 이들은 프랑스 영사관을 보호하기 위해 출발했다.

중국의 소요 사태
LES TROUBLES EN CHINE

내전과 약탈로 고통받는 중화민국 총통 조곤

르 펠르랭 제2478호	**LE PÈLERIN** N°2478
주간 화보	REVUE ILLUSTRÉE DE LA SEMAINE
1924년 9월 21일	21 SEPTEMBRE 1924

내전과 약탈로 고통받는 중화민국 총통 조곤 (아를랭그가 촬영)
TSAO-KUN, LE PRÉSIDENT DE LA RÉPUBLIQUE DE CHINE, DÉCHIRÉE ACTUELLEMENT PAR D'AFFREUSES GUERRES CIVILES ET PAR LE BRIGANDAGE. (Phot. Harlingue)

중국의 홍수 장면: 이재민의 숫자가 2천만으로 추정된다

르 펠르랭 제2478호
주간 화보
1924년 9월 21일

LE PÈLERIN N°2478
REVUE ILLUSTRÉE DE LA SEMAINE
21 SEPTEMBRE 1924

중국의 홍수 장면: 이재민의 숫자가 2천만으로 추정된다 (르 랄래크의 그림)
SCÈNES D'INONDATION EN CHINE: ON ESTIME À VINGT MILLIONS LE NOMBRE DES SINISTRÉS.
(Dessin de LE RALLIC)

중국 해적에게 습격당한 증기선

르 프티 주르날 일뤼스트레 제1780호
1925년 2월 1일

LE PETIT JOURNAL (ILLUSTRÉ) N°1780
1 FÉVRIER 1925

중국 해적에게 습격당한 증기선
UN VAPEUR ATTAQUÉ PAR DES PIRATES CHINOIS

진쯔환과 찬시를 600명의 무장 괴한이 약탈하다

르 프티 주르날 일뤼스트레 제1791호
1925년 4월 19일

LE PETIT JOURNAL (ILLUSTRÉ) N°1791
19 AVRIL 1925

¶ 옮긴이 해설
614쪽

두 도시를 600명의 무장 괴한이 약탈했다. 찬시의 세관 창고와 대부분의 건물이 훼손되었다. 한 영국인 목사와 아내는 납치되었다가 산길로 달아났다. 일부 여자아이들은 강가에 있던 배로 도망갔는데, 배의 하중을 초과해 전복되는 바람에 모두 강에 익사했다. 진쯔환은 전부 불타버렸다.

진쯔환과 찬시를 600명의 무장 괴한이 약탈하다
PILLAGE D'UNE VILLE CHINOISE PAR DES BRIGANDS

중국의 거리 풍경

르 펠르랭 제2595호
주간 화보
1926년 12월 19일

LE PÈLERIN N°2595
REVUE ILLUSTRÉE DE LA SEMAINE
19 DÉCEMBRE 1926

중국의 거리 풍경: 두 차례 경보의 막간에도 일상생활은 그대로 유지되었다 (당블랑의 작품)
SCÈNES DE LA RUE EN CHINE. ENTRE DEUX ALERTES, LA VIE QUOTIDIENNE SUIT SON COURS
(Composition de DAMBLANS)

중국에 불어닥친 볼셰비즘 바이러스

르 펠르랭 제2603호
주간 화보
1927년 2월 13일

LE PÈLERIN N°2603
REVUE ILLUSTRÉE DE LA SEMAINE
13 FÉVRIER 1927

¶ 옮긴이 해설 615쪽

54e Année — Nº 2603 HEBDOMADAIRE : 30 centimes 13 Février 1927

Le Pèlerin

REVUE ILLUSTRÉE DE LA SEMAINE

28 PAGES EN COULEURS

RELIGION. . . . . . . Faits — Doctrine — Piété
POLITIQUE. . . . . . Informations — Nouvelles
LITTÉRATURE. . . . Deux Romans inédits
Récréations — Jeux — Jardinage — Basse-Cour, etc

ABONNEMENTS :

Un an. . . . . France, 15 francs
Etranger, 23 francs ou 30 francs
PÈLERIN et CROIX 4 p. 58 fr.; CROIX 6 p. 81 fr.
Chèques postaux nº 1668-PARIS- Téléph. : Elysées 77-19

RÉDACTION & ADMINISTRATION BONNE PRESSE, 5, RUE BAYARD, PARIS 8e

중국에 불어닥친 볼셰비즘 바이러스
LE VIRUS BOLCHEVISTE QUI SOULÈVE LA CHINE

중국의 즉결 처형

르 프티 주르날 일뤼스트레 제1894호
1927년 4월 10일

LE PETIT JOURNAL (ILLUSTRÉ) Nº1894
10 AVRIL 1927

우리는 극동에서 벌어지는 사건을 여전히 진지하게 주목해야 할 것이다. 계속되는 내전 속에서 남방의 군대가 현재 우세를 점하고 있다. 그러나 중국 민족주의를 대표하고 있는 쪽의 승리는 서양사회에 대한 중국 민중의 증오를 결코 감소시키지 못할 것이다. 현재까지는 중국에 소재한 유럽 국가의 조계 내에서 심각한 사건이 벌어지지 않고 있다. 내전의 지속이 조계에 해를 끼치지 않기를 바란다. 그러나 중국 남북 간의 군사적 충돌 외에도 혼란을 조장하는 전쟁상인들, 선동꾼들, 그리고 혼란을 틈타 한몫 챙기려는 도적들에 주의할 필요가 있다. 광주 주둔군은 이러한 무리를 일망타진하는 데 효과적인 조치를 취했다. 광주군이 점령한 도시에서는 순찰대가 거리를 순찰한다. 이들의 손에는 긴 군도가 들려져 있었다. 순찰 과정에서 소란을 일으키는 자나 약탈범을 발견하면, 그 자리에서 법이 집행된다. 그들이 칼을 휘두르는 순간 그 즉시 머리가 땅에 떨어졌다.

중국의 즉결 처형
UNE EXECUTION SOMMAIRE EN CHINE

현대화된 중국의 웃음을 자아내는 광경

르 펠르랭 제2653호
주간 화보
1928년 1월 29일

LE PÈLERIN N°2653
REVUE ILLUSTRÉE DE LA SEMAINE
29 JANVIER 1928

현대화된 중국의 웃음을 자아내는 광경: 한 중국 아가씨가 남동생과 함께 골프를 치러 가고 있다
UN ASPECT SOURIANT DE LA CHINE MODERNE. UNE JEUNE CHINOISE
ET SON FRÈRE VONT JOUER AU GOLF.

중국 내전의 한 양상

르 펠르랭 제2658호
주간 화보
1928년 3월 4일

LE PÈLERIN N°2658
REVUE ILLUSTRÉE DE LA SEMAINE
4 MARS 1928

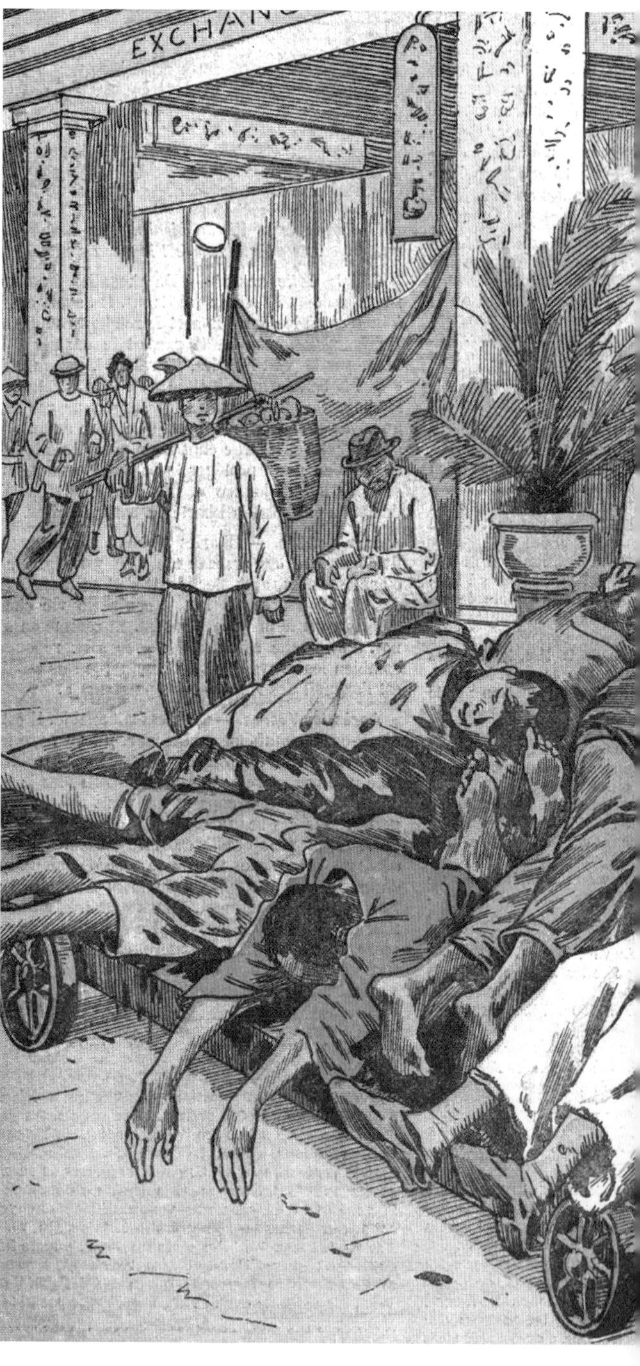

중국 내전의 한 양상: 광주를 피로 물들인 공산당의 폭동(廣州起義) 이후,
시체를 수습하는 수레가 피해자의 시신으로 가득 찼다 (당블랑의 작품)
UN ASPECT DE LA GUERRE CIVILE EN CHINE. (Après les troubles communistes qui ont ensanglanté Canton, les cadavres des victimes sont entassés sur les chariots chargés de les recueillir. composition de DAMBLANS)

상해의 길거리에서 혁명가를 처형하다

이탈리아 화보
1928년 4월 11일

상해의 길거리에서 혁명가를 처형하다

장개석의 병사들이 협상 중인 사사키 대령을 담벼락으로 내몰다

이탈리아 화보
1928년 5월 20일

장개석의 병사들이 협상 중인 사사키 대령을 담벼락으로 내몰다

현대화된 중국

르 크리 드 파리 제1629호
1928년 6월 17일 일요일

LE CRI DE PARIS N°1629
DIMANCHE 17 JUIN 1928

"뭐라도 달라진 게 있나?"
"똑같죠 뭐……."

현대화된 중국
LA CHINE MODERNE

중국의 성영회

르 크리 드 파리
1928년 11월 11일

LE CRI DE PARIS
11 NOVEMBRE 1928

중국의 성영회(聖嬰會): 교회가 거둔 아이들을 위해 세례식을 준비하다
L'ŒUVRE DE LA SAINTE-ENFANCE EN CHINE (Les Sœurs préparent au baptême les petits enfants qu'elles ont recueillis)

대형 우표

르 펠르랭 제2704호
주간 화보
1929년 1월 20일

LE PÈLERIN N°2704
REVUE ILLUSTRÉE DE LA SEMAINE
20 JANVIER 1929

이 그림은 속달 우편에 사용되는 중국 우표이며, 크기는 가로 120mm, 세로 120mm이다. 젊은 여대생이 이 대형 우표의 견본을 들어 보이고 있다. 견본 옆에는 비교용으로 일반 우표가 붙어 있다.

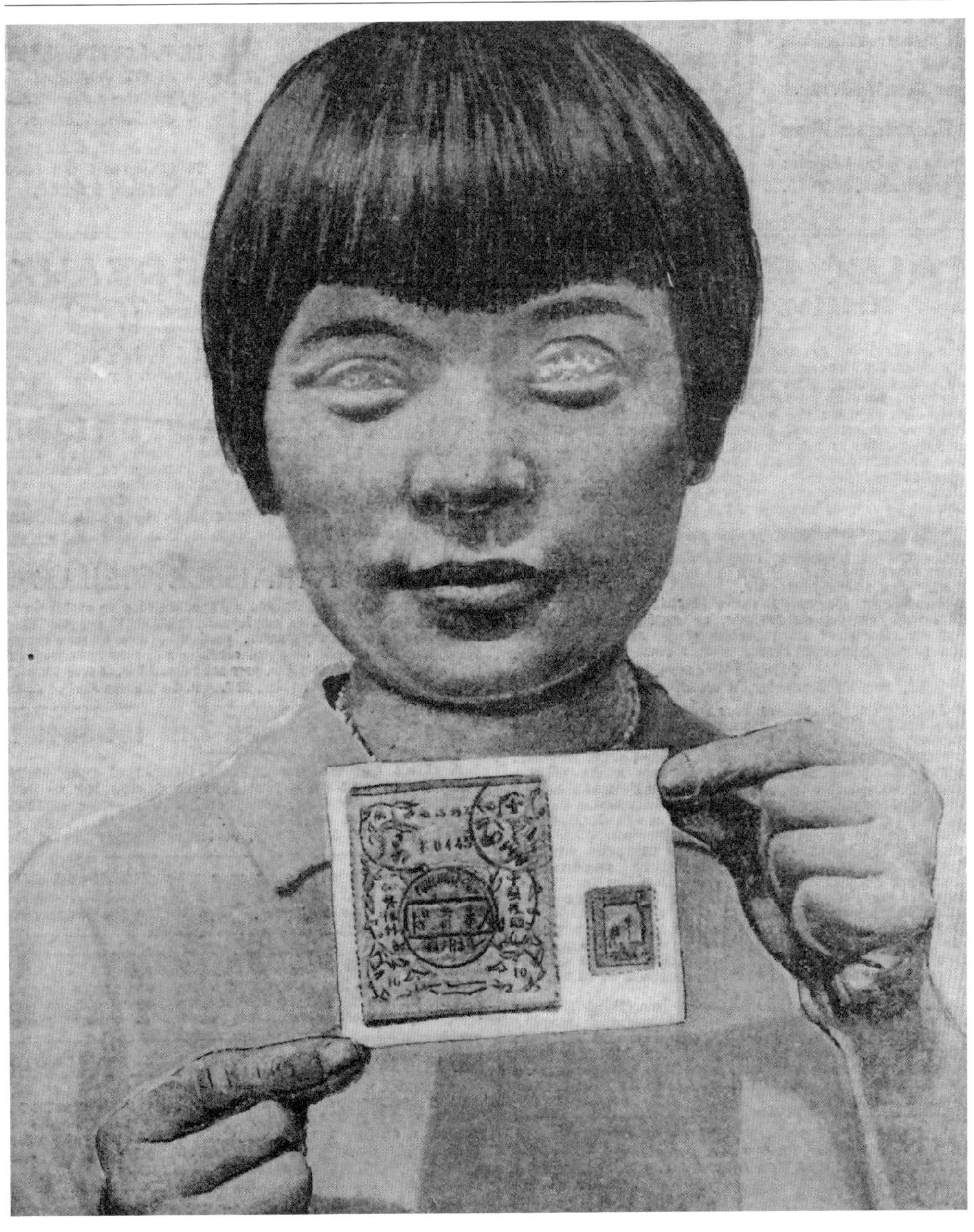

대형 우표
TIMBRE GÉANT

문명의 충돌

르 펠르랭 제2746호
주간 화보
1929년 11월 10일

LE PÈLERIN N°2746
REVUE ILLUSTRÉE DE LA SEMAINE
10 NOVEMBRE 1929

문명의 충돌: 중국의 인력거꾼들이 북경의 거리에서 자신들의 영업을 망치는 자동차와 노면전차에 대해 강력하게 항의하고자 차량을 난폭하게 공격했다. 심지어 약탈과 파괴 행위까지 일어났다. (모리츠의 작품)
CONFLITS DE CIVILISATION. LES COUREURS DE POUSSE-POUSSE CHINOIS ONT VIOLEMMENT MANIFESTE À PÉKIN CONTRE LES AUTOMOBILES ET LES TRAMWAYS QUI RUINENT LEUR INDUSTRIE. CES DERNIERS ONT ÉTÉ L'OBJET D'UNE ATTAQUE BRUSQUÉE DANS LES RUES DE LA CAPITALE: IL Y A EU DE LA CASSE! (Composition de MORITZ)

상해의 시장에서: 독특한 상품 진열대

르 펠르랭 제2761호
주간 화보
1930년 2월 23일

LE PÈLERIN N°2761
REVUE ILLUSTRÉE DE LA SEMAINE
23 FÉVRIER 1930

상해의 시장에서: 독특한 상품 진열대
AU MARCHÉ DE SHANGHAI—UN ÉVENTAIRE PITTORESQUE

중국인에게 괴롭힘을 당하는 영국 여인

르 프티 주르날 일뤼스트레 제2069호
1930년 8월 17일

LE PETIT JOURNAL (ILLUSTRÉ) N°2069
17 AOÛT 1930

중국인에게 괴롭힘을 당하는 영국 여인
UNE ANGLAISE MARTYRISÉE PAR DES CHINOIS

중국의 수녀

르 펠르랭 제2789호
주간 화보
1930년 9월 7일

LE PÈLERIN N°2789
REVUE ILLUSTRÉE DE LA SEMAINE
7 SEPTEMBRE 1930

아, 중국이 또다시 의사 일정을 앞당겼다. 현재 볼셰비즘이 바이러스처럼 중국을 감염시키려 하고 있다. 온갖 어려움에도 불구하고 복음 선교 사업은 여전히 계속되고 있다. 본지는 바티칸 화보에서 수녀들에 관한 그림 하나를 전재한다. 비록 이 그림은 몇 년 전에 만들어진 것이지만 아직도 현실을 어느 정도 반영하고 있다.

중국에는 대략 2000여 명의 수녀가 있는데, 여러 민족 출신이고 말도 제각각이다. 이 중 3/4이 외국인 수녀이고, 그 나머지가 현지인 수녀다. 공주든 장군의 딸이든 그녀들은 모두 기꺼이 인민의 딸이 되고자 했다. 그녀들 사이에는 더 이상 프랑스인, 영국인, 이탈리아인, 오스트리아인, 캐나다인, 미국인, 벨기에인, 네덜란드인, 독일인, 스페인인이라는 구분이 없었으며, 황인종과 백인종의 구별도 없었다. 그녀들에게는 세례명만 있었으며, 그녀들의 눈에는 인도하고 치유하고 위로해줄 필요가 있는 기독교 신도들만 있었다.

그녀들의 임무는 복잡했으며 그들은 각종 상황에 대응해야 했다. 이곳은 입양되거나 인신매매에서 풀려난 아이들의 탁아소이며, 소녀들의 고아원이다. 서민 출신의 아이들이 이곳에서 소학교를 다닐 수 있고, 조건이 좋은 아가씨는 중학교에 다닐 수도 있다. 중국인이나 외국인의 병원이기도 하며, 나병 환자나 노인들의 요양소이기도 하다.

가난을 감내하는 어린 자매들이 광주, 상해, 홍콩처럼 인구가 밀집한 대도시를 떠돌면서 기꺼이 거지 노릇을 해가며 길거리의 노인들을 돌본 사례가 모두에게 남긴 감동은 영원히 이루 말할 수 없을 것이다.

중국의 이교도들은 어떤 종교가 이렇게 젊은 여인들로 하여금 기꺼이 산간벽지에 은거하며 정부에 의해 버림받고 내쫓기고 심하면 총살당하는 1000여 명의 나병 환자들을 얼싸안고 봉사하고 교육시키고 위로하게 만드는지 이해하기 힘들 것이다. 이교도들은 왜 광주 등지의 탁아소에서 매년 8000명이 넘는 영아를 맡아 키우고 세례를 줌으로써 요절할 운명을 피하게 하는지 알지 못할 것이다. 이교도들은 또한 왜 수녀들이 셀 수 없이 많은 환자들에게 모성 같은 희생정신을 보이는지 이해가 되지 않을 것이다.

상해를 위시한 각 조계의 외국 정부들은 마리아의 전교자 프란치스코 수녀회(F.M.M.) 등의 기구가 행한 자선 행위를 상찬하면서, 수녀들에게 자기 나라 종합병원의 운영을 위탁했다. 중국 각지의 시정부 또한 교회의 자비심을 인정해, 교회에게 광주, 상해, 성도(成都) 등지의 자선 기구 전체 혹은 일부의 관리를 맡겼다. 사리사욕이 판을 치는 사회 분위기 속에서 이러한 자선 기구들은 하루하루를 힘겹게 보내고 있다.

광주의 탁아소에서만 매년 8000명 이상의 영아를 맡아 기른다
PLUS DE 8000 BÉBÉS SONT RECUEILLIS ANNUELLEMENT PAR LES SEULES CRÈCHES DE CANTON

마리아의 전교자 프란치스코 수녀회가 중경의 빈자들을 방문하다
LES FRANCISCAINES MISSIONNAIRES DE MARIE VISITENT LES PAUVRES DE CHUNGKING

중국의 홍수

르 펠르랭 제2848호
1931년 10월 25일

LE PÈLERIN N°2848
25 OCTOBRE 1931

중국의 홍수: «르 펠르랭»에서 특별 기고한 한구의 길거리 장면 (기뉴의 그림)
LES INONDATIONS EN CHINE. SCÈNES DE LA RUE À HANKÉOU, D'APRÈS UNE CORRESPONDANCE PARTICULIÈRE ADRESSÉE AU PÈLERIN (Dessin de Gignoux)

중국 아동의 청동 의자

시앙스 에 보야지 제394호 **SCIENCES ET VOYAGES** N°394

어떠한 민족도 어린아이를 상처 입을 위험이 있는 의자에 앉히려고 하지는 않을 것이다. 의자는 견고하게 고정되어 있기도 하지만 이동시킬 수도 있다. 그러나 어린아이의 안전이 최대한 보장되어야 한다. 본지 표지면의 이 중국 어린이는 청동으로 만든 의자에 앉아 있다. 청동 의자의 무게로 판단컨대 아이가 떨어질 위험이 전혀 없다는 것을 확실히 보장할 수 있다. 또한 의자 위에 구멍이 두 개 뚫려 있어, 아이 엄마가 아이의 다리를 끼워 넣을 수 있다. 이렇게 하면 우리 어린 친구가 묶여 있지 않아도 떨어지거나 움직이지 않을 것이다.

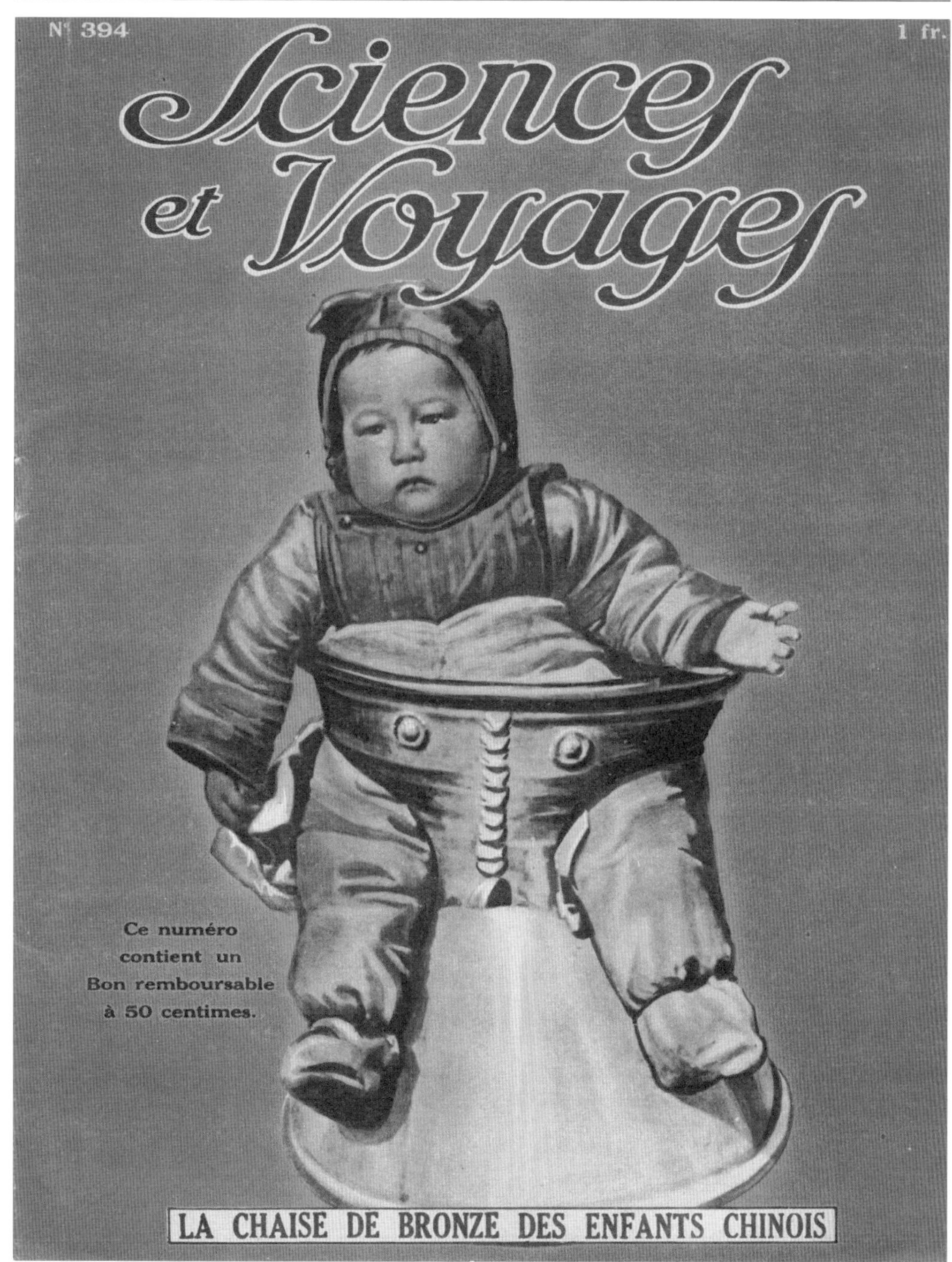

중국 아동의 청동 의자
LA CHAISE DE BRONZE DES ENFANTS CHINOIS

티베트 여인

르 펠르랭 제2899호
1932년 10월 16일

LE PÈLERIN N°2899
16 OCTOBRE 1932

16 Oct. 1932 -- N° 2899
59e Année.

HEBDOMADAIRE
30 centimes.
Étranger port en sus.

Le Pèlerin

REDACTION & ADMINISTRATION
BONNE PRESSE
5, RUE BAYARD _ PARIS (VIIIe)

티베트 여인
UNE THIBÉTAINE

중국 강도의 포로

일뤼스트레 뒤 프티 주르날 제2184호
1932년 10월 30일[1]

L'ILLUSTRE DU PETIT JOURNAL N°2184
30 OCTOBRE 1932

영국인 폴리(Pawley) 부인과 코크란(Corkran) 씨가 중국 강도의 포로가 되었다가 1만 3000파운드의 몸값을 내고 풀려났다.

1. «르 프티 주르날»(삽화 부록)에서 «르 프티 주르날 일뤼스트레»로 이름이 바뀐 이 잡지는 1931년 10월 18일(제2130호)부터 «일뤼스트레 뒤 프티 주르날(*L'Illustré du Petit Journal*)»로 다시 이름이 바뀌었다. "중국의 대기근" 기사의 옮긴이 해설(이 책의 614쪽)을 참고할 것.

중국 강도의 포로
CAPTIFS DES BANDITS CHINOIS

시트로엥 중앙아시아 전시회에서 선보인 중국 오페라

일뤼스트라시옹 제4687호
1932년 12월 31일

L'ILLUSTRATION N°4687
31 DECEMBRE 1932

¶ 옮긴이 해설 615쪽

대부분의 극동 국가와 마찬가지로 현대화의 광풍이 중국을 휩쓸고 있다. 그것은 중국의 수천 년 전통을 철저하게 사라지게 할 수 있을 정도였다. 그럼에도 불구하고 일부 중국 지식인들은 과거의 전통, 특히 중국 오페라(戲曲)에 여전히 깊은 관심을 유지하고 있었다. 중국의 오페라는 소박한 방식으로 인간의 영혼, 생각, 이상 그리고 포부를 진실하게 표현하는 예술이었다. 그러나 이제 오페라의 공연 형식조차 서양의 영향을 받아 변하기 시작했다. 중국 오페라는 나라 전체와 마찬가지로 새로운 형식으로의 변화라는 방향을 피할 수 없었다. 위대한 경극 배우 매란방(梅蘭芳) 씨는 유럽의 무대공연 예술에 깊이 매료되어 앞으로 재래적인 방식의 중국 무대에는 오르지 않겠다고 선언한 바 있다.

그 때문에 시트로엥 중앙아시아 횡단 탐험대가 북경에 체류하는 동안 수집해 전시한 중국 오페라의 복장, 머리 장식, 도구 및 몇몇 과거의 소품과 문헌자료는 각별히 진귀하다. 중국 오페라 예술이 만들어진 구체적인 시간을 판단하기는 어렵지만, 초창기에 이 주제를 논의한 일부 문헌에 따르면 당 현종(唐明皇) 재위 시기에 대형 극단[1]을 보유했다는 언급이 나온다. 또한 이 문헌은 후당의 황제 장종(莊宗)의 운명에 대해서도 언급하고 있다. 이 황제는 오페라에 너무나도 빠져 있어 연지 곤지를 찍어 바르고 몸소 무대에 올라 공연하는 것을 즐겼다. 민심을 완전히 잃은 그는 결국 자신이 가장 좋아하는 희극 배우의 손에 죽었다.[2]

학자들의 말에 따르면 오페라 배우들은 '보살'이라고 높이 불리며, 중국 극장 뒤쪽의 대기실에서 볼 수 있는 신상의 원형은 후당의 장종 황제라고 한다. 그는 오페라를 보호하는 수호신이 된 것이다.

송대와 원대의 문인들은 오페라를 더욱 발전시켰다. 그들은 사상과 문학성이 굉장히 높은 레퍼토리를 창작했다. 그러나 당시의 일반 대중들은 이처럼 굉장히 세련된 스타일을 이해할 수 없었다. 이는 오페라 예술이 계속해서 더욱 평이하고 이해하기 편한 대중적인 형식으로 발전하게 된 원인이기도 하다.

그런데 오페라는 여전히 교육적인 역할도 맡고 있었다. 따라서 권선징악이라던지 잘못된 세상에 대한 경고를 담고 있어야 했으며, 영웅적 행위를 찬양해야 했다. 무대에는 화려한 장막이 덮여 있었고, 장막 표면은 시구가 쓰인 두 개의 붉은 기둥으로 지탱된다. 신비한 동물과 꽃

1. 이원(梨園)을 말한다.

2. 장종은 배우 출신 장군 곽종겸(郭从谦)이 일으킨 반란 속에서 유시에 맞아 죽었다.

1. 중국 극장의 무대
SCÈNE DE THÉÂTRE CHINOIS

2. 송대 황제 역할의 검보(臉譜)
MAQUILLAGE POUR LE RÔLE D'UN EMPEREUR DE LA DYNASTIE SONG.

3. '정(淨)'의 검보: 이 분장은 일반적으로 도적이나 무사 역할에 사용된다.
MAQUILLAGE ORNEMENTAL CONNU SOUS LE NOM DE «CHING»: RÔLES DE BRIGANDS ET DE GUERRIERS.

도안이 새겨진 커다란 비단이 배경 역할을 하는데, 비단 사이에는 두 개의 문이 있다. 오른쪽 문은 배우가 등장할 때 사용하고, 왼쪽은 퇴장할 때 사용한다. 악단석은 이 두 개의 문 사이에 위치한다. 몇 가지 소품으로 무대 공간을 연출했는데 물고기 도안이 그려진 깃발은 강을 의미하고, 절벽과 같이 장식된 판자는 산을 상징하며, 흰 줄무늬가 있는 남색 휘장은 방어용으로 축성되는 성벽을 상징한다. 배우들은 대사와 동작들로 다양한 분위기를 만들어냈다. 만약 손에 노를 들고 있으면 배에 타고 있는 것이고, 채찍을 들고 있으면 말을 타고 있음을 나타낸다. 문을 여는 손동작을 취하면 정말로 침실에 들어서는 것 같았다. 이러한 것들은 모두 배우의 연기 예술의 중요성을 보여준다. 배우의 의상은 굉장히 화려하며 온갖 색깔이 번쩍인다. 통상 금색, 은색 실로 화려한 무늬를 수놓고 작은 유리 거울을 박아 넣는다. 이러한 의상은 기본적으로 구식 복식을 모방한 것 위에 과장을 더해서 보다 뛰어난 장식적 효과를 꾀한 것이다. 등에 깃발을 꽂은 인물은 장군을 상징하는데, 의상과 조화를 이룬 머리 장신구 위에 융구(絨球)를 장식하기도 하고, 길게 늘어진 꿩 깃털을 꽂기도 한다.

여장하는 남성 배우가 화장하는 경우는 물론 축(丑) 역할을 하는 배우가 유머러스하게 분장하는 경우에도 그것은 하나의 성숙한 예술이었다. 그러나 가장 인상 깊은 것은 정(凈)이라고 불리는 역할을 하는 배우의 화장이다. 화장은 배역을 아주 비현실적으로 보이게 했다. 배우의 얼굴 분장 유형을 가리키는 검보(臉譜)는 각 배역과 엄격하게 결합되어 있다. 검보는 얼굴에 새겨진 휘장과도 같다. 이러한 분장은 배우에게 귀족의 특징을 부여하거나 인물의 선악을 드러내는 역할을 한다.

색깔도 일반적으로 상징적인 의미를 가진다. 흰색은 배신자, 역적을 상징하며, 붉은색은 정직과 용맹을, 검은색은 거칠고 무모한 성격을 상징한다. 검보를 묘사한 그림에서 몇몇 장식적 요소는 은밀한 의미를 담고 있다. 우리는 그들의 장식 도안에서 가끔 어떤 상형문자(예를 들어 장수를 상징하는 기호)를 식별할 수 있으며, 또한 나비, 꽃송이, 박쥐 혹은 그림문자 같은 것을 볼 수 있다. 아주 짙은 수염도 이러한 검보에 장식적 효과를 더한다.

오페라 배우들은 무대 조명과 공간 세팅의 제약 때문에 자연히 특정한 스타일로 과장되게 자신의 배역을 연기한다. 공연의 손동작 하나하나가 세대를 거쳐 내려오며 고정되어 하나의 표준으로 자리 잡았다. 중국 오페라에서 노래하는 목소리의 음색은 굉장히 날카로운데, 우리 같은 서양 청중이 듣기에는 굉장히 섬뜩하다. 그러나 서서히 익숙해지며, 이 목소리와 과장된 몸동작의 배합이 잘 어우러지는 것처럼 느껴진다.

배우들은 아주 어릴 때부터 학습을 시작한다. 어린 나이에 각자의 자질에 따른 배역이 확정되며, 이에 근거해 자신의 천성에 적합한 배역이 고정된다. 따라서 그들은 직업적 삶의 초기 단계부터 이 배역에

새해에 민간에서 유통되던 극장 이미지의 민화: 송대에 유행하던 극 중 한 장면인 부획영웅백국화(俘獲英雄白菊花)다.
TYPE D'IMAGE POPULAIRE THÉÂTRALE ÉDITÉE POUR LES FÊTES DU NOUVEL AN.
PIÈCE REPRÉSENTANT UN ÉPISODE DE L'ÉPOQUE SONG: LA CAPTURE DU HÉROS PAÉ TSIU-ROA (CHRYSANTHÈME-BLANC)

맞춰 훈련을 시작한다.

극단의 교육 기관에서는 몇몇 아이들이 작은 장대다리 비슷한 것을 묶은 채 굉장히 작은 신발을 신고 걷는 연습을 하는 모습을 볼 수 있다. 전족하기 위해 발을 싸맨 중국 여인을 모방하는 것인데, 이들은 장래에 여성 배역을 연기할 배우들이었다. 장래에 무사를 연기할 배우는 큰 칼이나 창을 들고 몇 시간이나 같은 동작을 반복해서 연습한다. 그 동작을 완전무결하게 펼치기 위해서였다.

중국 배우들의 연기는 우리 느낌에는 아주 낡아 보이지만, 그들은 자기 기교의 극치를 펼쳐 보일 줄 안다. 우리는 아직 이 예술에 대해 잘 알지 못한다. 그러나 그것의 신비하고 모호한 기억은 우리에게 중국인의 특성을 더 잘 이해할 수 있게 해줄 것이며, 또한 오래되었음에도 여전히 살아 숨 쉬는 전통 풍속의 연구에 도움을 줄 것이다.

야코블레프(Iacovleff)[3]

3. 알렉산데르 야코블레프(Alexandre Yevgenievich Jacovleff, 1887~1938). 러시아 출신의 신고전주의 화가. 1917년에서 1919년 사이에 중국, 몽골, 일본을 여행한 바 있으며, 시트로엥의 세 차례에 걸친 대륙 횡단에 모두 참여해서 아프리카, 중앙아시아, 중국에 관해 많은 작품을 남겼다. 경극 관련 그림으로는 ‹무사의 전투(*The Battle of the Warriors*)› ‹경극(*Opera in Peking*)› 등이 있다.

세월에 녹슬지 않은 중국의 만리장성 파노라마

르 펠르랭 제2914호
주간 화보
1933년 1월 29일

LE PÈLERIN N°2914
REVUE ILLUSTRÉE DE LA SEMAINE
29 JANVIER 1933

세월에 녹슬지 않은 중국의 만리장성 파노라마. 원 안에 있는 것은 중국 병사의 초상이다.
UNE VUE PANORAMIQUE DE LA CÉLÈBRE MURAILLE DE CHINE, TOUJOURS D'ACTUALITÉ.
EN MÉDAILLON, UN SOLDAT CHINOIS

장강의 한 증기선에서 발생한 화재

이탈리아 화보
1934년 2월 11일

장강의 한 증기선에서 발생한 화재

환자를 중국 연대의 병원으로 이송하는 방법

르 펠르랭 제3030호
1935년 4월 21일

LE PÈLERIN N°3030
21 AVRIL 1935

환자를 중국 연대(烟台)[†]의 병원으로 이송하는 방법. 성모 프란치스코 수녀회 소속 수녀가 하느님의 사랑으로 가난한 자들을 돌보고 있다.
VOICI COMMENT S'OPÈRE LE TRANSPORT DES MALADES À L'HÔPITAL DE TCHEFOU (CHINE) OU LES SŒURS FRANCISCAINES DE MARIE SOIGNENT LES PAUVRES POUR L'AMOUR DE DIEU.

†
연대(烟台)는 조계지로 사용된 즈푸(芝罘) 섬을 따라 Chefoo, 혹은 Tchefou라는 표기로 서양에 알려졌다.

해적의 나라에서

일뤼스트라시옹 제4830호
1935년 9월 28일

L'ILLUSTRATION Nº4830
28 SEPTEMBRE 1935

이 아이들은 북경, 광주, 상해, 하노이, 사이공과 같은 대도시에서 마주친 게 아니다. 어느 날 내가 그들이 살아가는 산과 들판, 농장으로 걸어 들어갔을 때 발견한 아이들이다. 나는 중국의 시골 사람들과 함께 생활한 적이 있다. 그들은 아마도 세상에서 가장 가난하고 비참한 사람들일 것이다…….

얼마나 많은 추억이 있었던가! 운남의 이름도 생소한 그 구석구석이……. 나는 날이 밝자마자 출발해 해가 중천에 떴을 때 마을에 도착했다. 그러자 눈앞에 작은 시골길, 돌다리, 그리고 현지인의 다양한 복장이 모습을 드러냈다. 나는 그곳에서 한때 기독교에 귀의했던 몇몇 마을을 발견했다. 그러나 해적들이 프랑스 선교사를 암살하면서 이곳 사람들은 서서히 불교로 개종했다. 해적들에게 잔인하게 암살당한 뷔야르(維亞爾) 신부가 대표적인 예다. 그는 선교 사업과 억압받는 교인들을 구하기 위해 도란(都蘭) 지역에 자신을 헌신했다. 네 살 때 그가 거두고 길러서 성장한 중국 여자아이는 지금도 이 위대한 프랑스인과 프랑스 민족에 대한 사랑을 마음속 깊이 간직하고 있다. 바오린이라는 이름의 이 아가씨는 수녀를 대하듯이 나를 환대했다.

신부님이 계시던 시절과 마찬가지로 어둠이 내리자 부녀자들은 나를 둘러싸고 베를 짜면서 웃고 떠들어댔다. 한쪽에서 남자아이들이 현악기를 튕기며 놀고 있었다. 곧이어 야간 기도 시간이 되자 모두 모여 현지 방언으로 기도문을 읊었다. 나는 그들에게 유성기를 기념으로 남겨 주었다. 앞으로 매일 저녁마다 들에서 이 산골로 돌아오면 우리의 중국 아낙네들은 베를 짜면서 프랑스 가곡을 듣게 될 것이다.

"아씨, 아이가 없으시니 제 아이를 팔게요. 60달러예요. 싸지요."

"뭐라고요? 60달러에 아이를 내게 팔겠다고요? 이 예쁜 꼬마 아가씨를요? 생각해봐요. 당신은 지금 젖을 먹이고 있는데, 젖이 없어지면 이 아이는 병이 날지도 몰라요."

"아씨가 필요할 때마다 제가 젖을 먹일게요. 애 아빠는 군인인데 퇴역당했어요. 저는 이 아이를 팔고 싶어요."

"더 이상 이야기하지 말아주세요. 끔찍하군요. 당신 딸을 보세요. 나중에 당신에게 아들이 생기면 그녀가 도와줄 수도 있잖아요."

젊은 아낙의 눈에 빛이 번득였다. 아들이라! 물론 그녀에게 아들이

동방의 아이들 (시몬 구제의 글과 수채화)
ENFANTS D'ORIENT (Texte et aquarelles de SIMONE GOUZÉ)

1. 부녀자와 그녀의 아이 (운남)
FEMME LOLO ET SON ENFANT, PAN-TIAO (YUN-NAN)

2. 아기를 업은 중국 쿨리 (운남부)
COOLIE CHINOIS PORTANT SON BÉBÉ (YUN-NAN-FU)

3. 어부의 아이들 (냐짱, 베트남)
ENFANTS DE PÊCHEURS (NHATRANG, EN ANNAM)

4. 호랑이 모자를 쓴 중국 아기 (운남부)
BÉBÉ CHINOIS AU BONNET FÉTICHE (YUN-NAN-FU)

1. 해적의 딸 (운남)
FILLE DE PIRATE (YUN-NAN)

2. 중국인 모자(母子) (운남)
MATERNITÉ CHINOISE (YUN-NAN)

생기면 팔지는 않을 것이다. 그러나 지금 키워야 하는 건 딸이다! 그녀는 정말로 너무 가난했다. 몇 주가 지났다. 그 젊은 중국 아낙은 소복을 입고 조용히 우리 집으로 들어왔다. 발걸음이 휘청거렸다. 전족한 작은 발은 그녀의 몸을 지탱하기 힘들어 보였다. 얼굴에는 눈물 자국이 가득했다.

"당신 딸은…… 죽었나요? 일전에 계속 기침만 한다고 했던 것 같은데, 그렇죠?"

나는 궁금한 눈빛으로 그녀를 바라보았다. 나는 재차 그녀의 아름다운 아이에 대해 말을 꺼냈다. 나는 모른다. 알고 싶지도 않다. 만약 그 아이가…… 혹시 그럴까봐 정말로 너무 두려웠다. 저쪽 길가에 웅크리고 앉아 커다란 눈으로 나를 보는 괴수는 뭐지? 알고 보니 입을 크게 벌리고 거친 숨을 내뿜는 호랑이 그림이었다. 나는 그게 뭔지 제대로 알고 싶어 다가가 자세히 뜯어보았다. 그가 머리를 내미니 상아처럼 반들반들한 얼굴이 드러났다. 갓난아기였다. 한겨울 솜옷으로 몸을 꽁꽁 싸매고 머리에는 유아용 모자를 쓰고 있었다. 사나운 호랑이 형상은 모자에 새겨진 것이었다. 호랑이 형상은 아이가 죽음과 관련된 모든 질병의 고통에서 벗어날 수 있게 돕는다고 한다.

꼬마 친구의 머리에는 두 마리의 동물 장식이 있었다. 하나는 시베리안허스키처럼 생겼고 다른 하나는 늑대처럼 생겼다. 아이는 길거리에 쪼그리고 앉아 입술을 높게 들고 있었다. 잠시 후 나는 이러한 모습에 점점 익숙해졌다.

"아, 겁내지 말아요……. 당신 아들이 너무 예뻐서, 우리 프랑스의 모든 엄마들에게 보여주고 싶어요. 자, 아이를 무릎에 앉혀서 그 작은 얼굴을 제가 잘 볼 수 있게 돌려주세요."

이 아낙은 무척 화를 냈다. 마치 그림이 자기 아이를 해칠 것처럼 두려워했다.

"봐요, 아이는 아주 기분이 좋은데요. 몸도 편안하고요. 이제 겁내지 마세요."

그녀는 미소를 지으며 아이 목에 질끈 동여맨 붉은 실을 건네주었다. 붉은 실의 양쪽 끝은 아이의 발꿈치까지 늘어져 있었다.

"아뇨. 저는 안 무서워요. 부처님이 보우하는 붉은 실이 있으면 평생 일이 잘 풀릴 테니까요."

그녀는 가만히 자리에서 일어섰다. (…) 중국의 아이들은 우리 프랑스의 아이들처럼 조기교육을 받지는 않을 것이다. 너무 일찍 기율을 지키느라 새로운 생명 본연의 욕망을 억압시키는 일은 없을 것이다. 그러나…….

동방의 아이들아, 왜 너희들은 좀처럼 웃지 않니? 너희의 유년기를 지키는 괴수들이 너무 일찍부터 너희의 영혼 깊숙이 공포의 그림자를 새기는 것은 아니니?

시몬 구제(Simone Gouzé)

북경의 덕승문

르 펠르랭 제3154호
1937년 9월 5일

LE PÈLERIN N°3154
5 SEPTEMBRE 1937

북경의 덕승문(德勝門): 굉장히 견고한 문을 갖췄으며 성루 위에 수많은 호위병들이 은폐하고 있다 (기뉴의 작품)
PORTE DE LA VERTU TRIOMPHANTE À PÉKIN. C'EST UNE PORTE EXTRÊMEMENT FORTIFIÉE ET LE PAVILLON À TRIPLE TOIT QUI LA SURMONTE ABRITE DE NOMBREUX DÉFENSEURS. (COMPOSITION DE GIGNOUX)

전쟁은 아직 선포되지 않았다!

르 펠르랭 제3154호
1937년 9월 5일

LE PÈLERIN N°3154
5 SEPTEMBRE 1937

전쟁은 아직 선포되지 않았다!
ET LA GUERRE N'EST PAS DÉCLARÉE!

100년 전의 북경과 100년 후의 북경

일뤼스트라시옹 **L'ILLUSTRATION**

조선의 수도 서울에 주재하던 프랑스 영사 뒤보스크(J.-P. Dubosc) 씨가 서울에서 우리를 초청해 오찬을 함께했다. 뒤보스크 씨가 다음과 같이 말했다. "북경에 가려 하십니까? 정말 부럽군요! 저도 주중국 프랑스 대사 일행을 따라 북경에서 꽤 오래 머문 적이 있습니다. 오늘날까지도 북경은 세계에서 가장 독특한 도시입니다." 뒤보스크 씨는 정교하게 만들어진 상자를 가져와 안에서 작은 컬러 풍경 사진을 꺼냈다. 100년 전 북경 시민의 모습을 보여주는 그림이었다.

"보세요. 모든 게 거의 변하지 않았죠. 달라졌다고 해봐야 자동차 몇 대와 전선줄이 몇 가닥 더 있는 정도에요. 이 그림이 묘사하는 장면은 예전 그대로입니다. 다만 맛이 예전만 못하긴 하죠. 아! 그 옛날의 풍미란! 거리마다 독특한 맛이 있었고, 그 맛이 거리 전체에 자욱했죠. 여행객들은 중국 땅에 발을 들여놓는 순간 얼굴을 덮쳐오는 향기를 맡게 됩니다. 그러면 마음속에서 문득 말로 형용하기 힘든 기쁨이 샘솟습니다. 그 향기가 중국에 대한 강렬하고도 깊은 인상을 불러일으키기 때문이죠. 그 나라, 우리가 갔던 그곳은 광장이건 적막한 정원이건 인간 세상의 불행과 숭고와 마주치게 합니다."

"도시 안에는 양초, 말린 생선, 약초, 그리고 곰팡이 냄새가 가득 차 있습니다. 상점에서는 한 뚱보가 꾸벅꾸벅 졸면서 진한 국물과 거위 간을 곁들인 산해진미를 꿈꾸다 퍼뜩 깨어나 얼마가 되는지 알 수도 없는 외상을 장부에 기입하곤 합니다."

"북경에 가시면 여기저기에서 좁은 골목을 보게 될 겁니다. 골목에서 상류사회가 즐겨 찾는 유흥가를 만나게 될 수도 있고요."

"골목마다 형태가 다 다릅니다. 여기 그림에서도 확인할 수 있듯이 고적들은 정말이지 하나같이 아름답게 건축되었고, 장식 또한 하나같이 눈부시게 빛납니다."

북경의 예전 길거리 풍경이 거의 바뀌지 않았다면,(이 점은 이후 나의 여정에서 증명되었다.) 이 그림을 «일뤼스트라시옹»에 발표할 수 있게 해달라고 뒤보스크 씨에게 동의를 구했다. 단조롭고 무미건조한 사진보다 이 그림들이 훨씬 좋았다. 디테일이 너무나 풍부하게 묘사되어 있어 독자들에게 오늘의 북경이 보존하고 있는 풍모를 이해하는 데 도움을 줄 것이다.

옛 북경의 상업가
UNE RUE COMMERÇANTE DU PÉKIN D'AUTREFOIS

북해공원(北海公園)
LE PEI-HAÏ OU LAC DU NORD

박물관과 같은 도시

우리는 북경에 도착하자마자 도시 전체에 쫙 깔린 각종 아름다운 거리, 나무, 명승고적, 그리고 먼지에 놀라 얼이 빠졌다. 이 도시의 고건축물은 그 수량과 규모, 건축의 정교함에 있어 아시아의 다른 어느 도시도 따라올 수 없을 정도였다. 우리가 도착한 지 며칠 되지 않아 북경은 또 한 번 일본군에 의해 점령될 위기에 처했다. 1931년 만주사변이 벌어져 일본군이 만주를 점령하자, 중국인들은 중앙 정부가 북경에 있으면 일본군과 너무 가깝다는 사실을 인식하게 되었다. 따라서 수도를 북경이 아닌 남쪽으로 1000킬로미터 이상 떨어진 남경으로 옮겼다. 그때부터 북경은 생기를 잃어갔다. 북경은 파리의 베르사이유궁처럼 그렇게 점점 주변화되어갔다. 그러나 도시의 면모는 여전히 본지에 첨부한 컬러 그림이 묘사하는 그대로였다. 대사관 구역의 건축물은 궁전이나 상업가보다 더 현대적이었다. 농민들 일부를 제외하면 변발을 기르고 있는 중국인은 거의 없었으며, 유럽식 복장을 하고 있거나 거의 그것에 준하게 입은 사람이 갈수록 많아졌다. 그러나 자동차와 자전거가 지나는 한쪽 옆으로는 여전히 마차가 다니고 있었다. 최근 50년 사이 출현한, 중국 것도 아니고 서양 것도 아닌 인력거는 더 많아졌다. 북경의 거리에서 가마를 보기는 이제 힘들어졌지만, 출상해 영구를 옮길 때는 여전히 관습적으로 사람이 직접 멘다.

여러 분야로 나뉜 상업가(꽃 거리, 등롱 거리, 청동품 거리, 옥 거리)는 언제나처럼 등롱을 밝히고 오색 천으로 장식되었다. 그곳에서는 정교하게 세공된 고급 공예품을 마음껏 고를 수 있었고 가격 또한 비싸지 않았다. 이곳 생활의 흐름은 아마도 전 세계에서 가장 유유자적할 것이다. 매번 우리가 북경대공관(北京大公館) 호텔(프랑스인들이 묵던 고급 호텔)을 나설 때마다 우리를 맞이하던 인력거꾼의 조용하고 경쾌한 발걸음이 그런 인상을 더욱 짙게 했다. 방 안에서 잘 훈련된 하인들이 카펫 위를 살며시 스쳐가며 아무 소리도 내지 않고 제공하는 서비스를 받다 보면 다른 어느 곳에서도 존재하지 않을 편안한 느낌에 젖게 된다.

그러나 사회적인 폭풍이 이 불변의 도시를 휩쓸었다. 20여 년 전, 어린 황제 부의가 조상 대대로 거주하던 자금성에서 축출되었다. 화창한 태양 아래에서 이 황실 궁전의 붉은 지붕은 눈부신 광채를 뿜어냈다. 장엄하고 화려한 이 궁궐에서 중국의 황제와 황후가 누대에 걸쳐 살았다. 우리는 궁전을 참관한 뒤 계속된 약탈을 피해 남아 있는 공예품들을 구경했다. 그 옆에는 마지막 황제가 사용하던 물품과 장난감이 있었다. 청나라 최후의 황제는 만주국 수장의 신분으로 며칠 후 장춘에서 우리를 접견하게 될 것이다. 그 물품들에는 납으로 만든 병사, 초창기 영사기, 유성기, 작은 자전거 등이 포함되었고, 조프르(Joseph Jacques Césaire Joffre, 1852~1931) 장군의 전쟁 초기 초상화도 들어 있었다.

북경의 성곽과 교외
LA MURAILLE DE PÉKIN ET LES FAUBOURGS EXTÉRIEURS

이화원과 대리석 교각
LE PONT DE MARBRE DU PALAIS D'ÉTÉ

그러나 이화원은 그 아름다운 건물이 지금은 대중 식당으로 개조되어 사람들이 그 사이를 지나다녔다. 20년 전에는 일반인에게 개방되지 않던 곳이었다. 다른 궁전은 대중 전시관으로 변경되어 상공업자들이 발명품을 전시하고 있었다. 그곳은 마치 파리박람회 같았다. 어린아이들이 가지고 노는 종이 장난감부터 재봉틀까지 있을 건 다 있었다. 오늘의 중국인들은 자국에서 직접 만들어낸 모든 것에 자부심을 느낀다. 그러나 슬쩍 곁눈질만 해도 알아차릴 수 있다. 그곳에 전시된 제품과 생산에 사용된 기계는 품질과 기술 공히 우리가 일본에서 본 것에 한참 못 미친다.

북경의 극장

극장 자체는 거의 변하지 않았다. 유럽 관객의 입장에서는 여전히 이해가 되지 않는 장르였다. 막이 없는 무대가 거의 첫 번째 좌석 중간까지 뻗어 있고, 화려한 의상을 입은 배우들이 어떠한 무대 장치도 없이 무대 앞에서 길게 음을 늘이며 단조로우면서도 느리게 노래를 불렀다. 무대 아래의 관객이 졸지 않게 하기 위해 악사들은 죽어라고 시끄럽게 북 치고 징을 울리는데 명확한 리듬은 없었다. 배우들의 자세도 아주 단순해서 나무 인형이 움직이는 것 같았다. 매번 배우가 한 곡 부르고 나면 푸른 적삼을 입은 진행자(檢場人)가 배우에게 차를 따라주었다. 그들은 이렇게 거침없이 무대에 난입하면서 숨지도 않았고 자신이 무대에 끼친 영향을 만회하려 하지도 않았다. 원래는 아주 아름다웠던 여자 배우가 노래 사이에 거침없이 바닥에 가래를 뱉는 모습을 보니 갑자기 매력이 반감하기도 했다.

극을 관람하는 관중은 부유한 상인에서 쿨리에 이르기까지 여러 계층이 다 있었다. 그들은 낮고 앙상한 의자에 앉았는데, 그 의자란 게 땅에 닿을 듯이 낮았다. 불쌍해 보이는 종업원이 좌석 사이를 뚫고 다니며 크고 맑은 목소리로 관객들에게 차를 따르거나 해바라기씨 접시를 날랐다. 사람들은 해바라기씨를 까먹다가 껍질을 사방에 뱉기도 했다. 사람들에게서 풍기는 코를 찌르는 냄새와 귀가 먹을 듯 시끄러운 꽹과리의 소음, 이 모든 게 어우러져 정상적인 유럽인이라면 중국 극장에서 오래 버틸 수 없다. 이것이 바로 일본 침략의 영향으로 언제든 변화할 가능성이 있는 북경성의 지금 모습이다. 극동의 이런 곳에서 내일 무슨 일이 일어날지 누가 알겠는가?

중국의 각성

남경에서는 '중국의 무솔리니'로 불리는 최고사령관 장개석(蔣介石)의 세력과 영향력이 갈수록 커지고 있다. 그의 권세는 최근 제창하기 시작한 '신생활'로 불리는 국민교육운동에서 잘 드러나 있다. 중국의 '신생활운동'은 소련의 사회주의, 이탈리아의 파시즘, 독일의 인종주의와

북경의 황궁
LE PALAIS IMPÉRIAL DE PÉKIN

옛 황궁의 북문 (왼쪽은 경산景山이다.)
L'ENTRÉE NORD DU VIEUX PALAIS IMPÉRIAL (À GAUCHE LA COLLINE DE CHARBON)

일맥상통하는 것이다. '신생활운동'은 청결, 정직, 공평무사를 주장하는 운동인데, 참여하는 인원이 갈수록 많아졌다. 동시에 중국은 현대화를 추구했다. 비록 속도는 일본에 아직 미치지 못하지만 상당히 그럴듯했다.[1]

모든 나라에서 현대 문명의 중요한 지표 중 하나로 기능하는 교통수단 또한 현저하게 발전했다. 통계 수치가 그 변화를 잘 보여준다. 1921년 당시 중국은 1500킬로미터의 도로를 보유하고 있었는데, 지금은 이미 10만 킬로미터를 넘어섰다. 앞으로 15년 내에 이 수치는 25만 킬로미터로 증가할 것이다. 전국도로협회가 이 계획의 시행을 책임 감독하고 있다.

이러한 것들이 중국의 각성을 보여주는 징조다. 일본은 시국에 따라 중국의 각성을 부추기거나 방해했다.

이번에 우리는 북경이 100년 전의 모습을 보존하고 있음을 증명했으며, 지금 일어나고 있는 각성에 대해서도 느끼고 왔다. 비록 중국의 민중이 여러 방식으로 이러한 변화를 방해하려 하고 있지만, 결국 향후 몇 년 간 민중 자신만이 지난날의 적대세력의 도움을 받아가면서 다른 어느 나라도 피할 수 없었던 변혁을 밀어붙일 수 있을 것이다.

에밀 슈레베르(Emile Schreiber)[2]

1. 신생활운동은 1934년 국민당 정부가 제창한 시민교육운동이다. 위생의 습관화와 도덕성 회복을 목표로 했으며, '예의염치(禮義廉恥)'와 같은 전통적 윤리 사상을 골자로 '생활의 예술화' '생활의 생산화' '생활의 군사화'라는 '삼화(三化)' 원칙을 추구했다. 일본의 침략에 직면한 상황에서 이 운동의 핵심은 '군사화'에 있었다. 이른바 '현대화'도 과학, 조직, 기율을 강조한다는 측면에서 '군사화'와 동일한 개념으로 취급되었다.

2. 에밀 세르방 슈레베르(Émile Servan-Schreiber, 1888~1967)는 «일뤼스트라시옹»의 저널리스트로 활동했으며 다수의 책을 썼다. 그는 프랑스 최초의 경제 일간지인 «레제코(*Les Échos*)»를 창립했다. 아들인 장 자크 세르방 슈레베르(Jean-Jacques Servan-Schreiber; 저널리스트, 정치가)와 장 루이 세르방 슈레베르(Jean-Louis Servan-Schreiber; 저널리스트, 작가)도 프랑스를 대표하는 언론인이다. 에밀 슈레베르가 쓴 중국 관련 책은 다음과 같다. Émile Servan-Schreiber, *On vit pour 1 franc par jour. Indes-Chine-Japon, 1935*(Paris: Baudinière, 1936)[『우리는 하루 1프랑으로 살고 있다. 인도-중국-일본, 1935』].

옮긴이 해설

중국의 황제, 함풍제

26쪽 **르몽드 일뤼스트레**(주간 신문) 제199호
1861년 2월 2일

1873년 성년이 된 동치제가 외국 대표를 친견하기 전까지, 예수회 선교사 등 일부를 제외한 그 어떤 서양인도 중국의 황제를 직접 만날 수 없었다. 외국 대표들의 거듭된 요구에도 불구하고 중국은 그들의 접견을 허락하지 않아왔다. 1793년 매카트니 사절단의 중국 방문 이래로, 중국 황제와 외국인 대표가 만날 때 격돌한 주요 쟁점은 고두†의 예를 행할 것인지의 여부였다. 서양인 대표들이 고두의 예를 행하면 황제를 만날 수 있었다. 이는 그 즉시 조공국의 입장에서 천자를 알현하는 형식을 받아들인다는 것을 의미했다. 대등한 외교 당사자로 만나길 원한 서양 각국은 그것을 거부해왔다. 기본적으로 황제의 얼굴은 시각적 재현의 대상이 되어서는 안 되었다.(청 황실 내부용으로는 다양한 초상이 제작되었다.) 만날 수도 없었고 참고할 수 있는 이미지도 없었다. 따라서 19세기 중반까지 서양 매체에 소개된 중국 황제의 초상은 몽골 황제의 이미지를 답습하거나 조잡한 오리엔탈리즘이 반영된 것이 대부분이었다. 직접 볼 수 없는 상황에서 여기에 소개된 황제의 초상을 위시한 수출회화의 초상과 풍경화는 서양 매체의 삽화 제작에 참고할 수 있는 중요한 시각적 근거가 되었다.

†
천자에게 행하는 의식인, 세 번 무릎 꿇고 각각 세 번씩 머리를 땅에 닿도록 조아리는 삼궤구고두례(三跪九叩頭禮)를 말한다.

파리의 중국 사절단: 1월 4일에 파리에 도착한 중국 사절단

28쪽 **르몽드 일뤼스트레**(13주년) 제614호
1869년 1월 16일

1868년 5월 중국은 미국과 유럽으로 최초의 공식사절단을 파견했다. 천진조약의 개정을 앞두고 영국이 더 많은 요구사항을 제시할 것을 염려했기 때문이다. 중국은 지나치게 빠른 발전(서구화)을 강요하지 않도록 서양 각국을 설득할 적임자로 퇴임을 앞둔 미국 공사 앤슨 벌링게임(Anson Burlingame, 1820~1870)을 선택했다. 중외교섭 사무대신 벌링게임은 만주족 부사 지 대인(Chih Tajin; 志剛)과 한족 부사 손 대인(Sun Tajin; 孫家穀)과 함께 사절단을 인솔해 워싱턴, 런던, 파리, 베를린 등을 경유해 미국의 앤드류 존슨 대통령, 영국의 빅토리아 여왕, 독일의 비스마르크 재상 등을 친견했다. 벌링게임은 1869년 2월 상트페테르부르크에서 차르를 알현한 후 폐렴으로 사망했으며, 이후 사절단은 두 명의 부사가 인솔해 브뤼셀, 로마를 거쳐 1870년 10월 중국으로 돌아왔다. «르몽드 일뤼스트레»의 삽화와 해당 기사는 벌링게임 사절단의 주요 목적과 파리 체류 시기의 일상적인 모습(아침에 일어나 파리의 주요 신문을 살펴보고 하루 종일 차를 마시는 등)을 소개하고 있다.

중국과의 화해

30쪽 **알제리** 제46호
1884년 6월 29일 일요일

청불전쟁은 베트남에 대한 종주권을 놓고 1884년 8월에서 1885년 4월까지 청과 프랑스가 벌인 전쟁이다. 프랑스는 18세기 중엽부터 베트남에 진출해 점차 세력을 넓혀갔다. 결국 베트남에 대한 종주권을 놓고 중국과 다툴 수밖에 없었다. 1884년 4월, 프랑스의 푸르니에(François-Ernest Fournier)와 이홍장(李鴻章)의 담판 결과 5개조로 된 '청불 간명(簡明) 조약'이 체결된다. 청이 프랑스의 베트남 보호권을 승인하고 청군을 철수시키는 대신, 프랑스는 청의 변경을 침범하지 않는다는 내용이었다. 그러나 철수 지시를 받지 못한 통킹의 청군이 프랑스의 철수 요구를 거절하면서 쌍방은 충돌했으며, 이후 전쟁 상황으로 접어든다. 이 시기의 삽화 제작은 텍스트 인쇄보다 시간이 더 많이 소요되므로 속보를 다룰 수 없었다. 특히 시시각각 변하는 전쟁 상황을 묘사할 때 삽화와 텍스트가 서로 다른 정보를 제시하는 경우도 많았다.

1884년 8월 프랑스 화보에 게재된 마미해전

32쪽

마미해전은 마강해전(馬江海戰)이라고도 한다. 청불전쟁 당시 복건성(福建省) 해역에서 청 해군은 프랑스 해군의 압도적인 전력으로 인해 전멸당한 바 있다. 이 전투의 패배를 통해 청은 근대적인 함대 구축의 필요성을 자각한다.

흑기군의 포로가 된 프랑스 장군 카레르

60쪽 **르 프티 주르날**(삽화 부록) 제249호
1895년 8월 25일 일요일

흑기군(黑旗軍)은 19세기 말 베트남 북부에서 활동한 중국의 민간 무장 세력이다. 태평천국 운동의 잔여 부대와 천지회 계통의 인물이 주축이므로, 기본적으로 청의 통치에 저항하는 입장이었다. 응우옌 왕조에 협력해 베트남 북부의 반란을 평정했으며, 청불전쟁 초반에는 베트남 접경에서 프랑스군을 상대로 많은 승리를 거둔 바 있다. 1885년 흑기군을 이끌던 유영복(劉永福)이 중국으로 돌아가면서 공식적으로 흑기군은 해체된다. 그러나 청일전쟁 이후 대만이 일본에 할양되자(1895년), 유영복은 흑기군을

재조직해 대만의 항일 투쟁을 지원했다. 당시 프랑스의 저널에서 거론되고 있는 '흑기군(Pavillons noirs)'은 중국 남부에서 활동하던 비정규 무장 세력이나 해적들을 통칭하는 말로 보인다.

프랑스의 손님들: 청의 특명대사 이홍장 총독

62쪽 **르 프티 주르날**(삽화 부록) 제297호
1896년 7월 26일 일요일

1896년 5월 이홍장은 니콜라이 2세의 황제 대관식에 참석할 청의 흠차대신이자 축하사절단의 단장으로 임명되어 러시아로 출발했다. 러시아와 밀약을 체결하는 것이 그의 진짜 목적이었다. 중국은 시베리아 철도가 중국 영토를 경유할 수 있게끔 부설권을 승인하고, 러시아는 일본이 다시 청을 침입했을 때 군사적으로 중국을 지원한다는 내용의 밀약이었다. 이홍장의 러시아 방문 소식이 알려지자 영국, 프랑스, 독일, 미국이 그를 초청했다. 이홍장은 이들 나라에서 대대적인 영접을 받았지만 실속은 거의 없었다. 이홍장은 비밀 임무를 마쳤고, 다른 유럽 국가 방문은 그것을 숨기려는 목적이 컸기 때문이다. 게다가 청일전쟁의 불리한 협상에 대한 책임이 이홍장에게 씌워져 있던 상황이었다. 황제와 서태후 입장에서는 이홍장만한 협상가가 없었기에 그를 특명전권대사로 보냈다. 이홍장은 그것을 면책 신호로 받아들였고, 자신이 계속해서 '황마괘'를 입을 것이라 생각했다. 그러나 귀국 후 그는 한직으로 밀려났으며, 이후 서명자의 이름을 먹칠할 불합리한 조약에 단골로 불려 다녔다.

이홍장 담배카드

65쪽

담배카드는 담뱃갑을 빳빳하게 만들어 담배를 보호하기 위해 넣은 종이인데, 점차 광고나 마케팅 용도로 짧은 문구나 그림을 인쇄해 큰 인기를 끌었다.

중국에서: 왕과…… 황제들의 파이

68쪽 **르 프티 주르날**(삽화 부록) 제374호
1898년 1월 16일 일요일

19세기 말 제국주의 국가의 눈에 중국은 먹음직스럽지만 독차지하기에는 버거운 존재였다. 이 삽화는 '과분(瓜分)'으로 대표되는 중국 분할의 가장 대표적인 이미지로 자주 사용되고 있다. 각국을 상징하는 인물은 특정 개인이기도 한데, 칼을 꽂아 넣은 독일 빌헬름 2세의 좌우에 영국의 빅토리아

여왕과 러시아의 니콜라이 2세가 서로 주도권을 놓지 않으려 하고 있다. 그 뒤로는 서양에 가장 많이 알려진 중국인 대표 이홍장이 경악하는 모습이 보이지만 속수무책이다. 각각 마리안과 사무라이로 의인화된 프랑스와 일본도 칼을 들지는 않았지만(일본도는 내려져 있고, 마리안의 오른손은 가려져 있다.) 호시탐탐 치고 들어올 기회를 노리고 있다. 다른 인물들은 만화적인 과장으로 표현되었지만, 프랑스와 동맹국 러시아는 온화하게 그려졌다.

일본 만화가가 묘사하는 열강의 중국 분할

70쪽

영국, 러시아, 프랑스, 독일 등 유럽 열강이 앞다퉈 중국이라는 배를 따러 올라가고 있다. 이때 배(梨)는 이권(利)이자, 분리(離)를 의미하는 시각적 기호로 읽힌다. 일본은 가만히 서서 '복건성'이라는 배가 떨어지기를 기다리고 있다. '무위의 정략(無爲政略)'이라는 제목의 글과 그림이 질책하는 것은 일본의 수동성이지만, 이미 식물 상태가 된 중국에 비할 바는 아니다.

중국의 민족주의

116쪽 **일뤼스트라시옹**(세계판) 제2996호
1900년 7월 28일

인용된 그림의 출처는 주한이 편찬한 ‹근준성유벽사전도(謹遵聖諭辟邪全圖)›다. 모두 32편이며 1890년대 장강 연안에 널리 유포된 반기독교 선전용 그림책이다. 각 그림의 제목과 설명에서 한자의 해음(pun)을 활용해 풍자한 뒤, 그 내용을 글을 읽지 못하는 민중에게 전파하기 위해 조잡하지만 익숙한 형식의 민간 회화로 형상화했다.

'돼지 저(猪; zhu)'는 '주(主; zhu)' 예수로 대표되는 기독교도를 가리키며, '돼지 멱따는 소리'라는 뜻인 '저규(猪叫; zhujiao)'는 주님의 가르침을 받드는 '주교(主教; zhujiao)', 즉 천주교를 가리킨다. '양(羊)'은 '서양인(洋)'을, '귀(鬼)'는 '양놈(洋鬼)'을 뜻한다. 같은 맥락에서 중국인 기독교도는 '저양귀(猪羊鬼)'의 자손이라고 불렀다. 이 책의 첫 번째 그림은 "양놈이 돼지 요괴에게 절하다"라는 뜻의 '귀배저정도(鬼拜豬精圖)'인데, '예수'라고 적힌 수퇘지에게 선교사와 기독교도인 서양인이 절하는 장면이 묘사되어 있다.

그림의 상단에는 전체의 요지가 부연되어 있다.

"예수 태자는 하늘의 돼지(天猪; 천주) 요괴다. 무릇 덕아국(德亞國)의 부녀자 중 그의 음란함에 당하지 않은 이가 없다. 나중에는 국왕의 비빈을 간음하고 왕위를 찬탈하려 도모했다. 신하들이 그의 죄를 고발해 십자가에 매달아 못 박으니, 큰 소리로 비명을 지르다 돼지의 형체를 드러내며 죽었다. 종종 백성들의 집으로 들어가 괴이한 일을 벌이거나 간음을 행한다. 부녀자들은 돼지 소리(猪叫)를 듣기만 하면 치마를 풀어헤치며, 간음이 끝난 뒤에야 깨어난다. 돼지 무리(豬徒; 기독교도)는 사람들에게 예배(禮拜)를 권하는데, 그것은 부당한 방법으로 이익을 취하고 부녀자를 낚기 위함이다. 오직 집 입구 계단의 주춧돌에 십자가를 새겨놓아야 돼지 요괴(豬精; 예수)와 돼지 무리가 두려워하며 들어오지 못한다. 이를 천하에 널리 고해 알게 하고 방비할 수 있도록 이 책을 편찬했다."

본문에 인용된 그림을 왼쪽 위에서부터 순서대로 설명하면 다음과 같다.

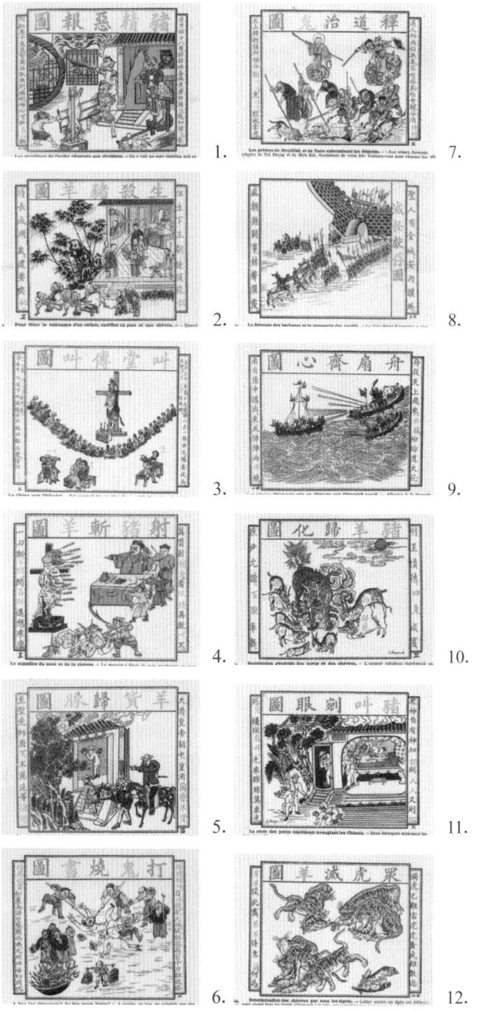

1. 저정악보도(豬精惡報圖): 돼지 요괴(예수와 기독교도)가 지옥에서 죄업에 대한 인과응보로 심판을 받는 장면.

2. 생살저양도(生殺豬羊圖): 돼지(기독교인)와 양(서양인)을 산 채로 죽이는 장면.

3. 규당전규도(叫堂傳叫圖): 교회(절규하는 집)에서 선교(절규를 전파)하는 것을 풍자한 그림. 절규를 뜻하는 규(叫; jiao)와 기독교를 뜻하는 교(教; jiao) 발음이 유사한 것을 이용해 비꼬고 있다. 십자가에 못 박힌 돼지를 둘러싼 기독교인과 함께 "함부로 짝을 지어 사람, 귀신, 남녀가 동침한다"고 비판하고 있다.

4. 사저참양도(射豬斬羊圖): 돼지를 화살로 쏘고 양을 참수해 벌을 가하는 장면. "만 개의 화살이 돼지 몸에 박혀도 요괴가 절규(선교)하는지 보자. 한칼에 양 머리를 참수해도 그 짐승들이 감히 중국 땅에 발을 딛겠는가?"

5. 양화귀돈도(羊貨歸豚圖): 서양의 상품을 거부하는 주장을 담은 그림.

6. 타귀소서도(打鬼燒書圖): 양놈을 타도하고 기독교 관련 서적을 불태우는 장면. 기독교 서적이 성현과 부처를 모욕하며 악취가 난다고 설명하고 있다. 그림 속 책을 불태우는 남자들을 보면 악취 때문에 코를 막고 있는 게 보인다.

7. 석도치귀도(釋道治鬼圖): 불교와 도교 승려가 돼지로 묘사된 서양인을 물리치는 장면.

8. 멸괴헌부도(滅怪獻俘圖): 서양 요괴를 괴멸해 견고한 성벽(중국) 안으로 포로를 잡아들이는 장면.

9. 주선제심도(舟扇齊心圖): 하늘에서 날아온 배가 서양의 배를 불태우고, 제갈공명의 부채가 휘날리니 동풍이 불어와 서양인을 불태운다는 내용의 그림.

10. 저양귀화도(豬羊歸化圖): 돼지와 양이 중화를 대표하는 기린에게 목을 조아리는 그림을 통해 서양인이 중국에 귀화하는 장면을 묘사했다.

11. 저규완안도(豬叫剜眼圖): "기독교도가 눈알을 도려내다." 선교를 목적으로 중국인을 꾀어간 뒤 눈알을 도려낸다는 소문은 반기독교적 분위기에 많은 영향을 주었다.

12. 중호멸양도(衆虎滅羊圖): 호랑이(중국을 상징)가 무리를 지어 힘을 합치면 양(서양을 상징)을 쉽게 멸할 수 있다는 내용의 그림.

공친왕: 펠리체 베아토의 사진에 근거한 관련창의 그림

158쪽

공친왕(恭親王, 1833~1898): 함풍제의 동생이자 단군왕의 부친이며, 이름은 혁흔(奕訢)이다. 동치제 즉위 후 서태후와 함께 신유정변(辛酉政變)을 일으켜 정권을 장악했다.

펠리체 베아토(Felice Beato, 1832~1909): 이탈리아 출신의 영국 사진작가. 최초의 종군 사진작가로 수많은 보도사진을 남겼으며, 최초로 중국, 일본, 조선 등 동아시아를 촬영한 사진작가이기도 하다. 제2차 아편전쟁 시기 영불 연합군의 사진 촬영을 위해 청나라로 파견(1860~1861년)되었다. 이때 홍콩에서 만난 «일러스트레이티드 런던 뉴스»의 특파원 겸 화가인 찰스 워그먼(Charles Wirgman)과 동행하며 중국 각지를 촬영했다. 따라서 해당 시기 «일러스트레이티드 런던 뉴스»의 중국 관련 삽화는 베아토의 사진을 바탕으로 제작된 것이다. 훼손되기 전의 청의원(清漪園; 현 이화원), 점령 직후의 대고 포대, 북경 황궁과 성벽 파노라마 등의 사진이 유명하다. 베아토는 '폭력 사건의 기록에 집중'한 사진가로 평가되며 역사상 최초로 시신을 사진에 담은 것으로 기록되는데, 아마도 중국인의 시신이었기 때문에 가능했을 것이다. 일례로 전투 직후의 대고 포대 사진을 보면 서양인의 시체는 의도적으로 제외하고 중국인의 시체만을 대상으로 촬영했으며, 극적 효과를 위해 시신을 재배치하기까지 했다.[†] 베아토가 중국에서 찍은 마지막 사진 중 하나가 함풍제의 대리인으로 북경조약에 서명한 공친왕이었다. 그는 이후 찰스 워그먼의 초청으로 일본으로 이주(1863~1884년)하여 에도 시대 일본을 촬영했으며, 내표작 ‹일본의 풍광(*Views of Japan*)› 등을 통해 일본의 사진작가와 예술계에 많은 영향을 주었다. 1871년 신미양요 시기 종군사진사로 조선을 촬영했다.

관련창(關聯昌, 1840~1870년 활동): 19세기 중반 광주에서 활동한 저명한 '수출화가'이며, 24쪽에 언급된 람쿠아 즉, 관교창의 동생이다. 그는 팅쿠아(Tingqua; 庭呱)라는 서명으로 작품 활동을 했다. 나중에 홍콩으로 건너가 유명한 화실을 열었다.

† Elizabeth Chang, "Felice Beato and the Second Opium War," *Britain's Chinese Eye: Literature, Empire, and Aesthetics in Nineteenth-Century Britain*(Redwood City, CA: Stanford University Press, 2010), p. 146.

미국의 휴버트 보스가 그린 서태후 초상

171쪽

휴버트 보스(Hubert Vos, 1855~1935): 네덜란드 태생의 미국 화가. 1898년 조선을 여행하고 고종의 어진과 민상호의 초상, 서울 풍경 등을 유화로 그렸다. 민상호의 초상에는 '민상호'와 '휴벗보스'라는 한글 친필 서명이 반듯하다.(마찬가지로 중국인 초상에는 '호박화사(胡博華士)'라는 한자 서명을 친필로 남겼다.) 이듬해인 1899년 중국으로 건너가 이홍장, 원세개 등의 초상을 그렸다. 첫 중국 여행에서 황실 초상 청탁은 거절당했지만, 이들 초상을 본 서태후의 초청으로 1905년 중국을 방문해 서태후의 초상을 그렸다. 서양인이 그린 시태후 초상은 1904년 게시린

칼(Katharine Carl)에 이어 두 번째이며, 서양 남성 화가로는 처음이다. 이화원에 남겨진 최종 완성본은 서태후의 수정 요구에 따라 이상화된 30대의 미인 지도자로 제작되어 서태후가 아주 만족했다고 한다. 위의 그림은 하버드 대학 포그 미술관(Fogg Museum)에서 소장한 것으로 70세의 서태후를 보다 사실적으로 묘사했다고 평가되고 있다.†

† 조은영, 「미국 시각문화 속의 서태후」, «미술사학보», 제39집, 미술사학연구회, 2012; Virginia Anderson, ""A Semi-Chinese Picture": Hubert Vos and the Empress Dowager of China," Cynthia Mills et al. eds., *East-West Interchanges in American Art: A Long and Tumultuous Relationship*(Washington D.C.: Smithsonian Institution Press, 2009) 참고.

마르샹 대령의 귀국

222쪽 **르 프티 주르날**(삽화 부록) 제590호
1902년 3월 9일 일요일

앞서 "태후궁의 화재: 마르샹 대령의 구조 지휘" 기사(이 책의 198쪽)에 소개된 바 있다.

티베트 정복: 티베트인과 회담 중인 영국 장교

238쪽 **르 프티 주르날**(삽화 부록) 제691호
1904년 2월 14일 일요일

영국과 러시아가 중앙아시아를 놓고 패권 경쟁을 벌인 '그레이트 게임(The Great Game)'의 장기판 한가운데 위치했다는 게 티베트인들의 불행이었다. 러시아는 페르시아만쪽에 부동항의 거점을 확보하기 위해 중앙아시아 내륙을 침공하며 남하하고 있었다. 영국은 인도 식민지를 보호하기 위한 완충지대의 일부로 티베트를 공략해왔고, 1888년에 제1차 티베트-영국 전쟁을 벌였다. 그 결과 1890년과 1893년, 영국과 청 사이에 조약이 체결되어 국경 개방과 세관 설치가 규정되었다. 그러나 13대 달라이 라마를 위시한 티베트인들은 청과 영국 사이의 조약에 따라 티베트를 개방할 생각이 전혀 없었다. 영국이 제2차 티베트-영국 전쟁을 벌인 이유는 러시아를 견제하려는 목적을 제외하면, 앞선 조약의 이행과 개방 요구가 주된 요인이었다.

본문 기사의 제목이나 내용은 '티베트와 영국의 회담'을 다루고 있지만, 삽화에 등장하는 티베트쪽 대표의 복장으로 볼 때 그는 대라마가 아닌 청의 관료다. 여전히 협상의 주도권은 청과 영국이 가지고 있으며 티베트는 배경에 머물고 있음을 보여준다. 라싸에 주둔하고 있던 청의 주장대신(駐藏大臣; 티베트 주재 중국 총독)이 아직 시작되지 않은 전쟁의 협상을 위해 머나먼 남쪽 국경까지 오는 성의를 보였다고 보기에는 무리가 있다. 이 삽화는 실제 회담 장면을 사실적으로 재현하지는 않았지만, 종주권이 없는 티베트와 청, 영국 사이의 관계를 잘 보여주고 있다.

일본의 실패: 상륙 시도를 물리치다

246쪽 **르 프티 파리지앵**(문학 삽화 부록) 제786호
1904년 2월 28일 일요일

중문판에서는 명확한 출처 표기 없이 "압록강 전투에서 강변 거점에 상륙하는 일본군"이라는 표제로 소개되었다. 아마도 자료의 취합 과정에서 전체 도면의 일부만 남아 있어 기사 제목과 날짜를 확인할 수 없었던 것으로 보인다. 그러나 «르 프티 파리지앵»의 러일전쟁 기간을 일람한 결과 이 그림의 제목은 "러일전쟁: 일본군에 의한 서울 점령. 일본의 실패. 상륙 시도를 물리치다"이며, 기사에서 소개하는 내용은 압록강이 아닌 요동반도의 어느 지점을 다루고 있다. 기사의 내용을 요약하면 다음과 같다. 먼저 일본은 러일전쟁 개시와 함께 제물포를 통해 상륙했고 2월 11일 서울을 점거했다. 이어 일본은 금주(金州)와 대련만(灣)을 목표로 요동반도 상륙을 시도했다. 상륙의 목적은 해상작전을 펼치는 동안 여순으로 통하는 도로와 철도를 점령하기 위함이었다. 그러나 이 작전은 실패로 끝났다. 조그만 상륙정을 타고 화력 지원 없이 상륙한 일본군 2개 부대는 러시아군의 집중 포격을 받아 퇴각했다.

러시아군이 일본군 스파이를 처형하다

250쪽 **르 프티 주르날**(삽화 부록) 제695호
1904년 3월 13일 일요일

대령 1인과 중위 2인으로 구성된 일본군 스파이가 중국인 쿨리로 변장한 뒤 송화강의 다리를 폭파하려다 발각되었다. 심문 결과, 지도와 수상쩍은 종이뭉치가 나와 부인할 수 없었다. 그들은 자신들이 날려버리려던 바로 그 다리에 목 매달린다. 아래의 «르 프티 파리지앵»의 삽화와 동일한 사건이다.

세 명의 일본군 스파이가 처형당하다

251쪽 **르 프티 파리지앵**(문학 삽화 부록) 제788호
1904년 3월 13일 일요일

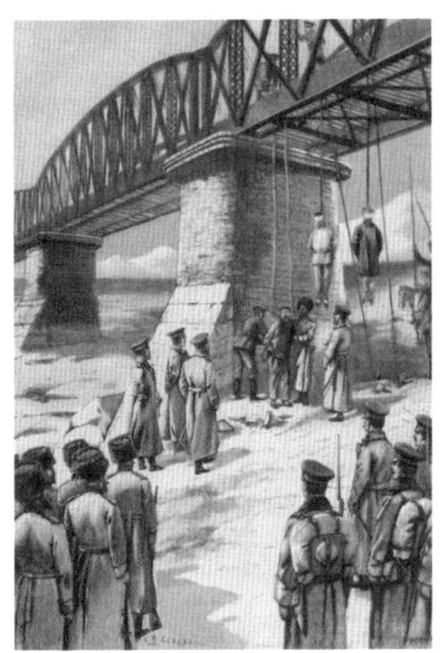

앞선 «르 프티 주르날»의 삽화와 동일한 사건을 다루고 있다. 쿨리로 변장했다는 기사 내용에 부합하게 스파이는 중국식 복식을 입은 것으로 묘사되었다. 이 때문에 일부 중국 자료에서는 중국인 출신 일본 스파이로 소개하기도 한다. 처형당한 이들은 프랑스어로 아사이(Assai) 대령, 조우키 아슈(Zouki Aschu) 중위, 카오라타(Kaourata) 중위와 같이 표기되었다.

노략질: 카자크 기병이 조선의 마을에 들이닥치다

258쪽 **르 프티 주르날**(삽화 부록) 제697호
1904년 3월 27일 일요일

해상 교전 직후 육상에서도 제한된 수준의 전투가 시작되었다. 만주에 주둔 중인 러시아군의 임무는 요하와 압록강 하구 방면으로 일본군이 진격하는 것을 저지해, 시베리아 횡단철도를 통한 러시아군의 추가 병력 수송 시간을 확보하는 것이었다. 이 중 조선반도 북쪽에서 활동한 부대는 미셴코 장군이 지휘한 전초기병부대(2개 백인 기병대와 카자크 기병중대로 구성)였으며, 그 주요 임무는 압록강 남쪽 100km 지점까지 전진해 정찰 임무를 수행하는 것이었다.†

이 그림은 조선 북부의 민가를 습격해 약탈하는 카자크 기병대의 모습을 전하고 있다. 트랜스바이칼, 아무르, 우수리 등에서 활동하던 카자크 기병대는 러일전쟁 발발 초기부터 투입되어 조선의 국경을 넘나들었다. 시베리아 개척에 큰 역할을 한 바 있으며, 광대한 토지와 교환하는 조건으로 러시아군에 편성된 카자크 기병대는 정찰과 기습 공격의 수행에 최적화된 강력한 군대였다.

«르 프티 주르날»로 대표되는 프랑스인의 관심은 동맹인 러시아의 편에 서서 카자크인의 뛰어난 기마술과 용맹성을 부각하는 것에 집중되고 있다. 말과 한 몸으로 움직이며 무기를 자유자재로 다루는 '무적의 켄타우로스(invincibles centaures)'를 감히 일본 천황의 군대가 상대할 수 있겠냐는 자부심이 강조될 뿐, 양대 제국 사이의 전쟁에 휩쓸려 '사냥'당하는 조선의 민간인에 대한 연민은 찾을 수 없다. 그들이 휘두른 창이 약탈을 위한 민간인 학살에 사용되었다는 반성도 기대할 수 없다. 그림 하단의 조선인은 거위, 돼지와 같은 위치에서 바닥을 나뒹굴며 도망가기에 급급한 수동적인 존재로 그려지고 있다.

평안도 정주는 일본과 러시아가 첫 육상 교전을 벌인 지역인데,†† 이 그림과 비슷한 정황이 정주 출신 이광수의 회고에 잘 드러나 있다.

"내가 열두 살 되던 해는 계묘년이요, 서력으로는 1903년이었다. 이해 겨울에 아라사(러시아) 병정이 정주에 들어 왔다. 그들은 들어오는 길로 약탈과 겁간을 자행하여서 성중에 살던 백성들은 늙은이를 몇 남기고는 다 피난을 갔다. 젊은 여자들은 모두 남복을 입었다. 길에서 아라사 마병(馬兵) 십여 명에게 윤간을 당하여서 죽어 넘어진 여인이 생기고, 어린 신랑과 같이 가던 새색시가 아라사 병정의 겁탈을 받아 튀기를 낳고 시집에서 쫓겨나서 자살을 했다. 소와 도야지가 씨가 없어지고 말았다. 이때 어린 나는 우리 민족이 약하고 못난 것을 통분하고 아라사 사람을 향하여 이를 갈았다."†††

프랑스의 독자들이 이 기사를 읽고 있을 3월 28일, '무적의 켄타우로스'는 정주성 전투 등 몇 차례의 소규모 접전 끝에 압록강 대안으로 퇴각했다. 그 이후 조선반도에서 러시아군은 사라졌다.

†
로스뚜노프 외 전사연구소, 『러일전쟁사』, 김종헌 옮김, 건국대학교출판부, 2004, 169~172쪽.

††
박종효, 『한반도 분단론의 기원과 러일전쟁(1904~1905)』, 선인, 2014, 304쪽.

†††
이광수, 「나의 고백」, 『이광수 전집 13: 도산 안창호/나의 고백/인생의 향기』, 삼중당, 1968, 219~220쪽.

황인종과 백인종의 대결

260쪽 **르 프티 파리지앵**(문학 삽화 부록) 제791호
1904년 4월 3일 일요일

이 삽화에는 개전 초기 러일전쟁을 바라보던 유럽의 시각이 잘 드러나 있다. 동아시아 지도가 그려진 링 위에 '유럽 챔피언' 벨트를 찬 러시아와 '아시아 챔피언' 팬티를 입은 일본이 서 있다. 러시아는 두 발로 굳건히 만주에 선 채로 뒷짐을 지고서 '아시아 챔피언'을 내려다보고 있으며, 일본은 조선과 일본열도에 각각 한 발씩을 걸친 채 위태롭게 서서 도발하고 있다. 무엇보다 시각적으로 가장 확연히 드러나는 것은 체급 차이다. 전쟁 초기 유럽이 보기에 이 시합은 애초에 게임이 되지 않는, 성인과 아동의 힘겨루기였다. 거대한 러시아가 분할하는 화면의 좌측에는 프랑스 등 러시아에 호의적인 나라들이 경기를 관람하고 있고, 우측에는 영국, 미국 등 일본에 호의적인 나라들이 경기를 지켜보고 있다. 중국 대표는 입장을 허락받지 못한 채 경기장 바깥에서 고개를 내밀고 있지만, 그래도 일본쪽에 붙어 있다. 중국이 비록 중립을 선언하기는 했어도 중국 내에서 일본이 만주에서 러시아를 몰아내줄 것을 기대하는 여론이 높았다는 것을 알 수 있다.

상트페테르부르크에서 차르가 '바랴크'호와 '카레예츠'호의 승무원을 치하하다

264쪽 **르 프티 파리지앵**(문학 삽화 부록) 제793호
1904년 4월 17일 일요일

'바랴크(Варя́г)'는 러시아 일대에 정착한 바이킹의 일족인 '바랑기아인(Varangians)'을 뜻한다. '카레예츠(Кореец)'는 러시아어로 '고려인'을 뜻하는 말이며, 조선반도로의 영토 확장 의지가 담긴 명칭이다. 1904년 2월 8일 밤, 여순항에서 일본의 기습으로 러일전쟁이 개시되기 몇 시간 전 제물포항에서 러시아와 일본 양국의 전함 간 교전이 있었으며 이것이 러일전쟁의 도화선이 되었다. 일본은 제물포항에 병력을 상륙시켜 조선을 장악한 뒤 육로를 확보하고자 했다. 2월 9일까지 이어진 이 제물포 해전의 결과 방호순양함 바랴크와 포함 카레예츠는 전투수행이 불가할 정도로 파괴되었으며, 전함이 일본의 전리품이 되는 것을 원치 않았던 러시아군은 바랴크호를 침몰시키고 카레예츠호를 폭파시켰다. 생존한 승무원들은 프랑스의 도움으로 인도차이나를 거쳐 러시아로 귀환했다. 이후 일본이 수거한 바랴크호의 깃발은 현재 인천광역시 유형문화재 제66호로 인천시립박물관에 소장되어 있으며, 지난 2010년에 러시아에 4년간 대여 형식으로 반환되었다가 되돌아온 바 있다.

조선에서의 첫 교전: 정주 전투

266쪽

중국어 번역에서는 'Andjou'를 안동(安東)으로, 'Tschounchou'를 장춘(長春)으로 각각 옮겼다. 그러나 기사의 내용은 만주 지역이 아닌 조선에서 벌어진 교전 상황이므로, 조선의 지명이어야 한다. 일본군은 평양을 점령한 후 평안도 안주(安州), 정주(定州)를 거쳐 1904년 5월 1일, 러일전쟁 최초의 대규모 육상전이라고 평해지는 압록강 전투를 개시한다. 그 사이 조선 북부에 들어와 있던 미셴코 장군 휘하의 기병대는 육로로 북상하는 일본군과 소규모 전투를 벌여왔다. 그러던 중 3월 28일에 진행된 정주 함락을 통해 일본군이 카자크 기병대를 몰아냄으로써 압록강 이남에 러시아군이 존재하지 않는 상황을 만들었다. 이 상황을 이광수는 다음과 같이 회고한다.

"내 고을에 아라사[러시아] 군대가 주둔한 것은 수개월에 불과하였으나, 우리 인심은 그들에게 대하여 심히 악화했다. 그러던 차에 이월 초순에 일병[日兵]이 밀고 들어와서 정주성에서 일아 전쟁[러일전쟁]의 첫 육전이 벌어졌으니, 일본에 유학하던 이갑(李甲), 유동열(柳東說) 등 우리 군인도 육군 소위로 거기 참가하여 있었다. 정주 싸움은 당일에 승부가 나서 아라사 병정들은 시체 둘을 남문 밖에 내버리고 의주 쪽을 향하여 패퇴하고 말았다. 일병이 입성하자 피난 갔던 주민들은 이삼일 내에 다 돌아왔다. 일병은 군기가 엄하고 우리나라 사람에게 호의를 보였을 뿐더러, 그 흉악한 아라사를 쫓아 주었다 하여 주민의 환영을 받은 것이었다."†

† 이광수, 「나의 고백」, 『이광수 전집 13: 도산 안창호/나의 고백/인생의 향기』, 삼중당, 1968, 220쪽.

기뢰에 격파된 '페트로파블롭스크'호: 마카로프 제독과 600명의 러시아 승무원이 순직하다

270쪽 **르 프티 주르날**(삽화 부록) 제701호 1904년 4월 24일 일요일

톨스토이가 '뛰어난 도살 기계'라고 부를 정도로 유능하고 카리스마 있는 해군 제독인 스테판 오시포비치 마카로프(Stepan Osipovich Makarov, 1849~1904)가 사령관으로 투입되자 러시아군은 빠르게 재정비되어 전투능력이 상승했으며 사기도 높아졌다.

전쟁 개시 이후 일본은 러시아 함대를 여순항 내해에 성공적으로 묶어두고 있었다. 그러나 마카로프는 적극적인 작전을 펼쳐 출구를 봉쇄하던 일본 전함을 격퇴한 뒤 내항 방어와 교전을 동시에 전개했다. 이런 식으로 러시아 함대가 봉쇄를 뚫고 블라디보스토크로 향할 것을 우려한 일본군은 4월 12일 밤 러시아 해군기지 입구에 기뢰를 부설했다. 소규모 교전 상황이 지속되던 중 여순항 외해에서 전투를 마치고 회항하던 장갑함 페트로파블롭스크호가 바로 전날 일본이 설치한 기뢰 지역에 들어가 단 2분 만에 침몰했다. 태평양 함대의 기함으로 러시아가 자랑하는 최고의 전노급(Pre-dreadnought) 장갑전함이 이렇게 빠르게 침몰한 것은 일본군 기뢰에 의한 1차 폭발에 연이어 페트로파블롭스크호의 선수 어뢰발사관과 저장고의 어뢰, 기뢰가 폭발하면서 화약고와 탄약고, 그리고 실린더 기관까지 연쇄 폭발이 일어났기 때문이다.

당시 사령관 마카로프, 그의 친구이자 저명한 전쟁 화가인 바실리 베레쉬차긴(Vasily Vasilyevich Vereshchagin, 1842~1904), 그리고 키릴 대공은

페트로파블롭스크호의 함교에 서 있었다. 수평선에 일본 전함이 나타났다는 보고를 듣고 베레쉬차긴은 스케치북을 가지러 내려갔다. 그 순간 폭발이 일어났다. 키릴 대공이 사령관쪽으로 고개를 돌렸다. 마카로프 제독은 몸이 서 있는 채로 머리가 날아가 있었다. 수많은 전사자 중 그의 시신은 회수하지 못했다. 일본은 고작 기뢰 60개로 향후 2개월간 바다를 완전히 장악하는 성과를 이뤘다. 마카로프는 취임 직후부터 기뢰의 중요성을 강조하며 기뢰부설함과 기뢰의 충원을 요청했으나, 정치적인 이유로 제대로 된 지원은 이뤄지지 않았다.†

† 로스뚜노프 외 전사연구소, 『러일전쟁사』, 김종헌 옮김, 건국대학교출판부, 2004, 165쪽; 콘스탄틴 플레샤코프, 『짜르의 마지막 함대』, 황의방·표완수 옮김, 중심, 2003, 60~62쪽.

장막에서 휴식을 취하는 종군기자: 만주에 파견된 «르 프티 주르날» 특파원

278쪽 **르 프티 주르날**(삽화 부록) 제704호
1904년 5월 15일 일요일

오늘날 언론이 주요 사건의 보도를 위해 통신원을 보내는 것처럼, 19세기 후반의 매체들도 다양한 수단을 동원해 세계 각지를 기록하고 보도했다. 사진의 대량 인쇄가 기술적으로 불가능했던 시기의 화보 잡지들은 화가 겸 통신원들을 파견해 그들이 준비한 기사와 스케치를 바탕으로 판화를 제작했다. 본문 삽화는 기자들의 휴식 장면을 재현했을 뿐 아니라, 그늘의 자세와 상비를 통해 인터뷰, 기사 초안 직성, 스케치, 사진 촬영 등 특파원들의 다양한 활동을 한 화면에 담았다.[1904년 6월 5일자(707호) «르 프티 주르날» 삽화는 카자크 기병대를 영화로 촬영하는 특파원을 소개하고 있다. 펜으로 옮길 수 없는 생생한 기록을 담은 이 영상은 주 2~3회 대강당에서 상영되기도 했다.]

특히 전쟁과 같은 중요한 사건이 발생했을 때 각 매체는 특정 견해에 치우치지 않은 정확한 정보의 제공을 위해 해당 지역에 특파원을 파견한다는 것을 대대적으로 알렸다. «르 프티 주르날»은 독자들에게 러일전쟁과 같은 심각한 사건을 정확히 알리기 위해, 개전 초기부터 3개월 동안 8000리를 가야 하는 세계의 다른 쪽 끝으로 특파원을 보내 중요하고 생생한 뉴스를 전달해왔다는 것이 기사의 요지다.

기사 본문에는 «르 프티 주르날»과 관련된 특파원의 이름을 구체적으로 밝히고 있다. 상트페테르부르크의 오자르 드 뷔장시(Aujar de Buzancy), 일본의 빌타르 드 라게리(Villetard de Laguérie), 블라디보스토크의 노엘(Noël) 그리고 만주의 루이 다르네(Louis Darnet)가 다각도로 뉴스를 전하고 있다. 이 중 빌타르 드 라게리는 1894년 청일전쟁에서도 종군한 바 있는 유명 작가로, 조선에 관한 사진과 기록도 많이 남겼다. 50점의 사진 삽화를 포함한 『조선: 독립인가, 혹은 러시아나 일본에게 넘어갈 것인가(*La Corée Indépendante, Russe ou Japonaise*)』(1898)라는 책이 대표적이다.

여순항 포위: 요동반도에 상륙한 일본군

280쪽 **르 프티 파리지앵**(문학 삽화 부록) 제798호
1904년 5월 22일 일요일

일본군은 여순항 입구를 봉쇄해 러시아 함대를 묶어두는 한편 요동반도로 상륙해서 여순을 포위해

들어갔다. 작은 산들로 둘러싸인 여순은 천혜의 요새였지만, 육상의 전략 요충지 중 하나라도 장악되어 적의 포대가 설치되는 순간 항구와 시내 전체가 위험에 빠지게 된다. 단 몇 시간의 포격으로도 항구와 함대가 전멸될 것이란 사실을 교전 당사자들은 잘 알고 있었다.

압록강 전투: 러시아 군악대의 영웅적 기개

284쪽 **르 프티 주르날**(삽화 부록) 제706호
1904년 5월 29일 일요일

일본군의 압록강 도하를 맞이하는 러시아군은 '본국에서 새로운 병력이 충원될 때까지 일본과의 전면전을 피한다'는 소극적인 전략으로 일관했다. 그러나 일본군의 화력을 과소평가하고 있던 미하일 자술리치(Mikhail Zasulich) 장군은 총사령관 쿠로팟킨의 지시를 무시했으며, 병력을 압록강의 여러 지역으로 분산 배치했다. 결정적으로 구련성보다 하류에 위치한 사하자† 지역을 일본군의 주요 공격 지점으로 오해하고 있었다. 실제로는 구련성 지역이 주 전장이었다. 본문의 비장함과는 달리 러시아군의 첫 패전으로 기록되는 압록강 전투의 결과, 러시아군의 사기는 크게 떨어졌으며 그들은 일본과의 전쟁이 쉽지 않을 것이라는 인상을 갖게 되었다.

† 沙河子. 안동현(安東縣)이라고도 했으며, 지금의 단둥시의 일부다.

여순 함대의 항구 봉쇄

286쪽 **르 프티 파리지앵**(문학 삽화 부록) 제800호
1904년 6월 5일 일요일

요동반도의 끝에 위치한 여순항은 작은 산으로 둘러싸인 천혜의 요새였다. 그러나 항구의 진입로가 매우 얕고 넓이도 충분하지 않았다. 조수간만의 차에 대비할 수 있는 시설이 갖춰지지 않아 다음 만조가 되어야 출항 또는 회항이 가능했다. 내해에 포진한 러시아 전함 중 특히 장갑함과 순양함은 1일 2회 만조 때만 출항이 가능했다. 입출항 자체가 자유롭지 않았으니 비상출항이나 원활한 기동작전을 펼치기는 힘들었다. 이러한 특성을 파악한 일본군은 다수의 해군력을 여순항 봉쇄에 할당하고 조선을 통해 육로로 만주를 압박해 들어갔다. 그 작전의 일환으로 시멘트를 가득 채운 증기선을 가라앉히고 기뢰를 설치하는 데 집중했다. 그러나 몇 차례의 시도에도 불구하고 일본군의 자침봉쇄는 그다지 성공적이지 못했다.

장갑함 '하쓰세'가 여순에서 러시아 기뢰에 침몰하다

288쪽 **르 프티 파리지앵**(문학 삽화 부록) 제800호
1904년 6월 5일 일요일

해상의 주도권을 일본이 장악하고 있는 상황에서 러시아는 일본 함대의 예상 항로에 기뢰를 성공적으로 설치했다. 계획을 주창하고 실행한 것은 기뢰부설함 아무르호의 함장인 이바노프였다. 1904년 5월 15일, 하쓰세, 야시마(八島), 시키시마(敷島)와 순양함 세 척이 여순 앞바다를 항해하던 중 하쓰세호가 기뢰를 건드렸다. 이를 구하려던 야시마호 또한 기뢰에 의해 침몰되었다. 하쓰세호에서만 장교 36명, 병사 457명이 전사했다.† 중국의 배상금으로 영국에서 구입한 뒤 전쟁 초반부터 뛰어난 활약을 펼치던

하쓰세호는 준공 3년 만에 침몰한다. 같은 날 여순 인근의 해역(엘리오트 군도)에서는 장갑순양함 가스가(春日)호와 충돌해 침몰한 요시노호의 전사자는 335명이다.[††] 이로써 일본은 당시 세계에서 가장 빠르고 선진적이었던 방호순양함을 잃었다. 일본 함대가 전력의 3분의 1을 잃어 러시아가 유리한 상황임에도 그들은 병력 보강을 기다리며 소극적인 방어전으로 대응했다.

† 로스뚜노프 외 전사연구소, 『러일전쟁사』, 김종헌 옮김, 건국대학교출판부, 2004, 168쪽. 자료에 따라 전사자의 수는 차이가 있다. 앞의 수치는 러시아쪽 통계다.

†† 같은 책, 168쪽. 자료에 따라 전사자의 수는 차이가 있다. 일본측 자료는 전사자 319명으로 기재하고 있다.

남아프리카에서: 광산에서 일하는 중국인 노동자

304쪽 **르 프티 주르날**(삽화 부록) 제718호
1904년 8월 21일 일요일

샌프란시스코의 중국명인 구금산(舊金山)에 황금을 찾아 떠난 서부개척시대의 흔적이 남아 있듯, 중국인들이 아메리카의 여러 지역에 금광 노동자로 이주한 것은 잘 알려져 있다. 이 기사는 비교적 생소한 아프리카의 금광으로 보내진 중국인에 대해 간략히 묘사하고 있다. 많은 인구, 근면한 민족성과 함께 장례 문화에 대한 오리엔탈리즘적 호기심이 정보로 제공된다. '죽의 장막' 시절 냉전의 정치적 조건 때문에 아프리카에 공을 들였던 과거를 지나, 21세기의 중국은 이제 금광의 소유주로서 현지인을 수탈하는 입장에 서 있다.

여순항의 대규모 해상 전투: '체사레비치'호 갑판에서

306쪽 **르 프티 주르날**(삽화 부록) 제719호
1904년 8월 28일 일요일

체사레비치호는 1901년 프랑스에서 건조된 러시아 제국의 전노급 전함으로 최고 속력은 18노트다. 이 최신형 전함은 레트비잔호와 함께 일본 해군에 대비하기 위해 해외에서 주문 제작한 러시아 최초의 12인치 포 장착 전함이었으나, 공교롭게도 러일전쟁 개전과 동시에 (미미하지만) 타격을 받은 3척에 포함된다. 이후 체사레비치호는 페트로파블롭스크호 침몰 후 기함 역할을 맡았다. 이와 동시에 페트로파블롭스크호와 함께 전사한 스테판 마카로프 제독의 후임으로 빌헬름 비트게프트(Wilhelm Withöft, 1847~1904)가 임시함대 사령관을 맡게 되었다. 그는 여순항에 틀어박혀 함대의 전력을 보존하는 소극적 전략으로 일관한다. 일본군은 성공적인 해상봉쇄 전략에 맞춰 육상에서 공격을 지속했고, 8월에는 항구에서 약간 먼 대고산(大孤山)에 정밀조준 관측소를 설치하기에 이른다. 여순항의 입지는 지상으로부터의 공격에 취약했다. 8월 9일, 지상에서 항구를 향해 조준 포격해 레트비잔호와 체사레비치호가 타격을 받았고, 이때 비트게프트도 부상을 입었다. 여순항이 더 이상 안전하지 않게 되자 포위를 돌파해 블라디보스토크로 회항하려 했지만, 기사에서 알 수 있듯 이조차 여의치 않아 여순 함대는 궤멸되었다. 이후 함대는 포를 분리해 육상 요새로 옮겼고 승무원도 육상 전투에 배치했다. 이 '8월 10일의 전투'는 '황해 해전'으로 불린다.

일본 군견: 일본군이 군견을 활용해 러시아 병사를 수색하고 있다	여순 소식: 카자크 기병대 중위 페트로프의 영웅적인 죽음

일본 군견: 일본군이 군견을 활용해 러시아 병사를 수색하고 있다

316쪽 **르 프티 주르날**(삽화 부록) 제721호
1904년 9월 11일 일요일

러일전쟁이 본격화되자 초반에 러시아의 우세를 당연시하던 유럽 언론들도 서서히 일본을 재평가하기 시작했다. 그림 상단의 위풍당당한 일본군과 바위 아래 웅크리고 있는 러시아군의 대비를 통해 두 나라에 대한 인식이 바뀌고 있음을 알 수 있다.(대부분의 삽화들이 러시아의 패전 상황을 전하는 뉴스에서도 러시아군 장교는 장렬하게 고지에 우뚝 서 있고, 일본군은 기어 올라오다 추락하는 이미지로 묘사되어온 것을 고려할 때, 이 삽화는 일본의 선전화로 봐도 무방할 정도로 시각적 역전이 도드라져 있다.) 군견에 관한 «르 프티 주르날»의 기사를 보면 논조의 변화를 더욱 잘 알 수 있다. 일본 장교들은 유럽 군사학교에서 다년간 수학하며 유럽 군대의 경험을 흡수한 바 있으며, 이제 어떤 측면에서는 유럽을 선도하고 있다는 점을 인정해야 한다는 주장을 담고 있다. 그 예로 든 것이 독일 군견을 수입해 전투에 적절히 활용한 것이다. 독일은 1884년 최초의 조직적인 군견훈련학교를 세운 바 있다. 독일이 훈련 과정에서 군견을 활용한 것과 달리 프랑스군은 용감하고 똑똑한 이 보조 부대의 활용을 거부해왔다. 기사는 실제 전투 현장이 군견의 유용함을 보여준다고 언급한다. 인간은 고대부터 전투에서 개를 사용해왔지만, 군견이 대대적으로 이용되기 시작한 것은 제1차 세계대전부터다.

여순 소식: 카자크 기병대 중위 페트로프의 영웅적인 죽음

336쪽 **르 프티 파리지앵**(문학 삽화 부록) 제818호
1904년 10월 9일 일요일

“러시아 영웅의 명부는 이미 가득 차 있으며, 전쟁이 이어지는 매 순간 새로운 영광의 행적을 추가하고 있다. 여순항 주변은 이 성대한 행적이 상연되는 주 극장이다.”

위 그림은 카자크 기병대 중위 페트로프(Pétroff)의 비극적인 죽음을 묘사하고 있다. 그는 항복을 종용하는 일본군을 상대로 혼자서 검으로 맞서다 검이 부러지자 주먹으로 싸운 뒤 장렬히 전사했다. 여순 요새 사령관 스테셀 장군은 죽음으로 고지를 지킬 것을 명령했고, 병사들은 죽음으로 화답했다. 이런 방식으로 전쟁은 수많은 영웅을 만들어냈다.

여순 소식: 포위 공격의 피해자를 돌보다 포탄의 파편에 부상당한 스테셀 장군 부인

337쪽 **르 프티 주르날**(삽화 부록) 제726호
1904년 10월 16일 일요일

앞서(이 책의 252쪽) 블라디보스토크에서 얀코프 대령 부인이 군기를 보호하기 위해 보여줬던 용감한 행동을 전한 바 있다. 그에 비견될 정도의 영웅적인 여성으로 이번 호에서는 여순 요새 사령관 스테셀 장군의 부인이 여순 시가지에서 희생당한 부상병을 돌보는 와중에 날아온 포탄의 파편에 어깨를 다치게 된 이야기를 싣고 있다. 원문에서는 그와 더불어 전시에 여성들이 행한 영웅적이고 숭고한 행동들에 대한 간략한 역사를 전한다.

만주 변경의 청국 군대: 마 원수와 그의 부대

338쪽 **르 프티 주르날**(삽화 부록) 제726호
1904년 10월 16일 일요일

이 시기 서양인들의 지명 표기 방식은 중국과 달랐다. 서양인들은 주로 그들이 중국과 접촉하기 시작한 명대 혹은 그 이전의 지명 표기를 고수했다. 지금의 하북성에 해당하는 북직례는 명대에 북경 주위의 직속관할구역(우리의 경기도에 해당)으로 설치되었으며, 청대에는 직례성(直隸省)으로 개편되었다. 직례성의 북쪽 변경은 산해관을 기준으로 만주로 이어진다. 청대에 만주 지역은 원칙적으로 한족의 거주를 금했다. 서양인들은 산해관 이남의 지역을 중국(China; Chine)으로, 그 북쪽 지역을 주로 타타르(Tartary; Tartarie)로 표기했다. 중앙아시아에서 만주에 이르는 광활한 스텝 지역에 대한 명칭인 타타르를 사용함으로써 만주를 '중국'과 다른 개념으로 인식한 것이다. 일견 만주는 중국의 영토가 아니라는 뉘앙스를 풍기며, 청군의 임무가 러일 쌍방이 "중국의 영토를 침입하는 것을 저지"하는 것이라고 기술한 이유다.

러일전쟁에 대해 청 정부는 중립을 선언했지만, 만주족의 성지에서 벌어지는 외국 간의 전쟁에 복잡한 심사를 드러냈다. 이홍장 사후 직례총독 겸 북양대신(北洋大臣)이 되어 실권을 장악한 원세개는 '중립' 입장을 밀어붙였다. 어느 한쪽 편을 든다면 일본에게 동남 연안을 타격당하거나, 기나긴 국경을 통해 가해질 러시아의 공격을 피할 수 없었다. 또한 러일전쟁은 제1차 세계대전의 예비전이라 할 만큼 영국, 미국, 프랑스, 독일 등 열강의 이익이 교차하고 있었기 때문에 표면적으로 중립을 취할 수밖에 없었다. 그러나 양광총독 장지동(張之洞)을 위시한 지방 총독들과 민간의 여론은 '일본과 연합해 러시아를 제압하자(聯日拒俄)'는 것이었다. 러시아의 만주 병탄이 더 직접적인 위협이었기 때문이다. 실제로 중립을 주장한 원세개마저도 은밀히 일본을 도왔다.

원세개는 자신이 키운 중국 최초의 근대적인 군대인 북양군(北洋常備軍)에서 일부를 뽑아 일본과 연합정탐대를 만들어 첩보 활동을 지원한 바 있다. 그 휘하의 마 원수, 즉 직례제독(直隸提督) 마옥곤(馬玉崑)은 일본 낭인과 스파이, 중국인으로 구성된 '특별임무반(特別任務班)'에게 대량의 폭약, 활동 경비 등을 제공했으며, 위급할 때 그들을 숨겨주기도 했다. 심지어 청의 정규군이 일본군을 도운 정황도 포착된다.

티베트에서: 영국의 지배를 피해 탈출하는 달라이 라마

346쪽 **르 프티 주르날**(삽화 부록) 제731호
1904년 11월 20일 일요일

«르 프티 주르날» 제691호(이 책의 238쪽)에서 보도한 '티베트 정복'의 후속 보도다. 영국과 러시아가 중앙아시아를 놓고 패권 경쟁을 벌인 '그레이트 게임(The Great Game)'의 막바지 상황이다. 영국은 인도 식민지를 보호하기 위한 완충지대의 확보와 함께 티베트가 이전의 조약을 지키지 않고 자유로운 무역을 거부한다는 이유로 전쟁을 일으켰다. 13대 달라이 라마는 몽골로 망명한 뒤 러시아의 원조를 구했지만 성과가 없었다. 근대 전환기에 달라이 라마에 오른 이 13대는 재임 내내 여섯 차례의 전쟁과 두 차례에 걸친 망명 등 파란만장한 정치적 생애를 살았다. 1904년 9월 7일 영국은 네팔 대표, 부탄 대표, 중국 주장대신(駐藏大臣)이 배석한 가운데 티베트의 3대 사원 대표와 라싸 조약을 체결해 국경 개방과 무역 지대의 개설 등 이권을 확보했다.

프랑스는 여전히 동맹인 러시아 편에서 영국을 비꼬고 있다. 프랑스를 위시한 유럽의 시각은 티베트가 중국 영토의 일부라고 확실히 규정하고 있다. 실제 영국이 맺은 조약에서도 중국의 종주권을 승인한 상태에서 내정 간섭의 권리는 인정하지 않았다.("티베트는 중국의 주권 아래가 아니라, 종주권 아래에 둔다.") 현대 중국어 번역에서는 프랑스어 원문의 티베트(Thibet)를 일관되게 '중국 서장(中國西藏)'으로 옮기고 있다.

여순에서: 기수 디미트리예프가 '레트비잔'호의 호위함을 이끌고 일본 구축함을 침몰시키다

348쪽 **르 프티 파리지앵**(문학 삽화 부록) 제826호
1904년 12월 4일 일요일

12인치포를 장착한 최신 전노급전함 레트비잔호는 이 기사가 나가고 이틀 뒤(1904년 12월 6일) 여순항에서 일본 육군의 곡사포 포격을 받아 침몰했다. 이후 일본이 인양 후 수리해 전함 히젠(肥前)호로 사용했다.

사형수를 대상으로 한 사격 연습: 시체의 상처를 조사하는 일본 장교

354쪽 **르 프티 파리지앵**(문학 삽화 부록) 제828호
1904년 12월 18일 일요일

«르 프티 파리지앵»은 1904년 10월 30일(821호)부터 '주간 스냅사진(Les Instantanés de la Semaine)'을 신설해 사진을 잡지에 게재하기 시작했다. 따라서 이번 호에도 이 기사의 근거가 되었던 사진을 싣고 있다. "한국에서의 처형: 서울 통신원이 보낸 스냅사진(EXECUTIONS EN CORÉE: Instantanés communiqués par notre Correspondant à Seoul)"이라는 표제 아래 인력거에 태워 사형장으로 향하는 모습을 담은 "사형수의 출발(Départ de condamnés)"과 일본군이 사형을 집행하는 "처형: 개별 사격(L'Exécution: Tir individuel)"이라는 제목의 사진이 게재되어 있다. 그와 함께 '로댕의 생각하는 사람' 조각상, 가바르니(Gavarni) 기념상, 일본군 부상병 사진이 한 주간을 대표하는 사진으로 선정되었다.

조선인과 일본 군인의 복식, 사형장 배경 등을 봤을 때, 이 두 사진의 세부를 적절히 섞어서 삽화를 제작한 것으로 보인다. 사형수를 호송하기 위해 인력거를 사용한 것이 특이한데, 일본군의 입장에서는 전시 효과를 기대한 것으로 보인다.

이때 처형당한 이들의 이름이 당시 신문에 보도되어 전하고 있다. 1904년 9월 21일자 «대한매일신보»와 9월 22일자 «황성신문»의 내용을 종합하면, 일본군은 경의선 철도를 방해했다는 명목으로 아현(阿峴)에 사는 김성삼(金聖三), 양주(楊州)에 사는 이춘근(李春勤), 신수철리(新水鐵里)에 사는 안순서(安順瑞) 등 3인을 체포해 공덕리 부근에서 처형했다. 대한민국 정부는 이들의 공훈을 기려 1991년에 건국훈장 애국장을 추서했다.

만주에서 자행된 일본군의 잔인한 보복: 친러시아 혐의로 처형당하는 청의 관리

376쪽 **르 프티 주르날**(삽화 부록) 제753호
1905년 4월 23일 일요일

중국의 대문호 루쉰이 신문학운동에 참여하게 되는 계기를 밝힌 『외침(吶喊)』의 「서문」에는 다음과 같은 구절이 나온다. 일본에서 의학을 배우던 무렵 교수는 환등기로 미생물의 형상을 보여주다 시간이 남으면 풍경이나 시사 장면을 학생들에게 보여주었다. 마침 러일전쟁 기간이었으므로 전쟁에 관한 필름이 많은 편이었다.

"화면에서 갑자기 오랜만에 많은 중국인을 만났다. 가운데에 한 사람이 묶여 있고 그 주위에 많은 사람들이 서 있는데, 건장한 체격이지만 마비된 표정을 하고 있다는 점에서 한결같았다. 해설에 의하면, 묶여 있는 사람은 러시아군의 스파이로서 일본군이 공개 처형으로 그 목을 베려는 것이고, 둘러싼 사람들은 그 공개 처형을 구경하러 온 사람들이었다."†

이 사건을 계기로 루쉰은 의학을 포기하고 문예로 돌아선다. 공개 처형의 재료나 구경꾼밖에 되지 못하는 어리석은 국민의 건강을 지키는 것보다, 그들의 정신을 개조하는 것이 우선이라고 생각했기 때문이다. 당시 루쉰이 관람했던 환등기 필름을 정확하게 고증할 수는 없지만, 본문의 그림과 유사한 장면이었을 것으로 판단된다. 러일전쟁 시기 많은 종군기자와 화가가 참전해 전쟁의 실상을 이미지로 남겼다.

†
루쉰, 『루쉰 소설 전집』, 김시준 옮김, 을유문화사, 2008, 11~12쪽 참조.

상처로 누더기가 된 러일 병사가 결국 억지로 손을 잡고 화해하다

388쪽 **일뤼스트라시옹**

삽화에서 후광에 싸인 예수는 다음과 같이 말하고 있다. "살인하지 말지어다(Tu ne tueras point)."

악몽의 끝: 최근 전투에서 부상병을 치료하는 일본 군의관

392쪽 **르 프티 주르날**(삽화 부록) 제773호
1905년 9월 10일 일요일

이 삽화와 관련 기사는 일본군의 의료 조치에 대한 찬사를 담고 있다. 체계적으로 조직된 일본군 의료 서비스는 이미 1894~1895년 청일전쟁과 1900년 팔국연합군의 의화단 진압 시기에 유럽 군대의 주목을 받은 바 있다. 일본군 의료 서비스의 가장 큰 특징은 절단을 꼭 필요한 경우로 제한해 사지를 보전한다는 점이다. 일본 적십자의 시스템을 연구한 미국 여성 뉴콤비(Newcombe)의 보고에 따르면, 히로시마 병원으로 후송된 3000명의 부상병 중 47명만 사망했으며, 절단 시술은 단 19명만 받았는데 그중 5명은 손가락을 절단한 경우였다. 일본 의사들은 일반적으로 잘 교육받았으며, 대단한 의학적 발견을 한 경우도 있다. 최초로 파상풍균을 분리하고 배양한 기타사토 시바사부로(北里柴三郞)가 대표적이다. 일본에는 3만 1000명의 의사가 있었으며, 8개의 의과대학에서 수많은 학생들이 수학하고 있었다.

중국의 흉년

412쪽 **르 프티 주르날**(삽화 부록) 제850호
1907년 3월 3일 일요일

1907년 강소성, 안휘성 북부와 하남성 남부를 포함한 화중 지역을 강타한 대규모 기근으로 약 2500만 명이 사망했다. 이는 역사상 두 번째 규모의 대기근이다. 이 리스트의 첫 번째에도 중국이 올라 있다. 대약진운동의 실패에 따른 '삼년대기황'으로 알려진 1959~1961년의 대규모 기근으로 약 4500만 명(정부 통계 1500만 명)이 사망했다.†

† 프랑크 디쾨터, 『마오의 대기근: 중국 참극의 역사 1958~1962』, 최파일 옮김, 열린책들, 2017 참조.

중국의 테오도라, 자희 태후

422쪽 **일뤼스트라시옹** 제3408호
1908년 6월 20일

이 도판은 유훈령(裕勳齡; Xunling)이 찍은 사진에 색깔을 입힌 것이다. 유훈령은 본문에 등장하는 스캔들의 주인공 덕령(德齡)의 오빠다. 프랑스 대사인 아버지를 따라 프랑스에서 공부했으며, 귀국 후인 1903~1904년 사이 서태후의 사진을 다수 제작한 바 있다. 현존하는 서태후의 사진 100여 장은 모두 그의 작품이다. '용 황후(The Dragon Empress)'라는 영문 명칭에서도 알 수 있듯이, 서구인들에게 서태후는 잔혹하고 부정적인 이미지로 각인되어 있었다. 그것을 의식한 것인지 이 사진에서는 용 발톱을 연상시키는 긴 손톱은 감추고, 황후를 상징하는 봉황의 현전이라 할 수 있는 공작을 배경에 배치했다.

통킹의 변경에서

428쪽 **르 펠르랭**(주간 화보) 제1642호
1908년 6월 21일 일요일

'현지인 보병'으로 옮긴 티라이외(tirailleur)는 19~20세기 프랑스 식민지에서 모병한 원주민 부대의 보병을 말한다. 원래는 나폴레옹 시기의 경보병을 가리키는 말이다. 프랑스는 인도차이나에서 안남(tirailleurs Annamites), 통킹(tirailleurs Tonkinois), 캄보디아(tirailleurs Cambodgiens)에서 각각 티라이외를 운용했다.

중국의 반란 활동에 관하여: 중국 군대의 진화

464쪽 **르 프티 주르날**(삽화 부록) 제1093호
1911년 10월 29일 일요일

화면 중앙에 위치한 관료의 일반적인 복장을 기준으로 신구 군대의 복장을 배치해 청군의 변화를 보여준다. 화면 좌측에는 무거운 갑옷과 첨탑처럼 뾰족한 투구를 쓴 장군이 버티고 있고 그 뒤로 호랑이 복장을 한 병사가 청의 국기인 황룡기(黃龍旗)를 들고 서 있다. 지금까지는 이러한 이미지가 유럽인에게 익숙한 중국

군대의 모습이었다. 그런데 오른쪽과 같이 복장에서 이미 유럽 군대와 차이가 없어져버렸다. 유럽인들은 중국 군대의 변화가 일본만큼이나 빠르다고 생각하게 되었다. 군대의 진화와 자유를 향한 정치적 변화가 낡은 중국을 완전히 사라지게 할 것이라고 예측하고 있다.

흔들리는 중국

466쪽 **르 펠르랭** 제1817호
1911년 10월 29일

프리기아 모자(Phrygian cap) 또는 자유의 모자(Liberty cap)는 고대 국가인 프리기아 사람들이 주로 썼던 모자로, 로마 제국 시기에 해방된 노예들이 사용하면서 '자유와 해방'을 상징하게 되었다. "프랑스혁명 때 혁명군들이 자유의 상징으로 착용했던 야코비모자(Jakobinermuetze)는 로마에서 석방된 노예들이 착용했던 프리기아 모자에 그 원형을 두고 있다."† 가장 대중적인 이미지는 프랑스혁명의 상징인 마리안과 만화 스머프에서 등장하는 모자다. 이 기사가 제공하는 이미지는 실제 단발령이 아닌 신해혁명에 대한 시각적 해석이다. 혁명은 낡은 구습을 상징하는 변발을 자르고 자유와 해방을 상징하는 프리기아 모자를 쓰는 행위라고 볼 수 있다. 이미 프리기아 모자를 쓴 한 중국인은 "가자, 조국의 아들딸들아"로 시작하는 ‹라 마르세예즈›를 부르며 사라지고 있다.

†
장영수, 「프리기아(Phrygia) 모자에 대한 연구」, «복식» 55(4), 한국복식학회, 2005, 139쪽.

중화민국: 새로운 중국 국기

474쪽 **르 펠르랭**(주간 화보) 제1835호
1912년 3월 3일

오색기(五色旗)는 1906년 동맹회에서 제안한 국기 도안으로, 건국 초기(1912~1928년)에 중화민국의 공식 국기로 사용되었다. 애초에 이 다섯 색깔은 오행을 반영했는데, 중화민국 건국 이후 오족공화(五族共和)를 상징하게 되었다. 즉, 한족 중심의 배타적 민족주의 혁명이 아니라 정치적 개혁을 위한 혁명이었음을 강조하기 위해 한족(漢), 만주족(滿), 몽골족(蒙), 회족(回), 장족(藏)의 다섯 민족의 화합이라는 의미를 더한 것이다. 아울러 무지개를 연상하는 오색기에서 비 온 뒤 출현한 맑은 하늘처럼 봉건적 전제정치를 타파하고 맑은 정치를 실현하겠다는 염원도 담았다. 손중산은 청 해군이 사용한 관기(官旗)와 유사하며, 색깔을 상하로 배열해 오족의 위계를 담고 있다는 이유 등으로 오색기를 반대했다. 그가 제안한 청천백일기(青天白日滿地紅旗)는 1912년부터 중화민국 해군기로 쓰이다가 1928년 12월에야 정식 국기가 되었다.

북경에서 보낸 한 달

486쪽 **일뤼스트라시옹** 제3648호
1913년 1월 25일 토요일

40년 넘게 «일뤼스트라시옹»에 협력했던 화가 루이 사바티에(Louis Rémy Sabattier, 1863~1935)는 1912년 5월 21일에서 6월 20일까지 한 달 동안 북경을 여행한 뒤 "북경에서 보낸 한 달(UN MOIS A PÉKIN)"이라는 제목의 기사를 «일뤼스트라시옹» 제3647호(1913년 1월 18일)부터 제3655호(3월 15일)까지 5회에 걸쳐 나눠 실었다. 이 기사에는 신해혁명 직후 혼란한 정국에서 그가 직접 만난 중국 정치인들의 초상화, 북경의 거리를 그린 스케치, 사진, 그리고 후반 작업을 통해 컬러를 입힌 유화 작품 등이 실려 있다. 이 글은 그중 두 번째 연재다.

육국호텔의 '골동품' 상인

490쪽 **일뤼스트라시옹** 제3653호
1913년 3월 1일

1900년 팔국연합군의 북경 공격 이후 체결된 조약에 따라, 1901년 대사관 구역 접경에 외국인을 위한 호텔이 만들어졌다. 그것이 중국 최초의 국제 호텔 체인인 '그랑 호텔 데 와공 리(Grand Hôtel des Wagon-Lits)'로, 그 본사는 벨기에계 철도회사의 호텔 체인 '콩파니 데 와공 리(Compagnie Internationale des Grands Hôtels)'다. 그러나 영업이 신통치 않아 1905년 영국, 프랑스, 미국, 일본, 독일, 러시아의 자본이 합작해, 예전 건물을 허물고 당시 북경에서 가장 서구적이고 호화로운 호텔을 새로 지었다. 이렇게 만들어진 '육국호텔(六國飯店)'은 외국인과 최상류층만 드나들 수 있는 민국 시기 중국의 가장 대표적인 사교 무대로 이름을 떨쳤다. 중화인민공화국 건국 이후 외교부 초대소로 사용되었으며, 1988년 화재로 전소된 후 그 자리에 완전히 다른 건물을 짓고 화평호텔(華風賓館)로 개명했다.

중국의 대기근

514쪽 **르 프티 주르날 일뤼스트레** 제1093호
1921년 4월 10일 일요일

«르 프티 주르날(*Le Petit Journal*)»(삽화 부록 Supplément illustré)이라는 이름은 1920년 12월 19일 제1565호까지 사용되었고, 1920년 12월 25일 제1566호부터는 «르 프티 주르날 일뤼스트레(*Le Petit Journal Illustré*)»로 이름이 바뀌었다. 이후 1931년 10월 18일 제2130호부터 «일뤼스트레 뒤 프티 주르날(*L'Illustré du Petit Journal*)»로 다시 바뀌었다. 이 신문은 개명과 무관하게 원래 호수를 계속 이어갔다.

진쯔환과 찬시를 600명의 무장 괴한이 약탈하다

536쪽 **르 프티 주르날 일뤼스트레** 제1791호
1925년 4월 19일

전후 맥락이나 지리에 대한 설명이 없어 발음만으로는 Kin-Tche-Houan과 Chan-Shi라는 도시의 원래 이름을 유추하기가 어렵다. 민국 시기 세관(海關)이 있었던 지역 중에서도 위와 유사한 지명을 찾지 못했다. 따라서 당시의 여러 로마자 표기 방식에 근거해 유사한 발음으로 옮겼다.

길을 중심으로 좌측에는 주로 살인과 약탈 장면을, 우측에는 유괴나 겁탈 장면을 다루고 있는데, 주로 겁탈의 재현이 더 노골적이다. 오른쪽 상단의 말을 탄 두 도적이 포위하는 형세로 아녀자들을 특정한 방향으로 몰고 있다. 대부분의 삽화가 그렇듯 정지된 시간의 사진 이미지가 아니라 여러 덩어리의 이야기가 화면 곳곳에 중첩되어 있다. 그림의 중심에 목사 부부가 있지만 범죄의 직접적인 대상으로 재현되지는 않았고 살짝 풀어진 옷매무새 등으로 암시만 하고 있다. 자극적인 포르노는 '품위 있는' 서양인의 몫이 아닌 것이다.

중국에 불어닥친 볼셰비즘 바이러스

540쪽 **르 펠르랭**(주간 화보) 제2603호
1927년 2월 13일

볼셰비키라는 '적색 바이러스'에 대한 유럽의 우려가 잘 드러나 있다. 중국을 상징하는, 거대하지만 아둔한 표정으로 끌려오는 장군의 배에는 관제(關帝; 관우)라고 쓰여 있다. 그가 휘두르고 있는 것은 청나라 국기지만, 깃발 속 청룡은 소련의 대표적인 상징인 낫과 망치를 들고 있다. 영국, 프랑스, 미국의 대표들이 대륙에 발을 들이지 못한 채 바다에서 망연자실하게 지켜보는 가운데 그들의 국기와 십자가가 짓밟히고 있다. 그런 가운데 바다 건너 떠오르는 태양 일본이 호시탐탐 노리고 있다.

시트로엥 중앙아시아 전시회에서 선보인 중국 오페라

570쪽 **일뤼스트라시옹** 제4687호
1932년 12월 31일

앙드레 시트로엥(André Citroën)은 시트로엥 자동차를 이용한 사하라 사막 횡단(1923년)이 성공하자, 아프리카 대륙 횡단(일명 '블랙 크루즈' 혹은 '크로와지에 느와르Croisière noire')과 중앙아시아 횡단(일명 '옐로 크루즈' 혹은 '크로와지에 존Croisière jaune')을 연이어 기획한다. 이 중 1931년 4월 4일에서 1932년 2월 12일 사이에 진행된 시트로엥 중앙아시아 횡단 탐험(Expédition Citroën Centre-Asie)은 베이루트에서 중앙아시아를 관통해 북경까지 1만 3000km에 이르는 옛 실크로드 노선을 횡단하는 여정이다. 탐험대는 사하라에서 시도한 대로 전차의 캐터필러를 뒷바퀴에 이식한 자동차로 고비사막을 달렸다. 조르주 마리 하르트(Georges-Marie Haardt)가 이끄는 '파미르' 팀은 베이루트에서 출발해 동쪽으로 이동했고, 빅토르 포인트(Victor Point)가 이끄는 '중국' 팀은 천진에서 출발해 서쪽으로 이동했다. 이들은 신강에서 합류해 북경으로 되돌아왔다. 탐험대에는 화가, 영화 제작팀, 고고학자 등이 동참했으며 돌아온 뒤 그들은 그 결과를 전시했다.

옮긴이 후기

이 책 『주르날 제국주의』가 포함된 시리즈의 원제는 '서양에 남겨진 중국사'다. 이는 서양이란 유실물 보관 센터에 남겨졌던 역사가 원래 중국의 소유임을 전제한다. 그러나 이 삽화들을 놓고 중국이 뭔가를 잃어버렸다고 주장할 근거는 없다. 중국은 다만 보이는 대상에 불과하며, 그것을 바라보고 재구성할 권력을 지닌 쪽은 애초부터 서양이었다. 중국이 되찾아야 할 것은 서양이란 창고에 보관된 무엇이 아니다. 오히려 쓰기의 과정에 참여하지 못한 지난 100년이야말로 중국이 잃어버린 것의 정체일 것이다.

여기서 '주르날 제국주의'는 베네딕트 앤더슨의 '인쇄 자본주의'에서 착안한 관점이지만 그 함의는 조금 다르다. 인쇄 자본주의는 보편어인 문어(文語)가 가진 제국의 권위에서 벗어나, 계급적·지역적 위계에 상관없이 같은 구어(口語)를 공유하는 사람들에게 동일한 정체성을 부여했고 같은 시간과 공간 속에서 살고 있다는 공감대를 형성했다. 이는 민족 구성원의 내부적인 동질감을 강화했지만, 그 구어를 사용하지 않는 외부로 확장하는 데에는 한계가 있었다. 그런 면에서 삽화가 부가된 신문[1] 등의 출판물은 인쇄 자본주의의 제국주의적 확장을 상징한다. 삽화는 자막이나 더빙이 불필요한 무성영화처럼 번역 없이 초국적으로 수용될 가능성을 열었다.

그러나 삽화는 제국주의적 시선을 객관성이라는 외양 속에서 조작하기 쉬운 매체였다. 삽화를 통해 제국의 경계 안에 포함된 이국(異國)은 그 자체로 제국의 경계를 강화하는 데 기여했다. 이국적인 것은 모험과 정복의 증거이자 제국의 힘을 확인하는 수집품이었다. 제국의 동물원과 식물원이 이국의 동식물을 수집하거나, 박물관이 영광스런 고대 문명을 보관하는 것과 동일한 작업이 삽화신문에서도 진행된 것이다. 초국적인 동시에 국민적인 경계를 고착화하는 삽화신문은 국민국가의 연장으로서의 제국주의와 닮은꼴을 하고 있었다. 이를 '주르날 제국주의'라는 관점으로 접근했을 때, 중국과 서양, 그리고 우리의 입장을 객관화하면서 당대의 다양한 가능성을 볼 수 있게 된다.

1. 'Illustrated News'의 번역어는 '화보(畵報; 그림신문)'였다. 그런데 이후 화보의 용례가 '이미지 위주의 책자 또는 인쇄물'로 확장되면서 정기간행물을 특정할 때는 '화보신문' '삽화신문' '그림신문' 등의 번역어도 사용되고 있다. '화보신문'이 한국어로 보다 명확하게 전달되는 단어라 할지라도 의미가 중복되는 조어임은 분명하다. 한국에서 '화보신문'으로 옮긴 대표적인 사례는 다음과 같다. 홍선표 외, 『근대의 첫 경험: 개화기 일상 문화를 중심으로』, 이화여자대학교 출판부, 2006; 발터 벤야민, 「화보 신문은 무죄!」, 『발터 벤야민, 사진에 대하여』, 에스터 레슬리 엮음, 김정아 옮김, 위즈덤하우스, 2018.

19세기 중반 이후 서구에서는 여러 종류의 삽화신문이 등장했다. 인쇄술의 발전과 교육 수준의 확대, 여가와 철도 여행의 증가로 인해 대중의 독서 수요는 점점 증가하고 있었다. 정기간행물의 세기라고 할 수 있을 이 시기에는 독서 시장의 확대를 위해 삽화를 출판물에 담기 위한 다양한 시도들이 생겨났고 대중은 그에 즉각적인 반응을 보였다.

그림은 단지 문자에 익숙하지 않은 하층민과 여성을 위한 것이었을까? 오히려 이미지가 인쇄되면서 책과 잡지의 가치는 올라갔다. 이른바 '기술적 복제가 가능한 시대' 이전에 이미지를 소유할 수 있는 사람은 굉장히 제한된 일부에 불과했다. 이미지는 제작 과정에서부터 많은 시간과 비용이 소요되는 고비용 매체였다. 따라서 꽤 오랫동안 특별한 신분인 사람이나 접할 수 있었고, 보통 사람들은 특정한 장소에 가야 볼 수 있었다. "이미지는 정해진 장소가 있어서, 처음에는 신전에, 그다음에는 교회에, 최종적으로는 미술관에 놓였다."[2] 벤야민이 아무리 완벽한 복제라 하더라도 빠져 있는 한 가지로 지적한 예술 작품의 '일회적인 현존성'이란 바로 이 장소에서 출발한다.[3] 이 장소는 실제로 멀리 떨어진 곳이거나 관념적으로 다가가기 힘든, 범접할 수 없는 먼 곳에 이미지를 위치시켰다. 작품을 감상하려면 동굴이나 무덤을 직접 뒤지고(벽화), 특정 도시를 여행하고(조각상, 건축물 등 유물), 그것을 소유해야(회화) 했다. 단지 '일견'하기 위해서 말이다.

단 한 번 일어나는 행위를 반복적으로 대량생산되는 것으로 대치시킴으로써 복제 기술이 한 역할은 범접할 수 없이 먼 곳에 있던 이미지를 손에 닿을 수 있고 눈으로 확인할 수 있는 가까이로 끌어왔다는 것이었다. 복제를 수용함으로써 범접할 수 없는 유일무이한 예술 작품은 소유의 대상이 되었으며, 멀리 떨어진 사물을 눈앞에서 볼 수 있게 되었다. 어제 일어났던 사건을 오늘도 볼 수 있게 되었으며, 전 세계의 자연 풍광과 도시를 방 안에 앉아서 여행할 수 있게 되었다. 주변에 있는 일상적인 대상도 더 쉽게 이미지 속에 담을 수 있게 되었다. 책의 판형으로 축소된 이미지의 가치는 바로 '손에 잡을 수 있는 가까이'에 있다. 멀리 있어 볼 수 없고, 너무 커서 한눈에 들어오지 않는 벽화, 조각, 건축물들은 복제된 이미지를 통해 한눈에 더 쉽게 포착되었다.

허버트 잉그램(Herbert Ingram, 1811~1860)이 1842년 5월 14일 창간한 «일러스트레이티드 런던 뉴스(*The Illustrated London News*)»(1842~2003)는 그림을 위주로 한 신문 보도, 즉 이미지(Illustrated)와 뉴스(News)의 결합 가능성을 세계 최초로 성공시켰다.[4] 창간호가 발행된 이후 기대 수요를 훨씬 뛰어넘는 대대적인 성공을 거두자 "삽화 출판물의 경이로운 확산"[5]이라고 일컬어질 정도로 비슷한 유형의 저널이 세계 각지에서 잇달아 생겨났다. 대표적인 신문을 꼽아보면 «일러스트레이티드

2. 프리드리히 키틀러, 『광학적 미디어: 1999년 베를린 강의』, 윤원화 옮김, 현실문화연구, 2011, 77쪽.

3. 발터 벤야민, 「기술복제시대의 예술작품(제2판)」, 『기술복제시대의 예술작품 / 사진의 작은 역사 외』, 최성만 옮김, 길, 2007, 45쪽.

4. 세계 최초의 '삽화 정기간행물'은 1832년 창간된 «페니 매거진(*The Penny Magazine*)»이다. 실용지식보급회(Society for the Diffusion of Useful Knowledge) 산하의 출판물로 제작되었으며, 노동자계층을 대상으로 1페니의 싼 가격에 배포되었다. 이 잡지는 지리, 문학, 철학, 자연사 등 폭넓은 주제를 다뤘다. 즉, "제1세대 삽화 정기간행물은 정보 전달보다는 대중교육에 주력했다." 김은영, 「인도-차이나와 19세기 프랑스 삽화 여행기」, «프랑스사 연구» 제24호, 44~45쪽; Toni Weller, "Preserving Knowledge Through Popular Victorian Periodicals: An Examination of *The Penny Magazine* and the *Illustrated London News*, 1842~1843," *Library history*, Vol. 24, No. 3, 2008, p. 201. 그런데 «페니 매거진»의 창간인 찰스 나이트(Charles Knight)는 신문과 삽화의 결합에 대해 부정적이었다. "어떻게 예술가들과 기자들이 동시에 작업을 해서 뉴스와 그에 걸맞은 삽화 둘 다를 새로 만드는 게 가능하겠는가? (…) 나는 이 경솔한 실험이 실패할 것이라고 생각했다." Mason Jackson, *The pictorial press: its origin and progress*(London: Hurst and Blackett, 1885), p. 281에서 재인용.

5. Amy M. Von Lintel, "Wood

런던 뉴스»의 경쟁지로 한동안 위세를 떨친 «그래픽(*The Graphic*)»(1869~1932), «일러스트레이티드 런던 뉴스»를 모방해 바로 이듬해 창간된 프랑스의 «일뤼스트라시옹(*L'Illustration*)»(1843~1944)과 «르몽드 일뤼스트레(*Le Monde Illustré*)»(1857~1948), 미국의 «프랭크 레슬리스 일러스트레이티드 뉴스페이퍼(*Frank Leslie's Illustrated Newspaper*)»(1852~1922)와 «하퍼스 위클리(*Harper's Weekly*)»(1857~1916), 그리고 독일의 «일루스트리르테 차이퉁(*Illustrirte Zeitung*)»(1843~1944) 등이 있다. 1850년대가 되면 그 수는 30여 종에 이르렀으며, "그림을 제공하는 것이 저널에 있어 일종의 규범"이 되다시피 했다.[6] 그 결과 오히려 삽화를 싣지 않는 이유를 변호하고 정당화하는 경우까지도 생겨났다.[7]

이들 삽화신문은 서로를 참조하며 비슷한 특징을 공유하기도 했지만 각자의 개성도 분명했다. 예를 들어 «펀치(*Punch, or The London Charivari*)»(1841~2002)는 주로 과장과 풍자를 위주로 한 캐리커처를 주로 사용했다. «일러스트레이티드 런던 뉴스»와 «그래픽»은 사실주의 회화에 가까운 표현을 택해 뉴스 장면을 정확하게 재현하려 했다는 점에서는 유사하다. 그러나 «일러스트레이티드 런던 뉴스»가 기본적으로 "권력기구의 저널처럼 국가적 공공사건을 볼거리화하는 데 주력"했다면, «그래픽»은 상대적으로 "중산층의 눈높이에서 사회 구석구석을 바라보고자 했다".[8] 주안점이 다르다고는 하나 이들 삽화신문은 "오락적인 면에서 신기하고 재미있는 것, 일화적인 내용, 독자들을 흡인시킬 수 있는 그림과 정보"[9]의 제공을 추구했다. 따라서 중국이라는 소재는 "신기하고 재미있는 사물을 제공할 수 있는 진열실과도 같아 종종 묘사의 대상이 되어왔다".[10]

19세기 중반 유럽 각지에서 삽화신문이 발달할 수 있었던 기술적 기반은 정교함과 속도 면에서 월등하게 개선된 인쇄술이었다. 비슷한 시기에 눈목판(wood engraving),[11] 석판인쇄(lithography; 석인),[12] 사진술 등이 서로 경쟁하고 있었다.

Engravings, the 'Marvellous Spread of Illustrated Publications,' and the History of Art," *Modernism/modernity*, Vol. 19, No. 3, September 2012, p. 516에서 재인용. 원래는 *Publishers' Circular*(16 September 1874, p. 624)에 게재된 광고 문구다.

6. 이주은, 「삽화저널 『그래픽』 작품을 중심으로 본 영국미술에서의 리얼리즘」, «미술사논단» 28호, 한국미술연구소, 2009, 170~171쪽.

7. "나는 그림을 제공하고는 싶습니다. 그러나 한참을 망설였습니다. 소설이나 에세이에 에칭이라든가 목판화로 된 그림을 넣을 것인가, 아니면 16쪽의 글을 더 실을 것인가 중에서 어느 것이 더 나은지 선택하기 위해서였습니다. 결국 우리는 독자들이 원하는 것은 후자일 것이라고 믿고 후자를 택했습니다." *Temple Bar*, Vol. 1, 1861; 이주은, 같은 글, 171쪽 각주 6번에서 재인용.

8. 이주은, 같은 글, 175쪽.

9. 魯道夫 瓦格納(Rudolf G. Wagner), 「進入全球想象圖景: 上海的«點石齋畫報»」, «中国学术» 第八辑, 2001, 2쪽.

10. 魯道夫 瓦格纳, 같은 글, 5쪽.

11. 18세기 말 영국의 토머스 뷰익(Thomas Bewick, 1753~1828)은 동판화의 세밀한 표현이 가능한 목판 기법인 눈목판을 창안했다. 그는 자신이 제작하던 삽화(vignette)의 정교한 표현을 위해 목각용 칼이 아닌 금속판화용 도구를 개량한 날카롭고 예리한 뷰린(burin)을 사용했다. 또한 디테일을 살리기 위해 목질이 단단하고 조직이 조밀한 회양목이 판목으로 주로 선호되었다. 무엇보다 전통적인 판각 방식인 '널목판(woodcut)'이 나무의 세로 판면을 이용하는 반면, 눈목판은 나무의 횡단면, 즉 목구(木口)를 판면으로 이용함으로써 인쇄기의 압착을 견딜 수 있는 견고함을 얻었다. Jonathan Paul Carlson, *Picturing the newsworkers: representations and front-page by-lines of artists, engravers, and photographers in Frank Leslie's Illustrated Newspaper, 1855~1891*, Thesis(M.A.), University of Minnesota, 2007, pp. 13–36.

12. 물과 기름이 서로 밀어내는 원리에 기반한 평판인쇄의 한 종류인 석인술은 독일의 제네펠더(Alois Senefelder, 1771~1834)가 1796년에 발명한 것으로, 구텐베르크 이후 진정한 의미에서 처음으로 고안된 창의적인 인쇄 기술로 평가된다. 전통적인 판화는 음각이든 양각이든 요철을 새기는 물리적 과정이 요구되며, 따라서 그림, 새김, 인쇄의 각 과정에서 오랜 수련을 거친 전문가에 의한 분업이 진행된다. 그러나 석판인쇄가 등장하면서 화가의 붓 터치가 이 과정을 거치지 않고 복제될 수 있었다.

눈목판은 손으로 제작하는 판화의 정교함을 사진에 근접할 정도로 끌어올렸다.[13] 19세기 전반에 걸쳐 삽화인쇄 방면에서 가장 주도적인 기술은 눈목판이었다. 석판이나 동판에 비해 저렴한 가격에 더 빠른 속도로 대량 제작이 가능했고, 규격화된 판목을 사용함으로써 활자와 한 지면에 배치하는 것이 비교적 자유로웠다.(그에 비해 석판화는 활자와 별도로 인쇄해야 했다. 이 책에 등장하는 «르 프티 주르날»이나 «르 프티 파리지앵»의 채색석인화가 주로 표지와 뒷면 삽화로 쓰인 것도 그 때문이다.) "다른 인쇄 매체나 사진 매체보다도, 눈목판은 문자와 함께 있는 환경에서 시각 예술 이미지를 유통시켰다."[14]

프랑스에서 사진이 책의 삽화로 처음 인쇄된 해는 1852년이었고, 1880년대부터 사진과 텍스트를 동시에 인쇄하는 기술이 적용되었다. 그러나 비용이나 기술적 조건으로 인해 1895년 이전까지 인쇄용 삽화의 제작에는 눈목판 기법이 가장 일반적으로 사용되었다.[15] 대량인쇄 시대에는 기술적 정교함보다 적절한 가격이 우선적으로 고려되었다. 컬러석판, 강판(steel engravings), 사진제판(photogravure) 등 더 뛰어난 기술이 가능해진 시기에도 저렴한 비용 때문에 눈목판이 선호되었다. 1890년대의 이미지당 단가를 비교해보면, 사진제판은 장당 25달러, 망판(halftone)은 5~7달러였지만 눈목판은 1.50달러에 불과했다.[16] 1880년 이전 «일러스트레이티드 런던 뉴스»와 «그래픽»은 거의 100% 눈목판으로 제작되었다. 그에 비해 «일뤼스트라시옹»과 «르몽드 일뤼스트레» 등 프랑스의 삽화신문들은 눈목판을 주로 하되 선조블록판(line block), 망판 스크린(half-tone screen),[17] 사진석인술 등 사진제판의 초기적 시도를 다양하게 모색했다.[18]

이 책에 소개된 삽화도 1890년대 이전의 것은 원래 눈목판으로 출간된 선묘의 판화에 사후적으로 채색한 것으로 보인다. 자료를 인용한 중문판에서 별도의 해명을 하지 않아 언제 어떠한 방식으로 채색되었는지는 확인할 수 없다. 1891년 «르 프티 주르날»의 삽화 "중국의 대학살"(이 책의 40쪽)부터는 원래 출판된 형식 그대로의 채색삽화를 싣고 있다. 위키백과에 따르면 «르 프티 주르날»은 1884년에 채색삽화를 최초로 선보인 삽화 부록(Supplément illustré)을 발행했으며, 이것이 너무나 인기를 끌어 1889년에는 시간당 2만 장을 인쇄할 수 있는 컬러 윤전기를 개발했다고 한다.[19] 그런데 프랑스 국립도서관(BnF)의 디지털 도서관인 갈리카(Gallica)[20]에서 제공하고 있는 영인본을

13. 눈목판은 초기에 사진목판이라고 소개되기도 했으며, 처음부터 예술 창작의 영역보다 원판의 복제, 서적 삽화와의 친연성을 가지고 있었다. 동판화 수준의 정교한 선의 묘사로 인해 눈목판은 사진의 인쇄가 대중화되기 이전 시기에 회화 작품의 복제나 서적의 삽화에 주로 이용되었다. 陳琦, 『刀刻聖手與繪畫巨匠』, 鳳凰出版傳媒集團江蘇美術出版社, 2006, 216쪽.

14. Amy M. Von Lintel, op. cit., p. 516. 이 논문은 예술사(미술사) 영역에서 눈목판에 의한 회화 작품의 복제가 가진 중요성에 대해 주목한다. 특히 이미지의 재생산에 있어 '근본적으로 새로운 단계'라고 언급한 석인술, 사진, 영화의 흐름에서 벤야민이 "놓친" 기술인 눈목판에 대해 재평가하고 있다. 물론 벤야민이 말한 '기술적 복제가 가능한 시대'에 눈목판이 포함될 것인지의 여부는 보다 면밀한 고찰이 필요해 보인다.

15. 김은영, 앞의 글, 43~44쪽.

16. Amy M. Von Lintel, op. cit., p. 527.

17. 망판을 활용한 실험적인 사진 이미지가 프랑스 삽화에 최초로 등장한 것은 «르몽드 일뤼스트레» 1885년 6월 13일자다.

18. Tom Gretton, "Signs for Labour-Value in Printed Pictures After the Photomechanical Revolution: Mainstream Changes and Extreme Cases around 1900," *Oxford Art Journal*, Vol. 23, Iss. 3, 2005, p. 376. 제시된 도표에 따르면 1890년대를 기준으로 삽화 제작은 새로운 기술로 넘어가기 시작하며, 영국의 삽화들이 1900년 이후 눈목판을 버리고 망판으로 완전히 넘어간 반면, «일뤼스트라시옹»과 «르몽드 일뤼스트레» 등은 여전히 눈목판을 사용하되 다양한 기술이 공존했다는 특징을 보여주고 있다.

19. https://en.wikipedia.org/wiki/Le_Petit_Journal_(newspaper) 항목 참조.

20. http://gallica.bnf.fr

확인한 결과 «르 프티 주르날» 삽화 부록에 채색삽화가 처음으로 표지에 등장한 것은 1890년 11월 29일이다.[21] 관련 자료의 부족으로 더 상세히 검토할 수는 없지만, 채색석인 삽화를 표지에서라도 사용할 수 있게 된 시기를 1890년대 정도로 보는 것이 옳을 듯하다. 중국과 관련된 프랑스의 채색삽화를 소개하는 이 책에서 주로 다루는 기사들은 바로 이 시기에 나온 것들이다.

삽화신문들은 본국과 세계 각지의 중요한 사건과 사회, 문화, 일상생활 전반에 걸친 다양한 소식을 보도했으며, 다시 그 영향력은 세계 각지에 파급되었다. 세계 각지의 삽화신문들은 서로를 참조했다. 글과 그림을 가져와 전재하는 일은 다반사였고, 별도의 항목을 만들어 다른 삽화신문의 그림을 주기적으로 소개하기도 했다. 최초의 삽화신문인 «일러스트레이티드 런던 뉴스»는 아편전쟁의 종결 시점인 1842년에 창간되었으므로 초기부터 중국 관련 보도에 신경을 쓸 수밖에 없었다. 이후 유럽과 청의 관계가 진전되면서 중국 관련 보도 및 관련 삽화도 점차 증가했다. 신문사들은 중대한 사건을 직접 취재하여 삽화의 현장성과 진실성을 담보하기 위해 화가 겸 기자를 현지 특파원으로 보내는 경우가 많았다.[22] 당연히 중국에도 여러 차례 화가 겸 기자를 파견했다. 그들은 중국 체류 기간에 뉴스 가치가 높은 사건, 인물 및 관련 배경 등을 보도하는 한편 각지를 여행하며 화가가 직접 목도한 중국사회의 여러 방면에 대한 삽화를 남겼다. 이들의 삽화에 중국에 대한 오해와 편견이 깔려 있음이 분명하지만, 삽화들은 당시 신문 삽화를 주도하던 리얼리즘 화풍에 근거해 19세기 후반 중국사회의 실제 모습을 어느 정도 핍진하게 재현하고 있다고 할 수 있다. 중국 내에도 민간의 풍습을 묘사한 다양한 그림이 그려져왔지만, 중국의 회화 전통에서 사회 기층의 일상생활을 다룬 그림을 찾아보기는 힘들다. 이들은 너무나 평범해 그림으로 그려질 만한 가치를 부여받지 못한 것이다.[23] 그려질 가치를 부여받지 못한 평범한 중국인의 일상이 외부자인 서구인의 시선에 포착되는 것을 확인하는 것 또한 이 책을 읽는 주요한 포인트가 될 것이다.

이 책에 소개된 삽화들은 기본적으로 문자와 호응하며 읽어야 한다. 삽화에는 오늘날의 캡션에 해당하는 제목이 달려 있고, 대부분의 경우 관련 기사가 별도의 페이지에 제공된다. 동양의 산수화와 달리 서양 회화는 그림 안에 텍스트를 위한 공간을 허용하지 않았다. 판면의 배치상 기사는 삽화와 다른 지면에 위치하고 있지만, 삽화가 지향하는 보도의 방향성을 확정한다. 삽화는 보도사진과 같은 특정 장면의 순간포착 이미지가 아니다. 사건이 벌어지는 결정적인 순간을 포착하기에 이 시기의 사진 장비는 너무 거추장스러웠고 노출 시간도 길었다. 사진이 포착하기 힘들었을 위치에서

21. 1890년 11월 21일까지 제공된 것은 문학 부록(Supplément Littéraire)이었다.

22. 특파원들이 삽화의 주인공으로 등장하기도 했다. "장막에서 휴식을 취하는 종군기자: 만주에 파견된 «르 프티 주르날» 특파원"의 삽화(279쪽)와 "전투 과정: 만주에서 «르 프티 주르날» 특파원이 전투 상황을 관찰하다"의 기사와 삽화(356~357쪽)에서 특파원의 활동을 확인할 수 있다. «르 프티 주르날» 특파원에 대한 설명은 옮긴이 해설(603쪽)을 참고하라.

23. 중국 또한 중국화된 삽화신문인 «점석재화보(點石齋畵報)»(1884~1898)가 창간됨으로써, 중국과 세계의 다양한 소식이 삽화로 재현되었다. 서구의 삽화신문과 가장 다른 특징은 한 화면에 기사와 삽화를 동시에 제시한다는 점이다. 이성현, 「«점석재화보» 연구」, 서울대학교 중어중문학과 박사학위논문, 2019.

사건이나 대상의 전모를 가장 잘 보여줄 수 있는 장면을 재구성할 수 있다는 것이 신문 삽화의 강점이다. 전쟁, 재해, 국내외 정치 사건 등 최신 뉴스를 시각적으로 보도하는 기능을 지닌 삽화는 독자가 일간지를 통해 사건에 대해 미리 알고 있거나 기사와 함께 읽을 것을 전제하고 있다. 세계 각지의 건축이나 이름난 예술 작품, 새로운 패션 동향, 박물학적 흥미를 돋우는 자연과 인간 등을 다루는 삽화는 그림을 꼼꼼히 들여다보는 것만으로도 독자들의 호기심을 충족시켜줬을 것이다. 그렇지만 이 역시 기념비의 가치를 확장해줄 이름들, 호기심을 적절하게 이끌어줄 설명들의 안내를 기다리고 있다.

요컨대 삽화들은 자족적인 예술 작품이 아니다. 예술 작품을 복제한 삽화가 게재되기도 했고, 당시의 예술적 조류와 호응하는 삽화가 제작되기도 했으며, 100년이 지난 지금의 시각에서 어떤 삽화가 예술적으로 보일 수 있다 할지라도 그것의 원래 기능은 예술보다는 보도에 있다고 봐야 한다.[24] 삽화는 단어들이 이끄는 특정한 자연 경관, 건물, 기념비, 인물, 그리고 사건들을 보여주는, 일종의 그려진 신문기사다. 따라서 지금까지 국내에 출판된 삽화신문 대부분이 삽화를 우선시하고 관련 기사는 개요만 간단히 제시하는 방식을 택한 것은 나름의 필요에 따른 것이었다 해도 불완전한 소개일 수밖에 없었다.[25]

신문은 역사서처럼 시공간적 맥락을 통해 교차 검증된 진실이 아니다. 오보 또는 특정한 의도에 의한 부정확한 정보일지라도 당시 그곳의 사람들이 그런 방식으로 세계를 파악하고 있었다는 점이 중요하다. 우리가 이 책에서 읽어야 할 것은 역사적 진실이 아니라 특정한 시선 및 특정하게 구성된 진실일 것이다. 대표적인 것이 러일전쟁을 소개하는 프랑스의 태도다. 한반도와 만주 지역에서 벌어진 전쟁에 대해 프랑스는 동맹인 러시아를 철저하게 아군으로 설정하고 러시아의 입장에서 삽화를 제작하고 기사를 써내려갔다.(마찬가지로 일본과 동맹이었던 영국은 일본을 아군으로 설정한 관점으로 기사를 내보냈다.)

그러한 점에서 이 책의 조금 복잡한 출처를 염두에 둘 필요가 있다. 이 책은 프랑스에서 출간된 화보를 중국인이 중국과 관계된 기사와 삽화만 뽑아서 중국어로 편역한 책을 한국어로 옮긴 것이다. 그 때문에 앞서 말한 중국과 동아시아를 바라보는 19세기 프랑스의 시선과 시대적 맥락에 의한 굴절이 일차적으로 전제되어 있고, 더하여 삽화를 선별하고 필요한 내용을 취사선택해 중국어로 옮기면서 중국인에 의한 굴절이 겹쳐져 있다. 전자의 굴절은 오류가 있더라도 이 시기 서구의 시선을 읽을 수 있는 중요한 자료라 판단해 최대한 살리려 했다. 후자의 굴절은 이제 이 책의 독자가 한국인이 될 것이므로 최소한으로 줄이려 했다.

사실 100년 전 프랑스어로 편찬된 중국 관련 기사를 한국어로 옮기려면

24. 그럼에도 «르몽드 일뤼스트레»는 "우리의 복제는 그 자체가 예술"이라고 자신하기도 했다.

25. 그런 의미에서 '국립중앙박물관 역사자료총서 17'로 편찬된 『19세기 말~20세기 초 서양인이 본 한국』(국립중앙박물관, 2017)은 한국 관련 삽화들을 망라하고 관련 기사까지 옮겼다는 점에서 자료적 가치가 높은 기획이다.

프랑스어 전공자가 더 적절했을 수도 있다. 물론 중국어를 이해하거나 중국에 관한 자료를 잘 다룰 수 있다는 전제가 필요할 것이다. 역자의 경우 익숙하지 않은 프랑스어로 인해 프랑스어의 어감을 살리는 부분에서 어려움이 뒤따랐다. 특히 중문판에서는 인명, 지명 등 고유명사의 원어를 전혀 병기하지 않아 고유명사의 처리에 애를 먹었다. 자칫하면 영국의 영허즈번드(Younghusband) 대령을 룽허펑(榮赫鵬) 상교로 옮겨야 할 판이었다. 이들 고유명사는 원문 기사를 찾아서 원어 병기를 했으며, 원문 기사를 발견할 수 없을 때는 그 전후 시기의 다른 일간지를 조사해 밝혔다. 중국의 고유명사를 프랑스어로 기록한 원래의 기사는 그 반대의 장단점이 있었다. 기사에 따라 다양하게 표기된 중국의 고유명사를 기본적으로 중문판에서 잘 밝혀놓아 비교적 수월하게 처리할 수 있었다. 그러나 현대 중국인에게 생소한 지역과 인명에서는 오류가 많아 일일이 교차 검증할 필요가 있었다. 예를 들면 인도와 티베트 접경에 있는 캄바종(Khambajong)은 현재의 강파진(崗巴鎮)에 해당하는데, 중국어 번역에서는 사천성쪽 중국 접경에 있는 '캉바짱 구(康巴藏區)'로 옮겼다. 또한 "조선에서의 첫 교전: 정주 전투"(이 책의 266쪽)라는 제목에도 불구하고 중국어 번역에서는 'Andjou'를 안동(安東)으로, 'Tschounchou'를 장춘(長春)으로 각각 옮겼다. 따라서 한국어 번역에서는 각각 안주(安州)와 정주(定州)로 바로잡았다.

사실 이 시기는 중국어 고유명사의 로마자 표기 방안이 확정되지 않았고, 현재의 발음으로 연상되지 않는 표기도 있으며, 간척사업이나 행정구역 재편으로 이미 사라진 지명도 존재해 밝히기 힘든 부분이 많다. 역자는 현재의 구글지도와 19세기 후반 서구에서 만든 동아시아 지도를 교차 확인했으며, 그렇게 해도 밝히기 힘든 고유명사는 로버트 모리슨의 『화영자전(華英字典)』[26] 등에서 제시한 당시의 표기 방식에 근거해 근사치를 발음만 표기했다. 삽화의 출처나 날짜 오류 및 제목의 오기(誤記)도 최대한 바로잡아 시기순으로 재배치했다. 이미지 저작권의 제한으로 인해 몇몇 삽화는 중국 출판사에서 제공한 불완전한 이미지를 사용할 수밖에 없었다. 가능한 한 1890년 이전의 삽화는 채색된 것보다 원래의 눈목판화를 사용하는 것이 훨씬 좋았을 것이다. 소수에 불과하지만 잘리거나 재편집된 삽화는 원간행물의 고화질 이미지를 활용하지 못해 아쉽다.(원본 이미지를 확인하고 싶은 독자는 디지털 도서관 갈리카에서 열람할 수 있다.) 이 밖에도 중문판에서 노출된 사소한 오류나 부정확한 인용 등을 역자의 능력이 닿는 한 바로잡으려 했다. 그러나 여전히 부족한 부분이 남아 있으며 한국어 번역자의 한계로 인해 새로이 생긴 오류도 피할 수 없을 것이다. 후속 작업이 가능하다면 부족한 부분은 추가로 보충하도록 하겠다.

26. Robert Morrison, *A Dictionary of the Chinese Language*(1815–1823).

길고 지지부진한 이 책의 작업 속도에 현실문화연구의 편집부에서 많은 수고를 했다. 특히 중문판의 내용을 역자가 새롭게 구성하거나 추가로 제시한 해설 등에 대해 편집부의 김주원 팀장이 일일이 검증하고 의견을 제시해줌으로써 자료의 신뢰도가 대폭 올라갔다. 이 점에 대해 깊이 감사를 드린다.

2019년 1월 근사재에서
이성현 씀

엮은이 **자오성웨이(趙省偉)**
샤먼대학교 중문과 졸업. 중국의 역사 이미지 연구에 지속적으로 많은 관심을 쏟고 있다. 중국과 관련한 독일, 프랑스의 다양한 신문과 서적을 소장하고 있다.

엮은이 **리샤오위(李小玉)**
베이징외국어대학교 프랑스어과 졸업. 현재 베이징주보사에 재직 중이다.

옮긴이 **이성현**
영남대학교 중어중문학과를 졸업했으며, 서울대학교 중어중문학과에서 석사 및 박사학위를 취득했다. 중국 푸단대학교 중문과에서 19세기 중국의 그림신문인 «점석재화보(點石齋畫報)»를 연구했다. 지은 책으로 『중국 근대의 풍경』(공저)이 있고, 옮긴 책으로 『80년대 중국과의 대화』 『저항자』(공역) 『도망자』 등이 있다.